丛书主编：缪树权

刑法常见罪名立案追诉标准
与疑难指导
丛书

妨害司法罪·
破坏环境资源保护罪
立案追诉标准
与疑难指导

国家检察官学院职务犯罪研究所
—— 编 ——

赵天红 著

中国法制出版社
CHINA LEGAL PUBLISHING HOUSE

“刑法常见罪名立案追诉标准与疑难指导”丛书

总 序

2020年11月16日至17日，中央全面依法治国工作会议在北京召开。这次会议的一个重要成果，就是首次提出了习近平法治思想。习近平法治思想内涵丰富、论述深刻、逻辑严密、系统完备，深刻回答了新时代为什么实行全面依法治国、怎样实行全面依法治国等一系列重大问题，是全面依法治国的根本遵循和行动指南。当前，国际形势发生了复杂深刻的变化，我国经济发展进入新常态，社会结构发生新变化，违法犯罪也表现出一些新形式、新特点，政法工作面临许多前所未有的新情况、新问题，给政法队伍提出新的时代课题、赋予新的历史使命。面对形势任务新变化、党和人民新要求，政法队伍建设面临许多亟待解决的问题。习近平总书记强调，全面推进依法治国，建设一支德才兼备的高素质法治队伍至关重要。[①] 坚持建设德才兼备的高素质法治队伍是习近平法治思想的重要内容。为深入学习贯彻习近平法治思想、引导司法实务人员正确理解《中华人民共和国刑法》（以下简称刑法）和相关规定的真实内涵、分析解答司法实务人员在适用刑法当中遇到的疑难问题、提升司法实务人员办案的能力和素质，同时为了激发专家学者及司法实务人员对刑法理论和实务的研究热情、为广大读者提供学习参考，我们组织了相关领域兼具理论造诣和实践经验的专家和学者编写了这套“刑法常见罪名立案追诉标准与疑难指导”丛书。

本套丛书的设计和撰写着力体现三个特点：

一是聚焦刑法常见罪名，重点解决疑难问题。根据司法办案实际，本丛书重

① 习近平：《加快建设社会主义法治国家》，载《求是》2015年第1期。

点选择了近些年来司法实践中多发、高发、新增的罪名为研究对象，使丛书的研究更具针对性和实用性。同时，丛书坚持以问题为导向，全面梳理刑事案件在司法认定中常见的争议和疑难问题，分析观点要义、解读办案依据、提出解决方案或倾向性意见，切实提升司法实务人员办理疑难案件的能力和水平、开拓刑法学理论研究的深度和广度。

二是反映刑事立法的新发展，全面梳理各罪办案依据。丛书紧跟新时代刑事立法和司法工作的发展，结合新颁布的刑法修正案、司法解释、最高人民法院指导性案例、最高人民检察院指导性案例和其他司法文件编写，并将这些办案依据按罪名进行了全面、集中的梳理和列举，方便司法实务人员和法学研究人员查询参考，是很实用的桌边工具书。

三是注重理论实践密切结合，呈现刑法研究新成果。本丛书既不同于一般的教材讲义，也不同于法律法规汇编。丛书在阐明各罪一般理论、梳理办案依据的同时，将解决司法疑难问题作为写作的重点和亮点；在强调解决司法实务问题的同时，又着力进行刑事政策、刑法理论的分析解读，从而全面提升办案人员的政治素养、理论素养、业务能力，也使刑法研究更加贴近实务、有的放矢。

我们希望通过编写、出版本丛书，与广大司法实务人员和法学研究人员一道，促进对习近平法治思想的学习理解和贯彻落实，不断提升办案和研究能力，助力高素质法治队伍的建设，切实履行好维护国家安全、社会安定、人民安宁的重大责任，让人民群众切实感受到公平正义就在身边，为建设更高水平的平安中国、法治中国做出积极贡献。

缪树权

2022年7月

目　录

Contents

第一编　妨害司法罪

第二编 破坏环境资源保护罪

第一编 妨害司法罪

第一章 伪证罪

【立案追诉标准】

伪证案（刑法[①]第 305 条）

在刑事诉讼中，证人、鉴定人、记录人、翻译人对与案件有重要关系的情节，故意作虚假证明、鉴定、记录、翻译，意图陷害他人或者隐匿罪证的，应予追诉。

【犯罪构成及刑事责任】

伪证罪，是指在刑事诉讼中，证人、鉴定人、记录人、翻译人对与案件有重要关系的情节，故意作虚假证明、鉴定、记录、翻译，意图陷害他人或者隐匿罪证的行为。具体包括以下四个要件：

1. 客体要件。伪证罪侵犯的客体是司法机关正常的刑事诉讼秩序或司法机关正常的刑事诉讼活动。

关于伪证罪侵犯的直接客体是什么，学界存在不同观点。确定伪证罪侵犯的客体，首先应当明确它所侵犯的客体是单一客体还是复杂客体，其次应明确客体的具体内容。第一，伪证罪虽然有陷害他人的情况，但常见的是隐匿罪证庇护犯罪分子。因此，认为犯伪证罪必然侵犯“公民人身权利”或“公民人身权利及其

---

① 《中华人民共和国刑法》简称为刑法，以下不再标注。

他合法权益”，从而认为伪证罪的客体为复杂客体的观点是站不住脚的。第二，在刑事诉讼活动中，证据起着至关重要的作用。任何虚假的证明、鉴定、记录、翻译都会破坏司法机关的正常刑事诉讼秩序，从而冤枉无辜或者放纵罪犯。“司法机关的正常活动”是一个外延极其广泛的表述，把“司法机关的正常活动”作为本罪直接客体的内容并不准确。把“司法机关的正常诉讼活动”作为本罪客体的内容比把“司法机关的正常活动”作为本罪客体的内容有进步，因为前者比后者内容要具体一些，但将前者作为本罪的客体仍有不当。因为“司法机关的正常诉讼活动”包括刑事诉讼活动、民事诉讼活动和行政诉讼活动，而本罪只侵犯其中的刑事诉讼活动秩序。因此，应当认为，伪证罪侵犯的客体是司法机关正常的刑事诉讼秩序或称司法机关的正常的刑事诉讼活动。

2. 客观要件。伪证罪在客观方面表现为：在刑事诉讼中，对与案件有重要关系的情节作虚假证明、鉴定、记录、翻译的行为。具体包括以下四个方面。

（1）行为发生在“在刑事诉讼中”。一般认为，所谓“在刑事诉讼中”，应当包括侦查程序、审查起诉程序、一审程序、二审程序、死刑复核程序以及审判监督程序等。

（2）伪证涉及的是“与案件有重要关系的情节”。一般认为，所谓“与案件有重要关系的情节”，是指对与案件的定罪量刑这一实体处理结果有重要关系的情节，即对定罪量刑有实质性影响的情节，包括犯罪主体的年龄与精神状态、犯罪的故意或者过失、危害行为、特定的犯罪目的、时间、地点、手段，以及法律明确规定的从轻、减轻、免除处罚和从重处罚的情节，还包括法律没有明确规定而由司法机关在办理案件的过程中具体掌握的酌定情节，如犯罪的动机、目的、被告人的一贯表现，认罪态度等。就上述情节作虚假证明、鉴定、记录、翻译的，均构成本罪。

（3）具体的伪证行为是对与案件有重要关系的情节作“虚假证明、鉴定、记录、翻译”。“虚假”包括两种情况：一是捏造或者夸大事实以陷人入罪；二是掩盖或缩小事实以开脱罪责。关于“虚假”的含义，国外刑法理论有不同学说：第一，主观说。主观说认为，证人应当原封不动地陈述自己的记忆与实际体验，对证人证言的真实性、可靠性的判断则是法官的任务。因此，按照自己的记忆与实际体验陈述的，即使与客观事实不相符合，也不是虚假的；反之，不按照自己的记忆与实际体验陈述的，即使与客观事实相符合，也是虚假的。第二，客观说。客观说则认为，只有陈述的内容与客观事实不相符合的，才是虚假的。第三，折中说。折中说认为，违反自己体验的陈述，在行为（作证时）能评价为违反了客观真实时，才成立伪证罪。据此，成立伪证罪，要求行为人认识到陈述的内容违反自己的体验，而且在行为时具有客观的虚伪性。[①] 笔者赞同主观说，即认为虚假应是违反证人的记忆与实际体验且不符合客观事实的陈述，按照自己的记忆与实际体验陈述的，即使与客观事实不相符合，也不是虚假的。

（4）伪证行为的方式没有限制，可通过作为方式实施，也可通过不作为方式实施。如在口头陈述中作虚假陈述，在文字鉴定中作虚假鉴定，不记录或者擅自增添重要事实，删除录音录像中记录的重要事实，在笔译或者口译中作虚假翻译等。关于伪证行为是否限于作为，存在不同的观点。在我国，有观点认为，“从犯罪行为的两种基本形式来看我国刑法中的伪证罪只能表现为作为的形式，即行为人必须是以积极方式作虚假的证明、鉴定、记录、翻译，消极的不作为行为不构成伪证罪”[②]。也有观点认为，本罪包括不作为形式，即虚假陈述包括行为人不提供、不反映应该提供或反映的事实。还有观点认为，“行为人必须有积极提供虚证明、鉴定、记录、翻译的行为，才能构成本罪。证人始终保持沉默，拒绝证明；或者只提供部分证言，但在司法人员故意提出不利于被告人的问题时，表示默认的，都属于并未作出陈述，不构成本罪”。[③] 笔者认为，在刑事诉讼中，如果行为人部分地作为、部分地不作为，从而使整体上的陈述内容成为虚假，则行为人的行为可以构成伪证罪。

3. 主体要件。本罪为身份犯，犯罪主体包括证人、鉴定人、记录人和翻译人。

证人，是指对某一事件的全部或者部分事实有所感知并向公安司法机关陈述该事实的当事人以外的第三人。[④] 根据刑事诉讼法第 62 条的规定：“凡是知道案件

---

① 张明楷：《刑法学》，法律出版社 2021 年版，第 1419~1420 页。

② 陈兴良主编：《罪名指南》（下册），中国人民大学出版社 2007 年版，第 126 页。

③ 周光权：《刑法各论讲义》，清华大学出版社 2003 年版，第 415 页。

④ 张建伟：《刑事诉讼法通义》，北京大学出版社 2016 年版，第 264 页。

情况的人，都有作证的义务。生理上、精神上有缺陷或者年幼，不能辨别是非、不能正确表达的人，不能作证人。”生理上有缺陷通常是指盲、聋、哑人。这三种人受自身生理条件所限、对外界信息的感知和接受能力较正常人要差，相对地作证能力亦减弱，但并非完全丧失作证力，只要是生理上的缺陷不会影响对案件事实的感知且能够正常表达的人，均可以作证。精神病人在患病期间，丧失自我控制、辨别是非和正确表达的能力，不能作证人，亦不能成为伪证罪的主体。

鉴定人，是指受司法机关或个人的指派或者聘请，运用自己的专门知识或技能，对案件中的专门性问题进行分析判断并提出科学意见的人。刑事诉讼法第146条规定：“为了查明案情，需要解决案件中某些专门性问题的时候，应当指派、聘请有专门知识的人进行鉴定。”鉴定人的产生方式有两种：一是公安司法机关或者当事人指派或者聘请，二是当事人自行聘请鉴定人。鉴定人具有一定的专业知识或技能，对有关事实问题作出法律评价，作出鉴定意见，鉴定意见能够对确定案件性质和查明案件事实具有重要作用，鉴定人如果出于陷害他人或隐匿罪证的目的，故意作虚假鉴定的，构成伪证罪。

记录人，是指司法机关在案件的侦查、起诉和审判过程中，为调查、搜查、询问证人、被害人或审讯被告人担任记录的人。伪证罪主体中的记录人只限于在刑事案件中担任记录人的人，换言之，只有刑事诉讼过程中的记录人才可能成为伪证罪的主体。

翻译人，是指在刑事诉讼过程中，接受司法机关的指派或聘请，在诉讼中进行语言、文字（包括聋哑手势和盲文）翻译工作的诉讼参与人。关于本罪中翻译人的认定，需要注意以下两点：第一，翻译是不同的语言文字之间的转换。可以是中外语言文字的互译，也可以是汉语言文字与少数民族语言文字之间的互译。第二，翻译人用语中的翻译，包括口头翻译、手势翻译和书面翻译。

4. 主观要件。伪证罪的主观方面是直接故意，并且具有陷害他人或者包庇犯罪分子的目的。

（1）本罪主观方面的故意内容。本罪直接故意的内容，是明知自己作虚假的证明、鉴定、记录或者翻译会产生使他人受到不应有的刑事处罚或者使犯罪分子逃避法律制裁的结果，却希望这种结果的发生。

第一，行为人必须认识到自己在作虚假的证明、鉴定、记录或翻译。由于受到他人的欺骗或者缺乏深入的了解而人云亦云，作了伪证的，不具有直接故意。

第二，行为人必须认识到自己的虚假证明、鉴定、记录或翻译的行为是针对与案件有重要关系的情节的。行为人认为自己的伪证行为是针对与案件有重要关系的情节的，而实际上不是，或者行为人认为不是针对与案件有重要关系的情节的，而实际上是，都不具有直接故意。

第三，行为人必须认识到自己作虚假证明、鉴定、记录或翻译是违反法定义务的。

第四，行为人必须预见到自己的虚假证明、鉴定、记录或翻译的行为会产生使他人受到不应有的刑事处罚或者使犯罪分子逃避法律制裁的结果。

第五，行为人必须是希望陷害他人或轻纵罪犯的结果发生。

（2）本罪的目的。成立本罪，要求行为人具有陷害他人或隐匿罪证的目的。只要行为人明知自己作了虚假的证明、鉴定记录或者翻译会产生使他人受到不应有的刑事处罚或者使犯罪分子逃避法制裁的结果，却希望这种结果的发生，就可以认定其具有陷害他人或隐匿罪证的目的。

根据刑法第305条的规定，犯本罪的，处三年以下有期徒刑或者拘役；情节严重的，处三年以上七年以下有期徒刑。

【疑难指导】

一、罪与非罪的区分

（一）区分“伪证”与“误证”

划清本罪罪与非罪的界限，首先应当准确判断“伪证”和“误证”的区别。区分这两者的关键在于查明行为人是否故意作伪证和有无陷害他人或者隐匿罪证的意图。如果行为人是因记忆错误而证词失实，或者鉴定人、记录人、翻译人因业务水平低或因粗心大意导致鉴定、记录、翻译出错，又没有陷害他人或隐匿罪证的意图，就不能构成伪证罪。[①]

---

① 贾宇：《刑法学》（下册·各论），高等教育出版社2019年版，第213页。

（二）知道案件情况而拒不作证的，不构成伪证罪

虽然刑事诉讼法规定凡是知道案件情况的人都有作证的义务，但如果知道案件情况但拒不作证，即使具有隐匿罪证的意图，也不能认定为伪证罪，因为不作证并不符合“作虚假证明”的构成要件。但是，明知他人有间谍犯罪或者恐怖主义、极端主义犯罪行为，在司法机关向其调查有关情况、收集有关证据时，拒绝提供，情节严重的，构成拒绝提供间谍犯罪、恐怖主义犯罪、极端主义犯罪证据罪。

（三）证人按照司法工作人员的要求作伪证的行为如何认定

司法工作人员出于陷害他人或隐匿罪证的目的要求证人作伪证的，若证人明知是伪证而作出，则应以伪证罪论处，反之则不应以伪证罪论处。同时，对于司法工作人员，应当同时构成伪证罪的教唆犯与徇私枉法罪的正犯，从一重罪处罚。

（四）被害人报案时故意夸大犯罪事实或改变报案时陈述的不构成伪证罪

被害人，是指合法权益遭受犯罪行为直接侵害的人。对于被害人是否属于本罪中所称的“证人”，学界存在赞成说与否定说的分歧。赞成说认为应对证人作广义理解。“证人”并不限于刑事诉讼法规定的狭义的证人，还应包括被害人与鉴定人，并认为从用语的本来含义来说，“证人”概念原本就可以包括狭义的证人、被害人、鉴定人等，将被害人、鉴定人等称为证人，不会侵犯国民的预测可能性。否定说则从法解释学的角度切入，认为“根据现行刑法规定，不应将本罪中的证人扩张解释为包括被害人、鉴定人”。因为，我国刑事诉讼法将证人证言和被害人陈述并列为两种证据，并且证人和被害人也是两种完全不同的诉讼角色，因此，“将证人理解为包括被害人、鉴定人超出了‘证人’的可能文义范围，违背了国民可预期性原则，有违反罪刑法定原则的嫌疑”。[①] 笔者认为，否定说的观点是合理的，即本罪中的证人，不包括被害人。被害人在报案时对于案件事实做适度的夸大或隐瞒，不构成伪证罪。但如果被害人故意编造不存在的事实去报案，意图使被告人受到刑事追究的，则可能构成诬告陷害罪。

---

① 黄京平主编：《妨害证据犯罪新论》，中国人民大学出版社2007年版，第69页。

二、本罪与诬告陷害罪的界限

根据刑法第 243 条的规定，诬告陷害罪，是指捏造事实诬告陷害他人，意图使他人受刑事追究，情节严重的行为。伪证罪与诬告陷害罪的相同点在于：客体方面都侵犯了司法机关正常的办案秩序；客观方面都表现为弄虚作假的陈述；主观上都存在故意陷害他人的犯罪目的。伪证罪与诬告陷害罪的界限在于：

1. 犯罪客体不同：前罪侵犯的是简单客体，即司法机关的正常刑事诉讼秩序；而后罪侵犯的是复杂客体，其主要侵犯公民的人身权利，同时也侵犯司法机关的正常办案秩序。

2. 行为所针对的对象不同：前罪针对的对象既可以是自然人，也可以是单位；而后罪针对的对象只能是自然人。

3. 行为表现不同：前罪表现为对与案件有重要关系的情节，故意作虚假证明、鉴定、记录、翻译；而后罪则表现为捏造犯罪事实诬告他人。

4. 对情节的要求不同：前罪的成立无“情节严重”的要求，“情节严重”是其加重处罚条件；而“情节严重”是后罪的构成要件要素。

5. 犯罪主体不同：前罪主体是特殊主体，即仅限于刑事诉讼中的证人、鉴定人、记录人和翻译人；而后罪主体为一般主体，即达到刑事责任年龄、具备刑事责任能力的自然人。

6. 犯罪目的不同：前罪的犯罪目的既可以表现为意图陷害他人，从而使他人被错误地定罪处刑或轻罪重罚，又可以表现为意图隐匿罪证，从而为犯罪人开脱罪责；而后罪的目的仅为陷害他人，即意图使他人错误地受到刑事追究。

三、本罪与包庇毒品犯罪分子罪的界限

根据刑法第 349 条的规定，包庇毒品犯罪分子罪，是指包庇走私、贩卖、运输、制造毒品的犯罪分子的行为。伪证罪与包庇毒品犯罪分子罪的界限在于：

1. 犯罪主体不同：伪证罪犯罪主体是特殊主体，即仅限于刑事诉讼中的证人、鉴定人、记录人和翻译人。而包庇毒品犯罪分子罪的主体则是一般主体，即达到刑事责任年龄、具备刑事责任能力的自然人。

2. 对情节的要求不同：伪证罪要求对与案件有重要关系的情节进行掩饰隐瞒，而包庇毒品犯罪分子罪则可针对有关全部罪行的案件事实。

3. 包庇对象不同：伪证罪包庇对象包括犯罪嫌疑人与被告人，包庇毒品犯罪分子罪包庇对象为毒品犯罪的嫌疑人、被告人和已决犯。

4. 发生的诉讼阶段不同：伪证罪只能发生于刑事诉讼过程中，而包庇毒品犯罪分子罪则不作要求。

四、本罪与窝藏、包庇罪的界限

根据刑法第 310 条的规定，窝藏、包庇罪，是指明知是犯罪的人而为其提供隐藏处所、财物，帮助其逃匿，或者作假证明予以包庇的行为。伪证罪与窝藏、包庇罪的区别在于：

1. 犯罪主体不同：前罪的主体是特殊主体，只能是刑事诉讼中的证人、鉴定人、记录人、翻译人；后罪的主体则是一般主体，即任何达到刑事责任年龄、具备刑事责任能力的自然人。

2. 犯罪的时间不同：前罪只能发生在判决之前的侦查、起诉和审理阶段；后罪既可以发生在犯罪分子被采取强制措施之前，也可以在侦查、起诉、审判以及刑罚执行期间。

3. 犯罪客观方面的表现不同：前者表现为对与案件有重要关系的情节作虚假的证明、鉴定、记录、翻译；后者一般表现为为犯罪人提供隐藏处所、财物，帮助其逃匿，或者向司法机关作虚假证明予以包庇，帮助其掩盖罪行，使其逃避法律制裁。

4. 犯罪目的不完全相同：前者的目的既可以是陷害他人，使他人受到错误的刑事追究，也可以是隐匿罪证使犯罪人逃避刑事责任；后者的目的是使犯罪人逃避刑事制裁。

五、本罪与帮助毁灭、伪造证据罪的界限

根据刑法第 307 条的规定，帮助毁灭、伪造证据罪，是指帮助当事人毁灭、伪造证据，情节严重的行为。伪证罪与帮助毁灭、伪造证据罪的区别在于：

1. 犯罪客体不完全相同：前罪侵犯的客体虽然是国家司法机关正常的诉讼秩序，但只能是刑事诉讼秩序；而后罪侵犯的客体是国家司法机关正常的诉讼秩序，具体可以是刑事诉讼、民事诉讼或行政诉讼秩序。

2. 行为发生的时间不同：前罪行为只能发生在诉讼活动之中；而后罪行为既

可以发生在诉讼活动开始之前，也可以发生在诉讼活动开始之后。

3. 行为发生的空间不同：前罪只能发生在刑事诉讼中；而后罪则可以发生在刑事诉讼、民事诉讼、行政诉讼三大诉讼中。

4. 行为表现不尽相同：前罪表现为对与案件有重要关系的情节，故意作虚假证明、鉴定、记录、翻译的行为；而后罪则表现为“帮助当事人毁灭、伪造证据”的行为。

5. 主体不同：前罪是身份犯，主体为特殊主体，限于刑事诉讼中的证人、鉴定人、记录人、翻译人；而后罪的主体则为一般主体，即任何达到刑事责任年龄、具备刑事责任能力的自然人。

六、本罪的罪数形态认定

1. 诬告陷害导致他人被立案侦查，之后在刑事诉讼中故意作虚假证明，意图陷害他人的。虽然出于一个意图，但由于实施了两个行为，具有数个故意，且侵害了两个不同的法益，因此应当数罪并罚。

2. 行为人在不同案件中均实施了伪证行为的，行为均构成伪证罪。在此种情况下，行为人是基于不同的犯罪故意，实施了数个独立的犯罪行为，因而，应属于同种数罪。对于这种情况，司法实践中常见的做法是不作数罪并罚，只定一罪，但从重处理。

【办案依据】

刑法规定

第三百零五条 在刑事诉讼中，证人、鉴定人、记录人、翻译人对与案件有重要关系的情节，故意作虚假证明、鉴定、记录、翻译，意图陷害他人或者隐匿罪证的，处三年以下有期徒刑或者拘役；情节严重的，处三年以上七年以下有期徒刑。

第二章 辩护人、诉讼代理人毁灭证据、伪造证据、妨害作证罪

【立案追诉标准】

辩护人、诉讼代理人毁灭证据、伪造证据、妨害作证案（刑法第306条）

本罪为行为犯，依照刑法第306条的规定，在刑事诉讼中，辩护人、诉讼代理人毁灭、伪造证据，帮助当事人毁灭、伪造证据，威胁、引诱证人违背事实改变证言或者作伪证的，即构成本罪。

【犯罪构成及刑事责任】

辩护人、诉讼代理人毁灭证据、伪造证据、妨害作证罪，是指在刑事诉讼中，辩护人、诉讼代理人毁灭、伪造证据，帮助当事人毁灭、伪造证据，威胁、引诱证人违背事实改变证言或作伪证的行为。具体包括以下四个要件：

1. 客体要件。本罪侵犯的客体是司法机关正常的刑事诉讼秩序和他人的人身权利。

2. 客观要件。辩护人、诉讼代理人毁灭证据、伪造证据、妨害作证罪在客观方面表现为：在刑事诉讼中，辩护人、诉讼代理人毁灭、伪造证据，帮助当事人毁灭、伪造证据，威胁、引诱证人违背事实改变证言或作伪证的行为。本罪的行为仅限于发生在刑事诉讼中，具体表现为三种情形。

（1）毁灭、伪造证据。“毁灭证据”，是指通过一切手段使证据灭失，使证据的证明力减少或丧失的行为，具体行为手段既可以是物理上的损坏，使现存证据从形态上完全消失，如将证据烧毁、撕坏、浸烂、丢弃等，又包括虽保存证据形态但使其丧失或部分丧失其证明力，如玷污、涂画证据使其无法反映其证明的事实等；“伪造证据”，是指制造或凭空捏造一个虚假的不存在的证据，包括变造证据，即对现存证据进行篡改加工，从而变更证据效力的行为。[①] 从语义上来讲，虽然伪造和变造具有不同含义，但就本罪来说，行为人实施相关行为是为改变证据的证明效力，从而影响刑事诉讼中对相关事实的认定，从这个角度来说，伪造和变造并无实质上的差别。“证据”，是指在刑事诉讼中的物证、书证、证人证言、被害人陈述、犯罪嫌疑人/被告人供述和辩解、鉴定意见、勘验检查笔录等用以在刑事诉讼中证明被告人有罪、无罪或者罪重罪轻的证据，既包括证明犯罪嫌疑人/被告人是否构成犯罪的证据，也包括量刑方面的证据。

（2）帮助当事人毁灭、伪造证据。“帮助当事人毁灭、伪造证据”，是指辩护人、诉讼代理人策划、指使当事人毁灭、伪造证据，或者与当事人共谋毁灭、伪造证据，以及为当事人毁灭、伪造证据提供帮助等。“当事人”，是指被害人、自诉人、犯罪嫌疑人、被告人、附带民事诉讼的原告人和被告人。本罪中帮助行为的具体形式多种多样。既可以表现为物质帮助，也可以表现为精神帮助；既可以是直接帮助，也可以是通过当事人以外的人实施帮助。

（3）威胁、引诱证人违背事实改变证言或者作伪证。“威胁”，是指意图让证人违背事实改变证言或者作伪证进行的精神上的强制。至于威胁的内容如何，则在所不问，如以暴力相威胁、以毁坏财物相威胁、以揭发个人隐私相威胁等均属于本罪的“威胁”。“引诱”，是指以金钱、物质或者其他利益诱使证人违背事实改变自己已经作出的真实的证言或者作虚假的证言。“违背事实改变证言”，是指证人对于之前已经存在的事实或者已经作出的证言进行改变，另行作出证言的行为。“作伪证”，是指行为人违背客观事实所作出虚假证言的行为，即让证人故意作出违反证人的记忆与实际体验且不符合客观事实的陈述。一般来讲，行为人对

---

① 张明楷：《刑法学》，法律出版社2021年版，第1422页。

证人实施了威胁、引诱其违背事实改变证言或作伪证的行为，但证人没有实施违背事实作伪证或改变证言的行为，可以不以犯罪论处。关于“证人”的范围，笔者认为，不应限于狭义的证人，而应包括被害人、鉴定人、翻译人（限于对证人证言、被害人陈述的翻译）。诚然，刑事诉讼法证人证言、被害人陈述、鉴定意见分为不同的证据种类，但是，这并不影响刑法将本罪中的“证人”作广义解释。从用语的本来含义来说，“证人”的概念原本就可以包括狭义的证人、被害人、鉴定人、翻译人等。将被害人、鉴定人、翻译人等称为证人，不会违背国民的预测可能性。从实质意义而言，行为人以暴力、威胁、贿买等方法阻止被害人作出陈述、阻止鉴定人作出鉴定意见、阻止翻译人员翻译，与行为人以暴力、威胁、贿买等方法阻止狭义的证人作证，妨害司法活动客观公正性，没有任何实质区别。

目前尚不存在有关辩护人、诉讼代理人毁灭证据、伪造证据、妨害作证罪情节严重的司法解释，笔者认为，在刑事诉讼中，辩护人、诉讼代理人毁灭、伪造证据，帮助当事人毁灭、伪造证据，威胁、引诱证人违背事实改变证言或者作伪证，考察是否情节严重可以从以下几个角度入手：行为足以使他人受到刑事处罚或者轻罪重判的；行为足以使犯罪人逃避刑事处罚或者重罪轻判的；行为造成冤、假、错案的；行为致使他人自杀或精神失常的；行为造成其他严重后果的。

3. 主体要件。本罪为身份犯，主体身份包括辩护人和刑事诉讼中的诉讼代理人。“辩护人”，是指在刑事诉讼中，包括在侦查、审查起诉、审判阶段，犯罪嫌疑人、被告人委托的或者由法律援助机构指派的为犯罪嫌疑人、被告人提供法律帮助维护其合法权益的人。“诉讼代理人”，是指公诉案件的被害人及其法定代理人或者近亲属、自诉案件的自诉人及其法定代理人委托代为参加诉讼的人，以及附带民事诉讼的当事人及其法定代理人委托代为参加诉讼的人。需要注意的是，2018 年修改刑事诉讼法增加了值班律师制度，其第 36 条第 1 款规定：“法律援助机构可以在人民法院、看守所等场所派驻值班律师。犯罪嫌疑人、被告人没有委托辩护人，法律援助机构没有指派律师为其提供辩护的，由值班律师为犯罪嫌疑人、被告人提供法律咨询、程序选择建议、申请变更强制措施、对案件处理提出意见等法律帮助。”值班律师在履行上述职责时可以成为本罪的主体。

4. 主观要件。本罪是故意犯罪，且只能由直接故意构成，间接故意和过失不能成立本罪，刑法第306条第2款明确规定，辩护人、诉讼代理人提供、出示、引用的证据失实，不是有意伪造的，不属于伪造证据。至于本罪的犯罪动机，则是多种多样的，既可能是为了包庇犯罪嫌疑人、被告人，使其逃避法律的制裁，也可能是为了陷害犯罪嫌疑人、被告人，使其受到刑事追究。辩护人毁灭、伪造证据的目的往往是使犯罪嫌疑人或被告人无罪或罪轻，而诉讼代理人的目的可能正相反。但是，具体犯罪动机如何，并不影响辩护人、诉讼代理人毁灭证据、伪造证据、妨害作证罪的成立，只在量刑时酌情予以考虑。

根据刑法第306条的规定，犯本罪的，处三年以下有期徒刑或者拘役；情节严重的，处三年以上七年以下有期徒刑。

【疑难指导】

一、诉讼代理人伪造刑事附带民事诉讼的民事证据是否构成本罪

毁灭、伪造刑事证据，无疑构成该罪，但如果毁灭、伪造的只是刑事附带民事诉讼的证据，是否也构成本罪呢？

笔者认为，辩护人、诉讼代理人毁灭、伪造的证据不影响对犯罪嫌疑人、被告人刑事部分的处理，影响的只是附带民事诉讼部分的处理的，就不应作为该罪处理；威胁、引诱证人违背事实改变证言或者作伪证，不影响对犯罪嫌疑人被告人刑事部分的处理，影响的只是附带民事诉讼部分的处理的，也不能以该罪处理。理由是：该罪保护的法益是刑事诉讼的司法秩序，因此构成该罪的前提不仅要求形式上处于刑事诉讼中，还需要行为本身侵害有关刑事案件实体定罪量刑的活动，否则毁灭、伪造证据的社会危害性就达不到该罪所要求的严重性程度。尽管附带民事诉讼也是在刑事诉讼部分一起解决的，但毕竟可以单独起诉、单独处理。辩护人、诉讼代理人毁灭、伪造附带民事诉讼部分证据，不会因为在刑事诉讼中进行处理就因此增大行为的社会危害性。但是根据刑法第307条的规定，帮助当事人毁灭、伪造证据，只有情节严重才构成犯罪。构成辩护人、诉讼代理人毁灭证据、伪造证据罪的，却不要求达到情节严重的程度。辩护人、诉讼代理人妨害证据，影响的只是民事部分的处理的，为体现罪刑相适应原则，不宜定辩护人、诉

讼代理人毁灭证据、伪造证据、妨害作证罪。①

二、辩护人当庭诱导性发问是否属于“引诱证人违背事实改变证言或作伪证”

本罪中的“引诱”是否包括诱导性发问？在刑事案件开庭审理的过程中，如果证人出庭，公诉人和辩护人均可以对证人进行法庭发问。《人民检察院刑事诉讼规则》第402条规定，“讯问被告人、询问证人不得采取可能影响陈述或者证言客观真实的诱导性发问以及其他不当发问方式。辩护人向被告人或者证人进行诱导性发问以及其他不当发问可能影响陈述或者证言的客观真实的，公诉人可以要求审判长制止或者要求对该项陈述或者证言不予采纳”。根据上述规定，辩护人在庭审中有权对证人发问，但要求询问证人不得采取可能影响陈述或者证言客观真实的诱导性发问方式。但是，如果辩护人采取了诱导性发问，其后果仅仅是对该证言不予采信，因为上述行为属于辩护人合法辩护范围内的行为，且诱导性发问本身与通常意义的辩护人、诉讼代理人采取金钱、物质或者其他利益的方法，诱使证人违背事实改变证言或者作伪证的行为，在违法性上也相差甚远，因此，诱导性发问不应以本罪论处。

三、本罪与伪证罪的界限

根据刑法第305条的规定，伪证罪，是指在刑事诉讼中，证人、鉴定人、记录人、翻译人对与案件重要关系的情节，故意作虚假证明、鉴定、记录、翻译，意图陷害他人或者隐匿罪证的行为。辩护人、诉讼代理人毁灭证据、伪造证据、妨害作证罪与伪证罪的界限在于：

1. 犯罪对象不同：辩护人、诉讼代理人毁灭证据、伪造证据、妨害作证罪的犯罪对象是证据，即刑事诉讼法所规定的能够证明案件真相的八种证据；而伪证罪的犯罪对象仅限于特定的证据，即证人证言、鉴定结论以及和刑事诉讼有关的记录材料、翻译资料等。

2. 犯罪客观方面的表现形式不同：辩护人、诉讼代理人毁灭证据、伪造证据、妨害作证罪在客观方面表现为，在刑事诉讼中，辩护人、诉讼代理人毁灭、伪造

---

① 陈洪兵：《关于辩护人、诉讼代理人毁灭证据、伪造证据、妨害作证罪司法适用问题》，载《浙江海洋学院学报（人文科学版）》2004年第1期。

证据，帮助当事人毁灭、伪造证据，威胁、引诱证人违背事实改变证言或作伪证的行为；而伪证罪在客观方面则表现为，在刑事诉讼中，证人、鉴定人、记录人、翻译人对与案件有重要关系的情节，故意作虚假证明、鉴定、记录、翻译，意图陷害他人或者隐匿罪证的行为。

3. 犯罪主体的范围不同：尽管两罪的主体都是特殊主体，但是辩护人、诉讼代理人毁灭证据、伪造证据、妨害作证罪的主体只能是辩护人和诉讼代理人；而伪证罪主体只能是证人、鉴定人、记录人和翻译人。

4. 犯罪目的不同：辩护人、诉讼代理人毁灭证据、伪造证据、妨害作证罪的行为在主观上是出于包庇当事人，使其不受刑事追究的目的；而伪证罪的行为人在主观上既有可能是为了包庇当事人，也有可能是为了陷害当事人。

此外应当注意的是，辩护人、诉讼代理人教唆、帮助证人作伪证的，应按想象竞合处理。第一，辩护人、诉讼代理人教唆、帮助证人作伪证的，构成伪证罪的共同犯罪。第二，辩护人、诉讼代理人教唆、帮助证人作伪证的，还构成辩护人、诉讼代理人毁灭证据、伪造证据、妨害作证罪。第三，此种情形属于想象竞合。想象竞合，是指行为人基于数个犯意，实施的一个危害行为同时触犯数罪的一种犯罪形态。在上述情形中，辩护人、诉讼代理人在客观上只实施了一个行为，在主观上实际上具有两个犯罪故意，但同时触犯了两个罪名，因此按照想象竞合犯的处理规则，应择一重罪处断。

四、本罪与包庇罪的界限

根据刑法第 310 条的规定，包庇罪，是指明知是犯罪的人而作假证明予以包庇的行为。辩护人、诉讼代理人毁灭证据、伪造证据、妨害作证罪与包庇罪的界限在于：

1. 犯罪对象不同：辩护人、诉讼代理人毁灭证据、伪造证据、妨害作证罪的犯罪对象是证据；而包庇罪的犯罪对象则是犯罪的人。

2. 犯罪客观方面的表现形式不同：辩护人、诉讼代理人毁灭证据、伪造证据、妨害作证罪在客观方面表现为，在刑事诉讼中，辩护人、诉讼代理人毁灭、伪造证据，帮助当事人毁灭、伪造证据，威胁、引诱证人违背事实改变证言或者作伪证的行为；而包庇罪在客观方面则表现为，明知是犯罪的人而作假证明予以包庇的行为。

3. 犯罪主体不同：辩护人、诉讼代理人毁灭证据、伪造证据、妨害作证罪的犯罪主体是特殊主体，即只能是辩护人、诉讼代理人；而包庇罪的主体则是一般主体，只要是达到了刑事责任年龄、具有刑事责任能力的人，都可以成为包庇罪的主体。

五、本罪与徇私枉法罪的界限

根据刑法第399条的规定，徇私枉法罪，是指司法工作人员徇私枉法、徇情枉法，对明知是无罪的人而使他受追诉、对明知是有罪的人而故意包庇不使他受追诉或者在刑事审判活动中故意违背事实和法律作枉法裁判的行为。辩护人、诉讼代理人毁灭证据、伪造证据、妨害作证罪与徇私枉法罪的界限在于：

1. 犯罪客观方面的表现不同：辩护人、诉讼代理人毁灭证据、伪造证据、妨害作证罪在客观方面表现为，在刑事诉讼中，辩护人、诉讼代理人毁灭、伪造证据，帮助当事人毁灭、伪造证据，威胁、引诱证人违背事实改变证言或者作伪证的行为；而徇私枉法罪在客观方面则表现为，徇私枉法、徇情枉法，对明知是无罪的人而使他受追诉、对明知是有罪的人而故意包庇不使他受追诉或者在刑事审判活动中故意违背事实和法律作枉法裁判的行为。

2. 犯罪主体不同：辩护人、诉讼代理人毁灭证据、伪造证据、妨害作证罪的主体是辩护人、诉讼代理人；而徇私枉法罪的主体只能是司法工作人员。

3. 犯罪目的不同：辩护人、诉讼代理人毁灭证据、伪造证据、妨害作证罪的目的是放纵犯罪分子，使其不受法律制裁；而徇私枉法罪的主观目的既可以是使他人受到不应有的刑事追诉或者受到冤判、错判，也可以是以放纵犯罪分子。

【办案依据】

一、刑法规定

第三百零六条 在刑事诉讼中，辩护人、诉讼代理人毁灭、伪造证据，帮助当事人毁灭、伪造证据，威胁、引诱证人违背事实改变证言或者作伪证的，处三年以下有期徒刑或者拘役；情节严重的，处三年以上七年以下有期徒刑。

辩护人、诉讼代理人提供、出示、引用的证人证言或者其他证据失实，不是有意伪造的，不属于伪造证据。

二、其他法规

《中华人民共和国刑事诉讼法》（2018 年修订）[①]

第三十二条　本章关于回避的规定适用于书记员、翻译人员和鉴定人。

辩护人、诉讼代理人可以依照本章的规定要求回避、申请复议。

第三十三条　犯罪嫌疑人、被告人除自己行使辩护权以外，还可以委托一至二人作为辩护人。下列的人可以被委托为辩护人：

（一）律师；

（二）人民团体或者犯罪嫌疑人、被告人所在单位推荐的人；

（三）犯罪嫌疑人、被告人的监护人、亲友。

正在被执行刑罚或者依法被剥夺、限制人身自由的人，不得担任辩护人。

被开除公职和被吊销律师、公证员执业证书的人，不得担任辩护人，但系犯罪嫌疑人、被告人的监护人、近亲属的除外。

第六十条　对于经过法庭审理，确认或者不能排除存在本法第五十六条规定的以非法方法收集证据情形的，对有关证据应当予以排除。

第一百零六条　当事人由于不能抗拒的原因或者有其他正当理由而耽误期限的，在障碍消除后五日以内，可以申请继续进行应当在期满以前完成的诉讼活动。

前款申请是否准许，由人民法院裁定。

---

① 本书“办案依据”部分所标规范性文件的日期为该文件的通过、发布、最后一次修订后公布、实施日期之一，文件内容均为节选，以下不再标注。

第三章 妨害作证罪

【立案追诉标准】

妨害作证案（刑法第307条）

本罪为行为犯，根据刑法第307条的规定，以暴力、威胁、贿买等方法阻止证人作证或者指使他人作伪证的，应予追诉。

【犯罪构成及刑事责任】

妨害作证罪，是指以暴力、威胁、贿买等方法阻止证人作证或者指使他人作伪证的行为。

1. 客体要件。一般认为，妨害作证罪侵犯的客体是司法机关正常的诉讼活动秩序。

关于本罪的犯罪客体，刑法学界存在不同观点：第一种观点认为，应当依据妨害作证行为发生的实际情况确定客体的范围，主张妨害作证罪的犯罪客体是复杂客体，其既侵害司法机关的正常诉讼秩序，也侵犯公民依法作证的权利，如果使用暴力、威胁方法妨害作证的，还会侵犯公民的人身权利。[①] 第二种观点认为，“本罪侵犯的客体是司法机关的正常活动和公民依法作证的权利”。[②] 第三种观点

① 敬大力主编：《刑法修订要论》，法律出版社1997年版，第246页。
② 李希慧主编：《妨害社会管理秩序罪新论》，武汉大学出版社2001年版，第239页。

认为，“本罪侵犯的客体是司法机关的正常活动”。① 三种观点的发展趋势是逐渐认识到妨害作证罪的本质，而摒除偶然的个案因素。

据此，笔者认为，本罪侵犯的客体是司法机关正常的诉讼活动秩序。首先，认为本罪侵犯的客体包括公民依法作证的权利的观点，是不妥的。行为人以暴力、威胁方法阻止证人作证固然会侵犯公民依法作证的权利，但以贿买方法阻止证人作证时，并不侵犯公民依法作证的权利。其次，认为本罪侵犯的客体为“司法机关的正常活动”的观点也存在不妥，其外延过于宽泛，将“司法机关正常的诉讼活动秩序”作为本罪的犯罪客体更为准确。

2. 客观要件。妨害作证罪在客观方面表现为以暴力、威胁、贿买等方法阻止证人作证，或者指使他人作伪证的行为。具体包括以下几个要件：

（1）要求使用“暴力、威胁、贿买等方法”。

第一，所谓“暴力”，是指意图阻止证人作证的不法有形力，至于其程度如何，在所不问。笔者认为，行为人行使暴力的终极目的虽然是阻止证人作证，但暴力直接针对的目标并不必须是证人本人，这里的“暴力”一般针对证人本人的，但也可针对其亲朋好友，既可以是针对证人及其亲朋好友之人身，也可以是针对他们的财产。

第二，所谓“威胁”，是指意图阻止证人作证的精神上的强制。至于威胁的内容如何，则在所不问。如以暴力相威胁；以毁坏财产相威胁；以揭发人隐私相威胁等。有观点认为，这里的“威胁”是指“以暴力为后盾对证人进行威胁”。② 但笔者认为，威胁的内容很多，以暴力进行威胁只是其中常见的一种。此外，威胁的对象一般是证人本人，但“对证人的亲属进行威胁，阻止证人作证的，也属于以威胁方法阻止证人作证”。③

第三，所谓“贿买”，是指为阻止证人作证，以物质性利益为诱饵对证人进行收买的行为。

---

① 李三宝等主编：《罪名适用新解》，中国人民公安大学出版社 2003 年版，第 657 页。

② 苏长青等：《新刑法导论》（下册）中国人民大学出版社 2000 年版，第 745 页。

③ 李三宝等：《罪名适用新解》，中国人民公安大学出版社 2003 年版，第 657 页。

第四，其他方法。暴力、威胁、贿买是阻止证人作证的常见方法，除此以外，还有一些其他阻止证人作证的方法。由于法律不可能穷尽所有的阻止证人作证的方法，故而，法条在列举了常见的几种方法之后用了一个“等”字收尾。应当认为“等方法”的强度应当与“暴力、威胁、贿买”对证人或他人的影响力相匹配，通常还包括唆使、嘱托、请求、引诱等方法。值得注意的是，其中的引诱，应是一种不法程度较高的“引诱”行为。广义的引诱包括物质利益的引诱与非物质利益的引诱，狭义的引诱仅指非物质利益的引诱，为了便于表述，我们将物质利益的引诱称为“利诱”，将非物质利益的引诱称为“引诱”。首先，应对利诱之“利”进行限制。输送利益价值低微的情形不构成贿买，那么是否能作为“等方法”的利诱行为而入罪，值得考虑。司法实践中对于这种利益输送拉拢感情的一般都作为犯罪处理。根据利诱与贿买行为的等置性观点，应当认为用于“利诱”的“利”也应该是具有一定经济价值的物件或者重大利益。其次，应对引诱之“引”进行限制。非物质利益的引诱应当是指承诺解决工作、提供上学机会、色相勾引等情况。[①] 司法机关仍应对上述情形中与法条列举的“暴力、威胁、贿买”方法的等置性进行比较。值得注意的是，如果这个“引”力来自亲亲相隐的血缘之情，司法机关需要慎重认定。尽管我国刑事诉讼法不承认亲亲相隐，但是此种情形无论是被告人向亲属主动提出帮忙顶罪的请求，还是亲属主动提出代替顶罪，其不法强度都无法与暴力、威胁、贿买手段相比，一般不具有等置性，故不能认定为“引诱”他人作伪证，因此不能成立妨害作证罪。

（2）要求阻止证人作证，或者指使他人作伪证。所谓“阻止证人作证”，是指采用暴力伤害，以暴力或者其他手段相威胁，用金钱、物质利益行贿以及其他方法不让证人为案件提供证明；所谓“指使他人作伪证”，是指以暴力、威胁、贿买或者其他方法让他人为案件提供与事实不符的虚假证明。这里的“证人”不限于狭义的证人，还可包括被害人、鉴定人、翻译人。本条的规定未限于刑事诉讼，也就是说本条的规定适用于刑事、民事、行政等一切诉讼当中。

---

① 王若思：《妨害作证罪疑难问题的法教义学解析——以369份刑事判决书为研究起点》，载《法学杂志》2020年第8期。

（3）行为既可以发生在诉讼活动进行过程之中，也可以发生在诉讼提起之前。本罪的行为以发生在诉讼活动进行过程之中为通常情况，但也不应当排除在诉讼提起之前的阶段。这是因为在诉讼提起之前，行为人如果实施妨害作证的行为同样会对以后发生的诉讼活动造成影响和妨碍，而诉讼活动进行之前实施的妨害作证行为对司法秩序的影响与在诉讼活动过程之中所实施的妨害作证行为之法益侵害性及其程度并没有什么实质的不同。

目前尚不存在有关妨害作证罪情节严重的司法解释，笔者认为，以暴力、威胁、贿买等方法阻止证人作证或者指使人作伪证，考察情节是否严重可以从以下几个角度入手：妨害作证行为是否足以妨害诉讼活动正常进行；妨害作证行为是否足以使裁判显失公正；妨害作证行为是否造成冤、假、错案；妨害作证行为是否手段恶劣；妨害作证行为是否造成其他严重后果。

3. 主体要件。本罪的主体是一般主体，即达到刑事责任年龄、具有刑事责任能力的自然人，都可以成为本罪的主体，单独构成本罪。从司法实践中的情况来看，本罪的主体多为与案件有利害关系的人，如刑事案件中犯罪嫌疑人、被告人的亲戚、朋友，或者民事、经济案件中的当事人等。在此，有一个问题应当引起注意：如果犯罪嫌疑人、被告人自己采取非法手段妨害证人依法履行作证义务的，是否应当成立本罪？对于此问题，学界有三种观点：第一，肯定说。认为立法上并未将犯罪嫌疑人、被告人排除，故其能够成为此罪主体。[①] 第二，部分肯定说。认为以平和方式妨害作证的，因缺乏期待可能性出罪，而以暴力、威胁、贿买等方法实施的妨害作证行为应当认定成立犯罪。[②] 第三，否定说。认为教唆伪证行为

---

① 高铭暄、马克昌主编：《刑法学》，北京大学出版社、高等教育出版社 2011 年版，第 554 页；周道鸾、张军主编：《刑法罪名精释》，人民法院出版社 2007 年版，第 607 页；刘宪权主编：《刑法学》，上海人民出版社 2012 年版，第 667 页；王作富主编：《刑法分则实务研究（下）》，中国方正出版社 2013 年版，第 1207 页；陈洪兵：《认真评价本犯的事后行为》，载《南京农业大学学报（社会科学版）》2009 年第 1 期。

② 钱叶六：《妨害司法犯罪的共犯罪责之认定》，载《法学》2015 年第 7 期；周少华主编：《刑事案例诉辩审评——妨害司法罪》，中国检察出版社 2014 年版，第 9 页。

也属于隐匿罪证行为，行为人自行隐匿罪证不具有期待可能性，[①] 以比正犯不法性低的教唆犯形式实施犯罪更不具有期待可能性，因而出罪。[②] 笔者认为，第二种观点是合理的，即当事人原则上可以构成妨害作证罪主体，但对此也不能绝对化。以刑事案件的被告人为例，被告人本人作虚假陈述的，不可能成立伪证罪，也不可能成立妨害作证罪，这是因为缺乏期待可能性，即不能期待被告人不作虚假陈述。所以，如果被告人采取一般的嘱托、请求、劝诱等行为阻止他人作证或者指使他人作伪证的，可以认为缺乏期待可能性，而不以妨害作证罪论处。但是，如果被告人采取暴力、威胁、贿买等方法阻却他人作证或者指使他人作伪证的，则因为并不缺乏期待可能性，而认定为妨害作证罪。[③]

4. 主观要件。本罪在主观方面是出于故意，且仅限于直接故意，间接故意和过失均不能构成本罪。

本罪的故意是直接故意还是间接故意，抑或直接故意和间接故意都可以成立，理论上存在些许争议。笔者认为，从本罪的行为性质来看，只能是直接故意。这是因为，根据刑法第307条第1款的规定，妨害作证罪是以暴力、威胁、贿买唆使或者其他方法劝止、阻止证人依法作证或者唆使、贿买、胁迫或者以其他方法使他人作伪证，情节严重的行为。从上述规定中可以推知：首先，行为人对于自己实施的行为的性质及由此可能造成的妨害司法活动正常进行和侵犯公民依法作证的权利的危害结果是明知的。其次，无论是以暴力、威胁、贿买、唆使或者其他方法劝止、阻止证人依法作证的行为，还是唆使、贿买、胁迫或者以其他方法使他人作伪证的行为，都带有强烈的积极追求色彩，而非消极放任色彩。因此，应当认为本罪在主观方面只能是出于直接故意，即行为人明知自己实施妨害证人依法作证的行为会发生妨害国家司法机关正常的诉讼活动和侵犯他人的作证权利或者人身权利的危害结果，却仍希望这一危害结果的发生。

---

① ［日］西田典之著：《日本刑法各论》，刘明祥、王昭武译，中国人民大学出版社2009年版，第367页；［日］大谷实：《刑法各论》，中国人民大学出版社2009年版，第559页；［日］前田雅英：《刑法各论讲义（第4版），东京大学出版会2007年版，第499页。

② ［日］前田雅英：《刑法各论讲义（第4版）》，东京大学出版会2007年版，第499页。

③ 张明楷：《论妨害作证罪》，载《人民检察》2007年第8期。

根据刑法第 307 条的规定，犯本罪的，处三年以下有期徒刑或者拘役；情节严重的，处三年以上七年以下有期徒刑；司法工作人员犯本罪的，从重处罚。

【疑难指导】

一、罪与非罪的区分

关于本罪罪与非罪的界限，司法实践中应当注意以下两点：第一，本罪是故意犯罪。因而，如果行为人不是有意妨害证人作证，则不能以本罪追究其刑事责任。第二，本罪行为需要达到足以造成妨害国家司法机关的正常诉讼活动、影响司法的客观公正性的紧迫危险的程度。行为人阻止他人作证或者指使他人作伪证，情节轻微的，不能以犯罪论处，而只能依照民事诉讼法、刑事诉讼法、行政诉讼法以及其他有关法律、法规的规定，对行为人进行相应的处理。

二、本罪与伪证罪的界限

根据刑法第 305 条的规定，伪证罪，是指在刑事诉讼中，证人、鉴定人、记录人、翻译人对与案件有重要关系的情节，故意作虚假证明、鉴定、记录、翻译，意图陷害他人或者隐匿罪证的行为。妨害作证罪与伪证罪的界限在于：

1. 犯罪客观方面的表现形式不同：妨害作证罪在客观方面表现为，行为人以暴力、威胁、贿买等方法阻止证人作证或者指使证人作伪证的行为；而伪证罪在客观方面则表现为，在刑事诉讼中，行为人对与案件有重要关系的情节，故意作虚假的证明、鉴定、记录、翻译的行为。

2. 行为发生的时间不同：妨害作证罪既可以发生在诉讼提起之前，也可以发生在诉讼过程中；而伪证罪则只能发生在诉讼活动进行的过程之中。

3. 行为发生的空间不同：妨害作证罪可以发生在任何诉讼活动中；而伪证罪则只能发生在刑事诉讼活动中。

4. 犯罪主体不同：妨害作证罪的主体是一般主体；而伪证罪则是纯正的身份犯，其犯罪主体是特殊主体，包括证人、鉴定人、记录人和翻译人等。

5. 犯罪主观方面不同：妨害作证罪与伪证罪虽然都是直接故意犯罪，但妨害作证罪与伪证罪的故意内容不同。妨害作证罪的故意内容是行为人明知自己妨害证人依法作证的行为会发生妨害司法机关诉讼活动正常进行以及侵犯公民依法作证的权利的危害结果，却希望这一危害结果的发生；而伪证罪的故意内容则是行为人明知作伪证的行为会妨害司法机关刑事诉讼活动的顺利进行，为了陷害他人或者隐匿罪证，却希望这一危害结果的发生。

在一般情况下，这两罪不容易发生混淆，但对于下述两种情况的定性，却需要特别加以注意。

第一，行为人在刑事诉讼活动过程中，出于让无罪的人被追诉，或者让有罪的人不被追诉的目的，采用强迫、威胁、唆使等方法使证人作伪证，且证人实施的行为构成伪证罪的，应当如何处理？笔者认为，对此情形应当按照想象竞合的处理原则进行处断。首先，因为行为人在主观上具有妨害证人依法履行作证义务的主观故意；客观上，行为人实施了强迫、威胁、唆使等方法使证人作伪证的行为，根据主客观相统一的犯罪构成原理，行为人的行为理应构成妨害作证罪。其次，行为人的行为还应构成伪证罪的共同犯罪。主观上，各行为人在主观上具有共同的伪证故意。客观上，行为人实施了使证人产生实施伪证行为的犯罪故意的教唆行为。最后，上述情形属于刑法理论中的想象竞合。行为人客观上只实施了一个行为，但同时符合了两个罪的构成要件，为了避免重复评价，此时应按照想象竞合，择一重罪处理。

第二，如果在刑事诉讼活动中，鉴定人、记录人等以暴力、威胁、贿买的方法，就与案件有重要关系的情节指使证人作伪证，并据此制作虚假的鉴定、记录，以使他人逃避法律制裁。这种情况应该如何处理？在这种情况下，行为人既实施了妨害作证罪的全部行为，又实施了伪证罪的全部行为。但这种情况与前一个问题的情形有着根本的区别。在前一种情形下，行为人的行为虽然触犯了两个罪名，但行为人只实施了一个行为；而在后一种情形下，行为人的行为之所以触犯了两个罪名，是因为行为人一共实施了两个行为。作伪证行为是目的行为，妨害作证行为是为达到伪证目的而采取的手段行为。所以，这种情形实际上构成刑法理论上的“牵连犯”。根据牵连犯“从一重罪处断”的处理原则，考虑到伪证罪和妨害作证罪的法定刑完全相同，最终以目的行为所成立的罪名即伪证罪对行为人定罪处罚，至于行为人牵连触犯的妨害作证罪法条就不再单独适用。[①]

三、本罪与辩护人、诉讼代理人毁灭证据、伪造证据、妨害作证罪的界限

根据刑法第306条的规定，辩护人、诉讼代理人毁灭证据、伪造证据、妨害作证罪，是指在刑事诉讼中，辩护人、诉讼代理人毁灭证据、伪造证据，帮助当事人毁灭证据、伪造证据，威胁、引诱证人违背事实改变证言或者作伪证的行为。妨害作证罪与辩护人、诉讼代理人毁灭证据、伪造证据、妨害作证罪的界限在于：

1. 犯罪客观方面的表现形式不完全相同：妨害作证罪在客观方面表现为，行为人实施了以暴力、威胁、贿买等手段阻止证人依法作证或者指使他人作伪证的行为；而辩护人、诉讼代理人毁灭证据、伪造证据、妨害作证罪在客观方面则表现为，行为人实施了毁灭证据、伪造证据，帮助当事人毁灭证据、伪造证据，威胁、引诱证人违背事实改变证言或者作伪证的行为。

2. 行为发生的时间不同：妨害作证罪既可以发生在诉讼活动进行过程之中，也可以发生在诉讼提起之前的阶段；而辩护人、诉讼代理人毁灭证据、伪造证据、妨害作证罪只能发生在诉讼活动进行过程之中。

3. 行为发生的空间不同：妨害作证罪既可以发生在刑事诉讼活动过程中，也可以发生在民事、经济、行政诉讼活动过程中；而辩护人、诉讼代理人毁灭证据、伪造证据、妨害作证罪则只能发生在刑事诉讼活动过程中。

4. 犯罪主体不同：妨害作证罪的主体是一般主体，任何达到刑事责任年龄、具有刑事责任能力的自然人，包括犯罪嫌疑人和被告人，都可以成为妨害作证罪的主体，单独构成妨害作证罪；而辩护人、诉讼代理人毁灭证据、伪造证据、妨害作证罪则是纯正的身份犯。除了辩护人、诉讼代理人以外的任何人，都不能成为该罪的主体，单独构成该罪。

值得注意的是，如果辩护人、诉讼代理人在刑事诉讼中，威胁、引诱（金钱引诱）证人作伪证，则既触犯了妨害作证罪，又触犯了辩护人、诉讼代理人毁灭证据、伪造证据、妨害作证罪，由于行为人只实施了一个行为，而触犯的这两个罪名的法条在内容上存在着包容与被包容的关系，因而成立法条竞合。其中，妨

---

① 汪讯：《妨害作证罪司法适用问题研究》，载《法学杂志》2003年第3期。

害作证罪的法条是普通法条，而辩护人、诉讼代理人毁灭证据、伪造证据、妨害作证罪的法条属于特别法条。按照“特别法条优先于普通法条适用”的法条竞合处理原则，对这种情况下的行为人应按照辩护人、诉讼代理人毁灭证据、伪造证据、妨害作证罪处罚。[①]

四、本罪与行贿罪的界限

根据刑法第389条的规定，行贿罪，是指为谋取不正当利益，给予国家工作人员以财物；或者在经济往来中，违反国家规定，给予国家工作人员以财物，数额较大；或者违反国家规定，给予国家工作人员以各种名义的回扣、手续费的行为。本罪与行贿罪的界限在于：

1. 犯罪客体不同：前者侵犯的直接客体是司法机关正常的诉讼活动秩序，而后者侵犯的直接客体则是国家工作人员职务行为的廉洁性。

2. 犯罪客观方面的表现形式不同：妨害作证罪在客观方面表现为，以暴力、威胁、贿买等方法阻止证人作证或者指使证人作伪证的行为；而行贿罪在客观方面则表现为，给予国家工作人员以财物；或者在经济往来中，违反国家规定，给予国家工作人员以财物，数额较大的，或者违反国家规定，给予国家工作人员以各种名义的回扣、手续费的行为。

3. 犯罪目的不同：妨害作证罪和行贿罪尽管都是故意犯罪，但前者的行为人在主观上往往具有包庇当事人或者陷害无辜的目的；而后者的行为人在主观上则具有谋取不正当利益的目的。

需要注意的是，如果证人是国家工作人员，用贿买的方法妨害该证人作证的，从形式上来看，与行贿罪似乎有相近似之处。但是，行贿罪的本质在于利用国家工作人员职务上的便利条件为自己谋取不正当利益，而在上述情况下，行为人贿买该国家工作人员的目的是利用该国家工作人员的证人身份为自己谋取不正当利益，而不是利用其职务上的便利。因此，这种行为只能构成妨害作证罪，不可能成立行贿罪。

---

① 汪讯：《妨害作证罪司法适用问题研究》，载《法学杂志》2003年第3期。

五、本罪与包庇罪的界限

根据刑法第 310 条的规定，包庇罪，是指明知是犯罪的人，而作虚假证明包庇的行为。本罪与包庇罪的界限在于：

1. 犯罪客观方面的表现形式不同：妨害作证罪表现为以暴力、威胁、贿买等方法阻止证人作证或指使他人作伪证，这里既包括作假证明，也包括阻止证人作证，也就是说，既有隐瞒真相，也有无中生有。包庇罪则表现为明知是犯罪的人而作假证明予以包庇，这里只有一种情形，即作假证明，也就是无中生有。

2. 犯罪直接客体有所不同：虽然两罪的直接客体都是简单客体，但妨害作证罪侵犯的是司法机关正常的诉讼活动，其行为结果可能是有罪的人逃避刑事追诉，也可能是无罪的人被冤枉入罪，而包庇罪侵犯的则是司法机关正常的刑事追诉和刑罚执行活动，其行为结果只可能是犯罪的人逃避法律制裁。

六、本罪与非法拘禁罪的界限

根据刑法第 238 条的规定，非法拘禁罪，是指非法拘禁他人或者以其他方法非法剥夺他人人身自由的行为。本罪与非法拘禁罪的界限在于：

1. 犯罪客体不同：妨害作证罪侵犯的直接客体是司法机关正常的诉讼活动，而非法拘禁罪侵犯的直接客体是公民的人身自由权利。

2. 犯罪客观方面的表现形式不同：妨害作证罪在客观方面表现为，以暴力、威胁、贿买或者其他方法阻止证人作证或者指使他人作伪证的行为，而非法拘禁罪在客观方面则表现为，非法拘禁他人或者以其他方法非法剥夺他人人身自由的行为。

3. 犯罪故意的内容不同：妨害作证罪和非法拘禁罪都是故意犯罪，但妨害作证罪的故意内容是，行为人明知其妨害作证的行为会发生破坏司法机关诉讼活动正常顺利进行以及侵犯证人依法作证权利的危害结果，却希望这一危害结果的发生。而非法拘禁罪在主观方面的故意内容是，行为人明知非法拘禁他人或者非法剥夺他人人身自由的行为会发生侵犯公民人身自由权利的危害结果，却希望这一危害结果的发生。

七、本罪与帮助毁灭、伪造证据罪的界限

根据刑法第 307 条的规定，帮助毁灭、伪造证据罪，是指帮助当事人毁灭、

伪造证据的行为。本罪与帮助毁灭、伪造证据罪的界限在于：

1. 犯罪客观方面的表现形式不同：妨害作证罪的客观行为是以暴力、威胁、贿买或者其他方法阻止证人作证或者指使他人作伪证。而帮助毁灭、伪造证据罪的客观行为是帮助当事人毁灭、伪造证据。

2. 行为对象不同：妨害作证罪的行为对象有两种，分别是阻止证人作证中的"证人"和指使他人作伪证中的"他人"。"证人"与"他人"的含义如上文所述。而帮助毁灭、伪造证据罪的行为对象是"证据"，当然，在查证属实之前，所谓的"证据"实际上是证据资料或者证据的原始素材。在此意义上，对帮助毁灭、伪造证据罪中的"证据"应作扩大解释，即包括证据与证据资料，而不能限于狭义的、已经查证属实的、作为定案依据的证据。

八、本罪罪数形态的认定

关于本罪罪数形态的认定，应当注意以下几个方面：第一，行为人以暴力、威胁方法阻止司法工作人员进行勘验、检查的，成立妨害作证罪与妨害公务罪的想象竞合。第二，行为人以贿买方法阻止司法工作人员进行勘验、检查的，成立行贿罪与妨害作证罪的想象竞合；司法工作人员接受贿赂的，成立受贿罪；如果司法工作人员同时触犯刑法第399条第1款、第2款，则根据刑法的规定从一重罪处罚。第三，行为人以贿买等方法阻止司法工作人员从事勘验、检查，司法工作人员因徇私而不从事勘验、检查，导致有罪证据流失，符合徇私枉法罪的犯罪构成的，对司法工作人员当然应以徇私枉法罪论处。如果阻止者符合徇私枉法罪的教唆犯的成立条件的，应认定为徇私枉法罪的教唆犯，并和本罪想象竞合择一重罪处罚。第四，行为人指使作为司法工作人员的勘验人、检查人作虚假勘验、检查，后者接受指使作虚假勘验、检查，触犯徇私枉法罪的，行为人是妨害作证罪的正犯与徇私枉法罪的教唆犯的想象竞合，应从一重罪处罚。[①]

---

① 张明楷：《刑法学》，法律出版社2021年版，第1424页。

【办案依据】

一、刑法规定

第三百零七条 以暴力、威胁、贿买等方法阻止证人作证或者指使他人作伪证的，处三年以下有期徒刑或者拘役；情节严重的，处三年以上七年以下有期徒刑。

帮助当事人毁灭、伪造证据，情节严重的，处三年以下有期徒刑或者拘役。

司法工作人员犯前两款罪的，从重处罚。

二、其他法规

《中华人民共和国刑事诉讼法》（2018 年修订）

第六十条 对于经过法庭审理，确认或者不能排除存在本法第五十六条规定的以非法方法收集证据情形的，对有关证据应当予以排除。

第四章　帮助毁灭、伪造证据罪

【立案追诉标准】

帮助毁灭、伪造证据案（刑法第307条）

帮助当事人毁灭、伪造证据，情节严重的，应予立案追诉。

【犯罪构成及刑事责任】

帮助毁灭、伪造证据罪，是指帮助诉讼活动的当事人毁灭、伪造证据情节严重的行为。

1. 客体要件。本罪侵犯的直接客体是司法机关正常的诉讼活动秩序。证据是证明案件情况真实与否及真实程度的唯一依据，无论是在刑事诉讼中，还是在民事诉讼、行政诉讼中，证据对于司法机关正确查明案件实情和准确适用法律都起着至关重要的作用。帮助当事人毁灭、伪造证据，必然会影响司法机关对证据真实性、有效性的审查，从而对司法机关正常的诉讼活动的进行构成干扰和破坏。

2. 客观要件。帮助毁灭、伪造证据罪在客观方面表现为：帮助毁灭、伪造证据，情节严重的行为。具体包括以下几个方面：

（1）行为。本罪的行为方式是“帮助当事人毁灭、伪造证据”，是指与当事人共谋，或者受当事人指使为当事人毁灭、伪造证据提供帮助的行为，如为贪污犯罪的嫌疑人销毁单据等。本罪不限于在刑事诉讼中帮助当事人毁灭、伪造证据，也包括在民事诉讼、行政诉讼中帮助当事人毁灭、伪造证据的情况。

首先需要厘定“帮助”一词的含义：第一，“帮助”并非一定是与当事人共谋，在当事人不知情的情况下，行为人独自为当事人毁灭、伪造证据的，也应属于“帮助”；第二，帮助行为只能是作为，不能是不作为；第三，在共谋中，行为人与当事人何者处于主动地位，对本罪的成立不构成影响。在行为人教唆的情况下，行为人相对于当事人就处于主要地位。此时，行为人的教唆行为仍属于这里的“帮助当事人毁灭、伪造证据”；第四，本罪中帮助行为的具体形式多种多样。既可以表现为物质帮助，也可以表现为精神帮助，既可以是直接帮助，也可以是通过当事人以外的人实施帮助。

对于“当事人”应当作广义的理解，民事诉讼的当事人包括民事诉讼的原告、被告、共同诉讼人、诉讼代表人；刑事诉讼当事人包括被害人、自诉人、犯罪嫌疑人、被告人、附带民事诉讼的原告人和被告人；行政诉讼的当事人包括行政诉讼中的原告、被告、共同诉讼人。

毁灭证据，是指摧毁、消灭证据，意图使其证明力灭失的行为。由于行为人毁灭证据之意图是使证据的证明力灭失，因而毁灭证据的物理载体固然是证据；证据的物理载体虽未被毁灭，但其所含具有证明力的内容被毁灭的，也是毁灭证据。因此，隐匿证据的行为，也存在使得证据证明力灭失的相当性危险，考虑到司法实践的复杂性，从目的解释论的角度来看，帮助隐匿证据的行为，只要情节严重，就可以构成帮助毁灭、伪造证据罪。

行为人伪造证据之意图是歪曲事实。将“伪造证据”理解为无中生有或者凭空捏造出证据，即制造实际上并不存在的证据或称虚假的证据，当然属于伪造。但是，对有的证据内容进行部分篡改，即变造行为是否也属于本罪中的“伪造”，笔者持肯定答案。虽然在我国刑法的货币犯罪中，伪造货币与变造货币之“变造”是有严格区别的，但是刑法无单独的变造概念，因而在本罪中，将变造证据与伪造证据严格区分并无必要。

（2）行为对象。关于“证据”的理解，应着重把握以下几个方面的问题：

第一，证据既包括刑事诉讼证据，也包括民事诉讼证据、行政诉讼证据。有学者认为，从现行刑法规定来看，本罪的“证据”仅指刑事诉讼中的证据。[①] 这

① 谭志君：《证据犯罪研究》，法律出版社2005年版，第36页。

种认识明显有违刑法的明文规定，因为刑法第 307 条第 2 款将行为对象表述为证据，并未将之限定为刑事诉讼证据。任意缩小证据的外延，有放纵犯罪分子之嫌，不利于保护本罪的犯罪客体。

第二，证据包括用来和可能用来证明案件真实情况的事实材料。本罪的性质及司法的实际决定了证据不要求经司法机关查证属实，因此，是否已经用于证明案件真实情况不影响证据的认定。这同时意味着，在时间条件上，证据既可以处于诉讼过程中，还可以处于诉讼活动开始前。

第三，证据应该具有证明力。所谓证据的证明力，是指证据事实对有待证明的案件事实是否存在及其存在状况所具有的证明作用。行为对象是否具有证明力并不是事后判断的，而应根据行为时的状况来进行判断。至于证据证明力的强弱则不影响证据的认定，但可以作为判断情节是否严重的一个因素。

第四，证据应该具有他人性。一方面，如果行为对象是自己案件的证据，则意味着行为人本人也是当事人，此时自然谈不上有帮助行为；另一方面，毁灭、伪造自己案件的证据的行为，在刑法理论上被认为缺乏期待可能性，因而不具有可罚性。所以，本罪的证据只能是他人案件的证据，不包括自己案件的证据。问题是，在司法实践中，共犯人毁灭、伪造共同犯罪案件证据的情况并不少见，那么，该证据究竟属于自己案件的证据，还是属于他人案件的证据？这直接关系到共犯人的行为能否成立本罪，也是认定证据的他人性上的一个难点，因此有必要进行专门的探讨。笔者认为，在共犯人毁灭、伪造共同犯罪案件证据的场合，判断证据是否具有他人性的确不可一概而论。原因在于：如果完全肯定证据的他人性，就会产生在单独犯时不处罚而在共犯时则受处罚这种罪刑上的不均衡；如果完全否定证据的他人性，又不符合司法实际，因为共同犯罪案件的证据对每一个共犯人所起的作用并不都是相同的，因此在个案中从证据与自己的犯罪是否具有关联上认定共同犯罪案件证据的他人性较为适宜。

第五，证据既包括有利于当事人的证据，也包括不利于当事人的证据。首先，立法的本意在于禁止和打击一切毁灭、伪造证据的行为，不管所毁灭、伪造的证据是否有利于当事人。其次，即使客观上毁灭的是有利于当事人的证据或伪造的是不利于当事人的证据，也同样侵犯了立法设置帮助毁灭、伪造证据罪所要保护的法益——司法机关正常的诉讼活动。因此，帮助毁灭、伪造有利于当事人的证据的，同样构成本罪。[①]

（3）要求达到“情节严重”的程度。构成本罪必须具有“情节严重”这一要件，但对于本罪情节是否严重的界定，目前尚无相关司法解释，一般认为，具有下列情形之一的，可以理解为“情节严重”，应以本罪立案追诉：第一，连续多次帮助当事人毁灭、伪造证据的；第二，帮助重大事件的当事人毁灭、伪造证据的；第三，因帮助毁灭、伪造证据的行为致使案件审理工作无法正常进行或者作出不公正裁判的；第四，犯罪动机极其卑劣或者手段特别狡猾的；第五，国家机关工作人员利用职权帮助当事人毁灭、伪造证据的；第六，帮助当事人毁灭、伪造证据具有其他严重情节的。[②]

（4）本罪既可以发生在诉讼过程中，也可以发生在诉讼活动开始前。因为发生在诉讼活动开始前的毁灭、伪造证据的行为，同样侵害了司法活动的客观公正性；刑法也没有将这种行为排除在本罪之外。[③]

3. 主体要件。本罪的主体为自然人，单位不能成为本罪的主体。需要注意的是，当事人本人实施毁灭、伪造有关自己案件的证据的行为的，“因为缺乏期待可能性而被除外”。[④] 这里的“当事人”，是指各种诉讼中的当事人，如刑事诉讼中的自诉人、被告人、被害人，民事、行政等诉讼中的原告、被告、第三人等，而非仅指刑事诉讼中的当事人。

4. 主观要件。本罪在主观方面须出于故意，并具有使他人逃避法律制裁的目的。即行为人明知自己的行为是在帮助当事人毁灭、伪造证据，而且所实施的这种行为会妨害国家司法机关的正常诉讼活动，仍决意为之，并希望这种危害社会结果的发生。本罪是直接故意犯罪，由于行为人不知情或上当受骗而过失实施帮

---

① 陈洪兵：《帮助毁灭、伪造证据罪探析》，载《四川警官高等专科学校学报》，2004 年第 3 期。

② 孟庆华、许娟、吴占英：《刑事犯罪情节法律规定理解与适用》，人民法院出版社 2006 年版，第 625 页。

③ 张明楷：《刑法学》，法律出版社 2021 年版，第 1429 页。

④ ［日］大塚仁著：《刑法概说》（各论）（第三版），冯军译，中国人民大学出版社 2003 年版，第 561 页。

助当事人毁灭、伪造证据的，不构成本罪。区分本罪的故意与过失，关键是看行为人的认识因素和意志因素。即行为人是否知道当事人是犯罪人，对自己帮助当事人毁灭、伪造证据的行为性质是否有明确认识，帮助当事人毁灭、伪造证据是否违背行为人的意志。如行为人确实不知情，或受当事人的哄骗上当而为之的，都不能认定是本罪的故意。

根据刑法第 307 条的规定，犯本罪的，处三年以下有期徒刑或者拘役；司法工作人员犯本罪的，从重处罚。

【疑难指导】

一、毁灭、伪造的证据是否有利于当事人不影响本罪成立

经当事人同意，帮助当事人毁灭有利于当事人的证据、伪造不利于当事人的证据，是否阻却违法性？例如，经犯罪嫌疑人、被告人同意，帮助其毁灭无罪证据的行为，是否阻却违法性？张明楷教授认为，“在刑事诉讼中，由于举证责任在公诉一方，而公诉方也有义务收集被害人无罪、罪轻的证据。因此，即使经过犯罪嫌疑人、被告人同意，帮助其毁灭无罪证据，也妨害了刑事司法的客观公正性，应当认定为帮助毁灭证据罪”。[①] 笔者也支持上述观点，本罪保护的法益是司法秩序，而非形式上的反对自益行为，因而即便当事人意欲或同意他人实施对自己不利的毁灭、伪造证据的行为，也无法阻却违法性。

二、当事人不成立本罪的教唆犯

当事人教唆第三者为自己（当事人）毁灭、伪造证据，第三者接受教唆实施了毁灭、伪造证据行为的，当事人是否成立本罪的教唆犯？关于此问题，刑法学界存在肯定说与否定说的分歧：

1. 肯定说内部存在三种观点：第一种观点认为，犯罪人本身的毁灭、伪造证据行为不可罚，是因为这种行为属于刑事诉讼法中被告人的防御自由的范围内的行为，而教唆他人毁灭、伪造证据行为，已经超出了防御自由的范围；而且犯罪人本身的毁灭、伪造证据的行为与教唆人毁灭、伪造证据的行为，对刑事司法作

---

① 张明楷：《刑法学》，法律出版社 2021 年版，第 1429 页。

用的侵害性存在差异。但是，犯罪人本身的毁灭、伪造证据的行为，实际上也引起了侦查等司法活动的混乱，教唆他人毁灭、伪造证据的行为不一定增加了违法性。[①] 第二种观点认为，犯罪人本身的毁灭、伪造证据的行为因缺乏期待可能性而不可罚，但是教唆他人犯帮助毁灭、伪造证据罪的行为，则使他人陷入了犯罪，而不缺乏期待可能性。[②] 但是，既然犯罪人本身毁灭、伪造证据的行为缺乏期待可能性，那么，让他人帮助毁灭、伪造证据也是缺乏期待可能性的。诚然，犯罪人使他人陷入了犯罪，但是，不能因此肯定行为人的行为具有期待可能性。[③] 第三种观点认为，既然被教唆的第三者成立帮助毁灭、伪造证据罪，那么，根据共犯从属性说，犯罪人当然成立本罪的教唆犯。但是，共犯从属性只是意味着教唆犯成立至少要求被教唆者实施实行行为，并不意味着只要被教唆者有实行行为，教唆者就一定成立教唆犯。[④]

2. 否定说内部也存在两种观点：第一种观点认为，犯罪人本身实施的帮助毁灭、伪造证据的实行行为不可罚，而教唆行为也是实行行为，犯罪人教唆他人帮助毁灭、伪造证据的行为，也是犯罪人实施的帮助毁灭、伪造证据的实行行为，故不可罚。[⑤] 第二种观点认为，既然不能期待犯罪人不毁灭、伪造证据的正犯行为，那么，对于犯罪人而言，作为更轻的犯罪形式的教唆犯，也是没有期待可能性的。[⑥]

笔者认为，当事人教唆他人为自己毁灭、伪造证据的不成立本罪。在出罪事

---

① 东京法律思维：《刑法 III 各论》东京法律思维 2006 年版，第 448 页以下。转引自张明楷：《刑法学》法律出版社 2021 年版，第 1429~1430 页。

② 东京法律思维：《刑法 III 各论》东京法律思维 2006 年版，第 448 页以下。转引自张明楷：《刑法学》法律出版社 2021 年版，第 1429~1430 页。

③ 东京法律思维：《刑法 III 各论》东京法律思维 2006 年版，第 448 页以下。转引自张明楷：《刑法学》法律出版社 2021 年版，第 1429~1430 页。

④ 东京法律思维：《刑法 III 各论》东京法律思维 2006 年版，第 448 页以下。转引自张明楷：《刑法学》法律出版社 2021 年版，第 1429~1430 页。

⑤ 东京法律思维：《刑法 III 各论》东京法律思维 2006 年版，第 448 页以下。转引自张明楷：《刑法学》法律出版社 2021 年版，第 1429~1430 页。

⑥ 东京法律思维：《刑法 III 各论》东京法律思维 2006 年版，第 448 页以下。转引自张明楷：《刑法学》法律出版社 2021 年版，第 1429~1430 页。

由上，笔者支持张明楷教授的观点，“就对司法活动的客观公正性的妨害而言，犯罪人毁灭、伪造证据与他人帮犯罪人毁灭、伪造证据，并没有实质区别。既然犯罪人直接毁灭、伪造证据不成立犯罪，那么，教唆他人为自己毁灭、伪造证据的，更不应成立犯罪。从期待可能性的角度而言，如果认为犯罪人直接毁灭、伪造证据的行为，缺乏期待可能性，那么，犯罪人教唆他人为自己毁灭、伪造证据的，也缺乏期待可能性”。[①] 因此，即便在其他观点中，对司法活动秩序存在一定程度的破坏，在责任层面也不应当以犯罪论处。

三、本罪与妨害作证罪的界限

根据刑法第307条的规定，妨害作证罪，是指以暴力、威胁、贿买等方法阻止证人作证或者指使他人作伪证的行为。帮助毁灭、伪造证据罪与妨害作证罪的界限在于：

1. 犯罪对象不同：帮助毁灭、伪造证据罪的犯罪对象是诉讼活动中的当事人；而妨害作证罪的对象则是诉讼活动中依法作证的证人。

2. 犯罪客观方面的表现形式不同：帮助毁灭、伪造证据罪客观方面表现为，为当事人毁灭、伪造证据出谋划策或者提供种便利条件；而妨害作证罪在客观方面则表现为，以暴力、威胁、贿买等手段阻止证人作证或者指使他人作伪证的行为。

四、本罪与伪证罪的界限

根据刑法第305条的规定，伪证罪，是指在刑事诉讼中，证人、鉴定人、记录人、翻译人对与案件有重要关系的情节，故意作虚假证明、鉴定、记录、翻译，意图陷害他人或者隐匿罪证的行为。帮助毁灭、伪造证据罪与伪证罪的界限在于：

1. 犯罪侵犯的直接客体不同：帮助毁灭、伪造证据罪侵犯的直接客体是司法机关的正常诉讼活动；而伪证罪侵犯的直接客体则是司法机关的正常刑事诉讼活动。

2. 犯罪客观方面的表现形式不同：帮助毁灭、伪造证据罪在客观方面表现为，在诉讼活动中，帮助当事人毁灭证据、伪造证据，情节严重的行为；而伪证罪在客

---

① 张明楷：《刑法学》，法律出版社2021年版，第1429页。

观方面则表现为在刑事诉讼中，证人、鉴定人、记录人、翻译人对与案件有重要关系的情节，故意作虚假证明、鉴定、记录、翻译意图陷害他人或者隐匿罪证的行为。

3. 犯罪发生的时间不同：帮助毁灭、伪造证据罪既可以发生在诉讼活动过程中，也可以发生在诉讼提起前；而伪证罪则只能发生在诉讼活动过程中，不能发生在诉讼提起前。

4. 犯罪行为的空间条件不同：帮助毁灭、伪造证据罪既可以发生在刑事诉讼活动中，也可发生在民事、行政、经济等诉讼活动中；而伪证罪则只能发生在刑事诉讼中。

5. 犯罪主体不同：帮助毁灭、伪造证据罪的主体是一般主体，任何达到刑事责任年龄、具有刑事责任能力，实施了帮助当事人毁灭、伪造证据行为的自然人，都可以成为帮助毁灭、伪造证据罪的主体；而伪证罪的主体则是特殊主体，即证人、鉴定人、记录人、翻译人。

五、本罪犯罪形态的认定

第一，行为人与当事人共同实施毁灭、伪造证据行为且情节严重的，行为人构成帮助毁灭、伪造证据罪，而当事人不构成帮助毁灭、伪造证据罪的共犯。这是处理行为人与当事人共同实施毁灭、伪造证据的行为能否成立帮助毁灭、伪造证据罪共犯形态的一般原则。

第二，在行为人与当事人互相通谋的情况下，在当事人毁灭、伪造证据的行为本身能够独立成罪时（如在当事人故意毁坏某一案件的证据，并且该证据属于他人或者国家财产的情况下，当事人毁灭证据本身不构成帮助毁灭、伪造证据罪，但其故意毁坏财物的行为可构成故意毁坏财物罪），如果行为人与当事人共同实施的毁灭、伪造证据的行为情节严重，则行为人的行为既触犯了帮助毁灭、伪造证据罪的罪名又触犯了当事人独立成罪构成的罪名。在此种情况下，对行为人的行为应按照想象竞合犯的处理原则处理。如果帮助毁灭、伪造证据罪属于重罪而另一罪属于轻罪，则对行为人以帮助毁灭、伪造证据罪定罪，而对当事人以另一罪定罪；如果另一罪属于重罪且属故意犯罪，而帮助毁灭、伪造证据罪属于轻罪，则行为人与当事人构成另一罪的共犯。如果行为人与当事人共同实施的毁灭、伪造证据的行为情节不严重，则行为人的行为未触犯帮助毁灭、伪造证据罪的罪名，是否构成另一罪的共犯，应根据共同犯罪的要件确定。①

六、本罪罪数形态的认定

（一）本罪与传授犯罪方法罪竞合之处理

当行为人以传授犯罪方法之手段帮助当事人毁灭、伪造证据且这种帮助行为达到情节严重的程度时，就会发生帮助毁灭、伪造证据罪与传授犯罪方法罪之竞合。在此问题的处理上，应当认为上述情况属于因一行为使两个不同的罪名发生关联的想象竞合犯，因而，应按照想象竞合犯的处理原则处理。由于传授犯罪方法罪系重罪而帮助毁灭、伪造证据罪系轻罪，故对此应以传授犯罪方法罪定罪并从重处罚。

（二）本罪与侮辱尸体罪、包庇罪、盗窃罪、故意杀人罪以及非法拘禁罪竞合之处理

关于本罪与侮辱尸体罪、包庇罪、盗窃罪、故意杀人罪以及非法拘禁罪的竞合问题，有学者认为，在他人实施杀人行为之后，为使他人逃避刑事追究而帮助其毁灭尸体的，行为侵害的法益是司法秩序而非一般的社会管理秩序，所以不构成侮辱尸体罪，但同时符合包庇罪和帮助毁灭、伪造证据罪的构成要件。在法条竞合的情况下，因为帮助当事人毁灭、伪造证据行为属于广义上的作假证明的范畴，帮助毁灭、伪造证据罪是特别法，应以帮助毁灭、伪造证据罪处理。为帮助他人毁灭证据而实施窃取、杀害证人、非法拘禁等行为的，构成帮助毁灭、伪造证据罪、盗窃罪、故意杀人罪、非法拘禁罪的想象竞合犯，应从一重罪处罚。②

但笔者认为，上述在他人实施杀人行为之后，为使他人逃避刑事追究而帮助其毁灭尸体的情形，同时符合包庇罪和帮助毁灭、伪造证据罪的构成要件的观点，存在不合理之处。帮助犯罪人毁灭证据、消灭罪迹的行为，虽然从广义的角度来讲也是一种包庇，但根据刑法的规定，包庇罪“应当仅限于作虚假证明包庇的行为，而不包括帮助犯罪人毁灭或者伪造证据的行为”。换句话说，帮助犯罪人毁灭

---

① 吴占英：《妨害司法罪立案追诉标准与司法认定实务》，中国人民公安大学出版社 2010 年版，第 79~80 页。

② 周光权：《刑法各论讲义》，清华大学出版社 2003 年版，第 421~422 页。

证据、消灭罪迹的行为，其性质属于帮助毁灭、伪造证据罪中的帮助当事人毁灭证据的行为。以帮助当事人毁灭证据的方式包庇犯罪人，应仅构成帮助毁灭证据罪，而不应构成包庇罪。[①]

【办案依据】

刑法规定

第三百零七条第二款 帮助当事人毁灭、伪造证据，情节严重的，处三年以下有期徒刑或者拘役。

第三百零七条第三款 司法工作人员犯前两款罪的，从重处罚。

① 吴占英：《妨害司法罪立案追诉标准与司法认定实务》，中国人民公安大学出版社2010年版，第80页。

第五章　虚假诉讼罪

【立案追诉标准】

虚假诉讼案（刑法第 307 条之一）

单独或者与他人恶意串通，以捏造的事实提起民事诉讼，涉嫌下列情形之一的，应予立案追诉：

（一）致使人民法院基于捏造的事实采取财产保全或者行为保全措施的；

（二）致使人民法院开庭审理，干扰正常司法活动的；

（三）致使人民法院基于捏造的事实作出裁判文书、制作财产分配方案，或者立案执行基于捏造的事实作出的仲裁裁决、公证债权文书的；

（四）多次以捏造的事实提起民事诉讼的；

（五）因以捏造的事实提起民事诉讼被采取民事诉讼强制措施或者受过刑事追究的；

（六）其他妨害司法秩序或者严重侵害他人合法权益的情形。

《最高人民检察院、公安部关于公安机关管辖的刑事案件立案追诉标准的规定（二）》（2022 年 4 月 6 日）①

---

① 此处列明作者梳理立案追诉标准的主要依据，所涉条文参见【办案依据】部分，以下不再标注。

【犯罪构成及刑事责任】

虚假诉讼罪，是指行为人单独或者与他人恶意串通，采取伪造证据、虚假陈述等手段，捏造民事案件基本事实，虚构民事纠纷，向人民法院提起民事诉讼，妨害司法秩序或者严重侵害他人的合法权益，依照法律应当受刑罚处罚的行为。构成本罪，需满足以下四个犯罪构成要件：

1. 客体要件。从文义解释的角度来看，本罪所侵犯的犯罪客体是选择性客体，司法秩序或者他人的重要合法权益任一或全部受到犯罪行为侵害的，均可认定为侵犯了本罪的犯罪客体。从体系解释与目的解释的角度来看，一方面本罪位于刑法分则第六章妨害司法罪一节，另一方面实施本罪行为必然涉嫌妨碍司法秩序，故本罪主要犯罪客体为司法秩序。

2. 客观要件。本罪客观上表现为以捏造的事实提起民事诉讼，妨害司法秩序或者严重侵害他人合法权益的行为。关于本罪客观要件的具体认定，需注意以下几点：

（1）“以捏造的事实”提起民事诉讼中“捏造的事实”，在行为方式上，既包括积极捏造，也包括隐瞒真相；既包括无中生有、完全捏造，也包括篡改事实、部分虚假；既包括利用自己捏造的事实提起民事诉讼，也包括利用他人捏造的事实提起民事诉讼。[①] 在具体行为模式上，2018 年《最高人民法院、最高人民检察院关于办理虚假诉讼刑事案件适用法律若干问题的解释》（以下简称《虚假诉讼案件解释》）第 1 条对此进行了列举，采取伪造证据、虚假陈述等手段，实施下列行为之一，捏造民事法律关系，虚构民事纠纷，向人民法院提起民事诉讼的，应当认定为刑法第 307 条之一第一款规定的“以捏造的事实提起民事诉讼”：①与夫妻一方恶意串通，捏造夫妻共同债务的；②与他人恶意串通，捏造债权债务关系和以物抵债协议的；③与公司、企业的法定代表人、董事、监事、经理或者其他管理人员恶意串通，捏造公司、企业债务或者担保义务的；④捏造知识产权侵权关系或者不正当竞争关系的；⑤在破产案件审理过程中申报捏造的债权的；⑥与

---

① 陈洪兵：《准确解读虚假诉讼罪的构成要件》，载《法治研究》2020 年第 4 期。

被执行人恶意串通，捏造债权或者对查封、扣押、冻结财产的优先权、担保物权的；⑦单方或者与他人恶意串通，捏造身份、合同、侵权、继承等民事法律关系的其他行为。隐瞒债务已经全部清偿的事实，向人民法院提起民事诉讼，要求他人履行债务的，以"以捏造的事实提起民事诉讼"论。向人民法院申请执行基于捏造的事实作出的仲裁裁决、公证债权文书，或者在民事执行过程中以捏造的事实对执行标的提出异议、申请参与执行财产分配的，属于刑法第307条之一第1款规定的"以捏造的事实提起民事诉讼"。

还需要注意的是，行为人用以提起民事诉讼的虚假事实，其内容需足以对民事诉讼的程序或者实体裁判结果造成影响，否则即便行为人利用虚假事实提起民事诉讼，也不能认定为此罪。是否影响公正裁决，应结合民事诉讼具体案由以及民事程序法与实体法之规定进行具体判断。

（2）"提起民事诉讼"，在认定时应注意以下两点：

第一，关于本罪中"提起"的认定：根据民事诉讼法第123条之规定，"起诉应当向人民法院递交起诉状，并按照被告人数提出副本。书写起诉状确有困难的，可以口头起诉，由人民法院记入笔录，并告知对方当事人"。故本罪中的"提起"既可以表现为以书面方式向法院递交起诉状，也可以表现为以口头方式向法院提起诉讼。同时需注意的是，行为人以捏造的事实提起反诉的，原告以虚假的事实变更诉讼请求的，或第三人以虚假的事实提起诉讼的属于本罪中的"提起"民事诉讼；但是，由于分则明文将虚假诉讼行为限定为"提起"民事诉讼，所以，单纯提供虚假证据反驳诉讼请求的，不属于本罪中的"提起"民事诉讼。[①]

第二，关于本罪中"民事诉讼"的认定：所谓民事诉讼，即适用民事诉讼法的各种诉讼，不包括刑事诉讼、行政诉讼与仲裁，但是应当包括刑事附带民事诉讼。民事诉讼法规定了第一审普通程序、简易程序、第二审程序、特别程序以及审判监督程序等程序。行为人在任何一个程序中提起民事诉讼，都可能构成虚假诉讼罪。

（3）对本罪构成要件结果的认定。根据《虚假诉讼案件解释》第2条之规定，

---

① 张明楷：《虚假诉讼罪的基本问题》，载《法学》2017年第1期。

“有下列情形之一的，应当认定为刑法第三百零七条之一第一款规定的‘妨害司法秩序或者严重侵害他人合法权益’：（一）致使人民法院基于捏造的事实采取财产保全或者行为保全措施的；（二）致使人民法院开庭审理，干扰正常司法活动的；（三）致使人民法院基于捏造的事实作出裁判文书、制作财产分配方案，或者立案执行基于捏造的事实作出的仲裁裁决、公证债权文书的；（四）多次以捏造的事实提起民事诉讼的；（五）曾因以捏造的事实提起民事诉讼被采取民事诉讼强制措施或者受过刑事追究的；（六）其他妨害司法秩序或者严重侵害他人合法权益的情形”。

本罪为结果犯。其中，“妨害司法秩序”的本质在于影响了法院正常的司法活动，应以法院是否实施了相当的实质司法行为，耗费了大量司法资源来判断。“严重侵害他人合法权益”包括所有可能的公民合法权益，除了财产权以外，还包括政治权利中的选举权与被选举权、人身权中的自由权、人格尊严权中的名誉权等。最后，虚假诉讼对他人合法权益的严重侵害不以诉讼终结时的实体裁判衡量，诉讼进行中即可能导致此结果出现。虚假诉讼导致作出错误的实体裁判不是衡量虚假诉讼“妨害司法秩序”成立与否的标准，也不能成为判断他人合法权益是否严重受损的标准。在虚假诉讼进行过程中，错误的实体裁判作出前，就有可能严重侵害他人的合法权益。①

3. 主体要件。自然人和单位均可以构成虚假诉讼罪。在司法实践中，因为公司、企业等单位提起或参与虚假诉讼的标的比较大，可能获取的非法利益也较大，单位常常成为本罪的犯罪主体。刑法第 307 条之一规定，“单位犯前款罪的，对单位判处罚金，并对其直接负责的主管人员和其他直接责任人员，依照前款的规定处罚”。同时，上述分则条文亦规定，“司法工作人员利用职权，与他人共同实施前三款行为的，从重处罚”。故，司法工作人员作为本罪的主体时，应从重处罚。

4. 主观要件。虚假诉讼罪的主观方面为故意。一方面，行为人需明知自己实施了以捏造的事实提起民事诉讼这一行为；另一方面，本罪并非目的犯，犯罪目

---

① 奚山青、黄翀：《论虚假诉讼罪的构成要件行为与入罪标准》，载《中国检察官》2017 年 9 月下（总第 276 期）。

的并非认定虚假诉讼罪的因素，行为人无须具有扰乱司法秩序或者非法占有等目的。

根据刑法第 307 条之一的规定，犯本罪的，处三年以下有期徒刑、拘役或者管制，并处或者单处罚金；情节严重的，处三年以上七年以下有期徒刑，并处罚金。单位犯本罪的，对单位判处罚金，并对其直接负责的主管人员和其他责任人员，处三年以下有期徒刑、拘役或者管制，并处或者单处罚金；情节严重的，处三年以上七年以下有期徒刑，并处罚金。司法工作人员利用职权，与他人共同犯虚假诉讼罪的，从重处罚，同时构成其他犯罪的，依照处罚较重的规定定罪从重处罚。

【疑难指导】

一、如何理解“捏造事实提起诉讼”

虚假诉讼罪的核心行为就是以捏造的事实提起诉讼，但捏造的主体有无限制，捏造的标准为何，实践中需要把握清楚。理论上的有关争议主要集中于三点：（1）隐瞒真相（事实）是否属于捏造事实？（2）捏造部分事实（所谓篡改事实）是否属于捏造事实？（3）利用他人捏造的事实起诉是否属于“以捏造的事实”提起民事诉讼？

第一，否定隐瞒真相属于捏造事实的理由是，单纯虚假陈述、隐瞒真相而未提供虚假证据支撑，其主张显然无法得到支持，所以不具有社会危害性，而且隐瞒真相是人“趋利避害”的本性使然，属于正常的诉讼防御方式，不能因此获罪。[①] 应该说，上述观点存在疑问：首先，认为隐瞒真相而未提供证据支撑的，其主张无法得到支持因而不具有社会危害性的观点过于绝对，在司法实践中隐瞒债务已清偿的事实而持未收回的借条起诉被法院支持的不乏其例；其次，隐瞒真相固然是人“趋利避害”的本性使然，但不能认为是正常的诉讼防御方式，因为民法上还有诚实信用原则；再次，“捏造”一词本身既包括积极虚构事实，也具有隐瞒真相的含义，客观上既不必要亦无可能明确区分二者；最后，隐匿证据而“隐

① 吴芳：《虚假诉讼罪的司法认定》，载《人民检察》2015 年第 24 期。

瞒真相”与伪造证据而“捏造事实”并无本质区别。当然，出于“趋利避害”的本能，不能期待原告在起诉时不隐瞒任何事实，只要所隐瞒的事实不是关系到双方权利义务、足以影响案件裁决的重要事实，就不宜作为犯罪处理。例如，隐瞒借款的具体时间、借款的形式（是银行转账还是现金支付）等。因此，应当认为，隐瞒真相属于虚构事实。

有学者认为，本罪中“捏造的事实”是指凭空捏造的事实，即无中生有、纯属虚构的事实，也就是说，“民事诉讼争议事实客观存在，行为人为了获得有利于自身的判决，在一些证据材料上弄虚作假或夸大其词，欺骗主审法官的行为依然属于民事程序法规制的范畴，而不成立虚假诉讼罪”。[①] 该观点可能存在疑问。部分虚假同样侵害了司法过程的纯洁性、妨害了司法秩序，而且就对他人合法权益的侵害而言，部分虚假甚至比完全捏造有过之而无不及。例如，甲实欠乙一万元，乙篡改欠条，向法院起诉甲偿还一百万元。丙不欠丁钱，丁伪造一万元欠条，向法院起诉要求丙偿还一万元。乙的虚假诉讼行为，无论是对司法秩序的妨害，还是对他人合法权益的侵害，都并不轻于丁。因此，没有理由认为，部分捏造情形的法益侵害性轻于全部捏造，而不值得作为虚假诉讼罪进行规制。[②]

“以捏造的事实提起民事诉讼”，只是表明提起民事诉讼所依据的事实系捏造，而并未表明这里的虚假事实必须是自己亲自捏造。再则，无论是自己亲自捏造后借以提起民事诉讼，还是利用他人捏造的事实提起民事诉讼，对于司法秩序的妨害及他人合法权益的侵害，不会有本质不同。因此，不应将利用他人捏造的事实提起民事诉讼的情形排除在虚假诉讼罪之外。

综上，所谓以“捏造的事实”提起民事诉讼，既包括积极捏造，也包括隐瞒真相，既包括无中生有、完全捏造，也包括篡改事实、部分虚假，既包括利用自己捏造的事实提起民事诉讼，也包括利用他人捏造的事实提起民事诉讼。[③]

二、罪与非罪的区分

即使行为人以伪造的事实向法院提起了民事诉讼，法院也应予以受理，仍不

---

① 李翔：《虚假诉讼罪的法教义学分析》，载《法学》2016 年第 6 期。

② 张里安、乔博：《虚假诉讼罪若干问题研究》，载《河南社会科学》2017 年第 1 期。

③ 陈洪兵：《准确解读虚假诉讼罪的构成要件》，载《法治研究》2020 年第 4 期。

能全然认定为构成本罪。除撤诉外，民事案件裁判文书会对案件事实作出三种认定结果：事实为伪、事实为真、真伪不明，可结合这三种结果对虚假诉讼罪罪与非罪的区分展开分析。

第一，法院认定事实为伪，驳回了行为人的诉讼请求。此处的法院认定事实为伪，是指法院经审理后在裁判文书中对行为人捏造的事实认定为虚假，进而驳回了行为人的诉讼请求。因法院裁判文书已经认定事实系捏造，虽然未支持行为人的诉讼请求，但因该行为已经妨害了司法机关的正常审理活动，故其已经构成了虚假诉讼罪。

第二，法院认定事实为真，行为人骗取了法院裁判文书。此处的法院认定事实为真，是指法院在审查事实时因种种原因并未审查出事实系捏造，进而认定了该捏造的事实为真，导致法院支持了行为人的诉讼请求，使得行为人骗取了法院的裁判文书。那么在此种情况下，该捏造事实的行为不仅侵害了他人的合法权益，而且欺骗了司法机关，严重损害了法院的公正性与公信力，故而该行为明显构成虚假诉讼罪。

第三，法院对事实未予认定，也未对该部分进行处理。此处的法院对事实未予认定，是指法院未对捏造事实部分予以判定，换言之就是法院无法查明该部分事实，认为该部分事实处于真伪不明的状态，也就未对该部分事实进行裁判处理。在此种情况下，是否认定为该罪，需要分情况对待。如果该部分事实为案件主要事实，且行为人明知其主张的案件事实为虚假，那么就构成虚假诉讼罪。如果该部分事实为案件部分轻微事实，对案件主要事实影响不大，则可以视为情节显著轻微，危害不大，不作为犯罪处理。[①]

由于本罪构成要件中含有虚构事实以及妨害司法等要素，且民事诉讼中多涉及财产权利，故在认定本罪时需要进行厘清其与侵犯财产的犯罪以及其他妨害司法秩序的犯罪之间的界限。

三、本罪与诈骗罪、民事枉法裁判罪以及其他财产犯罪的界限

刑法第 266 条规定的诈骗罪，是指诈骗公私财物，数额较大的行为。当事人

---

① 纪长胜：《虚假诉讼罪的认定与适用》，载《人民司法》2017 年第 15 期。

以虚构事实提起民事诉讼的方式骗取财物的行为存在虚假诉讼罪与诈骗罪之间的竞合。行为人通过伪造证据等方法提起民事诉讼欺骗法官，导致法官作出错误判决，使得他人交付财物或者处分财产，行为人非法占有他人财产或者逃避合法债务的，该行为同样构成诈骗罪，与本罪存在想象竞合关系，应当以法定刑较重的诈骗罪论处。这是典型的三角诈骗。在这种场合，法官是受骗者但不是受害人；遭受财产损失的人虽然是受害人但不是受骗者。同时需要指出的是，行为人没有提起民事诉讼，而是作为民事被告提供虚假证据欺骗法官，导致法官作出错误判决，进而非法占有他人财产或者逃避合法债务的，与上种情况性质相同。此外，由于诈骗罪以及贪污罪中的骗取行为，都需要具有处分权限的人产生认识错误并且基于认识错误而处分财产，如果普通公民甲针对丙提起虚假民事诉讼，办案法官乙明知甲捏造事实（或者甲与法官乙相互勾结），作出有利于甲的裁判，从而使甲非法占有丙的财产或者逃避合法债务的，不可能认定为诈骗罪。诚然，法官乙的行为成立民事枉法裁判罪，在甲唆使乙作出枉法裁判的情形下，对甲也可以按民事枉法裁判罪的共犯论处。但是，仅评价为此罪并不合适。一方面，甲与乙的行为侵害了丙的财产，对此必须作出评价；另一方面，倘若丙遭受数额特别巨大的财产损失，对甲与乙仅认定为民事枉法裁判罪，明显导致罪刑之间不协调。应当认为，当甲提起虚假民事诉讼，法官乙没有受骗却作出枉法裁判，导致丙遭受财产损失的，法官乙同时触犯民事枉法裁判罪与侵犯财产罪（其中的侵犯财产罪只能在盗窃罪与敲诈勒索罪两个罪之间选择，一般来说认定为盗窃罪较为合适），由于只有一个行为，应当认定为想象竞合，从一重罪处罚。甲的行为既可能仅触犯虚假诉讼罪与盗窃罪（在没有与法官乙勾结的场合），也可能同时触犯民事枉法裁判罪（唆使法官乙枉法裁判的场合），也属于想象竞合，从一重罪处罚。①

四、本罪与伪证罪的界限

刑法第 305 条规定的伪证罪，是指在刑事诉讼中，证人、鉴定人、记录人、翻译人对与案件有重要关系的情节，故意作虚假证明、鉴定、记录、翻译，意图陷害他人或者隐匿罪证的行为。二者的不同之处主要在于以下两点：（1）适用领

① 张明楷：《刑法学》，法律出版社 2021 年版，第 1431 页。

域不同，伪证罪适用于刑事诉讼，虚假诉讼罪适用于民事诉讼。（2）犯罪主体不同，伪证罪要求的犯罪主体是刑事诉讼中的证人、鉴定人、记录人、翻译人，而虚假诉讼罪的主体是提起虚假诉讼的自然人与单位。

五、本罪与妨害作证罪、帮助毁灭、伪造证据罪的界限

刑法第307条规定的妨害作证罪，是指以暴力、威胁、贿买等方法阻止证人作证或者指使他人作伪证的行为；而帮助毁灭、伪造证据罪，是指帮助当事人毁灭、伪造证据的行为。三类罪名同属分则的同一章节，其不同点主要在于客观方面，在犯罪主体上也有区别。

从犯罪客观方面角度来看，虚假诉讼罪要求捏造事实提起民事诉讼；而妨害作证罪要求以暴力、威胁、贿买等方法阻止证人作证或指使他人作伪证，帮助毁灭、伪造证据罪则要求帮助当事人毁灭或伪造案件证据。虚假诉讼罪的捏造事实既包括证据的伪造、毁灭，也包括指使证人作伪证，还包括其他方面事实的捏造，其范围更宽，要求的也更全面；而妨害作证罪重点针对证人，帮助毁灭、伪造证据罪则侧重于书证、物证、视听资料、电子数据等证据。

从犯罪主体看，单位可以构成虚假诉讼罪，妨害作证罪帮助毁灭、伪造证据罪只能由自然人构成。

六、本罪特殊形态的认定

（一）本罪共犯形态的认定

刑法第307条之一第4款规定，“司法工作人员利用职权，与他人共同实施前三款行为的，从重处罚”。本款内容显然属于注意规定。亦即，即使没有本款规定，对于与他人共同实施虚假诉讼的司法工作人员，也应以虚假诉讼罪的共犯论处。由于行为的内容是“以捏造的事实提起民事诉讼”，所以，直接提起虚假民事诉讼的人是正犯。鉴定机构、鉴定人以及其他帮助捏造事实的人，均可以成为本罪的共犯。

律师、司法工作人员帮助行为人捏造证据的，成立虚假诉讼罪的帮助犯或共同正犯（也可能同时触犯其他罪名）。任何人胁迫或者引诱他人以捏造的事实提起民事诉讼的，成立虚假诉讼罪的教唆犯或者共同正犯。例如，法官乙唆使甲以捏造的事实提起民事诉讼，进而受理案件的，对于乙与甲均以虚假诉讼罪论处。法官以原告身份提起民事诉讼时，当然可以成为虚假诉讼罪的正犯。审理案件的法官本人虽然并不能成为虚假诉讼的直接正犯（因为法官不可能向自己提起民事诉讼），但可以成立共同正犯或者间接正犯。一般来说，只要法官与提起民事诉讼的当事人通谋，就可以认定法官为共同正犯。法官或者其他人员利用捏造的事实诱使不知情的他人提起民事诉讼的，成立虚假诉讼罪的间接正犯。

（二）本罪罪数形态的认定

虚假诉讼罪与职务类犯罪的竞合关系较为复杂，包括以下两种情形：

第一，虚假诉讼罪与渎职、受贿犯罪的竞合，如刑法第 307 条之一第 4 款规定，“司法工作人员利用职权，与他人共同实施前三款行为的，从重处罚；同时构成其他犯罪的，依照处罚较重的规定定罪从重处罚”。这里的司法工作人员利用职权的行为构成渎职类犯罪，其犯罪主体是司法工作人员，特别是法院审判人员。原告与审判人员恶意串通、损害他人合法权益的案件，不仅行为隐蔽不易被侦破，而且社会危害性极大。

第二，贪污罪与虚假诉讼罪的竞合，即国有公司、国有企业或者其他单位中从事公务的人员或者其他国有单位委派到非国有公司、企业以及其他单位从事公务的人员，以及国家工作人员利用职务便利通过虚假诉讼来骗取本单位财物的，可以同时构成虚假诉讼罪与贪污罪的想象竞合。同理可以得出虚假诉讼罪与职务侵占罪的竞合如何处理的结论，只是主体由国家工作人员变为非国有的公司企业或者其他单位的人员。[①]

【办案依据】

一、刑法规定

第三百零七条之一 以捏造的事实提起民事诉讼，妨害司法秩序或者严重侵害他人合法权益的，处三年以下有期徒刑、拘役或者管制，并处或者单处罚金；情节严重的，处三年以上七年以下有期徒刑，并处罚金。

单位犯前款罪的，对单位判处罚金，并对其直接负责的主管人员和其他直接

---

① 张里安、乔博：《虚假诉讼罪若干问题研究》，载《河南社会科学》2017 年第 1 期。

责任人员，依照前款的规定处罚。

有第一款行为，非法占有他人财产或者逃避合法债务，又构成其他犯罪的，依照处罚较重的规定定罪从重处罚。

司法工作人员利用职权，与他人共同实施前三款行为的，从重处罚；同时构成其他犯罪的，依照处罚较重的规定定罪从重处罚。

二、司法解释

《最高人民法院、最高人民检察院关于办理虚假诉讼刑事案件适用法律若干问题的解释》（2018年9月26日　法释〔2018〕17号）

为依法惩治虚假诉讼犯罪活动，维护司法秩序，保护公民、法人和其他组织合法权益，根据《中华人民共和国刑法》《中华人民共和国刑事诉讼法》《中华人民共和国民事诉讼法》等法律规定，现就办理此类刑事案件适用法律的若干问题解释如下：

第一条　采取伪造证据、虚假陈述等手段，实施下列行为之一，捏造民事法律关系，虚构民事纠纷，向人民法院提起民事诉讼的，应当认定为刑法第三百零七条之一第一款规定的“以捏造的事实提起民事诉讼”：

（一）与夫妻一方恶意串通，捏造夫妻共同债务的；

（二）与他人恶意串通，捏造债权债务关系和以物抵债协议的；

（三）与公司、企业的法定代表人、董事、监事、经理或者其他管理人员恶意串通，捏造公司、企业债务或者担保义务的；

（四）捏造知识产权侵权关系或者不正当竞争关系的；

（五）在破产案件审理过程中申报捏造的债权的；

（六）与被执行人恶意串通，捏造债权或者对查封、扣押、冻结财产的优先权、担保物权的；

（七）单方或者与他人恶意串通，捏造身份、合同、侵权、继承等民事法律关系的其他行为。

隐瞒债务已经全部清偿的事实，向人民法院提起民事诉讼，要求他人履行债务的，以“以捏造的事实提起民事诉讼”论。

向人民法院申请执行基于捏造的事实作出的仲裁裁决、公证债权文书，或者在民事执行过程中以捏造的事实对执行标的提出异议、申请参与执行财产分配的，属于刑法第三百零七条之一第一款规定的“以捏造的事实提起民事诉讼”。

第二条 以捏造的事实提起民事诉讼，有下列情形之一的，应当认定为刑法第三百零七条之一第一款规定的“妨害司法秩序或者严重侵害他人合法权益”：

（一）致使人民法院基于捏造的事实采取财产保全或者行为保全措施的；

（二）致使人民法院开庭审理，干扰正常司法活动的；

（三）致使人民法院基于捏造的事实作出裁判文书、制作财产分配方案，或者立案执行基于捏造的事实作出的仲裁裁决、公证债权文书的；

（四）多次以捏造的事实提起民事诉讼的；

（五）曾因以捏造的事实提起民事诉讼被采取民事诉讼强制措施或者受过刑事追究的；

（六）其他妨害司法秩序或者严重侵害他人合法权益的情形。

第三条 以捏造的事实提起民事诉讼，有下列情形之一的，应当认定为刑法第三百零七条之一第一款规定的“情节严重”：

（一）有本解释第二条第一项情形，造成他人经济损失一百万元以上的；

（二）有本解释第二条第二项至第四项情形之一，严重干扰正常司法活动或者严重损害司法公信力的；

（三）致使义务人自动履行生效裁判文书确定的财产给付义务或者人民法院强制执行财产权益，数额达到一百万元以上的；

（四）致使他人债权无法实现，数额达到一百万元以上的；

（五）非法占有他人财产，数额达到十万元以上的；

（六）致使他人因为不执行人民法院基于捏造的事实作出的判决、裁定，被采取刑事拘留、逮捕措施或者受到刑事追究的；

（七）其他情节严重的情形。

第四条 实施刑法第三百零七条之一第一款行为，非法占有他人财产或者逃避合法债务，又构成诈骗罪，职务侵占罪，拒不执行判决、裁定罪，贪污罪等犯罪的，依照处罚较重的规定定罪从重处罚。

第五条 司法工作人员利用职权，与他人共同实施刑法第三百零七条之一前三款行为的，从重处罚；同时构成滥用职权罪，民事枉法裁判罪，执行判决、裁定滥用职权罪等犯罪的，依照处罚较重的规定定罪从重处罚。

第六条 诉讼代理人、证人、鉴定人等诉讼参与人与他人通谋，代理提起虚假民事诉讼、故意作虚假证言或者出具虚假鉴定意见，共同实施刑法第三百零七条之一前三款行为的，依照共同犯罪的规定定罪处罚；同时构成妨害作证罪，帮助毁灭、伪造证据罪等犯罪的，依照处罚较重的规定定罪从重处罚。

第七条 采取伪造证据等手段篡改案件事实，骗取人民法院裁判文书，构成犯罪的，依照刑法第二百八十条、第三百零七条等规定追究刑事责任。

第八条 单位实施刑法第三百零七条之一第一款行为的，依照本解释规定的定罪量刑标准，对其直接负责的主管人员和其他直接责任人员定罪处罚，并对单位判处罚金。

第九条 实施刑法第三百零七条之一第一款行为，未达到情节严重的标准，行为人系初犯，在民事诉讼过程中自愿具结悔过，接受人民法院处理决定，积极退赃、退赔的，可以认定为犯罪情节轻微，不起诉或者免予刑事处罚；确有必要判处刑罚的，可以从宽处罚。

司法工作人员利用职权，与他人共同实施刑法第三百零七条之一第一款行为的，对司法工作人员不适用本条第一款规定。

第十条 虚假诉讼刑事案件由虚假民事诉讼案件的受理法院所在地或者执行法院所在地人民法院管辖。有刑法第三百零七条之一第四款情形的，上级人民法院可以指定下级人民法院将案件移送其他人民法院审判。

第十一条 本解释所称裁判文书，是指人民法院依照民事诉讼法、企业破产法等民事法律作出的判决、裁定、调解书、支付令等文书。

第十二条 本解释自2018年10月1日起施行。

三、司法文件

（一）《最高人民法院、最高人民检察院、公安部、司法部关于进一步加强虚假诉讼犯罪惩治工作的意见》（2021年3月4日　法发〔2021〕10号）

第一章　总　　则

第一条 为了进一步加强虚假诉讼犯罪惩治工作，维护司法公正和司法权威，保护自然人、法人和非法人组织的合法权益，促进社会诚信建设，根据《中华人民共和国刑法》《中华人民共和国刑事诉讼法》《中华人民共和国民事诉讼法》和《最高人民法院、最高人民检察院关于办理虚假诉讼刑事案件适用法律若干问题的解释》等规定，结合工作实际，制定本意见。

第二条　本意见所称虚假诉讼犯罪，是指行为人单独或者与他人恶意串通，采取伪造证据、虚假陈述等手段，捏造民事案件基本事实，虚构民事纠纷，向人民法院提起民事诉讼，妨害司法秩序或者严重侵害他人合法权益，依照法律应当受刑罚处罚的行为。

第三条　人民法院、人民检察院、公安机关、司法行政机关应当按照法定职责分工负责、配合协作，加强沟通协调，在履行职责过程中发现可能存在虚假诉讼犯罪的，应当及时相互通报情况，共同防范和惩治虚假诉讼犯罪。

第二章　虚假诉讼犯罪的甄别和发现

第四条　实施《最高人民法院、最高人民检察院关于办理虚假诉讼刑事案件适用法律若干问题的解释》第一条第一款、第二款规定的捏造事实行为，并有下列情形之一的，应当认定为刑法第三百零七条之一第一款规定的“以捏造的事实提起民事诉讼”：

（一）提出民事起诉的；

（二）向人民法院申请宣告失踪、宣告死亡，申请认定公民无民事行为能力、限制民事行为能力，申请认定财产无主，申请确认调解协议，申请实现担保物权，申请支付令，申请公示催告的；

（三）在民事诉讼过程中增加独立的诉讼请求、提出反诉，有独立请求权的第三人提出与本案有关的诉讼请求的；

（四）在破产案件审理过程中申报债权的；

（五）案外人申请民事再审的；

（六）向人民法院申请执行仲裁裁决、公证债权文书的；

（七）案外人在民事执行过程中对执行标的提出异议，债权人在民事执行过程中申请参与执行财产分配的；

（八）以其他手段捏造民事案件基本事实，虚构民事纠纷，提起民事诉讼的。

第五条 对于下列虚假诉讼犯罪易发的民事案件类型，人民法院、人民检察院在履行职责过程中应当予以重点关注：

（一）民间借贷纠纷案件；

（二）涉及房屋限购、机动车配置指标调控的以物抵债案件；

（三）以离婚诉讼一方当事人为被告的财产纠纷案件；

（四）以已经资不抵债或者已经被作为被执行人的自然人、法人和非法人组织为被告的财产纠纷案件；

（五）以拆迁区划范围内的自然人为当事人的离婚、分家析产、继承、房屋买卖合同纠纷案件；

（六）公司分立、合并和企业破产纠纷案件；

（七）劳动争议案件；

（八）涉及驰名商标认定的案件；

（九）其他需要重点关注的民事案件。

第六条 民事诉讼当事人有下列情形之一的，人民法院、人民检察院在履行职责过程中应当依法严格审查，及时甄别和发现虚假诉讼犯罪：

（一）原告起诉依据的事实、理由不符合常理，存在伪造证据、虚假陈述可能的；

（二）原告诉请司法保护的诉讼标的额与其自身经济状况严重不符的；

（三）在可能影响案外人利益的案件中，当事人之间存在近亲属关系或者关联企业等共同利益关系的；

（四）当事人之间不存在实质性民事权益争议和实质性诉辩对抗的；

（五）一方当事人对于另一方当事人提出的对其不利的事实明确表示承认，且不符合常理的；

（六）认定案件事实的证据不足，但双方当事人主动迅速达成调解协议，请求人民法院制作调解书的；

（七）当事人自愿以价格明显不对等的财产抵付债务的；

（八）民事诉讼过程中存在其他异常情况的。

第七条 民事诉讼代理人、证人、鉴定人等诉讼参与人有下列情形之一的，人民法院、人民检察院在履行职责过程中应当依法严格审查，及时甄别和发现虚假诉讼犯罪：

（一）诉讼代理人违规接受对方当事人或者案外人给付的财物或者其他利益，与对方当事人或者案外人恶意串通，侵害委托人合法权益的；

（二）故意提供虚假证据，指使、引诱他人伪造、变造证据、提供虚假证据或者隐匿、毁灭证据的；

（三）采取其他不正当手段干扰民事诉讼活动正常进行的。

第三章 线索移送和案件查处

第八条 人民法院、人民检察院、公安机关发现虚假诉讼犯罪的线索来源包括：

（一）民事诉讼当事人、诉讼代理人和其他诉讼参与人、利害关系人、其他自然人、法人和非法人组织的报案、控告、举报和法律监督申请；

（二）被害人有证据证明对被告人通过实施虚假诉讼行为侵犯自己合法权益的行为应当依法追究刑事责任，且有证据证明曾经提出控告，而公安机关或者人民检察院不予追究被告人刑事责任，向人民法院提出的刑事自诉；

（三）人民法院、人民检察院、公安机关、司法行政机关履行职责过程中主动发现；

（四）有关国家机关移送的案件线索；

（五）其他线索来源。

第九条 虚假诉讼刑事案件由相关虚假民事诉讼案件的受理法院所在地或者执行法院所在地人民法院管辖。有刑法第三百零七条之一第四款情形的，上级人民法院可以指定下级人民法院将案件移送其他人民法院审判。

前款所称相关虚假民事诉讼案件的受理法院，包括该民事案件的一审、二审和再审法院。

虚假诉讼刑事案件的级别管辖，根据刑事诉讼法的规定确定。

第十条 人民法院、人民检察院向公安机关移送涉嫌虚假诉讼犯罪案件，应当附下列材料：

（一）案件移送函，载明移送案件的人民法院或者人民检察院名称、民事案件当事人名称和案由、所处民事诉讼阶段、民事案件办理人及联系电话等。案件移送函应当附移送材料清单和回执，经人民法院或者人民检察院负责人批准后，加盖人民法院或者人民检察院公章；

（二）移送线索的情况说明，载明案件来源、当事人信息、涉嫌虚假诉讼犯罪的事实、法律依据等，并附相关证据材料；

（三）与民事案件有关的诉讼材料，包括起诉书、答辩状、庭审笔录、调查笔录、谈话笔录等。

人民法院、人民检察院应当指定专门职能部门负责涉嫌虚假诉讼犯罪案件的移送。

人民法院将涉嫌虚假诉讼犯罪案件移送公安机关的，同时将有关情况通报同级人民检察院。

第十一条 人民法院、人民检察院认定民事诉讼当事人和其他诉讼参与人的行为涉嫌虚假诉讼犯罪，除民事诉讼当事人、其他诉讼参与人或者案外人的陈述、证言外，一般还应有物证、书证或者其他证人证言等证据相印证。

第十二条 人民法院、人民检察院将涉嫌虚假诉讼犯罪案件有关材料移送公安机关的，接受案件的公安机关应当出具接受案件的回执或者在案件移送函所附回执上签收。

公安机关收到有关材料后，分别作出以下处理：

（一）认为移送的案件材料不全的，应当在收到有关材料之日起三日内通知移送的人民法院或者人民检察院在三日内补正。不得以材料不全为由不接受移送案件；

（二）认为有犯罪事实，需要追究刑事责任的，应当在收到有关材料之日起三十日内决定是否立案，并通知移送的人民法院或者人民检察院；

（三）认为有犯罪事实，但是不属于自己管辖的，应当立即报经县级以上公安机关负责人批准，在二十四小时内移送有管辖权的机关处理，并告知移送的人民法院或者人民检察院。对于必须采取紧急措施的，应当先采取紧急措施，然后办理手续，移送主管机关；

（四）认为没有犯罪事实，或者犯罪情节显著轻微不需要追究刑事责任的，或者具有其他依法不追究刑事责任情形的，经县级以上公安机关负责人批准，不予立案，并应当说明理由，制作不予立案通知书在三日内送达移送的人民法院或者人民检察院，退回有关材料。

第十三条 人民检察院依法对公安机关的刑事立案实行监督。

人民法院对公安机关的不予立案决定有异议的，可以建议人民检察院进行立案监督。

第四章 程序衔接

第十四条 人民法院向公安机关移送涉嫌虚假诉讼犯罪案件，民事案件必须以相关刑事案件的审理结果为依据的，应当依照民事诉讼法第一百五十条第一款第五项的规定裁定中止诉讼。刑事案件的审理结果不影响民事诉讼程序正常进行的，民事案件应当继续审理。

第十五条 刑事案件裁判认定民事诉讼当事人的行为构成虚假诉讼犯罪，相关民事案件尚在审理或者执行过程中的，作出刑事裁判的人民法院应当及时函告审理或者执行该民事案件的人民法院。

人民法院对于与虚假诉讼刑事案件的裁判存在冲突的已经发生法律效力的民事判决、裁定、调解书，应当及时依法启动审判监督程序予以纠正。

第十六条 公安机关依法自行立案侦办虚假诉讼刑事案件的，应当在立案后三日内将立案决定书等法律文书和相关材料复印件抄送对相关民事案件正在审理、执行或者作出生效裁判文书的人民法院并说明立案理由，同时通报办理民事案件人民法院的同级人民检察院。对相关民事案件正在审理、执行或者作出生效裁判文书的人民法院应当依法审查，依照相关规定做出处理，并在收到材料之日起三十日内将处理意见书面通报公安机关。

公安机关在办理刑事案件过程中，发现犯罪嫌疑人还涉嫌实施虚假诉讼犯罪的，可以一并处理。需要逮捕犯罪嫌疑人的，由侦查该案件的公安机关提请同级人民检察院审查批准；需要提起公诉的，由侦查该案件的公安机关移送同级人民检察院审查决定。

第十七条 有管辖权的公安机关接受民事诉讼当事人、诉讼代理人和其他诉讼参与人、利害关系人、其他自然人、法人和非法人组织的报案、控告、举报或者在履行职责过程中发现存在虚假诉讼犯罪嫌疑的，可以开展调查核实工作。经县级以上公安机关负责人批准，公安机关可以依照有关规定拷贝电子卷或者查阅、复制、摘录人民法院的民事诉讼卷宗，人民法院予以配合。

公安机关在办理刑事案件过程中，发现犯罪嫌疑人还涉嫌实施虚假诉讼犯罪的，适用前款规定。

第十八条 人民检察院发现已经发生法律效力的判决、裁定、调解书系民事诉讼当事人通过虚假诉讼获得的，应当依照民事诉讼法第二百零八条第一款、第二款等法律和相关司法解释的规定，向人民法院提出再审检察建议或者抗诉。

第十九条 人民法院对人民检察院依照本意见第十八条的规定提出再审检察建议或者抗诉的民事案件，应当依照民事诉讼法等法律和相关司法解释的规定处理。按照审判监督程序决定再审、需要中止执行的，裁定中止原判决、裁定、调解书的执行。

第二十条 人民检察院办理民事诉讼监督案件过程中，发现存在虚假诉讼犯罪嫌疑的，可以向民事诉讼当事人或者案外人调查核实有关情况。有关单位和个人无正当理由拒不配合调查核实、妨害民事诉讼的，人民检察院可以建议有关人民法院依照民事诉讼法第一百一十一条第一款第五项等规定处理。

人民检察院针对存在虚假诉讼犯罪嫌疑的民事诉讼监督案件依照有关规定调阅人民法院的民事诉讼卷宗的，人民法院予以配合。通过拷贝电子卷、查阅、复制、摘录等方式能够满足办案需要的，可以不调阅诉讼卷宗。

人民检察院发现民事诉讼监督案件存在虚假诉讼犯罪嫌疑的，可以听取人民法院原承办人的意见。

第二十一条 对于存在虚假诉讼犯罪嫌疑的民事案件，人民法院可以依职权调查收集证据。

当事人自认的事实与人民法院、人民检察院依职权调查并经审理查明的事实不符的，人民法院不予确认。

第五章 责任追究

第二十二条 对于故意制造、参与虚假诉讼犯罪活动的民事诉讼当事人和其他诉讼参与人，人民法院应当加大罚款、拘留等对妨害民事诉讼的强制措施的适用力度。

民事诉讼当事人、其他诉讼参与人实施虚假诉讼，人民法院向公安机关移送案件有关材料前，可以依照民事诉讼法的规定先行予以罚款、拘留。

对虚假诉讼刑事案件被告人判处罚金、有期徒刑或者拘役的，人民法院已经依照民事诉讼法的规定给予的罚款、拘留，应当依法折抵相应罚金或者刑期。

第二十三条 人民检察院可以建议人民法院依照民事诉讼法的规定，对故意制造、参与虚假诉讼的民事诉讼当事人和其他诉讼参与人采取罚款、拘留等强制措施。

第二十四条 司法工作人员利用职权参与虚假诉讼的，应当依照法律法规从严处理；构成犯罪的，依法从严追究刑事责任。

第二十五条 司法行政机关、相关行业协会应当加强对律师、基层法律服务工作者、司法鉴定人、公证员、仲裁员的教育和管理，发现上述人员利用职务之便参与虚假诉讼的，应当依照规定进行行政处罚或者行业惩戒；构成犯罪的，依法移送司法机关处理。律师、基层法律服务工作者、司法鉴定人、公证员、仲裁员利用职务之便参与虚假诉讼的，依照有关规定从严追究法律责任。

人民法院、人民检察院、公安机关在办理案件过程中，发现律师、基层法律服务工作者、司法鉴定人、公证员、仲裁员利用职务之便参与虚假诉讼，尚未构成犯罪的，可以向司法行政机关、相关行业协会或者上述人员所在单位发出书面建议。司法行政机关、相关行业协会或者上述人员所在单位应当在收到书面建议之日起三个月内作出处理决定，并书面回复作出书面建议的人民法院、人民检察院或者公安机关。

第六章 协作机制

第二十六条 人民法院、人民检察院、公安机关、司法行政机关探索建立民事判决、裁定、调解书等裁判文书信息共享机制和信息互通数据平台，综合运用信息化手段发掘虚假诉讼违法犯罪线索，逐步实现虚假诉讼违法犯罪案件信息、数据共享。

第二十七条 人民法院、人民检察院、公安机关、司法行政机关落实“谁执法谁普法”的普法责任制要求，通过定期开展法治宣传、向社会公开发布虚假诉讼典型案例、开展警示教育等形式，增强全社会对虚假诉讼违法犯罪的防范意识，震慑虚假诉讼违法犯罪。

第七章 附 则

第二十八条 各省、自治区、直辖市高级人民法院、人民检察院、公安机关、司法行政机关可以根据本地区实际情况，制定实施细则。

第二十九条 本意见自2021年3月10日起施行。

（二）《最高人民法院关于防范和制裁虚假诉讼的指导意见》（2016年6月20日 法发〔2016〕13号）

当前，民事商事审判领域存在的虚假诉讼现象，不仅严重侵害案外人合法权益，破坏社会诚信，也扰乱了正常的诉讼秩序，损害司法权威和司法公信力，人民群众对此反映强烈。各级人民法院对此要高度重视，努力探索通过多种有效措施防范和制裁虚假诉讼行为。

1. 虚假诉讼一般包含以下要素：（1）以规避法律、法规或国家政策谋取非法利益为目的；（2）双方当事人存在恶意串通；（3）虚构事实；（4）借用合法的民事程序；（5）侵害国家利益、社会公共利益或者案外人的合法权益。

2. 实践中，要特别注意以下情形：（1）当事人为夫妻、朋友等亲近关系或者关联企业等共同利益关系；（2）原告诉请司法保护的标的额与其自身经济状况严重不符；（3）原告起诉所依据的事实和理由明显不符合常理；（4）当事人双方无实质性民事权益争议；（5）案件证据不足，但双方仍然主动迅速达成调解协议，并请求人民法院出具调解书。

3. 各级人民法院应当在立案窗口及法庭张贴警示宣传标识，同时在“人民法院民事诉讼风险提示书”中明确告知参与虚假诉讼应当承担的法律责任，引导当事人依法行使诉权，诚信诉讼。

4. 在民间借贷、离婚析产、以物抵债、劳动争议、公司分立（合并）、企业破产等虚假诉讼高发领域的案件审理中，要加大证据审查力度。对可能存在虚假诉讼的，要适当加大依职权调查取证力度。

5. 涉嫌虚假诉讼的，应当传唤当事人本人到庭，就有关案件事实接受询问。除法定事由外，应当要求证人出庭作证。要充分发挥民事诉讼法司法解释有关当事人和证人签署保证书规定的作用，探索当事人和证人宣誓制度。

6. 诉讼中，一方对另一方提出的于己不利的事实明确表示承认，且不符合常理的，要做进一步查明，慎重认定。查明的事实与自认的事实不符的，不予确认。

7. 要加强对调解协议的审查力度。对双方主动达成调解协议并申请人民法院出具调解书的，应当结合案件基础事实，注重审查调解协议是否损害国家利益、社会公共利益或者案外人的合法权益；对人民调解协议司法确认案件，要按照民事诉讼法司法解释要求，注重审查基础法律关系的真实性。

8. 在执行公证债权文书和仲裁裁决书、调解书等法律文书过程中，对可能存在双方恶意串通、虚构事实的，要加大实质审查力度，注重审查相关法律文书是否损害国家利益、社会公共利益或者案外人的合法权益。如果存在上述情形，应当裁定不予执行。必要时，可向仲裁机构或者公证机关发出司法建议。

9. 加大公开审判力度，增加案件审理的透明度。对与案件处理结果可能存在法律上利害关系的，可适当依职权通知其参加诉讼，避免其民事权益受到损害，防范虚假诉讼行为。

10. 在第三人撤销之诉、案外人执行异议之诉、案外人申请再审等案件审理中，发现已经生效的裁判涉及虚假诉讼的，要及时予以纠正，保护案外人诉权和实体权利；同时也要防范有关人员利用上述法律制度，制造虚假诉讼，损害原诉讼中合法权利人利益。

11. 经查明属于虚假诉讼，原告申请撤诉的，不予准许，并应当根据民事诉讼法第一百一十二条的规定，驳回其请求。

12. 对虚假诉讼参与人，要适度加大罚款、拘留等妨碍民事诉讼强制措施的法律适用力度；虚假诉讼侵害他人民事权益的，虚假诉讼参与人应当承担赔偿责任；虚假诉讼违法行为涉嫌虚假诉讼罪、诈骗罪、合同诈骗罪等刑事犯罪的，民事审判部门应当依法将相关线索和有关案件材料移送侦查机关。

13. 探索建立虚假诉讼失信人名单制度。将虚假诉讼参与人列入失信人名单，逐步开展与现有相关信息平台和社会信用体系接轨工作，加大制裁力度。

14. 人民法院工作人员参与虚假诉讼的，要依照法官法、法官职业道德基本准则和法官行为规范等规定，从严处理。

15. 诉讼代理人参与虚假诉讼的，要依法予以制裁，并应当向司法行政部门、律师协会或者行业协会发出司法建议。

16. 鉴定机构、鉴定人参与虚假诉讼的，可以根据情节轻重，给予鉴定机构、鉴定人训诫、责令退还鉴定费用、从法院委托鉴定专业机构备选名单中除名等制裁，并应当向司法行政部门或者行业协会发出司法建议。

17. 要积极主动与有关部门沟通协调，争取支持配合，探索建立多部门协调配合的综合治理机制。要通过向社会公开发布虚假诉讼典型案例等多种形式，震慑虚假诉讼违法行为。

18. 各级人民法院要及时组织干警学习了解中央和地方的各项经济社会政策，充分预判有可能在司法领域反映出来的虚假诉讼案件类型，也可以采取典型案例分析、审判业务交流、庭审观摩等多种形式，提高甄别虚假诉讼的司法能力。

第六章　打击报复证人罪

【立案追诉标准】

打击报复证人案（刑法第 308 条）
本罪为行为犯，对证人进行打击报复的，应予追诉。

【犯罪构成及刑事责任】

打击报复证人罪，是指对证人进行打击报复的行为。具体包含以下四个要件：

1. 客体要件。本罪侵犯的客体是复杂客体，其内容是公民的合法权利和国家司法机关的正常活动。因此，本罪不仅侵犯了公民的合法权益，而且严重损害了国家机关的声誉，破坏了国家机关的正常活动。

2. 客观要件。本罪客观要件即打击报复证人的行为，其客观行为要点在于如何认定“打击报复”，以及如何确定“证人”的范围。

（1）“打击报复”行为的认定。第一，所谓“打击报复”，是指以报复为目的，而对在诉讼中提供证言的证人实施的侵害其合法权益的行为。第二，“打击报复”既可由作为构成，也可由不作为构成，实践中打击报复证人的行为多以作为的形式出现，但以不作为形式实施本罪的情况也是有的，如滥用职权，对证人应享有的权利进行限制等。第三，打击报复证人的具体方式多种多样。以是否使用暴力手段为标准，可分为暴力性打击报复行为和非暴力性打击报复行为。前者如殴打、伤害证人等，后者如披露证人个人隐私、捏造事实诽谤证人等。以是否利用职务之便为标准，可分为利用职务的打击报复行为和非利用职务的打击报复行为。前者表现为行为人滥用手中的职权，假公济私，制造各种“理由”或者找各种“借口”，对证人进行压制报复，如无故扣发工资、奖金、降级、降职、调离、解雇、开除等。后者如打电话骚扰证人，在证人下班途中拦截殴打证人等。从行为是否公开来看，打击报复行为可分为公开的和秘密的两种。前者如当众羞辱、殴打证人等，后者如写匿名信、打匿名电话辱骂证人等。只要行为人实施了对证人进行打击报复的行为，无论具体方式如何，都不影响本罪的成立。

另外，本罪是妨害司法的犯罪，且属抽象危险犯，以实行打击报复证人的行为为既遂标准。故，本罪对行为发生的时间并无限制，即使距证人作证行为时间较为久远的，只要能够被分则规范评价为打击报复证人的行为均可构成本罪。

（2）“证人”的范围。本罪的行为对象是证人。关于本罪中证人的内涵和外延，有以下几点需要注意：首先，本罪中的证人，包括刑事、民事、行政等案件中的证人。其次，本罪中的证人，是指在诉讼过程中已经依法提供证词的证人，包括在各种诉讼过程中依法向法院提供证词的证人以及在刑事诉讼中向公安、检查等司法机关提供证词的证人。最后，本罪中的证人不仅包括狭义的证人，而且包括刑事诉讼的被害人，以及鉴定人、翻译人等与待证事实存在密切关联的人员。还需要注意的是，对证人亲属进行打击报复，能够被评价为对证人进行打击报复时，也可以构成本罪。

3. 主体要件。本罪的主体是一般主体，即任何达到刑事责任年龄、具有刑事责任能力的自然人，无论是国家工作人员还是一般公民，都可以成为本罪的主体，单独构成本罪。不过，从司法实践中的情况来看，本罪的主体大多为诉讼活动的一方当事人及其亲友，或者与案件的处理结果有利害关系的人。

4. 主观要件。本罪在主观方面表现为直接故意，并且具有打击报复证人的目的。即行为人明知自己所实施的打击报复证人的行为会给司法机关的正常诉讼活动和证人依法作证的权利造成危害结果，为了达到打击报复证人的目的，却希望这一危害结果发生的心理态度。过失和间接故意都不构成本罪。

根据刑法第308条的规定，犯本罪的，处3年以下有期徒刑或者拘役；情节严重的，处3年以上7年以下有期徒刑。

【疑难指导】

一、本罪与报复陷害罪的界限

根据刑法第 254 条的规定，报复陷害罪，是指国家机关工作人员滥用职权、假公济私，对控告人、申诉人、批评人、举报人实行报复陷害的行为。打击报复证人罪与报复陷害罪的界限在于：

1. 犯罪客体不同：前罪侵犯的直接客体主要是国家司法机关的正常诉讼活动，同时也包括证人的合法权利；而后罪侵犯的直接客体则主要是公民的控告权、申诉权、批评权、举报权，同时该罪还妨害了国家机关的正常工作秩序，损害了国家机关的威信。

2. 犯罪对象不同：前罪的行为对象是各类诉讼活动中依法作证的证人以及与证人或证据有密切关系的人；而后罪的行为对象则是控告人、申诉人、批评人、举报人。

3. 客观方面不同：行为实施上有无利用职务之便的不同。由于前罪的主体是一般主体，所以打击报复行为无必须利用职务之便的要求。利用职权不是构成该罪的必要条件；而后罪的构成则必须是利用职务上的便利，具体表现为滥用职权、假公济私，对控告人、申诉人、批评人、举报人实行报复陷害的行为。

4. 犯罪主体不同：前罪的主体为一般主体，既可以是国家机关工作人员，也可以是其他公民；而后罪的主体则是特殊主体，限于国家机关工作人员，非国家机关工作人员不能单独构成该罪。

二、本罪与妨害作证罪的界限

根据刑法第 307 条的规定，妨害作证罪，是指以暴力、威胁、贿买等方法阻止证人作证或者指使证人作伪证的行为。打击报复证人罪与妨害作证罪的界限在于：

1. 客观方面不同：打击报复证人罪在客观方面表现为，行为人采取暴力、威胁等手段对证人实施打击报复，造成证人人身、精神上的伤害的行为；而妨害作证罪在客观方面则表现为，行为人以暴力、威胁、贿买等方法阻止证人作证或者指使证人作伪证的行为。

2. 行为发生时点不同：二罪主要区别在于行为发生时点不同，前者实行行为既可能发生于证人作证之前，也可能发生于证人作证之后；妨害作证罪只可能发生于证人作证之前。

三、本罪与辩护人、诉讼代理人毁灭证据、伪造证据、妨害作证罪的界限

根据刑法第306条的规定，辩护人、诉讼代理人毁灭证据、伪造证据、妨害作证罪，是指在刑事诉讼中，辩护人、诉讼代理人毁灭、伪造证据，帮助当事人毁灭、伪造证据，威胁、引诱证人违背事实改变证言或者作伪证的行为。打击报复证人罪与辩护人、诉讼代理人毁灭证据、伪造证据、妨害作证罪的界限在于：

1. 客观方面表现不同：打击报复证人罪在客观方面表现为打击报复证人的行为；而辩护人、诉讼代理人毁灭证据、伪造证据、妨害作证罪在客观方面则表现为，在刑事诉讼中辩护人、诉讼代理人毁灭、伪造证据，帮助当事人毁灭、伪造证据，威胁、引诱证人违背事实改变证言或者作伪证的行为。

2. 犯罪行为针对的诉讼活动不同：打击报复证人罪既可以针对刑事诉讼活动中的证人，也可以针对民事、经济、行政诉讼活动中的证人；而辩护人、诉讼代理人毁灭证据、伪造证据、妨害作证罪则只能针对刑事诉讼的证据活动实施。

3. 犯罪目的不同：打击报复证人罪的主观目的是打击报复证人；而辩护人、诉讼代理人毁灭证据、伪造证据、妨害作证罪的目的既可能是包庇当事人，也可能是使他人受刑事追究。

4. 犯罪主体不同：打击报复证人罪的主体是一般主体，任何达到刑事责任年龄、具有刑事责任能力，实施了打击报复证人行为的自然人，都可以成为打击报复证人罪的主体，独立地构成该罪；而辩护人、诉讼代理人毁灭证据、伪造证据、妨害作证罪的主体则是特殊主体，只能是辩护人、诉讼代理人。

四、本罪与故意伤害罪的界限

根据刑法第234条的规定，故意伤害罪，是指故意伤害他人身体，损害他人身体健康的行为。打击报复证人罪与故意伤害罪的界限在于：

1. 犯罪客体不同：打击报复证人罪侵犯的直接客体是复杂客体，即司法机关的正常诉讼活动和证人依法作证的权利，其中，司法机关的正常诉讼活动是主要客体，证人依法作证的权利是次要客体；而故意伤害罪侵犯的直接客体则是公民的身体健康权利。

2. 犯罪对象的范围不同：打击报复证人罪的犯罪对象是特定的，仅限于证人，既可以是刑事诉讼中的证人，也可以是民事、经济、行政诉讼中的证人；而故意伤害罪的犯罪对象则较为广泛，是不特定的任何公民。

3. 犯罪客观方面的表现形式不完全相同：打击报复证人罪在客观方面表现为，行为人采取各种手段打击报复证人的行为；而故意伤害罪在客观方面则表现为，行为人实施了损害他人身体的行为。可见，打击报复证人罪的犯罪手段比故意伤害罪更广泛，伤害他人身体仅是打击报复证人罪犯罪手段中的一种。

4. 主观方面形式不完全相同：尽管两罪在主观方面都是出于故意，但打击报复证人罪在主观方面只是直接故意，间接故意不能构成打击报复证人罪；而故意伤害罪在主观方面则既可以是直接故意，也可以是间接故意。

值得注意的是，行为人采取故意伤害证人身体的方法来打击报复证人，应当如何处理？在这种情况下应当认为，行为人实际上只实施了一个行为，只不过这一行为同时触犯了故意伤害罪和打击报复证人罪两个罪名，属于想象竞合。根据“从一重罪处断”想象竞合处理原则，对行为人应在故意伤害罪和打击报复证人罪中择一重罪处断。

【办案依据】

一、刑法规定

第三百零八条　对证人进行打击报复的，处三年以下有期徒刑或者拘役；情节严重的，处三年以上七年以下有期徒刑。

二、其他法规

《中华人民共和国刑事诉讼法》（2018 年修订）

第六十条　对于经过法庭审理，确认或者不能排除存在本法第五十六条规定的以非法方法收集证据情形的，对有关证据应当予以排除。

第七章　泄露不应公开的案件信息罪

【立案追诉标准】

泄露不应公开的案件信息案（刑法第 308 条之一第 1 款）

司法工作人员、辩护人、诉讼代理人或者其他诉讼参与人，泄露依法不公开审理的案件中不应当公开的信息，造成信息公开传播或者其他严重后果的，应予追诉。

【犯罪构成及刑事责任】

泄露不应公开的案件信息罪，是指司法工作人员、辩护人、诉讼代理人或者其他诉讼参与人，泄露依法不公开审理的案件中不应当公开的信息，造成信息公开传播或者其他严重后果的行为。具体包含四个要件：

1. 客体要件。一般认为，本罪的犯罪客体是司法机关依法独立公正办理不公开审理案件的正常秩序，以及包括个人隐私权以及未成年人所享有的特殊利益在内的特定权利主体的合法权益。

2. 客观要件。泄露不应公开的案件信息罪在客观方面表现为：司法工作人员、辩护人、诉讼代理人或者其他诉讼参与人，泄露依法不公开审理的案件中不应当公开的信息，造成信息公开传播或者其他严重后果的行为。本罪客观方面认定要点如下：

（1）“泄露”行为的认定：本罪中的“泄露”是指行为人把自己掌握或者知悉的依法不公开审理案件中不应公开的信息告诉不知道相关案件信息的人，使不应知悉者知悉相关信息的行为。其行为模式具有多样性：既可以是以积极作为的方式泄露，也可以是以消极不作为的方式泄露；既可以是口头泄露，也可以是书面泄露；既可以在私人交谈或通信中泄露，也可以在公共场所以谈论的方式泄露；既可以是对一个人泄露，也可以是对多人泄露。总之，行为人究竟采取何种手段、方式向外界透露其所获知的不应公开的案件信息，不影响行为性质的评价，只要行为人的行为实际造成相关案件信息被他人知悉的具体效果，即足以认定为本罪规定的“泄露”。

（2）行为对象的认定：本罪泄露的对象为“不公开审理的案件中不应当公开的案件信息”。其中，“依法不公开审理的案件”，是指人民法院在进行诉讼活动时，根据法律规定，不公开审理的民事、行政以及刑事案件。上述案件不公开审理的原因，主要是基于国家安全和利益、当事人受法律保护的隐私权以及涉案未成年人的身心健康等因素。因此，上述案件中的“不应当公开的信息”，应当是指公开后会损害或可能损害国家安全和利益、当事人受法律保护的隐私权以及涉案未成年人的身心健康的案件信息。具体认定要点如下：首先，“不应公开的信息”包括但不限于不公开审理案件中的国家秘密、个人隐私以及未成年人犯罪的案件信息，其他与案件有关不宜为诉讼参与人以外人员知悉的信息也应归于其中。例如《最高人民法院关于适用〈中华人民共和国刑事诉讼法〉的解释》第 214 条规定的合议庭成员在评议案件时，“评议情况应当保密”。其次，“不应公开的信息”不仅包括依法不公开审理案件中相关当事人的信息，还包括特定案件中，与案件有关的证人、鉴定人、报案人、控告人、举报人等人员的有关信息。如刑事诉讼法第 64 条规定，对于危害国家安全犯罪、恐怖活动犯罪、黑社会性质的组织犯罪、毒品犯罪等案件，证人、鉴定人、被害人因在诉讼中作证，本人或者其近亲属的人身安全面临危险的，人民法院、人民检察院和公安机关应当采取的保护措施中就包括对相关人员的真实姓名、住址和工作单位等个人信息保密。

（3）行为后果的认定。本罪入罪以泄露信息的行为“造成信息公开传播或者其他严重后果”为标准，如何界定行为情节“造成信息公开传播或者其他严重后果”之程度是司法实务中认定本罪的难点。此标准直接关乎本罪的实际打击范围，应当严格根据其所保护的犯罪客体进行解释。根据上文所述的本罪客体内容，判断行为人泄露不应公开的案件信息的行为是否“造成信息公开传播或者其他严重后果”，应当综合考察所泄露案件信息的性质、传播的实际范围、对国家安全和利益、当事人受法律保护的隐私权或涉案未成年人的身心健康造成的损害的程度。其中，对于涉及国家安全和利益的案件信息，其刑事保护程度应高于当事人受法律保护的隐私权和涉案未成年人的身心健康。而对于涉及当事人受法律保护的隐私权和涉案未成年人的身心健康的案件信息，因其主要可通过民事法律进行调整，故其刑事入罪门槛应相对较高，司法机关在具体案件中应从严把握。

3. 主体要件。根据刑法分则的规定，本罪为身份犯，其主体仅限于司法工作人员、辩护人、诉讼代理人或者其他诉讼参与人，其他人员泄露依法不公开审理的案件中的不应当公开的信息的，不构成本罪。在认定中需要注意的有：（1）根据刑法第94条的规定，司法工作人员，是指有侦查、检察、审判、监管职责的工作人员。（2）根据刑事诉讼法的相关规定，辩护人包括以下三类：一是律师；二是人民团体或者犯罪嫌疑人、被告人所在单位推荐的人；三是犯罪嫌疑人、被告人的监护人、亲友。（3）此处的诉讼代理人，包括刑事诉讼、民事诉讼和行政诉讼中的诉讼代理人。首先，根据民事诉讼法以及行政诉讼法的规定，民事、行政诉讼中的诉讼代理人包括法定代理人和当事人、法定代理人委托代为参加诉讼的人。其中，下列人员可以被委托为诉讼代理人：①律师、基层法律服务工作者；②当事人的近亲属或者工作人员；③当事人所在社区、单位以及有关社会团体推荐的公民。其次，根据刑事诉讼法的规定，刑事诉讼中的诉讼代理人包括法定代理人和公诉案件的被害人及其法定代理人或者近亲属、附带民事诉讼的当事人及法定代理人、自诉案件的自诉人及其法定代理人委托代为参加诉讼的人。所谓“自诉案件”，是指告诉才处理的案件；被害人有证据证明的轻微刑事案件。被害人有证据证明对被告人侵犯自己人身、财产权利的行为应当依法追究刑事责任，而公安机关或者人民检察院不予追究被告人刑事责任的自诉案件以外的其他所有案件都属于公诉案件。其中的近亲属，是指夫、妻、父、母、子、女、同胞兄弟姐妹。

4. 主观要件。一般认为，本罪只能由故意构成，行为人明知是依法不公开审理的案件中不应当公开的信息，仍予以泄露的，构成本罪。原本属于不应当公开的信息，但行为人误认为是可以公开的信息而泄露的，不成立本罪。

根据刑法第308条之一的规定，犯本罪的，处三年以下有期徒刑、拘役或者管制，并处或者单处罚金。单位犯本罪的，对单位判处罚金，并对其直接负责的主管人员和其他直接责任人员，处三年以下有期徒刑、拘役或者管制，并处或者单处罚金。

【疑难指导】

一、本罪的违法阻却事由

首先需要明确的是，披露案件审理中司法工作人员、辩护人、诉讼代理人或者其他诉讼参与人的违法行为，无论该案件是否属于公开审理的案件，均不成立犯罪。

需要特别注意的是，在不公开审理案件的审理过程中，对于“可以”不公开审理的案件，经当事人同意的泄露行为，能否阻却违法性？根据法律规定，除与国家秘密的案件外，涉及个人隐私、商业秘密的案件以及审判时被告人不满十八周岁的案件，均属于与当事人权益有关的案件。在后一类犯罪中，本罪所保护的司法秩序其实质依然是当事人的权利，那么，经当事人同意后泄露上述案件信息的，存在阻却违法性的空间。

综上，可以得出如下结论：（1）对于涉及国家秘密的案件，任何人的同意都不得阻却本罪泄露行为的违法性，泄露行为同时触犯泄露国家秘密罪的，二罪构成想象竞合，择一重罪处罚。（2）对于侵害商业秘密的犯罪而言，即使被害人申请不公开审理，法院也并未公开审理，商业秘密权利人在案件审理过程中或审理结束后同意他人披露审理信息的，阻却违法性。（3）对于仅仅涉及某一方被害人隐私的未公开审理案件，于审理过程中或审理结束后同意披露的，不阻却违法性。（4）被告人不满十八周岁，不涉及未成年人隐私的相关事实，经未成年被告人及其法定代理人同意而披露的，阻却违法性，不以犯罪论处。（5）在案件涉及诉讼双方的隐私，只获得一方同意后披露的，不阻却违法性。

二、罪与非罪的区分

在把握本罪罪与非罪的区分时，应当着重注意以下四点：第一，本罪为身份犯，犯罪主体仅限于司法工作人员、辩护人、诉讼代理人或者其他诉讼参与人，除此之外的其他人泄露依法不公开审理的案件中不应当公开的信息的，不构成本罪。第二，司法工作人员、辩护人、诉讼代理人或者其他诉讼参与人泄露的应为不公开审理的案件中不应当公开的信息，泄露除此以外的其他信息的，不构成本罪。第三，本罪为结果犯，司法工作人员、辩护人、诉讼代理人或者其他诉讼参与人泄露依法不公开审理的案件中不应当公开的信息的行为，需造成信息公开传播或者其他严重后果，方构成本罪的既遂。第四，本罪为故意犯罪，行为人明知是依法不公开审理的案件中不应当公开的信息，仍予以泄露的，构成本罪。原本属于不应当公开的信息，但行为人误认为是可以公开的信息而泄露的，不成立本罪。

三、本罪罪数形态的认定

刑法第 308 条之一第 2 款规定，“有前款行为，泄露国家秘密的，依照本法第三百九十八条的规定定罪处罚”。该款属于注意性规定。由于刑法第 308 条之一第 1 款所规定的依法不公开审理的案件中不应公开的信息，包含国家秘密，所以司法工作人员、辩护人、诉讼代理人或者其他诉讼参与人，泄露依法不公开审理的案件中的国家秘密的，既符合该条第 1 款规定的泄露不应公开的案件信息罪的构成要件，又符合刑法第 398 条规定的故意泄露国家秘密罪或过失泄露国家秘密罪的构成要件，亦即刑法第 308 条之一与第 398 条之间属于法条竞合中的交叉竞合关系，在刑法第 308 条之一所规定的构成要件与刑法第 398 条所规定的构成要件中，具有部分重合关系。对于交叉竞合的处理，刑法理论通常坚持重法优于轻法的处罚原则。考虑到刑法第 398 条规定的故意泄露国家秘密罪的法定最高刑为七年有期徒刑，明显重于刑法第 308 条之一第 1 款所规定的三年有期徒刑的法定最高刑，无疑属于“重法”。在行为人的行为同时符合刑法第 308 条之一规定的构成要件和刑法第 398 条规定的构成要件时，理应按照刑法第 398 条的规定论罪科刑，以体现对泄露国家秘密犯罪从严惩处的精神。[1]

---

① 曹波：《论不应公开的案件信息刑法保护的规范诠释》，载《科学经济社会》2017 年第 2 期。

【办案依据】

一、刑法规定

第九十四条　本法所称司法工作人员，是指有侦查、检察、审判、监管职责的工作人员。

第三百零八条之一　司法工作人员、辩护人、诉讼代理人或者其他诉讼参与人，泄露依法不公开审理的案件中不应当公开的信息，造成信息公开传播或者其他严重后果的，处三年以下有期徒刑、拘役或者管制，并处或者单处罚金。

有前款行为，泄露国家秘密的，依照本法第三百九十八条的规定定罪处罚。

公开披露、报道第一款规定的案件信息，情节严重的，依照第一款的规定处罚。

单位犯前款罪的，对单位判处罚金，并对其直接负责的主管人员和其他直接责任人员，依照第一款的规定处罚。

二、其他法规

《中华人民共和国刑事诉讼法》（2018 年修订）

第三十二条　本章关于回避的规定适用于书记员、翻译人员和鉴定人。

辩护人、诉讼代理人可以依照本章的规定要求回避、申请复议。

第一百零六条　当事人由于不能抗拒的原因或者有其他正当理由而耽误期限的，在障碍消除后五日以内，可以申请继续进行应当在期满以前完成的诉讼活动。

前款申请是否准许，由人民法院裁定。

第八章 披露、报道不应公开的案件信息罪

【立案追诉标准】

披露、报道不应公开的案件信息案（刑法第 308 条之一第 3 款）

公开披露、报道刑法第 308 条之一第 1 款（依法不公开审理的案件中不应当公开的信息）规定的案件信息，情节严重的，应予立案。

【犯罪构成及刑事责任】

刑法第 308 条之一第 3 款和第 4 款对本罪作出了规定，公开披露、报道第 1 款规定的案件信息，情节严重的，依照第 1 款的规定处罚。单位犯前款罪的，对单位判处罚金，并对其直接负责的主管人员和其他直接责任人员，依照第 1 款的规定处罚。故，披露、报道不应公开的案件信息罪，是指公开披露、报道依法不公开审理的案件中不应当公开的信息，情节严重的行为。

1. 客体要件。本罪与第七章所涉罪名存在高度关联性。二者的犯罪客体基本重合。一般认为，本罪的犯罪客体是司法机关依法独立公正办理不公开审理案件的正常秩序，以及包括个人隐私权以及未成年人所享有的特殊利益在内的特定权利主体的合法权益。

刑法将泄露依法不公开审理的案件中不应当公开信息行为的罪刑规范置于刑法分则第六章第二节“妨害司法罪”，旨在维护司法机关的正常司法秩序，保障人民法院依法独立公正行使审判权。但是，“正常的司法秩序”具有十分宽泛的外延，将其作为本罪的犯罪客体无助于指导对该条规定的构成要件的解释，也不能

合理确定刑罚惩治泄露、公开披露、报道不应公开的案件信息的界限。本罪的规范目的在于，防止依法不公开审理的案件中不应当公开的案件信息被特定人员以外的人知晓，从而虚置法律规定的不公开审理制度，并侵犯公民、法人或者其他组织的合法权益，即通过保障依法不公开审理案件中不应公开的案件信息的安全，维护不公开审理制度并保障特定权利主体的合法权益。据此，应将本罪的犯罪客体确定为司法机关依法独立公正办理不公开审理案件的正常秩序，以及包括个人隐私权未成年人所享有的特殊利益在内的特定权利主体的合法权益。

虽然将“包括个人隐私权以及未成年人所享有的特殊利益在内的特定权利主体的合法权益”作为本罪的犯罪客体，可能存在较多的质疑。但是，不公开审理制度自身的制度初衷在于保护特定权利主体的合法利益。本罪的犯罪客体虽然直接表现为司法机关依法独立公正办理不公开审理案件的正常秩序，但不公开审理制度自身只是某种特殊工具或媒介，其存在价值以及落脚点也是保障特定权利主体的合法利益。而且，将“包括个人隐私权以及未成年人所享有的特殊利益在内的特定权利主体的合法权益”作为本罪的犯罪客体，也有利于避免出现刑罚惩罚法益主体自我放弃法益行为的不合理现象。据此，应当认为，本罪的犯罪客体是司法机关依法独立公正办理不公开审理案件的正常秩序，以及包括个人隐私权以及未成年人所享有的特殊利益在内的特定权利主体的合法权益。

2. 客观要件。本罪为引证罪状，根据分则规定可以得知，本罪的客观行为对象与泄露不应公开的案件信息罪相同，均为“依法不公开审理案件”中的“不应当公开的信息”，故对此要件的认定可以参照上一章节的相关内容，此处不再赘述。本罪中独有的构成要件要素有二：行为人实施的“公开披露、报道”之认定以及对“情节严重”内涵的认定。

（1）对“公开披露、报道”的认定，鉴于泄露不应公开的案件信息罪为身份犯，构成该罪的只能为刑法第 308 条之一第 1 款所规定的“司法工作人员、辩护人、诉讼代理人或者其他诉讼参与人”。本罪作为该罪的补充罪名，且应依照该罪的法定刑进行处罚。因此，根据体系解释的思路，本罪的行为主体是司法工作人员、辩护人、诉讼代理人或者其他诉讼参与人以外的知悉依法不公开审理的案件中不应公开的信息的其他公民或单位，只有作如此解释，二罪名之间才不会发生主体上的重合。故本罪中的“公开披露、报道”是指司法工作人员、辩护人、诉讼代理人或者其他诉讼参与人以外的知悉依法不公开审理的案件中不应公开的信息的其他人，公开揭示或将上述信息报道于公开发行的报纸、书籍等或公开放映的电视节目、广播电台等的行为。

（2）“情节严重”的认定。判断行为人披露、报道不应公开的案件信息的行为是否构成“情节严重”，应当综合考察所泄露案件信息的性质、传播的实际范围、对国家安全和利益、当事人受法律保护的隐私权或涉案未成年人的身心健康造成的损害的程度。其中，对于涉及国家安全和利益的案件信息，其保护程度应高于当事人受法律保护的隐私权和涉案未成年人的身心健康。而对于涉及当事人受法律保护的隐私权和涉案未成年人的身心健康的案件信息，其入罪门槛应相对较高，司法机关在具体案件中应从严把握。因为本罪行为形式为披露、报道，一定会造成案件信息的公开传播。所以，相较于泄露不应公开的案件信息罪，本罪没有设置“造成案件信息公开传播”这一客观要件。

3. 主体要件。本罪为非身份犯罪、单位犯罪。如上文所述，本罪行为主体是司法工作人员、辩护人、诉讼代理人或者其他诉讼参与人以外的知悉依法不公开审理的案件中不应公开的信息的其他公民或单位。

4. 主观要件。一般认为，本罪只能由故意构成，行为人明知是依法不公开审理的案件中不应当公开的信息，仍予以泄露的，构成本罪。原本属于不应当公开的信息，但行为人误认为是可以公开的信息而泄露的，不成立本罪。①

根据刑法第308条之一的规定，犯本罪的，处三年以下有期徒刑、拘役或者管制，并处或者单处罚金。单位犯本罪，对单位判处罚金，并对其直接负责的主管人员和其他直接责任人员，处三年以下有期徒刑、拘役或者管制，并处或者单处罚金。

---

① 张明楷：《刑法学》，法律出版社2021年版，第1438页。

【疑难指导】

罪与非罪的区分

在把握罪与非罪的区分时，应当着重注意以下三点：第一，披露、报道的应为不公开审理的案件中不应当公开的信息，公开披露、报道除此以外的其他信息的，不构成本罪。第二，本罪为情节犯，公开披露、报道依法不公开审理的案件中不应当公开的信息的行为，需达到“情节严重”，方构成本罪。第三，本罪为故意犯罪，行为人明知是依法不公开审理的案件中不应当公开的信息，仍予以公开披露、报道的，构成本罪。原本属于不应当公开的信息，但行为人误认为是可以公开的信息而公开披露、报道的，不成立本罪。

【办案依据】

一、刑法规定

第三百零八条之一 司法工作人员、辩护人、诉讼代理人或者其他诉讼参与人，泄露依法不公开审理的案件中不应当公开的信息，造成信息公开传播或者其他严重后果的，处三年以下有期徒刑、拘役或者管制，并处或者单处罚金。

有前款行为，泄露国家秘密的，依照本法第三百九十八条的规定定罪处罚。

公开披露、报道第一款规定的案件信息，情节严重的，依照第一款的规定处罚。

单位犯前款罪的，对单位判处罚金，并对其直接负责的主管人员和其他直接责任人员，依照第一款的规定处罚。

第九十四条 本法所称司法工作人员，是指有侦查、检察、审判、监管职责的工作人员。

二、其他法规

《中华人民共和国刑事诉讼法》（2018年修订）

第三十二条 本章关于回避的规定适用于书记员、翻译人员和鉴定人。

辩护人、诉讼代理人可以依照本章的规定要求回避、申请复议。

第一百零六条 当事人由于不能抗拒的原因或者有其他正当理由而耽误期限

的，在障碍消除后五日以内，可以申请继续进行应当在期满以前完成的诉讼活动。

前款申请是否准许，由人民法院裁定。

第一百八十三条 基层人民法院、中级人民法院审判第一审案件，应当由审判员三人或者由审判员和人民陪审员共三人或者七人组成合议庭进行，但是基层人民法院适用简易程序、速裁程序的案件可以由审判员一人独任审判。

高级人民法院审判第一审案件，应当由审判员三人至七人或者由审判员和人民陪审员共三人或者七人组成合议庭进行。

最高人民法院审判第一审案件，应当由审判员三人至七人组成合议庭进行。

人民法院审判上诉和抗诉案件，由审判员三人或者五人组成合议庭进行。

合议庭的成员人数应当是单数。

第九章　扰乱法庭秩序罪

【立案追诉标准】

扰乱法庭秩序案（刑法第309条）

根据刑法第309条规定，有下列扰乱法庭秩序情形之一的，应予立案：

（一）聚众哄闹、冲击法庭的；

（二）殴打司法工作人员或者诉讼参与人的；

（三）侮辱、诽谤、威胁司法工作人员或者诉讼参与人，不听法庭制止，严重扰乱法庭秩序的；

（四）有毁坏法庭设施，抢夺、损毁诉讼文书、证据等扰乱法庭秩序行为，情节严重的。

【犯罪构成及刑事责任】

扰乱法庭秩序罪，是指扰乱法庭秩序，情节严重的行为。

1. 犯罪客体。本罪侵犯的客体是法庭开庭审理案件的正常活动和秩序。法庭秩序，是指为了保障法庭开庭审理诉讼案件的各种活动得以正常顺利进行，要求诉讼参与人及旁听群众共同遵守和维护的秩序。法庭秩序是审理诉讼案件的活动正常进行，人民法院正确适用法律，实现法院审判职能的重要法律保障，严重干扰法庭秩序，是一种藐视国家权力、粗暴践踏法律的行为，不仅破坏法庭审理活动的正常进行，而且对诉讼参与人的人身安全和公私财产带来极大的威胁和损害。

2. 客观方面。本罪在客观方面表现为行为人聚众哄闹、冲击法庭，或者殴打司法工作人员，严重扰乱法庭秩序的行为。本罪客观方面认定要点如下：

（1）本罪发生阶段。本罪发生于法庭开庭审理过程中，法庭审理即从宣布开庭时起到宣布闭庭止，包括开庭预备、法庭调查、法庭辩论、法庭调解、法庭评议、法庭宣判等各个阶段，既包括一审、二审，也包括适用审判监督程序的再审。

（2）本罪发生场所。本罪发生于开庭审理案件的法庭内。此处法庭应作广义理解，既包括行为人在法庭内扰乱法庭秩序，也包括在法庭附近干扰法庭秩序，在法庭外对正在参加诉讼活动的司法工作人员进行殴打或将其从法庭内追赶到法庭外进行殴打等，都应视为发生在法庭内的扰乱法庭秩序的行为；既包括犯罪行为和犯罪结果都发生在法庭内，也包括犯罪行为或犯罪结果之一发生在法庭内的行为。如果行为和结果都不发生在法庭内的，不构成本罪。

（3）本罪客观行为。根据分则规定，构成本罪的情形如下：聚众哄闹、冲击法庭；殴打司法工作人员或者诉讼参与人；侮辱、诽谤、威胁司法工作人员或者诉讼参与人，不听法庭制止，严重扰乱法庭秩序；有毁坏法庭设施，抢夺、损毁诉讼文书、证据等扰乱法庭秩序行为，情节严重的。其中，所谓“聚众”，是指聚集、纠合 3 人以上的多人。所谓“哄闹”，是指在法庭上或法庭周围进行起哄喧哗、吵闹、搅乱、喧闹、指责、诽谤、辱骂、播放噪音等活动，以干扰审判活动的正常进行。所谓“冲击”，主要是指未经允许、不听劝阻，强行闯入法庭；向法庭投掷石块、泥土、污秽物品；在法庭上殴打当事人及证人、鉴定人、辩护人、翻译人等诉讼参与人；砸毁、破坏门窗、桌椅、话筒、音响等设备、设施等带有暴力色彩的活动。所谓“殴打司法工作人员”，即在法庭上殴打执行公务的司法工作人员，包括审判员、陪审员、公诉人、法警、书记员等。在法庭外殴打正准备参加开庭的司法工作人员，也应视为本罪的殴打司法工作人员。所谓“侮辱”，应该按照侮辱罪中的构成要件行为加以理解，据此，侮辱是指对他人予以轻蔑的价值判断的表示。所谓“诽谤”，同样应当依照诽谤罪进行理解，据此，诽谤是指散布捏造的事实，足以败坏他人名誉的行为。一般认为，“捏造”是指无中生有、凭空制造虚假事实，但应当认为，断章取义改变事实真相，以及将事实剪裁后任意拼凑改变事实真相，使一般人产生重大误解的，也属于捏造。行为人所捏造的事实，是有损对他人的社会评价的、具有某种程度的具体内容的事实。还需要注意的是，不应当将“捏造事实诽谤他人”，理解为先捏造事实、后诽谤他人（或散布事实），而应解释为“利用捏造的事实诽谤他人”或者“以捏造的事实诽谤他人”。据此，明知是损害他人名誉的虚假事实而散布的，也属于诽谤。所谓“威胁”，是指意图扰乱法庭秩序而对司法工作人员、诉讼参与人施加的精神上的强制。至于威胁的内容如何，在所不问。威胁的对象一般是司法工作人员、诉讼参与人本人，但对司法工作人员、诉讼参与人的亲属进行威胁，也属于威胁司法工作人员、诉讼参与人。在“毁坏法庭设施，抢夺、损毁诉讼文书”的认定中，此处的“毁坏”具有明确的指向范围，针对法庭的设施和设备，应当是隶属于庭审中固有财物的部分，而“抢夺、毁损”则是针对法庭中的诉讼文书、证据材料进行抢夺和破坏。

（4）本罪构成要件结果的认定。对于扰乱法庭秩序罪第 1 项和第 2 项规定的行为，“聚众哄闹、冲击法庭的”以及“殴打司法工作人员或者诉讼参与人的”取消了“情节严重”这一构成要件，这说明对本罪的认定存在从严的趋向，对于聚众哄闹、冲击法庭的行为以及殴打司法工作人员或诉讼参与人的行为，在既遂标准上应被认为是一种行为犯，只要行为人实施了构成要件行为，就可以认定为构成本罪既遂。当然，上述行为如果属于总则第 13 条所规定的“情节显著轻微，危害不大”的，可以排除本罪的成立。对于第 3 项与第 4 项所规定的行为，刑法分则规定了“严重扰乱法庭秩序”以及“情节严重”两个入罪情节。

3. 犯罪主体。本罪的主体为一般主体，凡是年满 16 周岁、具备刑事责任能力的人均可成为本罪的主体。司法实践中，多是庭审案件的当事人和其他诉讼参与人，以及其他与案件有利害关系的人。当然，与案件无利害关系的其他人员，如旁听人员等也可构成本罪。单位不是本罪的主体。其中，以聚众哄闹、冲击法庭形式实施本罪的，法条并未规定只处罚首要分子和其他积极参加者，因而应当认为其他参加者也可构成本罪。

4. 主观要件。构成本罪的主观方面需要行为人是直接故意。即行为人已经认识到所扰乱的场所是法庭，认识到法庭正在进行审理案件的活动，而仍然实施聚众哄闹、冲击法庭，或者殴打司法工作人员的行为，这已经表明行为人是有意扰乱法庭秩序，即“明知自己的行为将会严重扰乱法庭的秩序，基于特定的行为动机，仍然执意扰乱，追求危害结果发生”。[①]

【疑难指导】

一、本罪与妨害公务罪的界限

根据刑法第277条的规定，妨害公务罪，是指以暴力、威胁方法阻碍国家机关工作人员依法执行职务的行为。本罪与妨害公务罪的界限在于：

第一，客观行为方式不同。扰乱法庭秩序罪的行为方式有四种：聚众哄闹、冲击法庭的行为；殴打司法工作人员或者诉讼参与人的；侮辱、诽谤、威胁司法工作人员或者诉讼参与人，不听法庭制止，严重扰乱法庭秩序的行为；毁坏法庭设施，抢夺、损毁诉讼文书、证据等扰乱法庭秩序行为，情节严重的行为。而妨害公务罪的危害行为则是以暴力、威胁方法阻碍国家机关工作人员、各级人大代表等依法执行职务的积极作为或不作为的行为。

第二，行为发生场所不同。扰乱法庭秩序罪的犯罪时间限定在审判员宣布开庭至宣布闭庭的整个庭审过程中，犯罪地点则限定在庭审场所；而妨害公务罪则对时间和空间范围没有限制。

第三，行为对象不同。扰乱法庭秩序罪的犯罪对象包括诉讼参与人等非国家工作人员等；而妨害公务罪的犯罪对象则是依法正在执行职务的国家机关工作人员。

二、本罪与聚众扰乱社会秩序罪的界限

根据刑法第290条的规定，聚众扰乱社会秩序罪，是指聚众扰乱社会秩序，情节严重，致使工作、生产、营业和教学、科研、医疗无法进行，造成严重损失的行为。本罪与聚众扰乱社会秩序罪的界限在于：

第一，客观行为不同。扰乱法庭秩序罪的行为方式有四种：聚众哄闹、冲击法庭的行为；殴打司法工作人员或者诉讼参与人的；侮辱、诽谤、威胁司法工作人员或者诉讼参与人，不听法庭制止，严重扰乱法庭秩序的行为；毁坏法庭设施，抢夺、损毁诉讼文书、证据等扰乱法庭秩序行为，情节严重的行为。而聚众扰乱

① 陈浩然：《应用刑法学分论》，华东理工大学出版社2007年版，第393~394页。

社会秩序罪在客观上则表现为行为人聚众扰乱社会秩序，情节严重，致使工作、生产、营业、教学、科研活动无法进行，国家和社会遭受严重损失的行为。

第二，行为发生场所不同。扰乱法庭秩序罪只能发生在人民法院对诉讼案件的法庭审判各个阶段和各个程序中，而聚众扰乱社会秩序罪则可以发生在任何时候。

第三，处罚范围不同。在扰乱法庭秩序罪中，对于参与犯罪的行为人，只要参与扰乱法庭秩序的，不管是首要分子还是其他参与者，一般都要给予刑事处分。并且本罪既可以是聚众多人实施，也可以是单个人实施。而在聚众扰乱社会秩序罪中，则只能对首要分子和其他积极参加者给予刑事制裁，且聚众扰乱社会秩序只能是多人聚众实施。

三、本罪与聚众冲击国家机关罪的界限

根据刑法第 290 条第 2 款的规定，聚众冲击国家机关罪，是指聚众冲击国家机关，致使国家机关工作无法进行，造成严重损失的行为。本罪与聚众冲击国家机关罪有许多共同点：两罪都是故意犯罪；两罪的目的都是扰乱公务活动；两罪的行为方式都包括“聚众冲击”；两罪针对的都是国家机关。两罪的界限在于：

第一，客观行为不同。本罪的行为之一为“聚众哄闹、冲击法庭”，后罪构成要件行为为“聚众冲击国家机关”。其中本罪的客观行为方面，就行为模式来看，除聚众冲击法庭外，还包括聚众哄闹法庭；就发生场所看，本罪发生的地点限于“法庭”中，后罪发生的地点是国家机关所处的场所，无特殊限制。

第二，处罚对象不同。本罪以法律规定的聚众形式出现时，受处罚的对象不限于首要分子和其他积极参加者。而后罪处罚的对象则只能是首要分子和其他积极参加者。

值得注意的是，聚众冲击人民法院，而非法庭的庭审活动，致使人民法院工作无法进行，造成严重损失，成立聚众冲击国家机关罪而非扰乱法庭秩序罪。[1]

在我国刑法中，本罪属于处罚较轻的犯罪。如果行为人实施本罪行为而触犯

---

① 吴占英：《妨害司法罪立案追诉标准与司法认定实务》，中国人民公安大学出版社 2010 年版，第 110~111 页。

了其他犯罪，可以根据具体情况依照处罚较重的犯罪来处理，或者依照数罪并罚原则来处理。比如，殴打司法工作人员或诉讼参与人，如果行为人在法庭上只是殴打了一个司法工作人员或一个诉讼参与人，造成其重伤害的，显然应当按照故意伤害罪论处；如果行为人在法庭上殴打了二人以上的司法工作人员或诉讼参与人，其中，既有造成重伤害的，也有造成轻微伤害的，则可以考虑按照本罪与伤害罪数罪并罚。[①]

【办案依据】

一、刑法规定

第三百零九条 有下列扰乱法庭秩序情形之一的，处三年以下有期徒刑、拘役、管制或者罚金：

（一）聚众哄闹、冲击法庭的；

（二）殴打司法工作人员或者诉讼参与人的；

（三）侮辱、诽谤、威胁司法工作人员或者诉讼参与人，不听法庭制止，严重扰乱法庭秩序的；

（四）有毁坏法庭设施，抢夺、损毁诉讼文书、证据等扰乱法庭秩序行为，情节严重的。

二、司法解释

《中华人民共和国人民法院法庭规则》（2016年4月13日　法释〔2016〕7号）

第二十条 行为人实施下列行为之一，危及法庭安全或扰乱法庭秩序的，根据相关法律规定，予以罚款、拘留；构成犯罪的，依法追究其刑事责任：

（一）非法携带枪支、弹药、管制刀具或者爆炸性、易燃性、放射性、毒害性、腐蚀性物品以及传染病病原体进入法庭；

（二）哄闹、冲击法庭；

（三）侮辱、诽谤、威胁、殴打司法工作人员或诉讼参与人；

---

① 谢望原：《扰乱法庭秩序罪的正确理解与适用》，载《人民检察》2015年第18期。

（四）毁坏法庭设施，抢夺、损毁诉讼文书、证据；

（五）其他危害法庭安全或扰乱法庭秩序的行为。

三、其他法规

（一）《中华人民共和国刑事诉讼法》（2018年修订）

第一百九十四条　证人作证，审判人员应当告知他要如实地提供证言和有意作伪证或者隐匿罪证要负的法律责任。公诉人、当事人和辩护人、诉讼代理人经审判长许可，可以对证人、鉴定人发问。审判长认为发问的内容与案件无关的时候，应当制止。

审判人员可以询问证人、鉴定人。

（二）《中华人民共和国民事诉讼法》（2021年修订）

第一百一十三条　诉讼参与人和其他人应当遵守法庭规则。

人民法院对违反法庭规则的人，可以予以训诫，责令退出法庭或者予以罚款、拘留。

人民法院对哄闹、冲击法庭，侮辱、诽谤、威胁、殴打审判人员，严重扰乱法庭秩序的人，依法追究刑事责任；情节较轻的，予以罚款、拘留。

（三）《中华人民共和国行政诉讼法》（2017年修订）

第五十九条　诉讼参与人或者其他人有下列行为之一的，人民法院可以根据情节轻重，予以训诫、责令具结悔过或者处一万元以下的罚款、十五日以下的拘留；构成犯罪的，依法追究刑事责任：

（一）有义务协助调查、执行的人，对人民法院的协助调查决定、协助执行通知书，无故推拖、拒绝或者妨碍调查、执行的；

（二）伪造、隐藏、毁灭证据或者提供虚假证明材料，妨碍人民法院审理案件的；

（三）指使、贿买、胁迫他人作伪证或者威胁、阻止证人作证的；

（四）隐藏、转移、变卖、毁损已被查封、扣押、冻结的财产的；

（五）以欺骗、胁迫等非法手段使原告撤诉的；

（六）以暴力、威胁或者其他方法阻碍人民法院工作人员执行职务，或者以哄闹、冲击法庭等方法扰乱人民法院工作秩序的；

（七）对人民法院审判人员或者其他工作人员、诉讼参与人、协助调查和执行的人员恐吓、侮辱、诽谤、诬陷、殴打、围攻或者打击报复的。

人民法院对有前款规定的行为之一的单位，可以对其主要负责人或者直接责任人员依照前款规定予以罚款、拘留；构成犯罪的，依法追究刑事责任。

罚款、拘留须经人民法院院长批准。当事人不服的，可以向上一级人民法院申请复议一次。复议期间不停止执行。

第十章　窝藏、包庇罪

【立案追诉标准】

窝藏、包庇案（刑法第310条）

依照刑法第310条的规定，行为人实施下列行为之一的，应立案追诉：

1. 为犯罪人提供隐藏处所，帮助其逃匿的；

2. 为犯罪的人提供财物，帮助其逃匿的；

3. 作假证明包庇犯罪的人的。

【犯罪构成及刑事责任】

窝藏、包庇罪是窝藏行为与包庇行为的组合罪名。其中，窝藏行为，是指行为人明知他人是犯罪的人而为其提供隐藏处所、财物，帮助其逃匿的行为；包庇行为，是指行为人明知他人是犯罪的人而为其作假证明包庇的行为。

1. 客体要件。本罪分项规定中的“犯罪”所指的是刑事犯罪。因此，本罪的犯罪客体是司法机关对犯罪进行刑事追诉和刑事执行的正常活动。

2. 客观要件。本罪的客观方面表现为行为人实施了窝藏或包庇犯罪的人的行为。本罪客观方面认定要点有三：（1）对行为对象“犯罪的人”的认定；（2）对行为内容窝藏、包庇的认定；（3）对既遂标准的认定。

（1）行为对象之认定。本罪的行为对象需联系本罪的犯罪客体进行综合考虑，如上文所述，本罪的犯罪客体是刑事追诉与刑事执行的秩序。故，对处于刑事追诉程序中的犯罪人进行窝藏、包庇的，方能成立本罪。因此，已被公安、司法机关依法作为犯罪嫌疑人、被告人而成为侦查、起诉对象的人，即使事后被法院认定无罪的，在其被追诉时也属于“犯罪的人”；同时，对于实施了符合构成要件的不法行为但因为没有达到法定年龄、不具有责任能力等原因，公安、司法机关不可能展开刑事侦查与司法活动的犯罪的人，对这类“犯罪的人”实施的窝藏、包庇行为，不成立犯罪。

（2）行为内容之认定。窝藏行为，是指为犯罪人提供隐藏处所、财物，帮助其逃匿的行为。“提供隐藏处所、财物”与“帮助其逃匿”并非手段与目的的关系，前者只是对以后者为目的行为的例示。因此，帮助犯罪的人逃匿的方法和行为，不限于为犯罪人提供隐藏处所或财物。为犯罪人通风报信或者提供伪造身份证件的，也属于帮助其逃匿的行为。需要注意的是，此处的“帮助”不是共犯意义上的帮助，“犯罪的人”与本罪行为人是否具有犯意联络，本罪行为人是否仅起到共犯意义上的帮助作用，不影响本罪的成立。但是，帮助行为并非漫无边际，其应限于直接使犯罪人的逃匿更为便利的行为。包庇行为，是指向公安、司法机关提供虚假证明，使犯罪人逃避刑事追诉的行为。

（3）既遂标准之认定。窝藏、包庇罪属于抽象的危险犯。公安、司法机关即便明知犯罪人藏匿处所或明知本罪行为人提供的是虚假证明，不妨碍本罪成立。

3. 主体要件。窝藏、包庇罪的主体为达到刑事责任年龄、具有刑事责任能力的自然人。在认定窝藏、包庇罪的犯罪主体时，应重点把握以下几个方面的问题：一是犯罪人自己躲藏、逃匿的，因为缺乏期待可能性，不成立本罪。二是犯罪的人教唆他人对自己实施窝藏、包庇行为的，由于其本身不能构成此罪，故教唆他人对自己实施此类行为的，不成立犯罪。三是犯罪人窝藏包庇共犯人的情形，应具体分析。如果共犯人中不包括本人，则成立本罪；如果共犯人中包括本人，则不宜认定为本罪。但是，如果明知共犯人另犯有其他罪而窝藏、包庇的，应认定为窝藏、包庇罪。需要注意的是，犯罪人的配偶、近亲属对犯罪人实施的窝藏、包庇行为，由于缺乏期待可能性，不得以本罪论处。

4. 主观要件。本罪主观方面为故意，即本罪行为人明知其窝藏、包庇的人是“犯罪的人”，而实施上述行为。即使行为人开始实施该行为时并不知情，在其知晓后仍然实施该行为的，同样成立本罪。行为人实施窝藏、包庇行为的动机不影响本罪成立。

根据我国刑法第310条的规定，犯窝藏、包庇罪的，处3年以下有期徒刑、拘役或者管制；情节严重的，处3年以上10年以下有期徒刑。

【疑难指导】

一、罪与非罪的区分

（一）本罪主观心态的具体认定

窝藏、包庇罪的故意，包括直接故意和间接故意，即明知是犯罪的人而仍然实施窝藏、包庇行为，过失不构成窝藏、包庇罪。在司法实践中，认定行为人是否犯有窝藏、包庇罪，不能仅看行为人的口供，还应根据行为人的行为和案件的具体情况，结合其口供和其他相关证据，予以综合认定。如果行为人确实不知道对方是犯罪的人，或者受欺骗、蒙蔽而为其提供隐藏处所、财物，帮助其逃匿或作虚假证明包庇的，不能认定其主观上的故意，也就不能以窝藏、包庇罪追究行为人的刑事责任。

（二）知情不举行为是否构成本罪

知情不举，是指明知他人犯罪而不检举告发的行为。窝藏、包庇罪与知情不举的界限在于：

1. 行为客观方面的表现形式不完全相同：窝藏、包庇罪在客观方面表现为，为明知是犯罪的人提供隐藏处所、财物，帮助其逃匿或者作假证明包庇的行为；而知情不举在客观方面则表现为，明知是逃匿的犯罪分子而不向司法机关举报，放任其逍遥法外的行为。

2. 行为方式不同：窝藏、包庇罪是以积极的作为实施犯罪的；而知情不举则是以消极的不作为方式实施犯罪的。

（三）冒名顶替犯罪之人是否属于包庇行为

笔者认为，冒名顶替犯罪之人，是指冒称犯罪的人以代替的行为，这种行为实际是向司法机关作假证明包庇犯罪的人，对此，应以包庇罪论处。

（四）窝藏、包庇已过追诉时效的犯罪嫌疑人的是否成立本罪

窝藏、包庇罪的对象只能是判决前的犯罪嫌疑人或判决后的犯罪分子。需要注意的是，窝藏、包庇判决前的犯罪嫌疑人，必须是在追诉期限之内，如果超过了追诉时效，该犯罪嫌疑人便不能成立本罪的对象。[①]

二、窝藏行为与包庇行为的界限

包庇罪与窝藏罪的共同点在于：两罪的主体都是一般主体；两罪主观上都是故意；两罪保护的客体都是司法机关的刑事追诉活动和刑罚执行活动。包庇罪与窝藏罪的不同点在于：窝藏罪在客观方面主要表现为为犯罪分子提供隐藏处所，或者用资助财物的方法帮助犯罪分子逃往他处隐蔽，使犯罪分子不被他人或司法机关发现，从而逃避法律制裁；而包庇罪则主要表现为通过伪造、隐藏、毁灭证据的方法，掩盖犯罪分子的犯罪事实，使其逃避法律制裁。

三、本罪与事前有通谋的共同犯罪的界限

窝藏、包庇行为是在被窝藏、包庇的人犯罪后实施的，其犯罪故意也是在他人犯罪后产生的，即只有在与犯罪人没有事前通谋的情况下，实施窝藏、包庇行为的，才成立本罪。如果行为人事前与犯罪人通谋，商定待犯罪人实行犯罪后予以窝藏、包庇的，则成立共同犯罪。因此，刑法第310条第2款规定，犯窝藏、包庇罪，事前通谋的，以共同犯罪论处。

四、包庇罪与伪证罪的界限

根据刑法第305条的规定，伪证罪，是指在刑事诉讼中，证人、鉴定人、记录人、翻译人对与案件有重要关系的情节，故意作虚假证明、鉴定、记录、翻译，意图陷害他人或者隐匿罪证的行为。包庇罪与伪证罪的界限在于：

1. 犯罪主体不同：伪证罪为身份犯，犯罪主体仅限于证人、鉴定人、记录人、翻译人；而包庇罪的主体则为一般主体。

2. 实施犯罪的时间不同：伪证罪只能发生在刑事诉讼过程中；而包庇罪则可以发生在刑事诉讼开始之前、之中。

3. 犯罪主观方面不同：伪证罪行为人犯罪的故意内容既可以是意图隐匿罪证

---

① 贾宇主编：《刑法学》（下册·各论），高等教育出版社2019年版，第215~216页。

从而使犯罪分子逃避法律制裁，也可以是为了陷害他人使无罪者受到刑事追究；而包庇罪的故意内容则只是意图使犯罪分子逃避法律制裁。

五、包庇罪与帮助毁灭、伪造证据罪的界限

根据刑法第 307 条的规定，帮助毁灭、伪造证据罪，是指帮助当事人毁灭、伪造证据的行为。应当认为，现行刑法已经将帮助毁灭、伪造证据的行为规定为独立的犯罪，我们就不能将这种行为解释为包庇罪的表现形式。因此，包庇罪应仅限于作假证明包庇犯罪的行为，而不包括帮助犯罪人毁灭或者伪造证据的行为。此外，需要注意的是，单纯毁灭有罪、重罪证据的行为本身，不符合“作假证明包庇”的要件。但是，伪造无罪证据并向公安、司法机关出示的行为，则符合“作假证明包庇”的要件。因此，行为人帮助犯罪人伪造无罪证据的，同时触犯了包庇罪与帮助伪造证据罪，应作为狭义的包括一罪，从一重罪论处。①

六、包庇罪与徇私枉法罪的界限

根据刑法第 399 条的规定，徇私枉法罪是指司法工作人员徇私枉法、徇情枉法，对明知是无罪的人而使他受追诉、对明知是有罪的人而故意包庇不使他受追诉，或者在刑事审判活动中故意违背事实和法律作枉法裁判的行为。包庇罪与徇私枉法罪的界限在于以下五个方面：

1. 犯罪性质不同：包庇罪不属于渎职罪；而徇私枉法罪则属于渎职罪。

2. 犯罪客体不同：包庇罪侵犯的直接客体是司法机关的刑事追诉和刑罚执行活动；而徇私枉法罪侵犯的直接客体则是司法机关的正常活动。

3. 犯罪对象不同：包庇罪的犯罪对象是犯罪的人；而徇私枉法罪的犯罪对象则是刑事诉讼活动中的当事人，既可能是犯罪的人，也可能是未犯罪的人。

4. 犯罪客观方面的表现形式不同：包庇罪在客观方面表现为，明知是犯罪的人而作假证明予以包庇的行为；而徇私枉法罪在客观方面则表现为，徇私枉法、徇情枉法，对明知是无罪的人而使他受追诉、对明知是有罪的人而故意包庇不使他受追诉，或者在刑事审判活动中故意违背事实和法律作枉法裁判的行为。

5. 犯罪主体的范围不同：包庇罪的主体是一般主体，即达到刑事责任年龄、具

---

① 张明楷：《刑法学》，法律出版社 2021 年版，第 1443 页。

有刑事责任能力的自然人；而徇私枉法罪的主体则是特殊主体，即司法工作人员。

七、包庇罪与帮助犯罪分子逃避处罚罪的界限

根据刑法第417条的规定，帮助犯罪分子逃避处罚罪，是指有查禁犯罪活动职责的国家机关工作人员，向犯罪分子通风报信，提供便利，帮助犯罪分子逃避处罚的行为。包庇罪与帮助犯罪分子逃避处罚罪的界限在于：

1. 犯罪性质不同：包庇罪不属于渎职罪；而帮助犯罪分子逃避处罚罪则属于渎职罪。

2. 犯罪客体不同：包庇罪侵犯的直接客体是司法机关的刑事追诉和刑罚执行活动的正常进行；而帮助犯罪分子逃避处罚罪侵犯的直接客体则是国家机关的正常活动。

3. 犯罪客观方面的表现形式不同：包庇罪在客观方面表现为，给明知是犯罪的人作假证明予以包庇的行为；而帮助犯罪分子逃避处罚罪在客观方面则表现为，向犯罪分子通风报信，提供便利，帮助犯罪分子逃避处罚的行为。

4. 犯罪主体不同：包庇罪的主体是一般主体，即达到刑事责任年龄、具有刑事责任能力的自然人；而帮助犯罪分子逃避处罚罪的主体则是特殊主体，即负有查禁犯罪活动职责的国家机关工作人员。

八、本罪与掩饰、隐瞒犯罪所得、犯罪所得收益罪的界限

根据刑法第312条的规定，掩饰、隐瞒犯罪所得、犯罪所得收益罪，是指明知是犯罪所得及其产生的收益而予以窝藏、转移、收购、代为销售或者以其他方法掩饰、隐瞒的行为。窝藏罪与掩饰、隐瞒犯罪所得、犯罪所得收益罪的界限在于：

1. 犯罪客体不同：前罪保护的客体是国家司法机关的刑事追诉、刑罚执行活动；而后罪保护的客体则是司法机关对犯罪所得及其产生的收益的正常追缴活动以及对犯罪案件的正常查处追究活动。

2. 行为针对的对象不同：前罪行为针对的对象为犯罪的人；而后罪行为针对的对象则为犯罪所得及其产生的收益。

3. 行为表现不同：前罪的行为表现为为犯罪的人提供隐藏处所、财物，帮助其逃匿的行为；而后罪的行为表现为明知是犯罪所得及其产生的收益而予以窝藏、

转移、收购、代为销售或者以其他方法掩饰、隐瞒的行为。

【办案依据】

一、刑法规定

第三百一十条 明知是犯罪的人而为其提供隐藏处所、财物，帮助其逃匿或者作假证明包庇的，处三年以下有期徒刑、拘役或者管制；情节严重的，处三年以上十年以下有期徒刑。

犯前款罪，事前通谋的，以共同犯罪论处。

第三百六十二条 旅馆业、饮食服务业、文化娱乐业、出租汽车业等单位的人员，在公安机关查处卖淫、嫖娼活动时，为违法犯罪分子通风报信，情节严重的，依照本法第三百一十条的规定定罪处罚。

二、司法解释

《最高人民法院、最高人民检察院关于办理组织、强迫、引诱、容留、介绍卖淫刑事案件适用法律若干问题的解释》（2017年7月21日 法释〔2017〕13号）

第十四条 根据刑法第三百六十二条、第三百一十条的规定，旅馆业、饮食服务业、文化娱乐业、出租汽车业等单位的人员，在公安机关查处卖淫、嫖娼活动时，为违法犯罪分子通风报信，情节严重的，以包庇罪定罪处罚。事前与犯罪分子通谋的，以共同犯罪论处。

具有下列情形之一的，应当认定为刑法第三百六十二条规定的“情节严重”：

（一）向组织、强迫卖淫犯罪集团通风报信的；

（二）二年内通风报信三次以上的；

（三）一年内因通风报信被行政处罚，又实施通风报信行为的；

（四）致使犯罪集团的首要分子或者其他共同犯罪的主犯未能及时归案的；

（五）造成卖淫嫖娼人员逃跑，致使公安机关查处犯罪行为因取证困难而撤销刑事案件的；

（六）非法获利人民币一万元以上的；

（七）其他情节严重的情形。

第十一章 掩饰、隐瞒犯罪所得、犯罪所得收益罪

【立案追诉标准】

掩饰、隐瞒犯罪所得、犯罪所得收益案（刑法第312条）

本罪是行为犯，依照刑法第312条的规定，明知是犯罪所得及其产生的收益而予以窝藏、转移、收购、代为销售或者以其他方法掩饰、隐瞒的行为，应予追诉。

明知是犯罪所得及其产生的收益而予以窝藏、转移、收购、代为销售或者以其他方法掩饰、隐瞒，具有下列情形之一的，应当依照刑法第三百一十二条第一款的规定，以掩饰、隐瞒犯罪所得、犯罪所得收益罪定罪处罚：

（一）一年内曾因掩饰、隐瞒犯罪所得及其产生的收益行为受过行政处罚，又实施掩饰、隐瞒犯罪所得及其产生的收益行为的；

（二）掩饰、隐瞒的犯罪所得系电力设备、交通设施、广播电视设施、公用电信设施、军事设施或者救灾、抢险、防汛、优抚、扶贫、移民、救济款物的；

（三）掩饰、隐瞒行为致使上游犯罪无法及时查处，并造成公私财物损失无法挽回的；

（四）实施其他掩饰、隐瞒犯罪所得及其产生的收益行为，妨害司法机关对上游犯罪进行追究的。

《最高人民法院关于审理掩饰、隐瞒犯罪所得、犯罪所得收益刑事案件适用法律若干问题的解释》（2021年4月13日）

【犯罪构成及刑事责任】

掩饰、隐瞒犯罪所得、犯罪所得收益罪，是指行为人明知是犯罪所得及其产生的收益而予以窝藏、转移、收购、代为销售或者以其他方法掩饰、隐瞒的行为，本罪是选择性罪名。构成本罪需要具备以下四个要件：

1. 客体要件。本罪的客体是司法机关查明犯罪、追缴犯罪所得及收益的正常活动。本罪导致犯罪所形成的违法财产状态得以维持、存续，妨碍了司法机关利用赃物证明相关的犯罪事实，进而妨害了刑事侦查、起诉、审判的整体流程。同时，司法机关的职责包括追缴赃物，并将其没收、退还被害人，就后者而言，本罪还侵犯了被害人的追偿权。

2. 客观要件。本罪的客观方面表现为行为人实施了窝藏、转移、收购、代为销售或者以其他方法掩饰、隐瞒犯罪所得及其产生的收益的行为。

（1）犯罪对象是“犯罪所得及其产生的收益”。“犯罪所得”，是指犯罪所得的赃物，即通过犯罪活动直接获得的财物和财产性利益；“犯罪所得产生的收益”，是指利用犯罪所得的赃物所获得的利益，如上游犯罪的行为人对犯罪所得进行处理后得到的孳息、租金等。如果犯罪所得及其收益到了掩饰、隐瞒行为人的手上，由此产生了新的收益，不能将其认定为犯罪所得收益的数额，只能认定为非法所得并予以追缴。

犯罪所得的存在形式变更的，如从一种货币变为另一种货币、从赃物变为现金的，或者通过改造、改装、附合、加工等方式改变了犯罪所得形态的，仍属于“犯罪所得与犯罪所得收益”。①

（2）行为方式为“窝藏、转移、收购、代为销售或者以其他方法掩饰、隐瞒”。“窝藏”，是指行为人为犯罪分子隐藏、保管犯罪所得及其产生的收益，或提供了藏匿赃物的处所，使司法机关难以发现。“转移”，是指行为人把犯罪分子的犯罪所得及其产生的收益由一地移动至另一地，改变赃物的存放地点；转移的距

---

① 史卫忠、李莹：《掩饰、隐瞒犯罪所得、犯罪所得收益罪司法认定疑难问题探讨》，载《人民检察》2014 年第 6 期。

离可以很近，只要足以妨害司法机关对赃物的追缴即可，但在同一房间内改变位置的，一般不宜认定为转移；“收购”，是指行为人购买犯罪分子犯罪所得及其产生的收益，这里的收购并不要求大量购入，也不要求具有出卖目的，购买他人犯罪所得如机动车等自用的，也符合本罪的犯罪构成；但数量较少、价值轻微的收购自用行为，可能符合《最高人民法院关于审理掩饰、隐瞒犯罪所得、犯罪所得收益刑事案件适用法律若干问题的解释》第2条的规定，因情节轻微而免予处罚。“代为销售”，是指行为人受本犯的委托，代犯罪分子将犯罪所得及其产生的收益卖出、有偿转让的行为。行为人代为销售的行为不一定是有偿的；为了本犯的利益而将赃物出卖给本犯的被害人，也应当认定为代为销售赃物。“以其他方法掩饰、隐瞒”，是指采用窝藏、转移、收购、代为销售以外的方法掩盖犯罪所得及其收益的性质的行为，只要使司法机关难以发现、追缴赃物或者难以分辨赃物性质的行为，都可能符合该要件。

本罪属选择性罪名，只要行为人实施了上述五种行为之一，便足以成立本罪。需要注意的是，窝藏、转移等行为的实施必须是基于本犯的意思，行为人对犯罪所得、犯罪所得收益实施盗窃、抢夺、诈骗、抢劫等行为的，应当以对应的财产犯罪定罪处罚，而不以本罪论处。

3. 主体要件。本罪的主体是一般主体，单位也可以构成本罪。盗用单位名义实施掩饰、隐瞒犯罪所得及其产生的收益行为，违法所得由行为人私分的，依照自然人犯罪的规定定罪处罚。

本犯自己掩饰、隐瞒犯罪所得、犯罪所得收益的行为虽然也具有妨害司法的违法性，但由于其不具有期待可能性，属于不可罚的事后行为，故不构成本罪。这里的本犯，既包括获取赃物的原犯罪的正犯、共同正犯，也包括教唆犯和帮助犯。因此，在共同犯罪行为完成后，共同犯罪人相互实施掩饰、隐瞒犯罪所得及其产生的收益的行为，不能以掩饰、隐瞒犯罪所得、犯罪所得收益罪定罪处罚。需要注意的是，帮助本犯实施掩饰、隐瞒犯罪所得、犯罪所得收益的，二人均符合本罪的构成要件，只是本犯因为缺乏期待可能性而不以犯罪论处，但帮助者依然可能成立本罪。

4. 主观要件。本罪在主观方面是故意犯罪，即行为人必须明知是犯罪所得及其产生的收益而予以掩饰、隐瞒，并追求和放任妨害司法的结果发生，否则不构成本罪。行为人不知道是赃物而保管的，不构成本罪；但知道真相后选择继续保管的、或拒不向司法机关返还的，成立本罪。

根据刑法第312条的规定，犯本罪的，处三年以下有期徒刑、拘役或者管制，并处或者单处罚金；情节严重的，处三年以上七年以下有期徒刑，并处罚金。单位犯本罪的，对单位判处罚金，并对其直接负责的主管人员和其他直接责任人员，依照上述规定处罚。

根据《最高人民法院关于审理掩饰、隐瞒犯罪所得、犯罪所得收益刑事案件适用法律若干问题的解释》第2条的规定，行为人“认罪、悔罪并退赃、退赔，且具有下列情形之一的，可以认定为犯罪情节轻微，免予刑事处罚：（一）具有法定从宽处罚情节的；（二）为近亲属掩饰、隐瞒犯罪所得及其产生的收益，且系初犯、偶犯的；（三）有其他情节轻微情形的”。第3条规定：“掩饰、隐瞒犯罪所得及其产生的收益，具有下列情形之一的，应当认定为刑法第三百一十二条第一款规定的‘情节严重’：（一）掩饰、隐瞒犯罪所得及其产生的收益价值总额达到十万元以上的；（二）掩饰、隐瞒犯罪所得及其产生的收益十次以上，或者三次以上且价值总额达到五万元以上的；（三）掩饰、隐瞒的犯罪所得系电力设备、交通设施、广播电视设施、公用电信设施、军事设施或者救灾、抢险、防汛、优抚、扶贫、移民、救济款物，价值总额达到五万元以上的；（四）掩饰、隐瞒行为致使上游犯罪无法及时查处，并造成公私财物重大损失无法挽回或其他严重后果的；（五）实施其他掩饰、隐瞒犯罪所得及其产生的收益行为，严重妨害司法机关对上游犯罪予以追究的”。

【疑难指导】

一、如何理解和认定“犯罪所得及其所产生的收益”

（一）违禁品能否成为本罪的犯罪对象

一般性的赃物，如行贿所用的财物、赌资、盗窃所得的财物等都能成为本罪的犯罪对象，这是没有争议的。在实践中，容易出现的争议在于，违禁品能否成为赃款、赃物？例如，枪支、弹药、毒品等能否被称为法条中的“犯罪所得”？

部分观点认为,[①] 从文义解释的角度出发，将违禁品纳入“犯罪所得”的范畴中是完全正当的。因为赃物是从是否为犯罪行为所得这一角度给犯罪物品下定义的，而违禁品则是从财物能否为公民私自持有的角度给物品下定义的，两者划分的标准不一样，且对违禁品的掩饰、隐瞒同样会对司法机关揭露犯罪的正常司法活动造成妨害，不应否定本罪的构成。

但根据最高人民法院的权威观点，伪造的货币、制造的毒品、枪支弹药等违禁品，不应被纳入本罪的犯罪对象当中。2015 年，最高人民法院法官在《〈最高人民法院关于审理掩饰、隐瞒犯罪所得、犯罪所得收益刑事案件适用法律若干问题的解释〉的理解与适用》一书中明确,[②] 一般不将违禁品作为普通赃物对待，主要理由有两个：一是刑法对掩饰、隐瞒这些违禁品的行为，一般有专门的条文规定，按照特别法优于一般法的原则，应当适用特别法规定；二是在司法实践以及群众的一般观念中，违禁品与一般的赃款、赃物是有本质区别的，一般的赃款、赃物，除非有证据证明是赃款、赃物，否则，持有人可以拥有合法的使用权；而违禁品，除非法律特别授权的组织和人员，否则，持有违禁品本身就是违法甚至犯罪的行为。

但这一原则也有例外情形。根据《全国人民代表大会常务委员会关于〈中华人民共和国刑法〉第三百四十一条、第三百一十二条的解释》的规定，“知道或者应当知道是刑法第三百四十一条第二款规定的非法狩猎的野生动物而购买的”，应当以本罪论处。这是全国人大的一条拟制规定，独立构成了收购野生动物型掩饰、隐瞒犯罪所得罪。

（二）犯罪工具能否成为本罪的犯罪对象

对“犯罪所得”的理解有广义和狭义两种。在广义上，“犯罪所得”，是指在犯罪过程中所获得的一切物品，包括犯罪所得的赃物与非犯罪所得的物品两类，前者即为狭义上的“犯罪所得”，后者则是指犯罪分子用以实现犯罪目的而制造、

① 史卫忠、李莹：《掩饰、隐瞒犯罪所得、犯罪所得收益罪司法认定疑难问题探讨》，载《人民检察》2014 年第 6 期。

② 陆建红、杨华、曹东方：《〈关于审理掩饰、隐瞒犯罪所得、犯罪所得收益刑事案件适用法律若干问题的解释〉的理解与适用》，载《人民司法（应用）》2015 年第 17 期，第 14 页。

买卖、运输的标的物、工具等，如走私的物品、非法贩卖的淫秽书画，行为人在实施犯罪之前就已经取得了这些物品，并进一步利用它们实施犯罪。

笔者认为，因犯罪而产生的物品以及犯罪工具（包括犯罪分子为实施犯罪行为制造的物品）都不是犯罪所得，对此类物品实施的掩饰、隐瞒行为，均不构成掩饰、隐瞒犯罪所得、犯罪所得收益罪，对相关行为的定性应当视行为方式而定，分别认定为包庇罪或者帮助毁灭、伪造证据罪，以及法律规定与该特定物品相关的其他犯罪，或者前罪的共同犯罪等。如走私犯已经将走私物品运入境内，但走私物品尚未脱手时他人帮助走私犯掩饰、隐瞒该物品的行为，本质上属于妨害司法的行为，可以考虑认定为包庇罪，如果采取了毁灭该物品的方式，则可认定为帮助毁灭证据罪。

少部分人认为,[①] 无论物品在犯罪的什么阶段取得，都是证明犯罪行为的重要证据，掩饰、隐瞒这些物品的，都会给司法机关打击犯罪的正常职能活动造成危害，侵犯了司法机关的正常活动秩序，应当以本罪论处。但这一观点与大众对词语的理解存在出入，同时也会导致行为人隐匿他人犯罪证据的行为构成本罪，与当下的刑事立法精神不符。

（三）是否有对上游犯罪的限制

本罪没有对上游犯罪的限制，上游犯罪并不仅限于财产犯罪、经济犯罪，任何犯罪行为的所得及其产生的收益都可以成为本罪的犯罪对象。

如前所述，根据全国人大的相关文件，非法狩猎的动物是本罪的犯罪对象。根据本章【办案依据】部分所列司法解释的规定，电信网络诈骗的犯罪所得、矿产品、文物、计算机信息系统数据、计算机信息系统控制权、窨井盖等，都可以成为本罪的犯罪对象。

此外，本罪也能够成为其自身的上游犯罪。换言之，当甲掩饰、隐瞒他人犯罪所得、犯罪所得收益并取得了财物与财产性利益后，乙对甲的犯罪所得予以掩饰、隐瞒的，还可以再次成立本罪。

---

① 张天虹等：《为银行职员高息揽储索取好处费并帮助隐瞒挪用资金事实的行为如何处理》，载《人民检察》2010 年第 22 期。

需要注意的是，对于犯罪所得及其产生的收益的认定，不能仅从上游犯罪人最终被认定的罪名来进行判断。一般来说，故意杀人罪、过失致人死亡罪等罪名不可能有犯罪所得，但是可能存在其他产生了犯罪所得的罪名被重罪所吸收、竞合的情况，此时，该罪名所产生的收益依然属于犯罪所得。

二、如何理解和适用“掩饰、隐瞒”

（一）“掩饰、隐瞒”是否具有可选择性

根据司法解释的规定，本罪是选择性罪名，犯罪所得、犯罪所得收益这两种犯罪对象显然是存在选择关系的，应予区分；那掩饰、隐瞒这两种犯罪手段是否也存在选择关系呢?

应当认为，这两个词语之间不存在选择关系。首先，“掩饰、隐瞒”是对本罪客观表现形式的高度抽象，不具有可分性，从字面含义上理解，二者的意思极为相近，生活中也往往混同使用，即使加以区分，也是极为生硬的。其次，从立法变迁来看，本罪原名为“窝藏、转移、收购、销售赃物罪”，对其进行修正就是为了扩展行为要件，将具有遮掩犯罪所得、犯罪所得收益性质的行为纳入归责范围，截断犯罪经济利益的流通。从这一目的出发，“掩饰、隐瞒”只能并列使用，不能进行选择。

（二）是否包括单纯知情不报的行为

对这一问题的回答有赖于对“其他方法掩饰、隐瞒”的解释。“其他方法”，是指法条列举的四种方式以外的、其他能够起到“掩饰、隐瞒”犯罪所得及其收益作用的方法。尽管其种类繁多，但在具体认定时应当注意以下两点：一是“其他方法”必须与窝藏、转移、收购和代为销售在罪质上具有相当性，且没有被刑法第312条所列的四种行为所涵盖；二是这些方法在客观上扰乱了司法秩序，妨害了司法机关对上游犯罪行为的追究，如装修房屋等并不影响司法活动的行为，不能认定为这里的“其他方法”。

根据司法解释的规定，明知是犯罪所得及其产生的收益而采取窝藏、转移、收购、代为销售以外的方法，如居间介绍买卖，收受，持有，使用，加工，提供资金账户，协助将财物转换为现金、金融票据、有价证券，协助将资金转移、汇往境外等，应当认定为刑法第312条规定的“其他方法”。其中，“收受”，是指不

支付对价而取得犯罪所得及其收益的行为；“加工”，是指改变犯罪所得及其收益的表现形式的行为，是对犯罪所得及其收益的外观或者内在性质进行改变，致使失去原形原质而转化成他物；“介绍买卖”，是指在本犯或其代理人与买主之间进行联络，充当买卖的中介人的行为，介绍买卖行为本身是有偿还是无偿，是直接与买主见面介绍还是通过第三人与买主见面介绍，均不影响介绍买卖行为的成立。[①]

能够明显看出，掩饰、隐瞒的行为应该是积极行为，要求行为人以积极的作为掩盖上游犯罪的存在，仅仅知情不举并不构成“掩饰、隐瞒”。同时，知情不举其实是一种不作为，如果其构成本罪，行为人应当具有某种特定的义务。根据我国法律规定，积极举报犯罪虽为国家所提倡，但并不是每个公民必须履行的法定义务或法定职责，举报犯罪涉及的仅仅是道德规范问题，法律无法对其进行约束。因此，行为人收受他人好处、为其犯罪行为保守秘密的，不应属于本罪所打击的范围。

三、对主观“明知”的理解和认定

（一）“明知”需要达到何种程度

首先，行为人必须意识到自己所掩饰、隐瞒的是他人的犯罪所得，而不能是一般的违法所得，否则，行为人在主观上所意图侵犯的将不再是司法秩序而是行政秩序，不应以本罪论处。行为人明知他人的犯罪事实，因为法律意识淡薄而认为自己掩饰、隐瞒的只是一般违法所得的，不影响本罪的成立。

实践中的争议在于，是否要求行为人明确地知道该物品是何种犯罪所得、如何所得？是要求行为人必须确定该物品是犯罪所得，还是知道可能是犯罪所得即可？

对于第一个问题，一般认为，只要行为人认识到自己所掩饰、隐瞒的是某种犯罪所取得的财物即可，无须知道犯罪所得的具体种类、数量等详细情况。换言之，只要行为人认识到上游犯罪人所实施的行为构成犯罪足矣，不要求其很清楚

---

① 刘雪梅、刘丁炳：《掩饰、隐瞒犯罪所得、犯罪所得收益罪新析》，载《法学评论》2008年第3期。

地知道具体是哪一种犯罪、行为人和被害人是谁、实施的具体时间和情节如何。[①]

对于第二个问题，笔者认为，对财物性质的明知既包括通过有关事项、判断出自己所掩饰、隐瞒的肯定是犯罪所得、犯罪所得收益，也包括行为人推断出财物大概率是犯罪所得、但又不能充分肯定的情形。因为实践中本犯和赃物犯之间多表现为心照不宣式的合作，本犯往往不会也没有必要明白说出财物的性质，同时，“明知”既包括认识到自己的行为必然发生危害社会的结果，也包括认识到自己的行为可能发生危害社会的结果，只要符合其中任何一种情况，便具备了犯罪故意的认识因素。需要注意的是，“知道可能”与“可能知道”有本质上的区别，前者属于明知的范畴，而对于后者，由于不能排除行为人确实不知的可能，为避免客观归罪，不宜以本罪论处。

（二）对明知要素的推定

本罪的明知包括知道和应当知道，这里的“应当知道”并不是指行为人“应当预见”的过失心态，而是指采取推定的方法，通过行为人已经实施的行为及相关事实，推断出行为人是否明知自己所掩饰、隐瞒的必然或可能是犯罪所得、犯罪所得收益。

根据《最高人民法院关于审理洗钱等刑事案件具体应用法律若干问题的解释》第1条的规定，对本罪规定的“明知”，应当结合被告人的认知能力，接触他人犯罪所得及其收益的情况，犯罪所得及其收益的种类、数额，犯罪所得及其收益的转换、转移方式以及被告人的供述等主、客观因素进行认定。有下列情形之一的，可以认定被告人明知系犯罪所得及其收益，但有证据证明确实不知道的除外：（1）知道他人从事犯罪活动，协助转换或者转移财物的；（2）没有正当理由，通过非法途径协助转换或者转移财物的；（3）没有正当理由，以明显低于市场的价格收购财物的；（4）没有正当理由，协助转换或者转移财物，收取明显高于市场的“手续费”的；（5）没有正当理由，协助他人将巨额现金散存于多个银行账户或者在不同银行账户之间频繁划转的；（6）协助近亲属或者其他关系密切的人转

① 陆建红：《刑法分则“明知”构成要件适用研究——以掩饰、隐瞒犯罪所得、犯罪所得收益罪为视角》，载《法律适用》2016年第2期。

换或者转移与其职业或者财产状况明显不符的财物的；（7）其他可以认定行为人明知的情形。

在司法实践中，除司法解释中的几种情况外，推定“明知”还可以重点关注以下内容：一是交易的时间，如夜间收购对“明知”认识的程度可能就大于白天收购；二是交易地点、交易方式是否非常隐秘，是否在非公开场所交易；三是交易价格是否明显低于市场中间价格；四是数量、品种是否值得留意，是否有加工后处理的情形，如果赃物属于刚在市场发行的新产品，则系不法来源的可能性就较大；五是行为人的职业，如专门从事收购二手手机、电脑等工作的人；六是本犯的一贯表现、是否急于脱手，赃物犯是否了解本犯的品行等。

但在推定过程中，也不能主观臆断，仍然要进行调查研究、听取行为人的辩解，结合人们的经验法则推导出可信度较高的结论。由于这种推定是办案人员根据案件事实和证据形成的一种内心确信，在司法实践中应严格掌握，外延不宜过大。例如，不能仅仅因为行为人与上游犯罪人是夫妻等亲密关系，就直接推定对财物的性质系明知，仍要结合其他证据综合考量。

四、上游犯罪对本罪成立的影响

（一）本罪与上游犯罪共犯的界限

掩饰、隐瞒犯罪所得、犯罪所得收益的行为是事后的帮助行为，行为人的掩饰、隐瞒行为应当发生在上游犯罪已经既遂或者虽然未遂但犯罪行为已经结束之后，行为人在本犯既遂之前故意参与，并在事先、事中就对上游犯罪起到参与、配合、协助作用的，应当认定为共同犯罪。如事前与盗窃、抢劫等犯罪分子通谋，形成了共同犯罪故意的，其客观上的掩饰、隐瞒行为就成了共同犯罪的组成部分，《最高人民法院、最高人民检察院关于办理与盗窃、抢劫、诈骗、抢夺机动车相关刑事案件具体应用法律若干问题的解释》第4条明确规定，事前与盗窃、抢劫、诈骗、抢夺机动车的犯罪分子通谋的，以共犯论处。

需要注意区分承继的共同犯罪与本罪的界限。犯罪的既遂、未遂形态对其区分有着较为重要的意义，如果本犯实施了犯罪行为并取得了赃物，但是还没有达到既遂时，行为人参与其中，应成立共同犯罪。如明知是他人盗窃的存折、信用卡而去取钱，此时，盗窃存折、信用卡的行为因为未取钱或使用并未达到犯罪既遂，行为人取款或使用的行为应作为盗窃罪的组成部分，从而认定为盗窃罪共犯而非掩饰、隐瞒犯罪所得罪。

但在具体认定时，应当注意稳定的赃物收购关系这一情形。如甲是一名电动车收购人员，明知乙送来的电动车是盗窃所得并予以收购，并经常打电话询问乙是否有“新货”来卖。此时，虽然甲在乙实施盗窃行为之前就与其达成了事后处理赃物的共识，但其并不构成盗窃罪，而应当以本罪论处。原因在于，甲在事前的询问并不能说明两人存在犯意联络，因为其对乙的具体盗窃行为、具体盗窃地点、具体盗窃时间并不了解，没有共同参与盗窃行为的主观意图，这里的询问只能用以说明甲对乙的赃物性质有主观上的确定性明知。如果把主观上对对方犯罪活动的明知认定为“事先通谋”，将会不适当的扩大共同犯罪故意的领域。

（二）上游犯罪是否处罚、是否宣判对本罪构成的影响

本罪所要求的上游犯罪，究竟是指实质的犯罪，还是可罚的犯罪？换言之，行为人构成本罪是否要求上游犯罪符合主体、客体、主观要件、客观要件等四项要件？笔者认为，“犯罪所得”所指的“犯罪”应当界定为违法性层面上的犯罪行为，而非违法与有责性结合的犯罪罪名，上游犯罪人是否具有刑事可罚性，不影响本罪的成立。因此，上游犯罪事实成立指的是上游犯罪行为确实存在，既指上游犯罪事实有充分证据证明，也指上游犯罪事实达到了犯罪的程度，而不是严格意义上的、完全符合构成要件的犯罪。

1. 对于设置有入罪金额的罪名，如果上游犯罪人的获得的犯罪利益没有达到标准，则无法成立该上游犯罪，行为人对犯罪所得予以掩饰、隐瞒的，不宜以本罪论处。如果上游犯罪人成立值得处罚的未遂犯，则其所获得的财物依然可以被认定为犯罪所得。

实践中常常出现一种情况，即行为人多次或为多人掩饰、隐瞒用非法手段获取的赃物案件，他人的得财行为本身都不构成犯罪，只是一般违法行为，但赃物数额却因累计计算达到了情节严重的标准，对这种掩饰、隐瞒行为是否能够定罪处罚？尽管司法解释明确规定，多次实施掩饰、隐瞒犯罪所得及其产生的收益行为，未经行政处罚，依法应当追诉的，犯罪所得、犯罪所得收益的数额应当累计计算。但这里的累计计算是以“犯罪所得”为前提的，赃物罪是与上游犯罪紧密

相连的犯罪行为，如果没有本犯，就不存在本罪的成立问题，从现有法律体系来看，对此不宜以掩饰、隐瞒犯罪所得、犯罪所得收益罪论处。

2. 对于已具有犯罪的社会危害性，只是因行为人未达到刑事责任年龄或不具备刑事责任能力而不予以刑事处罚的行为所得的财物，也应视为赃物，掩饰、隐瞒这些物品，也要以本罪论处。

根据《最高人民法院关于审理掩饰、隐瞒犯罪所得、犯罪所得收益刑事案件适用法律若干问题的解释》第 8 条的规定，上游犯罪事实经查证属实，但因行为人未达到刑事责任年龄等原因依法不予追究刑事责任的，不影响掩饰、隐瞒犯罪所得、犯罪所得收益罪的认定。国家对无责任能力者不予处罚，主要是基于行为人主观上缺乏认识和控制自己行为的能力，而这一情节对掩饰、隐瞒者来说却并不存在，因而也就不存在免除其刑事责任的问题。同样，犯罪分子在犯罪后因死亡而不再受国家刑事追究的，并不意味着这一行为不是犯罪，其所得的财物也不丧失其赃物性，司法机关也要依法追缴这些物品，掩饰、隐瞒这些赃物，对司法机关的正常活动也会造成危害，故仍构成本罪。

类似情况还有下列几种：依法属于告诉才处理等自诉犯罪案件，因为缺乏告诉而不追究刑事责任的；犯罪行为依法已过追诉时效的；在国外犯罪，依照我国刑法规定不追究刑事责任的、享有外交特权和外交豁免权的外国人犯罪的等，这些犯罪所得物品在法律上仍然属于本罪的犯罪对象。

3. 上游犯罪事实的成立，是指上游犯罪事实确实存在，不要求必须是已经由刑事判决确定的犯罪，上游犯罪人是否归案、上游犯罪是否已经裁判等问题，均不影响赃物犯罪的认定。根据司法解释的规定，上游犯罪尚未依法裁判，但查证属实的，不影响掩饰、隐瞒犯罪所得、犯罪所得收益罪的认定。当然，对赃物犯罪事实的认定，原则上应当在对上游犯罪依法裁判确定后进行，只有在极少数情况下，由于上游犯罪人还有其他犯罪事实一时难以查清或者因为其他原因尚未依法裁判，为依法及时审判赃物犯罪案件，才在上游犯罪查证属实的情况下先行认定赃物犯罪。

同时也应当注意，在上游犯罪尚未裁判时审理本罪案件的，不能降低对上游犯罪的认定标准，应当严格审查、慎重把握，只有根据已有证据足以认定上游犯罪事实成立的，才能认定为掩饰、隐瞒犯罪所得、犯罪所得收益罪。

（三）上游犯罪与本罪的量刑平衡

掩饰、隐瞒犯罪所得、犯罪所得收益罪属于上游犯罪的事后帮助犯，其最高刑期为七年有期徒刑，整体上具有“罪小刑轻”的特点。对本罪进行量刑时，必须要注意与上游犯罪之间的量刑平衡。一方面，本罪对上游犯罪有依附性，没有上游犯罪取得的财物，就没有下游犯罪可言；另一方面，本罪处罚的重点在于妨害司法秩序，并没有扩大被害人的财产损失，与事先参与犯罪共谋的情形相比，社会危害性要小一些。因此，在对本罪进行量刑时就必须要考虑上游犯罪的量刑，在二者指向同一对象的情况下，本罪量刑应当轻一些、从而适当拉开档次，避免上下游犯罪量刑不公。

五、本罪和洗钱罪的界限

两个罪名的主要区别在于：

1. 犯罪客体不完全相同。洗钱罪被规定于刑法分则第三章第四节破坏金融管理秩序罪中，直接侵犯的客体是国家的金融管理秩序，同时也破坏了司法机关的正常工作秩序；而本罪处于刑法分则第六章第二节妨害司法罪中，侵犯的客体则主要是司法机关追诉犯罪的职能活动。

2. 犯罪对象不同。洗钱罪的上游犯罪必须是毒品犯罪、破坏金融管理秩序犯罪等法定的七类罪名，外延较小；而掩饰、隐瞒犯罪所得、犯罪所得收益罪的对象则是一切的犯罪所得及其产生的收益。这是两个罪名主要的区分方式之一。

3. 行为方式不同。我国刑法对两个罪名的行为方式都进行了简单列举，洗钱罪的五种法定行为方式为提供资金账户、协助将财产转换为现金或者金融票据等，通过金融机构对“黑钱”进行洗白，从而掩饰、隐瞒上游犯罪所得及其收益的来源和性质，为其披上合法的外衣；而本罪则主要是为犯罪所得赃物提供隐匿场所、转移赃物、代为销售等，方式多种多样，主要是进行空间上的移动，使司法机关无法直接追缴，不具有使之表面合法化的特征。

4. “明知”的内容不同。对洗钱罪而言，行为人必须明知是毒品犯罪、破坏金融管理秩序犯罪等法定的七类上游犯罪的所得及其产生的收益；而掩饰、隐瞒犯罪所得、犯罪所得收益罪则只要求行为人明知是犯罪所得及其产生的收益。

5. 犯罪的直接目的不同。洗钱罪是目的犯，要求行为人追求“黑钱合法化”的结果，意图掩饰、隐瞒法定七类犯上游犯罪收益的来源和性质；而本罪则没有对行为目的的要求，行为人可以是出于使犯罪所得不被追缴的目的，也可以是为了贪图便宜、获取利益，只要认识到是犯罪所得、犯罪所得利益但仍予以操作即可。

6. 对上游犯罪的依附性不同。上游犯罪人可以另行构成洗钱罪，却不能构成本罪。

当犯罪行为同时符合两个罪名的构成要件时应当如何处理，有以下两种不同的看法。

一种观点认为,[①] 两个罪名之间不是对立关系，一个行为完全可能同时触犯两个罪名，并按照想象竞合从一重罪处罚。原因在于，掩饰、隐瞒犯罪所得、犯罪所得收益罪只是改变犯罪所得及其收益的处所和占有关系，并未改变犯罪所得和收益的非法性质和来源而使其成为合法收入，这与洗钱罪有着本质的区别。

另一种观点认为,[②] 洗钱罪与掩饰、隐瞒犯罪所得罪之间是相互排斥的，二者属于法条竞合。《最高人民法院关于审理洗钱等刑事案件具体应用法律若干问题的解释》第3条明确规定：“明知是犯罪所得及其产生的收益而予以掩饰、隐瞒，构成刑法第三百一十二条规定的犯罪，同时又构成刑法第一百九十一条或者第三百四十九条规定的犯罪的，依照处罚较重的规定定罪处罚。”这一规定明确了洗钱罪与掩饰、隐瞒犯罪所得、犯罪所得收益罪之间是特别法与一般法的竞合关系，并提出了“从一重罪”的解决思路。

这一观点也得到了最高人民法院的认可。最高人民法院法官在《〈最高人民法院关于审理掩饰、隐瞒犯罪所得、犯罪所得收益刑事案件适用法律若干问题的解释〉的理解与适用》一书中明确：“涉及刑法第一百九十一条洗钱罪，第三百一十二条掩饰、隐瞒犯罪所得、犯罪所得收益罪，第三百四十九条窝藏、转移、隐瞒毒品、毒赃罪。根据《最高人民法院关于审理洗钱等刑事案件具体应用法律若干

① 张明楷：《刑法学》，法律出版社2021年版，第1450页。

② 庄绪龙：《上下游犯罪“量刑倒挂”困境与“法益恢复”方案——从认罪认罚从宽制度的视角展开》，载《法学家》2022年第1期。

问题的解释》第3条规定，这三个条文间属于法规竞合关系，按照一般法与特别法的适用原则从一重罪处断。”①

需要注意的是，客观上掩饰、隐瞒的对象是洗钱罪七类法定上游犯罪的所得及其收益，但是行为人对此缺乏明知，误认为是法定的七类上游犯罪之外的其他犯罪所得及其收益的，存在法定构成要件的认识错误，不应以洗钱罪定罪处罚，而应以掩饰、隐瞒犯罪所得、犯罪所得收益罪认定。②

此外，本罪和窝藏、转移、隐瞒毒赃罪之间是法条竞合的关系，应当按照特别法优于一般法的原则，以窝藏、转移、隐瞒毒赃罪定罪处罚。行为人明知是他人犯罪所得的枪支而予以窝藏的，同时构成本罪和非法持有枪支罪，应当按照想象竞合犯从一重罪定罪处罚。

掩饰、隐瞒犯罪所得、犯罪所得收益的手段行为或目的行为可能构成其他犯罪，如滥用职权罪、故意损毁文物罪，依照从一重罪处罚的原则定罪处罚。例如，行为人替他人掩饰盗窃所得的文物，为了逃避查处，将文物予以切割进行转移，或直接毁坏文物致文物灭失的，其行为既符合掩饰、隐瞒犯罪所得、犯罪所得收益罪的犯罪构成，又构成故意损毁文物罪，应当按照处罚较重的故意损毁文物罪定罪处罚。

六、本罪犯罪数额的计算

首先，本罪的构成不要求获得利益，即使行为人在实施本罪时，未取得任何收益，也不影响本罪的成立。但掩饰、隐瞒犯罪所得、犯罪所得收益的数额是本罪重要的量刑情节，在认定时应当注意以下几点：

第一，本罪是妨害司法的犯罪，对犯罪数额的认定应当以行为人所掩饰、隐瞒的上游犯罪的犯罪所得、犯罪所得收益数额为标准，既不是掩饰、隐瞒行为的人获利多少，也不是上游犯罪人的获利总额。

第二，根据《最高人民法院关于审理掩饰、隐瞒犯罪所得、犯罪所得收益刑

---

① 陆建红、杨华、曹东方：《〈关于审理掩饰、隐瞒犯罪所得、犯罪所得收益刑事案件适用法律若干问题的解释〉的理解与适用》，载《人民司法（应用）》2015年第17期，第14页。

② 蒋佳芸：《洗钱罪与掩饰、隐瞒犯罪所得、犯罪所得收益罪的区分》，载《人民司法（案例）》2020年第2期。

事案件适用法律若干问题的解释》第 4 条第 1 款的规定："掩饰、隐瞒犯罪所得及其产生的收益的数额，应当以实施掩饰、隐瞒行为时为准。收购或者代为销售财物的价格高于其实际价值的，以收购或者代为销售的价格计算。"

在价格计算时，一般以行为时的市场价为基准，以收购或者销赃价格为补充，综合获利情况等因素进行考量。在特殊情形下，如行为人从上游犯罪人处收购赃物或者向他人销售赃物的价格高于赃物实际价值时，就可以通过该价格予以认定。

七、掩饰、隐瞒犯罪所得、犯罪所得收益罪与帮助信息网络犯罪活动罪的界限

帮助信息网络犯罪活动罪，是指行为人明知他人利用信息网络实施犯罪，仍然为其犯罪提供互联网接入、服务器托管、网络存储、通信传输等技术支持，或者提供广告推广、支付结算等帮助，情节严重的行为，其法定刑为三年以下有期徒刑或者拘役，并处或单处罚金。自 2020 年 10 月开始，国家开展了"断卡"行动，专项打击出租、出借、出售电话卡、银行卡的行为，力争从源头上切断买卖账户黑色产业链，铲除电信网络犯罪土壤，有效遏制电信网络犯罪高发态势，帮助信息网络犯罪活动罪在司法实践中的适用率也突然上升。其与本罪需要区分的情况主要集中在为电信网络诈骗活动提供资金账户、支付结算服务等行为的规制上，笔者认为，帮助信息网络犯罪活动罪与掩饰、隐瞒犯罪所得、犯罪所得收益罪的区别主要有以下三个方面：

第一，犯罪客体不同。帮助信息网络犯罪活动罪侵犯的客体为信息网络安全管理秩序，本罪阻碍的则是司法机关正常查明犯罪，追缴犯罪所得及其收益的活动。

第二，客观方面不同。从行为时节点上来看，帮助信息网络犯罪活动罪既可以发生在上游犯罪实施过程中，也可以发生在上游犯罪既遂后，但本罪仅发生在上游犯罪既遂后。刑法第 287 条之二中，并未对帮助信息网络犯罪活动罪的行为时间节点作出明确的规定，从实践中来看，如建立"跑分平台"等帮助行为，可以发生在被帮助犯罪既遂之后。在为其他违法犯罪提供资金结算帮助的行为界定中，帮助信息网络犯罪活动罪与本罪的主要区别在于，帮助信息网络犯罪活动行为发生在被帮助犯罪实施犯罪活动过程中，系网络信息犯罪的辅助手段，而本罪则发生在上游犯罪既遂以后，属事后帮助行为。

第三，主观方面不同。帮助信息网络犯罪活动罪对于被帮助的违法犯罪行为通常限于概括性明知，而本罪的明知既包括概括性明知，也包括明确知道。在法条的表述上，帮助信息网络犯罪活动罪与本罪都以“明知”为前提，但是对于“明知”的程度要求并不相同。帮助信息网络犯罪活动罪仅要求概括性的、相对具体的明知，即行为人知道被帮助的行为极可能是犯罪行为或违法行为；而本罪则是行为人在上游犯罪既遂之后实施的掩饰、隐瞒行为，只要行为人事前与上游犯罪行为不存在共谋，无论其对上游犯罪是概括性明知还是明确知道上游犯罪具体实施何种犯罪行为，都能构成本罪。

【办案依据】

一、刑法规定

第三百一十二条 明知是犯罪所得及其产生的收益而予以窝藏、转移、收购、代为销售或者以其他方法掩饰、隐瞒的，处三年以下有期徒刑、拘役或者管制，并处或者单处罚金；情节严重的，处三年以上七年以下有期徒刑，并处罚金。

单位犯前款罪的，对单位判处罚金，并对其直接负责的主管人员和其他直接责任人员，依照前款的规定处罚。

二、立法解释

《全国人民代表大会常务委员会关于〈中华人民共和国刑法〉第三百四十一条、第三百一十二条的解释》（2014年4月24日第十二届全国人民代表大会常务委员会第八次会议通过）

全国人民代表大会常务委员会根据司法实践中遇到的情况，讨论了刑法第三百四十一条第一款规定的非法收购国家重点保护的珍贵、濒危野生动物及其制品的含义和收购刑法第三百四十一条第二款规定的非法狩猎的野生动物如何适用刑法有关规定的问题，解释如下：

知道或者应当知道是国家重点保护的珍贵、濒危野生动物及其制品，为食用或者其他目的而非法购买的，属于刑法第三百四十一条第一款规定的非法收购国家重点保护的珍贵、濒危野生动物及其制品的行为。

知道或者应当知道是刑法第三百四十一条第二款规定的非法狩猎的野生动物

而购买的，属于刑法第三百一十二条第一款规定的明知是犯罪所得而收购的行为。

现予公告。

三、司法解释

（一）《最高人民法院关于审理掩饰、隐瞒犯罪所得、犯罪所得收益刑事案件适用法律若干问题的解释》（2021年4月13日　法释〔2021〕8号）

为依法惩治掩饰、隐瞒犯罪所得、犯罪所得收益犯罪活动，根据刑法有关规定，结合人民法院刑事审判工作实际，现就审理此类案件具体适用法律的若干问题解释如下：

第一条　明知是犯罪所得及其产生的收益而予以窝藏、转移、收购、代为销售或者以其他方法掩饰、隐瞒，具有下列情形之一的，应当依照刑法第三百一十二条第一款的规定，以掩饰、隐瞒犯罪所得、犯罪所得收益罪定罪处罚：

（一）一年内曾因掩饰、隐瞒犯罪所得及其产生的收益行为受过行政处罚，又实施掩饰、隐瞒犯罪所得及其产生的收益行为的；

（二）掩饰、隐瞒的犯罪所得系电力设备、交通设施、广播电视设施、公用电信设施、军事设施或者救灾、抢险、防汛、优抚、扶贫、移民、救济款物的；

（三）掩饰、隐瞒行为致使上游犯罪无法及时查处，并造成公私财物损失无法挽回的；

（四）实施其他掩饰、隐瞒犯罪所得及其产生的收益行为，妨害司法机关对上游犯罪进行追究的。

人民法院审理掩饰、隐瞒犯罪所得、犯罪所得收益刑事案件，应综合考虑上游犯罪的性质、掩饰、隐瞒犯罪所得及其收益的情节、后果及社会危害程度等，依法定罪处罚。

司法解释对掩饰、隐瞒涉及计算机信息系统数据、计算机信息系统控制权的犯罪所得及其产生的收益行为构成犯罪已有规定的，审理此类案件依照该规定。

依照全国人民代表大会常务委员会《关于〈中华人民共和国刑法〉第三百四十一条、第三百一十二条的解释》，明知是非法狩猎的野生动物而收购，数量达到五十只以上的，以掩饰、隐瞒犯罪所得罪定罪处罚。

第二条　掩饰、隐瞒犯罪所得及其产生的收益行为符合本解释第一条的规定，认罪、悔罪并退赃、退赔，且具有下列情形之一的，可以认定为犯罪情节轻微，免予刑事处罚：

（一）具有法定从宽处罚情节的；

（二）为近亲属掩饰、隐瞒犯罪所得及其产生的收益，且系初犯、偶犯的；

（三）有其他情节轻微情形的。

第三条 掩饰、隐瞒犯罪所得及其产生的收益，具有下列情形之一的，应当认定为刑法第三百一十二条第一款规定的“情节严重”：

（一）掩饰、隐瞒犯罪所得及其产生的收益价值总额达到十万元以上的；

（二）掩饰、隐瞒犯罪所得及其产生的收益十次以上，或者三次以上且价值总额达到五万元以上的；

（三）掩饰、隐瞒的犯罪所得系电力设备、交通设施、广播电视设施、公用电信设施、军事设施或者救灾、抢险、防汛、优抚、扶贫、移民、救济款物，价值总额达到五万元以上的；

（四）掩饰、隐瞒行为致使上游犯罪无法及时查处，并造成公私财物重大损失无法挽回或其他严重后果的；

（五）实施其他掩饰、隐瞒犯罪所得及其产生的收益行为，严重妨害司法机关对上游犯罪予以追究的。

司法解释对掩饰、隐瞒涉及机动车、计算机信息系统数据、计算机信息系统控制权的犯罪所得及其产生的收益行为认定“情节严重”已有规定的，审理此类案件依照该规定。

第四条 掩饰、隐瞒犯罪所得及其产生的收益的数额，应当以实施掩饰、隐瞒行为时为准。收购或者代为销售财物的价格高于其实际价值的，以收购或者代为销售的价格计算。

多次实施掩饰、隐瞒犯罪所得及其产生的收益行为，未经行政处罚，依法应当追诉的，犯罪所得、犯罪所得收益的数额应当累计计算。

第五条 事前与盗窃、抢劫、诈骗、抢夺等犯罪分子通谋，掩饰、隐瞒犯罪所得及其产生的收益的，以盗窃、抢劫、诈骗、抢夺等犯罪的共犯论处。

第六条 对犯罪所得及其产生的收益实施盗窃、抢劫、诈骗、抢夺等行为，构成犯罪的，分别以盗窃罪、抢劫罪、诈骗罪、抢夺罪等定罪处罚。

第七条　明知是犯罪所得及其产生的收益而予以掩饰、隐瞒，构成刑法第三百一十二条规定的犯罪，同时构成其他犯罪的，依照处罚较重的规定定罪处罚。

第八条　认定掩饰、隐瞒犯罪所得、犯罪所得收益罪，以上游犯罪事实成立为前提。上游犯罪尚未依法裁判，但查证属实的，不影响掩饰、隐瞒犯罪所得、犯罪所得收益罪的认定。

上游犯罪事实经查证属实，但因行为人未达到刑事责任年龄等原因依法不予追究刑事责任的，不影响掩饰、隐瞒犯罪所得、犯罪所得收益罪的认定。

第九条　盗用单位名义实施掩饰、隐瞒犯罪所得及其产生的收益行为，违法所得由行为人私分的，依照刑法和司法解释有关自然人犯罪的规定定罪处罚。

第十条　通过犯罪直接得到的赃款、赃物，应当认定为刑法第三百一十二条规定的"犯罪所得"。上游犯罪的行为人对犯罪所得进行处理后得到的孳息、租金等，应当认定为刑法第三百一十二条规定的"犯罪所得产生的收益"。

明知是犯罪所得及其产生的收益而采取窝藏、转移、收购、代为销售以外的方法，如居间介绍买卖，收受，持有，使用，加工，提供资金账户，协助将财物转换为现金、金融票据、有价证券，协助将资金转移、汇往境外等，应当认定为刑法第三百一十二条规定的"其他方法"。

第十一条　掩饰、隐瞒犯罪所得、犯罪所得收益罪是选择性罪名，审理此类案件，应当根据具体犯罪行为及其指向的对象，确定适用的罪名。

（二）《最高人民法院、最高人民检察院关于办理非法采矿、破坏性采矿刑事案件适用法律若干问题的解释》（2016年11月28日　法释〔2016〕25号）

第七条　明知是犯罪所得的矿产品及其产生的收益，而予以窝藏、转移、收购、代为销售或者以其他方法掩饰、隐瞒的，依照刑法第三百一十二条的规定，以掩饰、隐瞒犯罪所得、犯罪所得收益罪定罪处罚。

实施前款规定的犯罪行为，事前通谋的，以共同犯罪论处。

（三）《最高人民法院、最高人民检察院关于办理妨害文物管理等刑事案件适用法律若干问题的解释》（2015年12月30日　法释〔2015〕23号）

第九条　明知是盗窃文物、盗掘古文化遗址、古墓葬等犯罪所获取的三级以上文物，而予以窝藏、转移、收购、加工、代为销售或者以其他方法掩饰、隐瞒的，依照刑法第三百一十二条的规定，以掩饰、隐瞒犯罪所得罪追究刑事责任。

实施前款规定的行为，事先通谋的，以共同犯罪论处。

第十六条 实施本解释第一条、第二条、第六条至第九条规定的行为，虽已达到应当追究刑事责任的标准，但行为人系初犯，积极退回或者协助追回文物，未造成文物损毁，并确有悔罪表现的，可以认定为犯罪情节轻微，不起诉或者免予刑事处罚。

实施本解释第三条至第五条规定的行为，虽已达到应当追究刑事责任的标准，但行为人系初犯，积极赔偿损失，并确有悔罪表现的，可以认定为犯罪情节轻微，不起诉或者免予刑事处罚。

（四）《最高人民法院、最高人民检察院关于办理危害计算机信息系统安全刑事案件应用法律若干问题的解释》（2011 年 8 月 1 日 法释〔2011〕19 号）

第七条 明知是非法获取计算机信息系统数据犯罪所获取的数据、非法控制计算机信息系统犯罪所获取的计算机信息系统控制权，而予以转移、收购、代为销售或者以其他方法掩饰、隐瞒，违法所得五千元以上的，应当依照刑法第三百一十二条第一款的规定，以掩饰、隐瞒犯罪所得罪定罪处罚。

实施前款规定行为，违法所得五万元以上的，应当认定为刑法第三百一十二条第一款规定的“情节严重”。

单位实施第一款规定行为的，定罪量刑标准依照第一款、第二款的规定执行。

（五）《最高人民法院关于审理洗钱等刑事案件具体应用法律若干问题的解释》（2009 年 11 月 4 日 法释〔2009〕15 号）

为依法惩治洗钱，掩饰、隐瞒犯罪所得、犯罪所得收益，资助恐怖活动等犯罪活动，根据刑法有关规定，现就审理此类刑事案件具体应用法律的若干问题解释如下：

第一条 刑法第一百九十一条、第三百一十二条规定的“明知”，应当结合被告人的认知能力，接触他人犯罪所得及其收益的情况，犯罪所得及其收益的种类、数额，犯罪所得及其收益的转换、转移方式以及被告人的供述等主、客观因素进行认定。

具有下列情形之一的，可以认定被告人明知系犯罪所得及其收益，但有证据证明确实不知道的除外：

（一）知道他人从事犯罪活动，协助转换或者转移财物的；

（二）没有正当理由，通过非法途径协助转换或者转移财物的；

（三）没有正当理由，以明显低于市场的价格收购财物的；

（四）没有正当理由，协助转换或者转移财物，收取明显高于市场的“手续费”的；

（五）没有正当理由，协助他人将巨额现金散存于多个银行账户或者在不同银行账户之间频繁划转的；

（六）协助近亲属或者其他关系密切的人转换或者转移与其职业或者财产状况明显不符的财物的；

（七）其他可以认定行为人明知的情形。

被告人将刑法第一百九十一条规定的某一上游犯罪的犯罪所得及其收益误认为刑法第一百九十一条规定的上游犯罪范围内的其他犯罪所得及其收益的，不影响刑法第一百九十一条规定的“明知”的认定。

第二条 具有下列情形之一的，可以认定为刑法第一百九十一条第一款第（五）项规定的“以其他方法掩饰、隐瞒犯罪所得及其收益的来源和性质”：

（一）通过典当、租赁、买卖、投资等方式，协助转移、转换犯罪所得及其收益的；

（二）通过与商场、饭店、娱乐场所等现金密集型场所的经营收入相混合的方式，协助转移、转换犯罪所得及其收益的；

（三）通过虚构交易、虚设债权债务、虚假担保、虚报收入等方式，协助将犯罪所得及其收益转换为“合法”财物的；

（四）通过买卖彩票、奖券等方式，协助转换犯罪所得及其收益的；

（五）通过赌博方式，协助将犯罪所得及其收益转换为赌博收益的；

（六）协助将犯罪所得及其收益携带、运输或者邮寄出入境的；

（七）通过前述规定以外的方式协助转移、转换犯罪所得及其收益的。

第三条 明知是犯罪所得及其产生的收益而予以掩饰、隐瞒，构成刑法第三百一十二条规定的犯罪，同时又构成刑法第一百九十一条或者第三百四十九条规定的犯罪的，依照处罚较重的规定定罪处罚。

第四条 刑法第一百九十一条、第三百一十二条、第三百四十九条规定的犯罪，应当以上游犯罪事实成立为认定前提。上游犯罪尚未依法裁判，但查证属实的，不影响刑法第一百九十一条、第三百一十二条、第三百四十九条规定的犯罪的审判。

上游犯罪事实可以确认，因行为人死亡等原因依法不予追究刑事责任的，不影响刑法第一百九十一条、第三百一十二条、第三百四十九条规定的犯罪的认定。

上游犯罪事实可以确认，依法以其他罪名定罪处罚的，不影响刑法第一百九十一条、第三百一十二条、第三百四十九条规定的犯罪的认定。

本条所称"上游犯罪"，是指产生刑法第一百九十一条、第三百一十二条、第三百四十九条规定的犯罪所得及其收益的各种犯罪行为。

第五条 刑法第一百二十条之一规定的"资助"，是指为恐怖活动组织或者实施恐怖活动的个人筹集、提供经费、物资或者提供场所以及其他物质便利的行为。

刑法第一百二十条之一规定的"实施恐怖活动的个人"，包括预谋实施、准备实施和实际实施恐怖活动的个人。

（六）《最高人民法院、最高人民检察院关于办理与盗窃、抢劫、诈骗、抢夺机动车相关刑事案件具体应用法律若干问题的解释》（2007年5月9日　法释〔2007〕11号）

为依法惩治与盗窃、抢劫、诈骗、抢夺机动车相关的犯罪活动，根据刑法、刑事诉讼法等有关法律的规定，现对办理这类案件具体应用法律的若干问题解释如下：

第一条 明知是盗窃、抢劫、诈骗、抢夺的机动车，实施下列行为之一的，依照刑法第三百一十二条的规定，以掩饰、隐瞒犯罪所得、犯罪所得收益罪定罪，处三年以下有期徒刑、拘役或者管制，并处或者单处罚金：

（一）买卖、介绍买卖、典当、拍卖、抵押或者用其抵债的；

（二）拆解、拼装或者组装的；

（三）修改发动机号、车辆识别代号的；

（四）更改车身颜色或者车辆外形的；

（五）提供或者出售机动车来历凭证、整车合格证、号牌以及有关机动车的其他证明和凭证的；

（六）提供或者出售伪造、变造的机动车来历凭证、整车合格证、号牌以及有关机动车的其他证明和凭证的。

实施第一款规定的行为涉及盗窃、抢劫、诈骗、抢夺的机动车五辆以上或者价值总额达到五十万元以上的，属于刑法第三百一十二条规定的“情节严重”，处三年以上七年以下有期徒刑，并处罚金。

第二条 伪造、变造、买卖机动车行驶证、登记证书，累计三本以上的，依照刑法第二百八十条第一款的规定，以伪造、变造、买卖国家机关证件罪定罪，处三年以下有期徒刑、拘役、管制或者剥夺政治权利。

伪造、变造、买卖机动车行驶证、登记证书，累计达到第一款规定数量标准五倍以上的，属于刑法第二百八十条第一款规定中的“情节严重”，处三年以上十年以下有期徒刑。

第三条 国家机关工作人员滥用职权，有下列情形之一，致使盗窃、抢劫、诈骗、抢夺的机动车被办理登记手续，数量达到三辆以上或者价值总额达到三十万元以上的，依照刑法第三百九十七条第一款的规定，以滥用职权罪定罪，处三年以下有期徒刑或者拘役：

（一）明知是登记手续不全或者不符合规定的机动车而办理登记手续的；

（二）指使他人为明知是登记手续不全或者不符合规定的机动车办理登记手续的；

（三）违规或者指使他人违规更改、调换车辆档案的；

（四）其他滥用职权的行为。

国家机关工作人员疏于审查或者审查不严，致使盗窃、抢劫、诈骗、抢夺的机动车被办理登记手续，数量达到五辆以上或者价值总额达到五十万元以上的，依照刑法第三百九十七条第一款的规定，以玩忽职守罪定罪，处三年以下有期徒刑或者拘役。

国家机关工作人员实施前两款规定的行为，致使盗窃、抢劫、诈骗、抢夺的机动车被办理登记手续，分别达到前两款规定数量、数额标准五倍以上的，或者明知是盗窃、抢劫、诈骗、抢夺的机动车而办理登记手续的，属于刑法第三百九十七条第一款规定的“情节特别严重”，处三年以上七年以下有期徒刑。

国家机关工作人员徇私舞弊，实施上述行为，构成犯罪的，依照刑法第三百九十七条第二款的规定定罪处罚。

第四条 实施本解释第一条、第二条、第三条第一款或者第三款规定的行为，事前与盗窃、抢劫、诈骗、抢夺机动车的犯罪分子通谋的，以盗窃罪、抢劫罪、诈骗罪、抢夺罪的共犯论处。

第五条 对跨地区实施的涉及同一机动车的盗窃、抢劫、诈骗、抢夺以及掩饰、隐瞒犯罪所得、犯罪所得收益行为，有关公安机关可以依照法律和有关规定一并立案侦查，需要提请批准逮捕、移送审查起诉、提起公诉的，由该公安机关所在地的同级人民检察院、人民法院受理。

第六条 行为人实施本解释第一条、第三条第三款规定的行为，涉及的机动车有下列情形之一的，应当认定行为人主观上属于上述条款所称“明知”：

（一）没有合法有效的来历凭证；

（二）发动机号、车辆识别代号有明显更改痕迹，没有合法证明的。

四、司法文件

（一）《最高人民法院、最高人民检察院、公安部关于办理电信网络诈骗等刑事案件适用法律若干问题的意见》（2016年12月19日　法发〔2016〕32号）

三、全面惩处关联犯罪

……

（五）明知是电信网络诈骗犯罪所得及其产生的收益，以下列方式之一予以转账、套现、取现的，依照刑法第三百一十二条第一款的规定，以掩饰、隐瞒犯罪所得、犯罪所得收益罪追究刑事责任。但有证据证明确实不知道的除外：

1. 通过使用销售点终端机具（POS机）刷卡套现等非法途径，协助转换或者转移财物的；

2. 帮助他人将巨额现金散存于多个银行账户，或在不同银行账户之间频繁划转的；

3. 多次使用或者使用多个非本人身份证明开设的信用卡、资金支付结算账户或者多次采用遮蔽摄像头、伪装等异常手段，帮助他人转账、套现、取现的；

4. 为他人提供非本人身份证明开设的信用卡、资金支付结算账户后，又帮助他人转账、套现、取现的；

5. 以明显异于市场的价格，通过手机充值、交易游戏点卡等方式套现的。

实施上述行为，事前通谋的，以共同犯罪论处。

实施上述行为，电信网络诈骗犯罪嫌疑人尚未到案或案件尚未依法裁判，但现有证据足以证明该犯罪行为确实存在的，不影响掩饰、隐瞒犯罪所得、犯罪所得收益罪的认定。

实施上述行为，同时构成其他犯罪的，依照处罚较重的规定定罪处罚。法律和司法解释另有规定的除外。

（二）《最高人民法院、最高人民检察院、公安部关于办理电信网络诈骗等刑事案件适用法律若干问题的意见（二）》（2021年6月17日 法发〔2021〕22号）

十一、明知是电信网络诈骗犯罪所得及其产生的收益，以下列方式之一予以转账、套现、取现，符合刑法第三百一十二条第一款规定的，以掩饰、隐瞒犯罪所得、犯罪所得收益罪追究刑事责任。但有证据证明确实不知道的除外。

（一）多次使用或者使用多个非本人身份证明开设的收款码、网络支付接口等，帮助他人转账、套现、取现的；

（二）以明显异于市场的价格，通过电商平台预付卡、虚拟货币、手机充值卡、游戏点卡、游戏装备等转换财物、套现的；

（三）协助转换或者转移财物，收取明显高于市场的“手续费”的。

实施上述行为，事前通谋的，以共同犯罪论处；同时构成其他犯罪的，依照处罚较重的规定定罪处罚。法律和司法解释另有规定的除外。

十二、为他人实施电信网络诈骗犯罪提供技术支持、广告推广、支付结算等帮助，或者窝藏、转移、收购、代为销售及以其他方法掩饰、隐瞒电信网络诈骗犯罪所得及其产生的收益，诈骗犯罪行为可以确认，但实施诈骗的行为人尚未到案，可以依法先行追究已到案的上述犯罪嫌疑人、被告人的刑事责任。

第十二章　拒不执行判决、裁定罪

【立案追诉标准】

拒不执行判决、裁定案（刑法第313条）

一、行为人对人民法院的判决、裁定有能力执行而拒不执行，情节严重的，应予追诉。

二、下列情形属于刑法第三百一十三条规定的“有能力执行而拒不执行，情节严重”的情形：

（一）被执行人隐藏、转移、故意毁损财产或者无偿转让财产、以明显不合理的低价转让财产，致使判决、裁定无法执行的；

（二）担保人或者被执行人隐藏、转移、故意毁损或者转让已向人民法院提供担保的财产，致使判决、裁定无法执行的；

（三）协助执行义务人接到人民法院协助执行通知书后，拒不协助执行，致使判决、裁定无法执行的；

（四）被执行人、担保人、协助执行义务人与国家机关工作人员通谋，利用国家机关工作人员的职权妨害执行，致使判决、裁定无法执行的；

（五）其他有能力执行而拒不执行，情节严重的情形。

三、负有执行义务的人有能力执行而实施下列行为之一的，应当认定为全国人民代表大会常务委员会关于刑法第三百一十三条的解释中规定的“其他有能力执行而拒不执行，情节严重的情形”：

（一）具有拒绝报告或者虚假报告财产情况、违反人民法院限制高消费及有关消费令等拒不执行行为，经采取罚款或者拘留等强制措施后仍拒不执行的；

（二）伪造、毁灭有关被执行人履行能力的重要证据，以暴力、威胁、贿买方法阻止他人作证或者指使、贿买、胁迫他人作伪证，妨碍人民法院查明被执行人财产情况，致使判决、裁定无法执行的；

（三）拒不交付法律文书指定交付的财物、票证或者拒不迁出房屋、退出土地，致使判决、裁定无法执行的；

（四）与他人串通，通过虚假诉讼、虚假仲裁、虚假和解等方式妨害执行，致使判决、裁定无法执行的；

（五）以暴力、威胁方法阻碍执行人员进入执行现场或者聚众哄闹、冲击执行现场，致使执行工作无法进行的；

（六）对执行人员进行侮辱、围攻、扣押、殴打，致使执行工作无法进行的；

（七）毁损、抢夺执行案件材料、执行公务车辆和其他执行器械、执行人员服装以及执行公务证件，致使执行工作无法进行的；

（八）拒不执行法院判决、裁定，致使债权人遭受重大损失的。

《全国人民代表大会常务委员会关于〈中华人民共和国刑法〉第三百一十三条的解释》（2002 年 8 月 29 日）《最高人民法院关于审理拒不执行判决、裁定刑事案件适用法律若干问题的解释》（2020 年 12 月 29 日）

【犯罪构成及刑事责任】

拒不执行判决、裁定罪，是指对人民法院的判决、裁定有能力执行而拒不执行，情节严重的行为，构成本罪需要具备以下四个要件：

1. 客体要件。本罪的客体是国家的审判制度及人民法院的正常活动。人民法院是代表国家行使审判权的唯一机关，判决和裁定一经生效，就具有法律强制力，有关当事人以及负有执行责任的机关、单位都必须坚持执行。同时，强制执行既是实现债权的手段，也是法院对公民权利所提供的保障，执行活动的开展对维持国家的法秩序意义重大，因此，将本罪的保护法益定位为国家利益是妥当的。

2. 客观要件。本罪的客观方面表现为行为人实施了有能力执行而拒不执行人民法院判决、裁定，情节严重的行为。

（1）犯罪对象是人民法院依法作出的，具有执行内容并已经发生法律效力的判决和裁定。根据2002年8月29日《全国人民代表大会常务委员会关于〈中华人民共和国刑法〉第三百一十三条的解释》的规定，“人民法院的判决、裁定”，是指人民法院依法作出的具有执行内容并已发生法律效力的判决、裁定。人民法院为依法执行支付令、生效的调解书、仲裁裁决、公证债权文书等所作的裁定属于本罪规定的裁定。

所谓生效判决、裁定，包括已经超过法定上诉、抗诉期限而没有上诉、抗诉的判决、裁定以及人民法院终审的判决、裁定。这里的判决、裁定既包括刑事判决与裁定，也包括民事、行政方面的判决与裁定。生效的诉讼保全、先予执行裁定属于具有执行内容并已发生法律效力的判决、裁定，拒不执行此类裁定的犯罪行为也是本罪的打击范围。经过承认的我国香港、澳门、台湾地区的判决、裁定能够成为本罪的犯罪对象。经过承认的外国法院的判决、裁定，以及经过承认的国际仲裁机构的裁决也能成为本罪的犯罪对象。但对于为依法执行行政处理决定或者行政处罚决定等所作的裁定，则应根据相关规定，慎重适用。

（2）要求行为人“有能力执行”。这里的有能力执行，是指行为人具有作为可能性，即有证据证明，负有执行人民法院判决、裁定义务的人有可供执行的财产或具有履行特定义务的能力。这里的“能力”应当根据判决、裁定的内容以及行为人的主客观条件来进行判断。例如，对于禁止令，任何人都有能力执行；但罚金刑则并不是任何人都有执行能力的，因为不具备执行能力（如确实没有可供缴纳的罚金）而没有执行判决、裁定的，不成立本罪。如果因为天灾人祸等意外因素导致行为人的确不再具有执行能力，也不能认定为本罪。

行为人在人民法院的判决、裁定生效后，为逃避义务，采取隐藏、转移、变卖、赠送、毁损自己财物而造成无法履行的，仍应属于有能力执行，构成犯罪的，应以本罪论处。

（3）所谓拒不执行，是指不履行判决、裁定规定的义务，不实现判决、裁定所要求的内容。所谓拒绝执行，是指对人民法院生效裁判所确定的义务采取种种手段拒绝履行。既可以采取积极的作为方式，也可以采取消极的不作为方式；既可以采取暴力的方式，又可以采取非暴力的方式；既可以公开抗拒执行，如对执行人员予以围攻、殴打，哄抢执行标的物等，又可以是暗地里以隐蔽的方式进行抗拒，如秘密转移被执行财物。不论其方式如何，只要其有能力执行而拒不执行，即可构成本罪。

（4）行为必须达到“情节严重”的程度，才成立本罪，需要注意与申诉行为的区分，对一般的违法行为不宜以犯罪论处。对于“情节严重”的具体标准，立法解释和司法解释均作出了规定，参见上文【立案追诉标准】部分。

此外，按照最高检 92 号指导案例（上海甲建筑装饰公司、吕某拒不执行判决立案监督案）的要旨，负有执行义务的单位和个人以更换企业名称、隐瞒到期收入等方式妨害执行，致使已经发生法律效力的判决、裁定无法执行，情节严重的，应当以本罪予以追诉。

3. 主体要件。本罪的行为主体是负有执行人民法院判决、裁定义务的自然人和单位，具体包括三类人，分别是：被执行人、协助执行义务人（如判决书指定的有协助义务的金融机构，银行、信用合作社等有储蓄业务的单位，被执行人所在单位，持有被执行财物的个人）、担保人。第三人（如亲属等）协助负有执行义务的人拒不执行的，不能单独构成本罪，但可以成为共犯。

4. 主观要件。本罪在主观方面是直接故意犯罪，即行为人明知是人民法院已经生效的判决或裁定，而故意拒不执行。如果确因不知判决、裁定已生效而未执行的，或者因某种不能预见或无法抗拒的实际困难而无法执行的，因为不属于故意拒不执行，所以不构成犯罪。行为人认为判决、裁定不公正而拒不执行的，不影响本罪的成立。但如果判决、裁定确实违背事实或者违反法律的，对拒不执行判决、裁定的行为不应认定为本罪。

根据刑法第 313 条的规定，犯本罪的，处三年以下有期徒刑、拘役或者罚金；情节特别严重的，处三年以上七年以下有期徒刑，并处罚金。单位犯本罪的，对单位判处罚金，并对其直接负责的主管人员和其他直接责任人员，依照上述规定处罚。

根据《全国人民代表大会常务委员会关于〈中华人民共和国刑法〉第三百一十三条的解释》第6条的规定，在量刑时，拒不执行判决、裁定的被告人在一审宣告判决前，履行全部或部分执行义务的，可以酌情从宽处罚。

侦查过程中或者审查起诉过程中，犯罪嫌疑人自动履行或者协助执行判决、裁定，确有悔改表现且未造成其他严重后果的，公安机关根据具体情况可以撤销案件，移送审查起诉时对犯罪嫌疑人作出从宽处罚建议；人民检察院可以作出不起诉决定，或者向人民法院提出从宽处罚的建议。拒不执行支付赡养费、扶养费、抚育费、抚恤金、医疗费用、劳动报酬等判决、裁定的，可以酌情从重处罚。

【疑难指导】

一、如何理解“人民法院的判决、裁定”

（一）是否包括人民法院出具的调解书

根据《全国人民代表大会常务委员会关于〈中华人民共和国刑法〉第三百一十三条的解释》的规定，拒不执行判决、裁定罪的犯罪对象可以归结为两种类型：一种是具有执行内容且已发生法律效力的判决、裁定；另一种则是人民法院为依法执行支付令、生效的调解书、仲裁裁决、公证债权文书等所作的裁定。因此，从立法解释的角度而言，人民法院所出具的调解书显然不在此列。最高人民法院研究室在2000年作出的答复中（见本章【办案依据】部分），明确了拒不执行人民法院调解书的行为并不构成本罪，进一步明确了立法解释的内涵。

有少部分观点认为，[①] 调解书也属于人民法院的一种裁判文书，拒不执行生效调解书的行为同样是对审判权的亵渎和挑战，不应差别对待、留下空白，但这样的观点有违罪刑法定原则，是对犯罪外延的不当扩大，可能导致刑法随意性和不可预知性的增加，不宜采纳。需要注意的是，虽然拒不执行调解书不构成拒不执行判决、裁定罪，但是人民法院为依法执行生效的调解书所作的裁定属于这里的“裁定”。

---

① 黎蜀宁、黄良友：《论妨害民事执行行为的强制措施》，载《时代法学》2007年第1期。

（二）是否包括刑事判决、裁定

行为人单纯地不执行刑事判决，如不缴纳罚金，或者被判处拘役后、不主动回审判地服刑的，是否能够成立本罪？

首先，刑事案件的罪犯可以成为本罪的主体，因为刑法条文并未将本罪的适用范围限定于民事案件领域，且刑事案件的罪犯拒不执行判决、裁定的，其行为对社会、司法权威等法益的损害程度不亚于民事、行政案件的拒执行为。同时应当注意的是，拒不执行虽然是不作为犯，但本罪的成立以情节严重为要件，且目前的司法解释更偏向于从民商法领域定义这里的“情节严重”，故对于刑事案件的罪犯，适用本罪时一定要谨慎地衡量。一般而言，只有当国家机关执行判决、裁定的内容时，行为人拒绝执行的，才应当以犯罪论处。例如，强制执行罚金或采取强制措施押解至审判地服刑时予以反抗的，行为人可能成立本罪；但执行机关电话通知行为人自行前往拘役场所执行拘役，行为人不自行前往的，就不能成立本罪。[①]

（三）是否包括错误的判决、裁定

如果生效的判决、裁定最终被证明是存在错误、瑕疵的，行为人拒不执行的行为是否可以成立本罪呢？也就是说，这里的判决、裁定，是只要生效、无论对错均能构成本罪的对象，还是仅指生效且正确的判决或裁定呢？

一种观点认为，[②] 判决、裁定只要生效即可，在审理本罪刑事案件的过程中有新的证据证明原判决、裁定错误的，不影响本罪的成立。因为本罪的法益表现为人民法院的正常活动，如果行为人认为生效判决错误而抗拒执行，毫无疑问侵犯了该法益，应当认为其符合本罪的构成要件。否则，任何人都能以“认为判决、裁定是错误的”为由拒绝执行，最终妨碍人民法院的强制执行活动，减损其公信力与实现判决的功能性。

---

① 张明楷：《刑法学》，法律出版社 2021 年版，第 1453 页。

② 党冲：《从一则案例浅析拒不执行判决裁定罪》，载中国法院网，https：//www.chinacourt.org/article/detail/2014/05/id/1304090.shtml。

另一种观点则认为,[①] 对此不能一概而论。如果行为人抗拒执行错误的判决、裁定后又被处以犯罪，无疑会导致原本诉讼中受到不公正裁判的一方承担更为严重的刑事法律后果，不符合公平正义的精神，有机械地适用法律之嫌。同时，检察机关承担着法律监督的职责，当本罪被移送审查起诉时，检察人员既要履行法律监督的职责，纠正原本判决、裁定中的错误，又要对行为人“指出错误”的行为提起公诉，在功能上存在割裂。

对此，可以将判决、裁定中的错误、瑕疵进行分类。一是认定事实错误，即判决、裁定所依据的主要事实不清、证据不足；二是法律适用错误，也是归责错误，即当事人不应承担义务而裁判其承担义务、根本不应制裁而予以制裁，或者对其归责的程度存在偏差；三是程序错误，即判决、裁定作出的程序违反法律规定。笔者认为，错误或者有瑕疵的判决、裁定具有双重效力，一方面在纠正以前仍然代表国家审判机关的公信力，具有法律效力和对当事人的拘束力，符合本罪的构成要件与法益要求；另一方面错误裁判确实是错的，从根本上也是对被害人的一种侵害。因此，拒不执行错误的判决、裁定的，应具体情况具体分析，一般来说，不宜作为犯罪论处，但是，如果行为人在拒不执行过程中造成执行人员伤害，或者手段恶劣的，则也可能构成本罪。

二、如何理解和认定“有能力执行而拒不执行”

对这里的“有能力执行”，应当从以下几个方面进行把握：

1. “有能力执行”的认定时间从判决、裁定生效时起算，并不仅限于执行期间，因为判决、裁定生效时，行为人的法定义务就已经确立，应当自觉、及时地履行判决、裁定所要求的内容。原案件审理期间行为人有执行能力，但因为不可归因于自己的原因导致判决、裁定生效后没有执行能力的，不构成本罪。需要注意的是，行为人拒不履行的行为应当与有执行能力的状态处于同一时间，没有执行能力时拒绝履行、但具有执行能力后立即执行的，不能以本罪论处。

2. 在判断行为人究竟是否有执行能力时，不仅要考察行为人名下是否有显性

---

① 党冲：《从一则案例浅析拒不执行判决裁定罪》，载中国法院网，https：//www.chinacourt.org/article/detail/2014/05/id/1304090.shtml。

财产，还要考虑其有无隐形财产，分析被执行人可支配的个人财产是多少，而并非以被执行人的财产是否有盈余为标准。将营业收入继续投入生产经营的，可以构成本罪。

3. 对生效判决、裁定确定的给付义务，被执行人应当完全履行，即便只有部分履行能力，也需要尽其所能履行义务，以此体现人民法院司法裁判的权威性，如果未能履行能力范围内的义务，也是一种拒不执行的行为。因此，即便被执行人只具有部分履行能力，也属于这里的“有执行能力”。

同时，在实践中也需要灵活应用这一点。例如，负债基数为 10 万元，行为人只有 1000 元履行能力，被执行人私下转移该 1000 元的行为就难以被评价为拒不执行判决、裁定。[①]

三、如何理解和认定“情节严重”

2002 年《全国人民代表大会常务委员会关于〈中华人民共和国刑法〉第三百一十三条的解释》、2020 年《最高人民法院关于审理拒不执行判决、裁定刑事案件适用法律若干问题的解释》的相关条文共计列举了 12 种有能力执行而拒绝执行且情节严重的常见情形，分别是：

（1）被执行人隐藏、转移、故意毁损财产或者无偿转让财产、以明显不合理的低价转让财产，致使判决、裁定无法执行的；（2）担保人或者被执行人隐藏、转移、故意毁损或者转让已向人民法院提供担保的财产，致使判决、裁定无法执行的；（3）协助执行义务人接到人民法院协助执行通知书后，拒不协助执行，致使判决、裁定无法执行的；（4）被执行人、担保人、协助执行义务人与国家机关工作人员通谋，利用国家机关工作人员的职权妨害执行，致使判决、裁定无法执行的；（5）具有拒绝报告或者虚假报告财产情况、违反人民法院限制高消费及有关消费令等拒不执行行为，经采取罚款或者拘留等强制措施后仍拒不执行的；（6）伪造、毁灭有关被执行人履行能力的重要证据，以暴力、威胁、贿买方法阻止他人作证或者指使、贿买、胁迫他人作伪证，妨碍人民法院查明被执行人财产情况，致使判决、裁定无法执行的；（7）拒不交付法律文书指定交付的财物、票

① 庄绪龙：《拒不执行判决、裁定罪的适用》，载《人民司法（应用）》2018 年第 22 期。

证或者拒不迁出房屋、退出土地，致使判决、裁定无法执行的；（8）与他人串通，通过虚假诉讼、虚假仲裁、虚假和解等方式妨害执行，致使判决、裁定无法执行的；（9）以暴力、威胁方法阻碍执行人员进入执行现场或者聚众哄闹、冲击执行现场，致使执行工作无法进行的；（10）对执行人员进行侮辱、围攻、扣押、殴打，致使执行工作无法进行的；（11）毁损、抢夺执行案件材料、执行公务车辆和其他执行器械、执行人员服装以及执行公务证件，致使执行工作无法进行的；（12）拒不执行法院判决、裁定，致使债权人遭受重大损失的。

对于12类法定情形之外的案件，在实践认定中需要注意：

1. 当事人对已经生效的判决、裁定，依法具有提出申诉的权利。有些当事人在提出申诉时不冷静，可能会与有关执行机关的人员发生矛盾，只要其并未抗拒执行判决、裁定，就不能以本罪论处。

2. 对执行义务人通过隐藏自己行踪来逃避法院执行导致严重后果的行为，虽然看似是一种不作为，但行为人隐藏自己的行踪、意图逃避法院执行，若导致严重后果，也应当以本罪论处。

3. 通常而言，拒不执行判决、裁定罪规制的是藏匿、损毁、拒交财产的行为，但如果义务人藏匿、损毁、拒交某些非财产物品导致权利人遭受重大损失，也可依拒不执行判决、裁定罪论处。如负有执行义务的人不及时交付财产权证导致财产权证未在法律规定的时间内续期而失效，不交付财务账册导致不能按期完成收购、上市等情形。

4. 在拒不执行判决、裁定罪案件中，行为人拒不履行财产给付的案件远多于拒不履行行为义务的案件，此时，犯罪金额的多少成为衡量刑罚轻重的重要因素。在认定犯罪金额时，要注意“法律不强人所难”，应当以行为人有履行能力却实际未履行或拒不履行的部分为标准，该金额小于或等于裁判文书确定的应履行金额，而不是以判决、裁定确定的应履行金额作为犯罪金额。只有在有能力履行而拒不履行情形下，行为人才应当被处以刑罚，否则对其显属不公。

四、对“致使判决、裁定无法执行”的理解

在“情节严重”的判断中，立法解释与司法解释都有“致使执行工作无法进行”“致使判决、裁定无法执行”的表述。

这里的“无法执行”，是指被执行人逃避或者抗拒执行的行为实质性地妨害了人民法院的正常执行活动，使裁判确定的执行内容暂时未得到执行，即使法院通过多方面努力、采取各种手段，最终办结执行案件，仍然可以对被执行人定罪处罚。

不应将这里的“无法执行”进行限制性的解读，如果只有被执行人的行为永久性地妨害了人民法院的执行活动、造成了裁判内容彻底不能执行的后果，才能对行为人以本罪论处，无疑大大限缩了本罪的处罚范围，背离了刑法规定拒不执行判决、裁定罪所要保护的法益初衷，与立法原意不符。本罪所侵犯的法益主要是司法秩序和司法权威，以民事判决、裁定为例，应当从影响人民法院执行工作的角度来理解“致使判决、裁定无法执行”，而不能从债权人是否最终实现债权角度来分析。行为人所采取的抵抗行为致使执行人员无法通过其自身的职务行为完成执行任务的，就已经符合“致使判决、裁定无法执行”的规定，至于后续求助于专门力量最终完成执行任务，则是超出执行职务范畴的特殊途径。

因此，只要是为法院的执行工作设置了障碍、导致执行工作难以按照法定程序顺利进行，且达到情节严重的程度，均可能被认定为这里的“无法执行”，而不需要行为造成实际的危害后果。否则，本罪的适用空间将被大大压缩，难以实现发挥刑罚威慑作用、解决“执行难”问题的目的，造成实践中人民法院的执行工作无法顺利开展。

五、关于本罪主体的具体认定问题

首先，这里的担保人也包括执行担保人。根据民事诉讼法第 238 条的规定，在执行中，被执行人向人民法院提供担保，并经申请人同意的，人民法院可以决定暂缓执行及暂缓执行的期限。被执行人逾期仍不履行，人民法院有权执行被执行人的财产或者担保人的担保财产。因此，执行担保人亦负有连带执行的义务，如果其抗拒执行的，依法构成本罪。

案外人采用暴力、威胁方法帮助上述当事人或有协助执行义务的人阻碍判决、裁定执行的，可按拒不执行判决、裁定罪的共犯处理。国家机关工作人员有《全国人民代表大会常务委员会关于〈中华人民共和国刑法〉第三百一十三条的解释》所列第 4 项行为，即与本罪主体通谋，利用自身职权妨害执行，致使判决、裁定无法执行的，以拒不执行判决、裁定罪的共犯追究其刑事责任。

当有多个被执行人，被执行人内部约定由一人偿还时，不能阻却本罪的成立。如共同债务人甲、乙内部约定由甲承担全部债务，但并未获得申请执行人的同意，乙以其与甲的内部约定为由认为其不构成本罪，是不能成立的。该观点的误区在于未能正确认识共同债务的性质，共同债务人内部的约定未经申请执行人同意不能对抗申请执行人。

为了进一步打击拒不执行判决、裁定行为的单位犯罪，刑法修正案（九）明确将单位作为本罪的犯罪主体。关于单位犯罪，需要关注以下问题。

1. 拒不执行判决、裁定罪单位犯罪的责任人有直接负责的主管人员和其他直接责任人员两类。二者主要应从主从关系和行为方式来区分，前者是指通过明示、指使、操控的方式间接控制采取拒执行为的人，在单位中拥有实际领导权限，而且和该单位的拒不执行判决、裁定罪行为有直接的联系，具有主体性和操控性的特征；后者一般为在直接负责的主管人员的安排下具体实施拒执行为的人，具有从属性和实施性的特点。具体而言，前者通常包含单位的法定代表人、实际控制人、高级管理人等；后者一般包含部门负责人、财务会计人员、业务工作的经办人员等。

2. 在拒不执行判决、裁定罪过程中，被执行单位转移财产并非均是为了规避执行，往往是用于正常的生产经营，对此类情形，一般认为生效之后的裁判文书即具备了约束力和既判力，任何一位义务人均应无条件履行，将被转移的财产用于生产经营不应成为其拒绝执行的理由，若拒执行为妨害司法、构成犯罪的，应以犯罪惩处。同时，也需要考虑一些特别情形，如拒执单位需要发放工人工资等，此时，法院应当审慎认定。

3. 在单位犯罪中，拒不执行判决、裁定且情节严重的一般有如下的表现情形：单位将财产挪用于生产经营；不按照法院要求申报公司全部财产，处以罚款后拒不纠正；单位法定代表人、实际控制人、公司高级管理人带领公司员工暴力抗拒执行公司将已查封的货物进行销售或出租而销售款和租金未用于偿还债务等。

六、如何处理判决所认定的债务与非讼债务的关系

在司法实践中，有的被执行人负有多项债务，其中包括诉讼债务和非诉债务。

在此情形下，如果被执行人优先履行非诉债务，对于诉讼债务则无履行能力，是否可以评价为拒不履行？

一般认为，如果行为人同时需要清偿判决、裁定所确认的债务以及未经诉讼程序的债务，选择先清偿后者，导致判决、裁定无法执行的，不能阻却本罪的成立。原因在于，尽管债权具有平等性，但本罪在民商事领域的客体并非债权人的财产权利，而是人民法院的司法活动秩序与国家的审判、执行制度，诉讼债务也因此具有了实质上的优先清偿地位，不能仅仅关注债权人的利益。否则，既会浪费司法资源，也会加剧“执行难”的问题，催生部分别有心思之人伪造债务、抗拒执行的念头。因此，在执行过程中，被执行人明知有执行义务，却未如实向人民法院申报财产，且将财产转让给他人，优先偿还法院未判决确定的债务，属于对人民法院的判决、裁定有能力执行而拒不执行，情节严重的，依然侵犯了国家的司法权威，构成拒不执行判决、裁定罪。

七、拒不执行判决、裁定行为的时间要求

因为判决、裁定的生效时间与执行立案的时间存在间隔，所以需要讨论的是，拒不执行判决、裁定的行为应发生在什么时间？

首先，行为人在判决、裁定生效前实施隐藏、转移财产等行为的，不应以本罪论处。因为本罪的行为所侵犯的客体为人民法院作出的已发生法律效力的判决、裁定的权威性，只有在具有执行内容的判决、裁定发生法律效力后，才具有法律约束力和强制执行力，当事人才能明确知晓自己的义务，义务人才有及时履行、积极履行生效法律文书确定义务的责任。相应地，只有在行为人明知应承担义务的情况下，采取各种手段规避执行，情节严重的，才应当追究拒执罪的刑事责任。在案件的审理阶段，具体的权利义务尚处于未知的状态，行为人也不具有履行的义务，若以本罪论处实为不妥。

其次，行为人在执行立案后事实隐藏、转移财产等行为的，毫无疑问应当以本罪论处。

最后，争议就在于判决、裁定生效后，执行立案前的阶段应当如何处理。一方面，判决、裁定一经生效，行为人便产生了执行判决、裁定的义务，此时实施隐藏、转移财产等行为的，必然妨碍了判决、裁定的执行，因而妨害了司法秩序。

另一方面，如果持否定回答，必然导致本罪形同虚设。最高人民法院指导案例71号（毛某文拒不执行判决、裁定案）也赞同了这一观点，即具有执行内容的判决、裁定发生法律效力后，负有执行义务的人有隐藏、转移、故意毁损财产等拒不执行的行为，致使判决、裁定无法执行，情节严重的，应当以本罪处罚。

这样的理解，也与民事诉讼法及其司法解释相关规定协调一致。民事诉讼法（2017年修正）第111条规定，[①] 诉讼参与人或者其他人拒不履行人民法院已经发生法律效力的判决、裁定的，人民法院可以根据情节轻重予以罚款、拘留；构成犯罪的，依法追究刑事责任。《最高人民法院关于适用〈中华人民共和国民事诉讼法〉的解释》第188条针对前述规定进一步解释道：民事诉讼法第111条第1款第6项规定的拒不履行人民法院已经发生法律效力的判决、裁定的行为，包括在法律文书发生法律效力后隐藏、转移、变卖、毁损财产或者无偿转让财产、以明显不合理的价格交易财产、放弃到期债权、无偿为他人提供担保等，致使人民法院无法执行的。

但上述原则也存在例外情形。如果行为人在判决、裁定生效前就有拒绝履行的主观心态，并实施了隐匿财产等行为，且该状态持续到判决、裁定生效之后，行为人仍放任对执行活动的阻碍，致使法院判决、裁定无法执行，情节严重的，应当以本罪论处。例如，行为人在上诉期内未上诉，但是转移、隐匿或者恶意毁损、低价转让，在裁判生效后继续积极作为维持这一状态、妨碍法院查明真实资产状况的，可能构成本罪；行为人躲避执行，下落不明，在判决生效前转让房屋，并在进入执行程序后将所得转让款用作他处，属于拒不执行生效裁判的行为，有明显的抗拒执行的主观故意，应当以本罪论处；在执行支付令、调解书、仲裁裁决、公证债权文书等特定文书的案件中，在法院作出执行裁定前，此类文书对责任承担的内容具有确定性，被执行人对其应承担的责任明确知晓，其在执行裁定生效前作出的拒执行为致使生效裁定无法履行，依然可构成拒不执行判决、裁定罪。

---

① 《民事诉讼法》已于2021年12月24日修正，2022年1月1日起实施。该条对应现行《民事诉讼法》第114条。

同时需要注意的是，对于协助执行义务人而言，由于其可能并非案件的当事人，并不明确知悉案件的开始时间、裁判时间以及裁判生效时间，按照主客观一致的原则，以其收到通知的时间作为时间节点更具有合理性。

八、自诉程序的适用要求

由于本案的线索往往依靠判决、裁定的另一方当事人提出（如刑事案件中的被害人、民事案件中的胜诉方），而不是仅仅依赖公安机关自行侦查，故最高人民法院特别规定了本罪的自诉程序。受害人在有证据证明被执行人拒不执行判决、裁定的行为侵犯了自身人身、财产权利时，应当采用“控告”的方式向有管辖权的司法机关申请立案，提供犯罪线索，以保护自身的合法权益。

根据《最高人民法院关于审理拒不执行判决、裁定刑事案件适用法律若干问题的解释》第 3 条的规定，申请执行人有证据证明同时具有下列情形，人民法院认为符合刑事诉讼法第 210 条第 3 项规定的，可以自诉案件立案审理：（1）负有执行义务的人拒不执行判决、裁定，侵犯了申请执行人的人身、财产权利，应当依法追究刑事责任的；（2）申请执行人曾经提出控告，而公安机关或者人民检察院对负有执行义务的人不予追究刑事责任的。

此外，自诉人在宣告判决前，可以同被告人自行和解或者撤回自诉。

九、本罪的管辖法院及对应的公安管辖

《最高人民法院关于审理拒不执行判决、裁定刑事案件适用法律若干问题的解释》第 5 条规定，拒执罪刑事案件的管辖“一般由执行法院所在地人民法院管辖”，但不得突破级别管辖的规定。

实践中执行法院以外的其他法院对拒执行为的惩处有时缺乏积极性，不利于相关证据的收集和固定，不利于对本罪犯罪的追诉和打击，故目前拒不执行判决、裁定罪的相关案件采纳司法解释的观点，即由执行法院所在地的人民法院管辖。

需要注意的是，人民法院需要与当地公安、检察机关做好沟通和衔接，避免出现侦查、公诉与审判管辖相冲突的现象。因为该司法解释未与公安、检察院联合发布，仅对法院系统内部生效，换言之，该规范性文件只能规定法院的管辖权，而对公安、检察院的管辖不能直接予以明确。这一问题的根本原因就是两个规范性文件之间的差异规定，亟须更加完善的程序立法。

从各地的指导性意见来看，各地针对本罪的管辖存在类同于上述两个规范性文件的两种意见。浙江、贵州、河北、黑龙江、内蒙古、上海、四川等地坚持以犯罪地公安、检察院、法院管辖的观点，安徽、福建、广东、河南、江苏、辽宁、山东等地则认为应由执行法院所在地的公安、检察院、法院管辖。[1] 在目前的法律框架下，我们认为，本罪行为的主要危害在于导致判决、裁定不能顺利进行，从执行法院的角度来看，其犯罪行为的危害结果延伸于执行法院所在地，依据法律关于犯罪地包含犯罪行为发生地和犯罪结果地的规定，司法解释的观点是妥当的。如果让拒执行为发生地的法院管辖拒执罪案件，因拒执行为对其司法权威的侵害不具有直接性而导致主动性缺乏，且发生地法院对证据的采集不比执行法院更具优势和便利，从这一点而言，执行法院所在地的公安机关、人民检察院应当承担其司法职责。

但同时，在某些特殊情形下应允许例外情形存在，如暴力行为类拒执案件的管辖。当行为人以暴力方式冲击执行现场、围攻执行人员、损害执行工具等暴力抗拒执行的行为时，由执行法院所在地的公安出警处置，因异地缘由显得极不现实，实践中往往是由执行地当地的公安出警处置。此种情形下，构成拒执罪的，相应地由暴力行为发生地的检察院、法院进行公诉和审判也更为便利。

十、此罪与彼罪的区分

（一）本罪与妨碍公务罪的界限

两罪名的区别在于：

1. 妨害公务罪的方法必须是用暴力、威胁的方法；而构成拒不执行判决、裁定罪则不要求用这种方法。

2. 本罪既可以是积极的作为形式，也可以是消极的不作为形式；而妨害公务罪则只可以是积极的作为形式。

3. 行为主体不同。本罪的主体是特殊主体，仅限于有义务并有能力执行或协助执行法院判决、裁定的人；妨害公务罪则为一般主体。因此，如果案外人单独

---

① 李勤：《拒不执行判决、裁定罪的现实困境及其应对》，载《人民司法（应用）》2019年第28期。

以暴力、威胁方法阻碍法院判决、裁定执行的，宜以妨害公务罪论处；如果案外人帮助特殊主体阻碍法院判决、裁定执行的，则应按共同犯罪的定罪与身份的有关原理进行定罪。

4. 妨害公务罪指向的对象是依法执行职务的国家工作人员，而拒不执行判决、裁定罪指向的对象则是已生效的判决、裁定，直接追求的结果不同。

当行为人以暴力、威胁方法拒不执行判决、裁定时，行为同时也符合妨害公务罪的构成要件，此时两个罪名之间是法条竞合的关系。以妨害公务罪论处的情形一般包括三种：（1）聚众哄闹、冲击执行现场，围困、扣押、殴打执行人员，致使执行工作无法进行的；（2）毁损、抢夺执行案件材料、执行公务车辆和其他执行器械、执行人员服装以及执行公务证件，造成严重后果的；（3）其他以暴力、威胁方法妨害或者抗拒执行，致使执行工作无法进行的。

案外人协助被执行人实施暴力性拒执行为的，以妨害公务罪的共犯论处。

（二）本罪与其他犯罪行为的界限

1. 与虚假诉讼罪的适用问题。《最高人民法院、最高人民检察院关于办理虚假诉讼刑事案件适用法律若干问题的解释》第 4 条规定，“实施刑法第三百零七条之一第一款行为，非法占有他人财产或者逃避合法债务，又构成诈骗罪，职务侵占罪，拒不执行判决、裁定罪，贪污罪等犯罪的，依照处罚较重的规定定罪从重处罚”。

2. 对伤亡结果的处理。根据《最高人民法院关于审理拒不执行判决、裁定刑事案件适用法律若干问题的解释》第 2 条的规定，行为人以暴力、威胁方法阻碍执行人员进入执行现场或者聚众哄闹、冲击执行现场，致使执行工作无法进行的，也符合本罪的构成要件，这一行为极可能伴随执行人员的伤亡结果。当事人以暴力阻止司法工作人员执行判决、裁定，其暴力程度应以造成轻伤害为限度。如果其暴力抗拒行为导致了执行人员的重伤甚至死亡结果，则应当按照想象竞合的方式处理，从一重罪处罚，一般按照故意伤害罪或者故意杀人罪进行处罚。

3. 国家工作人员共谋的罪数问题。国家机关工作人员收受贿赂或者滥用职权，与被执行人、担保人、协助执行义务人通谋，利用国家机关工作人员的职权妨害执行，致使判决、裁定无法执行，是本罪的共犯，同时构成本罪和受贿罪、滥用职权罪的，成立牵连犯，应依照处罚较重的规定定罪处罚。

十一、如何理解和认定本罪的“明知”要件

本罪的主观方面要求行为人对法院的判决、裁定必须明知，在实践中，载有执行义务内容的相关法律文书送达后，可认定为负有执行义务的人知道其具有履行义务或协助执行义务。但在法院通过公告送达等方式拟制送达的情况下，是否可以推定行为人明知呢?

首先，这一送达方式本质上是为了避免被执行人逃避、不配合送达的问题。从民事诉讼的角度来看，公告送达即意味着送达对象收到相关文书，表明被送达人已明知，但这一拟制不能必然直接适用于刑事案件。从证明标准来看，刑事诉讼证明标准要高于民事诉讼，刑事诉讼证明标准要求“案件事实清楚，证据确实充分”，新刑事诉讼法更是将这种标准提高到了“排除合理怀疑”的程度，而民事诉讼证明标准要求具有“高度盖然性”，两者相比，刑事诉讼对事实的认定更为谨慎，标准也更高。

因此，对于该问题，应当在案件中具体分析。如果有证据证明被执行人客观上确实对法院的判决与裁定是明知的，本质上是想通过逃避、不配合送达的方式规避或延缓承担责任，则应适用拒不执行判决、裁定罪。但如果没有充分的证据可以证明行为人确实收到判决、裁定，或行为人确有证据证明未收到生效裁判文书的，则不能以本罪论处。

【办案依据】

一、刑法规定

第三百一十三条 对人民法院的判决、裁定有能力执行而拒不执行，情节严重的，处三年以下有期徒刑、拘役或者罚金；情节特别严重的，处三年以上七年以下有期徒刑，并处罚金。

单位犯前款罪的，对单位判处罚金，并对其直接负责的主管人员和其他直接责任人员，依照前款的规定处罚。

二、相关综合规定与解释

《全国人民代表大会常务委员会关于〈中华人民共和国刑法〉第三百一十三条的解释》（2002年8月29日第九届全国人民代表大会常务委员会第二十九次会议通过）

全国人民代表大会常务委员会讨论了刑法第三百一十三条规定的“对人民法院的判决、裁定有能力执行而拒不执行，情节严重”的含义问题，解释如下：

刑法第三百一十三条规定的“人民法院的判决、裁定”，是指人民法院依法作出的具有执行内容并已发生法律效力的判决、裁定。人民法院为依法执行支付令、生效的调解书、仲裁裁决、公证债权文书等所作的裁定属于该条规定的裁定。

下列情形属于刑法第三百一十三条规定的“有能力执行而拒不执行，情节严重”的情形：

（一）被执行人隐藏、转移、故意毁损财产或者无偿转让财产、以明显不合理的低价转让财产，致使判决、裁定无法执行的；

（二）担保人或者被执行人隐藏、转移、故意毁损或者转让已向人民法院提供担保的财产，致使判决、裁定无法执行的；

（三）协助执行义务人接到人民法院协助执行通知书后，拒不协助执行，致使判决、裁定无法执行的；

（四）被执行人、担保人、协助执行义务人与国家机关工作人员通谋，利用国家机关工作人员的职权妨害执行，致使判决、裁定无法执行的；

（五）其他有能力执行而拒不执行，情节严重的情形。

国家机关工作人员有上述第四项行为的，以拒不执行判决、裁定罪的共犯追究刑事责任。国家机关工作人员收受贿赂或者滥用职权，有上述第四项行为的，同时又构成刑法第三百八十五条、第三百九十七条规定之罪的，依照处罚较重的规定定罪处罚。

现予公告。

三、司法解释

《最高人民法院关于审理拒不执行判决、裁定刑事案件适用法律若干问题的解释》（2020年12月29日　法释〔2020〕21号）

第一条　被执行人、协助执行义务人、担保人等负有执行义务的人对人民法院的判决、裁定有能力执行而拒不执行，情节严重的，应当依照刑法第三百一十三条的规定，以拒不执行判决、裁定罪处罚。

第二条 负有执行义务的人有能力执行而实施下列行为之一的，应当认定为全国人民代表大会常务委员会关于刑法第三百一十三条的解释中规定的“其他有能力执行而拒不执行，情节严重的情形”：

（一）具有拒绝报告或者虚假报告财产情况、违反人民法院限制高消费及有关消费令等拒不执行行为，经采取罚款或者拘留等强制措施后仍拒不执行的；

（二）伪造、毁灭有关被执行人履行能力的重要证据，以暴力、威胁、贿买方法阻止他人作证或者指使、贿买、胁迫他人作伪证，妨碍人民法院查明被执行人财产情况，致使判决、裁定无法执行的；

（三）拒不交付法律文书指定交付的财物、票证或者拒不迁出房屋、退出土地，致使判决、裁定无法执行的；

（四）与他人串通，通过虚假诉讼、虚假仲裁、虚假和解等方式妨害执行，致使判决、裁定无法执行的；

（五）以暴力、威胁方法阻碍执行人员进入执行现场或者聚众哄闹、冲击执行现场，致使执行工作无法进行的；

（六）对执行人员进行侮辱、围攻、扣押、殴打，致使执行工作无法进行的；

（七）毁损、抢夺执行案件材料、执行公务车辆和其他执行器械、执行人员服装以及执行公务证件，致使执行工作无法进行的；

（八）拒不执行法院判决、裁定，致使债权人遭受重大损失的。

第三条 申请执行人有证据证明同时具有下列情形，人民法院认为符合刑事诉讼法第二百一十条第三项规定的，以自诉案件立案审理：

（一）负有执行义务的人拒不执行判决、裁定，侵犯了申请执行人的人身、财产权利，应当依法追究刑事责任的；

（二）申请执行人曾经提出控告，而公安机关或者人民检察院对负有执行义务的人不予追究刑事责任的。

第四条 本解释第三条规定的自诉案件，依照刑事诉讼法第二百一十二条的规定，自诉人在宣告判决前，可以同被告人自行和解或者撤回自诉。

第五条 拒不执行判决、裁定刑事案件，一般由执行法院所在地人民法院管辖。

第六条 拒不执行判决、裁定的被告人在一审宣告判决前，履行全部或部分执行义务的，可以酌情从宽处罚。

第七条 拒不执行支付赡养费、扶养费、抚育费、抚恤金、医疗费用、劳动报酬等判决、裁定的，可以酌情从重处罚。

第八条 本解释自发布之日起施行。此前发布的司法解释和规范性文件与本解释不一致的，以本解释为准。

四、司法文件

《最高人民法院关于拒不执行判决、裁定罪自诉案件受理工作有关问题的通知》（2018年5月30日 法〔2018〕147号）

近期，部分高级人民法院向我院请示，申请执行人以负有执行义务的人涉嫌拒不执行判决、裁定罪向公安机关提出控告，公安机关不接受控告材料或者接受控告材料后不予书面答复的；人民法院向公安机关移送拒不执行判决、裁定罪线索，公安机关不予书面答复或者明确答复不予立案，或者人民检察院决定不起诉的，如何处理？鉴于部分高级人民法院所请示问题具有普遍性，经研究，根据相关法律和司法解释，特通知如下：

一、申请执行人向公安机关控告负有执行义务的人涉嫌拒不执行判决、裁定罪，公安机关不予接受控告材料或者在接受控告材料后60日内不予书面答复，申请执行人有证据证明该拒不执行判决、裁定行为侵犯了其人身、财产权利，应当依法追究刑事责任的，人民法院可以以自诉案件立案审理。

二、人民法院向公安机关移送拒不执行判决、裁定罪线索，公安机关决定不予立案或者在接受案件线索后60日内不予书面答复，或者人民检察院决定不起诉的，人民法院可以向申请执行人释明；申请执行人有证据证明负有执行义务的人拒不执行判决、裁定侵犯了其人身、财产权利，应当依法追究刑事责任的，人民法院可以以自诉案件立案审理。

三、公安机关接受申请执行人的控告材料或者人民法院移送的拒不执行判决、裁定罪线索，经过60日之后又决定立案的，对于申请执行人的自诉，人民法院未受理的，裁定不予受理；已经受理的，可以向自诉人释明让其撤回起诉或者裁定终止审理。此后再出现公安机关或者人民检察院不予追究情形的，申请执行人可以依法重新提起自诉。

【指导性案例】

（一）最高人民检察院指导性案例第92号，上海甲建筑装饰有限公司、吕某拒不执行判决立案监督案[1]

（2020年12月2日最高人民检察院第十三届检察委员会第五十五次会议决定，2020年12月21日发布）

【关键词】

拒不执行判决　调查核实　应当立案而不立案　监督立案

【要旨】

负有执行义务的单位和个人以更换企业名称、隐瞒到期收入等方式妨害执行，致使已经发生法律效力的判决、裁定无法执行，情节严重的，应当以拒不执行判决、裁定罪予以追诉。申请执行人认为公安机关对拒不执行判决、裁定的行为应当立案侦查而不立案侦查，向检察机关提出监督申请的，检察机关应当要求公安机关说明不立案的理由。经调查核实，认为公安机关不立案理由不能成立的，应当通知公安机关立案。对于通知立案的涉企业犯罪案件，应当依法适用认罪认罚从宽制度。

【相关规定】

《中华人民共和国刑法》第三百一十三条

---

① 《最高人民检察院印发第二十四批指导性案例——上海甲建筑装饰有限公司、吕某拒不执行判决立案监督案（检例第92号）》，载最高人民检察院网站，https://www.spp.gov.cn/xwfbh/wsfbt/202012/t20201222_490159.shtml#2，2022年6月12日访问。

《中华人民共和国刑事诉讼法》第一百一十三条

《全国人民代表大会常务委员会关于〈中华人民共和国刑法〉第三百一十三条的解释》

《人民检察院刑事诉讼规则》第五百五十七条至第五百六十一条、第五百六十三条

《最高人民法院关于审理拒不执行判决、裁定刑事案件适用法律若干问题的解释》第一条、第二条

《最高人民检察院、公安部关于刑事立案监督有关问题的规定（试行）》第四条至第五条、第七条至第九条

【基本案情】

被告单位上海甲建筑装饰有限公司（以下简称甲公司）。

被告人吕某，男，1964 年 8 月出生，甲公司实际经营人。

2017 年 5 月 17 日，上海乙实业有限公司（以下简称乙公司）因与甲公司合同履行纠纷诉至上海市青浦区人民法院。同年 8 月 16 日，青浦区人民法院判决甲公司支付乙公司人民币 3250995.5 元及相关利息。甲公司提出上诉，上海市第二中级人民法院判决驳回上诉，维持原判。2017 年 11 月 7 日，乙公司向青浦区人民法院申请执行。青浦区人民法院调查发现，被执行人甲公司经营地不明，无可供执行的财产，经乙公司确认并同意后，于 2018 年 2 月 27 日裁定终结本次执行程序。2018 年 5 月 9 日，青浦区人民法院恢复执行程序，组织乙公司、甲公司达成执行和解协议，但甲公司经多次催讨仍拒绝履行协议。2019 年 5 月 6 日，乙公司以甲公司拒不执行判决为由，向上海市公安局青浦分局（以下简称青浦公安分局）报案，青浦公安分局决定不予立案。

【检察机关履职过程】

线索发现。2019 年 6 月 3 日，乙公司向上海市青浦区人民检察院提出监督申请，认为甲公司拒不执行法院生效判决，已构成犯罪，但公安机关不予立案，请求检察机关监督立案。青浦区人民检察院经审查，决定予以受理。

调查核实。针对乙公司提出的监督申请，青浦区人民检察院调阅青浦公安分局相关材料和青浦区人民法院执行卷宗，调取甲公司银行流水，听取乙公司法定代表人金某意见，并查询国家企业信用信息公示系统。查明甲公司实际经营人吕某在同乙公司诉讼过程中，将甲公司更名并变更法定代表人为马某某，以致法院判决甲公司败诉后，在执行阶段无法找到甲公司资产。为调查核实甲公司资产情况，青浦区人民检察院又调取甲公司与丙控股集团江西南昌房地产事业部（以下简称丙集团）业务往来账目以及银行流水、银行票据等证据，进一步查明：2018年5月至2019年1月期间，在甲公司银行账户被法院冻结的情况下，吕某要求丙集团将甲公司应收工程款人民币2506.99万元以银行汇票形式支付，其后吕某将该银行汇票背书转让给由其实际经营的上海丁装饰工程有限公司，该笔资金用于甲公司日常经营活动。

监督意见。2019年7月9日，青浦区人民检察院向青浦公安分局发出《要求说明不立案理由通知书》。青浦公安分局回复认为，本案尚在执行期间，甲公司未逃避执行判决，没有犯罪事实，不符合立案条件。青浦区人民检察院认为，甲公司在诉讼期间更名并变更法定代表人，导致法院在执行阶段无法查找到甲公司资产，并裁定终结本次执行程序。并且在执行同期，甲公司舍弃电子支付、银行转账等便捷方式，要求丙集团以银行汇票形式向其结算并支付大量款项，该款未进入甲公司账户，但实际用于甲公司日常经营活动，其目的就是利用汇票背书形式规避法院的执行。因此，甲公司存在隐藏、转移财产，致使法院生效判决无法执行的行为，已符合刑法第三百一十三条规定的“有能力执行而拒不执行，情节严重”的情形，公安机关的不立案理由不能成立。2019年8月6日，青浦区人民检察院向青浦公安分局发出《通知立案书》，并将调查获取的证据一并移送公安机关。

监督结果。2019年8月11日，青浦公安分局决定对甲公司以涉嫌拒不执行判决罪立案侦查，同年9月4日将甲公司实际经营人吕某传唤到案并刑事拘留。2019年9月6日，甲公司向乙公司支付了全部执行款项人民币371万元，次日，公安机关对吕某变更强制措施为取保候审。案件移送起诉后，经依法告知诉讼权利和认罪认罚的法律规定，甲公司和吕某自愿认罪认罚。2019年11月28日，青浦区人民检察院以甲公司、吕某犯拒不执行判决罪向青浦区人民法院提起公诉，并提出对甲公司判处罚金人民币 15 万元，对吕某判处有期徒刑十个月、缓刑一年的量刑建议。2019 年 12 月 10 日，青浦区人民法院判决甲公司、吕某犯拒不执行判决罪，并全部采纳了检察机关的量刑建议。一审宣判后，被告单位和被告人均未提出上诉，判决已生效。

【指导意义】

（一）检察机关发现公安机关对拒不执行判决、裁定的行为应当立案侦查而不立案侦查的，应当依法监督公安机关立案。执行人民法院依法作出并已发生法律效力的判决、裁定，是被执行人的法定义务。负有执行义务的单位和个人有能力执行而故意以更改企业名称、隐瞒到期收入等方式，隐藏、转移财产，致使判决、裁定无法执行的，应当认定为刑法第三百一十三条规定的“有能力执行而拒不执行，情节严重”的情形，以拒不执行判决、裁定罪予以追诉。申请执行人认为公安机关对拒不执行判决、裁定的行为应当立案侦查而不立案侦查，向检察机关提出监督申请的，检察机关应当要求公安机关说明不立案的理由，认为公安机关不立案理由不能成立的，应当制作《通知立案书》，通知公安机关立案。

（二）检察机关进行立案监督，应当开展调查核实。检察机关受理立案监督申请后，应当根据事实、法律进行审查，并依法开展调查核实。对于拒不执行判决、裁定案件，检察机关可以调阅公安机关相关材料、人民法院执行卷宗和相关法律文书，询问公安机关办案人员、法院执行人员和有关当事人，并可以调取涉案企业、人员往来账目、合同、银行票据等书证，综合研判是否属于“有能力执行而拒不执行，情节严重”的情形。决定监督立案的，应当同时将调查收集的证据材料送达公安机关。

（三）办理涉企业犯罪案件，应当依法适用认罪认罚从宽制度。检察机关应当坚持惩治犯罪与保护市场主体合法权益、引导企业守法经营并重。对于拒不执行判决、裁定案件，应当积极促使涉案企业执行判决、裁定，向被害方履行赔偿义务、赔礼道歉。涉案企业及其直接负责的主管人员和其他直接责任人员自愿如实供述自己的罪行，承认指控的犯罪事实，愿意接受处罚的，对涉案企业和个人可以提出依法从宽处理的确定刑量刑建议。

（二）最高人民法院指导案例 71 号，毛某文拒不执行判决、裁定案[①]

（最高人民法院审判委员会讨论通过 2016 年 12 月 28 日发布）

【关键词】

刑事/拒不执行判决、裁定罪/起算时间

【裁判要点】

有能力执行而拒不执行判决、裁定的时间从判决、裁定发生法律效力时起算。具有执行内容的判决、裁定发生法律效力后，负有执行义务的人有隐藏、转移、故意毁损财产等拒不执行行为，致使判决、裁定无法执行，情节严重的，应当以拒不执行判决、裁定罪定罪处罚。

【相关法条】

《中华人民共和国刑法》第三百一十三条

【基本案情】

浙江省平阳县人民法院于 2012 年 12 月 11 日作出（2012）温平鳌商初字第 595 号民事判决，判令被告人毛某文于判决生效之日起 15 日内返还陈某银挂靠在其名下的某包装制品公司投资款 200000 元及利息。该判决于 2013 年 1 月 6 日生效。因毛某文未自觉履行生效法律文书确定的义务，陈某银于 2013 年 2 月 16 日向平阳县人民法院申请强制执行。立案后，平阳县人民法院在执行中查明，毛某文于 2013 年 1 月 17 日将其名下的浙×××小型普通客车以 150000 元的价格转卖，并将所得款项用于个人开销，拒不执行生效判决。毛某文于 2013 年 11 月 30 日被抓获归案后如实供述了上述事实。

---

① 《指导案例 71 号：毛某文拒不执行判决、裁定案》，载最高人民法院网站，https：//www. court. gov. cn/shenpan-xiangqing-34282. html，2022 年 6 月 12 日访问。

【裁判结果】

浙江省平阳县人民法院于2014年6月17日作出（2014）温平刑初字第314号刑事判决：被告人毛某文犯拒不执行判决罪，判处有期徒刑十个月。宣判后，毛某文未提起上诉，公诉机关未提出抗诉，判决已发生法律效力。

【裁判理由】

法院生效裁判认为：被告人毛某文负有履行生效裁判确定的执行义务，在人民法院具有执行内容的判决、裁定发生法律效力后，实施隐藏、转移财产等拒不执行行为，致使判决、裁定无法执行，情节严重，其行为已构成拒不执行判决罪。公诉机关指控的罪名成立。毛某文归案后如实供述了自己的罪行，可以从轻处罚。

本案的争议焦点为，拒不执行判决、裁定罪中规定的“有能力执行而拒不执行”的行为起算时间如何认定，即被告人毛某文拒不执行判决的行为是从相关民事判决发生法律效力时起算，还是从执行立案时起算。对此，法院认为，生效法律文书进入强制执行程序并不是构成拒不执行判决、裁定罪的要件和前提，毛某文拒不执行判决的行为应从相关民事判决于2013年1月6日发生法律效力时起算。主要理由如下：第一，符合立法原意。全国人民代表大会常务委员会对刑法第三百一十三条规定解释时指出，该条中的“人民法院的判决、裁定”，是指人民法院依法作出的具有执行内容并已发生法律效力的判决、裁定。这就是说，只有具有执行内容的判决、裁定发生法律效力后，才具有法律约束力和强制执行力，义务人才有及时、积极履行生效法律文书确定义务的责任。生效法律文书的强制执行力不是在进入强制执行程序后才产生的，而是自法律文书生效之日起即产生。第二，与民事诉讼法及其司法解释协调一致。《中华人民共和国民事诉讼法》第一百一十一条规定：诉讼参与人或者其他人拒不履行人民法院已经发生法律效力的判决、裁定的，人民法院可以根据情节轻重予以罚款、拘留；构成犯罪的，依法追究刑事责任。《最高人民法院关于适用〈中华人民共和国民事诉讼法〉的解释》第一百八十八条规定：民事诉讼法第一百一十一条第一款第六项规定的拒不履行人民法院已经发生法律效力的判决、裁定的行为，包括在法律文书发生法律效力后隐藏、转移、变卖、毁损财产或者无偿转让财产、以明显不合理的价格交易财产、放弃到期债权、无偿为他人提供担保等，致使人民法院无法执行的。由此可见，法律明确将拒不执行行为限定在法律文书发生法律效力后，并未将拒不执行的主体仅限定为进入强制执行程序后的被执行人或者协助执行义务人等，更未将拒不执行判决、裁定罪的调整范围仅限于生效法律文书进入强制执行程序后发生的行为。第三，符合立法目的。拒不执行判决、裁定罪的立法目的在于解决法院生效判决、裁定的“执行难”问题。将判决、裁定生效后立案执行前逃避履行义务的行为纳入拒不执行判决、裁定罪的调整范围，是法律设定该罪的应有之意。将判决、裁定生效之日确定为拒不执行判决、裁定罪中拒不执行行为的起算时间点，能有效地促使义务人在判决、裁定生效后即迫于刑罚的威慑力而主动履行生效裁判确定的义务，避免生效裁判沦为一纸空文，从而使社会公众真正尊重司法裁判，维护法律权威，从根本上解决“执行难”问题，实现拒不执行判决、裁定罪的立法目的。

第十三章　非法处置查封、扣押、冻结的财产罪

【立案追诉标准】

非法处置查封、扣押、冻结的财产案（刑法第314条）

隐藏、转移、变卖、故意毁损已被司法机关查封、扣押、冻结的财产，情节严重的，应予追诉。

【犯罪构成及刑事责任】

非法处置查封、扣押、冻结的财产罪，是指故意隐藏、转移、变卖、故意损毁已经被司法机关查封、扣押、冻结的财产，情节严重的行为。构成本罪需要具备以下四个要件：

1. 客体要件。本罪的客体是国家审判机关的正常活动。

2. 客观要件。客观方面表现为行为人实施了隐藏、转移、变卖、故意损毁已经被司法机关查封、扣押、冻结的财产的行为。

（1）行为对象，即行为人非法处置的是已被司法机关查封、扣押、冻结的财产。笔者作如下三个方面的拆分：

①“查封”，是指司法机关将财物清点后加贴封条，就地封存或者移地封存，物品一经查封，就不允许私自开封、使用，更不得变卖、转移；“扣押”，是指司法机关将财物及与案件有关的物品暂时扣留，通常被放置在司法机关内或者仓库等地；“冻结”，是指司法机关通知有关金融机构，冻结与案件相关的资金账户，从而不准被申请人提取或者处分其存款，账户一旦被冻结，不经依法解冻，该项

资金不得私自使用，更不得转移。被采取其他措施的财产不能成为本罪的对象。

②查封、扣押、冻结的主体必须是被司法机关依法查封、扣押、冻结的财产，不包括工商、税务、海关等行政执行机关查封、扣押、冻结的财产。对因为生产销售伪劣产品或妨害市场管理秩序而被市场监督管理部门、技术监督部门查封、扣押的财物非法进行处置的，不构成本罪。根据刑法第94条关于司法工作人员的解释，“本法所称司法工作人员，是指有侦查、检察、审判、监管职责的工作人员”，可以推知，司法机关应当是指行使侦查、检察、审判、监管职权的国家机关。把握一个机关是否为司法机关，就要看其是否具有侦查、检察、审判、监管的职能。从事行政活动的国家机关依法查封、扣押、冻结的财产不属于本罪的对象，如公安交警部门因处理非刑事案件的交通事故而对事故车辆进行扣押，行为人擅自处置该事故车辆，不应当属于本罪的适用范围。司法机关滥用职权，违法查封、扣押、冻结财产后，行为人为了维持生产、生活或保障自己权利而不得不进行隐藏、转移、变卖等处理的，也不构成本罪。

③“已被司法机关查封、扣押、冻结的财产”，是指司法机关依照法律规定的条件和程序，履行法律规定的手续而查封、扣押、冻结的财产，要求相关措施已经启动并且尚在持续之中。如果行为人只是听闻司法机关“将要”对某财产采取查封、扣押、冻结措施，而先下手为强将有关财产加以隐藏、转移、变卖、故意毁损的，不构成本罪。如果相关措施已经解除，那么这种财产也不再是本罪的对象。

（2）行为方式。非法处置行为有隐藏、转移、变卖、故意毁损这四种行为方式，行为人实施其中一种或数种，情节严重的，都构成本罪。“隐藏”，是指使通过一定的场所或装置加以藏匿，使司法机关不能或难以发现被查封、扣押、冻结的财产的行为；“转移”，是指使被查封的、扣押、冻结的财产转移到他处，使其位置发生改变并脱离司法机关的掌控，也包括将被冻结的资金私自取出或者转移至其他账户，银行工作人员单独实施该行为的，也可构成本罪；“变卖”，是指有偿转让或擅自出售被查封、扣押、冻结的财产的行为，至于是高价转让还是折价倾销，在所不问；“故意损毁”，是指使用破坏性的手段使物品失去原貌，使其效用减少或者丧失、失去财物价值或者证据价值的行为，单纯撕毁封条的行为不是这里的“故意毁损”。

需要注意的是，本条所规定的隐藏、转移、变卖、故意毁损已经被司法机关查封、扣押、冻结的财产的行为不仅限于发生在刑事诉讼中，也包括发生在民事诉讼、行政诉讼中的此类行为。从时间上看，本罪既可以发生在诉讼前，又可以发生在诉讼后，还可以发生在执行中。

（3）非法处置的行为必须是情节严重。司法实践中一般认为有下列情形之一的，即构成本罪所规定的“情节严重”：隐藏、转移、变卖、故意毁损财产数量较大、价值较高、次数较多的；造成恶劣影响的，如引发媒体关注、舆论炒作、申请执行人生活严重困难等；严重妨害诉讼活动的正常进行的；导致国家、集体、个人利益受到重大损失的；行为手段恶劣的等。如果行为人虽然实施了非法处置查封、扣押、冻结的财产行为，但非法处置查封、扣押、冻结的财产数量不大，情节轻微，没有妨害司法机关诉讼活动的顺利进行，也没有造成其他严重后果的，就不能以本罪论处。

3. 主体要件。本罪的主体为一般自然人，主要是被查封、扣押、冻结的财产的所有人、保管人。其他人如果出于妨害司法机关的查封、扣押、冻结活动的意图实施上述行为，也可以构成本罪的主体。

4. 主观要件。本罪在主观方面是故意，且行为人必须明确认识到财产已经被司法机关查封、扣押、冻结，过失行为不成立本罪。行为人因为过失或者意志以外的原因导致已被查封、扣押的财产遭到损毁的，虽然客观上可能妨害司法机关的正常活动，但也不能构成本罪。

根据刑法第314条的规定，犯本罪的，处三年以下有期徒刑、拘役或者罚金。

【疑难指导】

一、本罪与侵犯财产类罪名的适用选择

刑法第91条第2款规定：“在国家机关、国有公司、企业、集体企业和人民团体管理、使用或者运输中的私人财产，以公共财产论。”被司法机关查封、扣押、冻结的私人财产应当以公共财产论处。此时，财产原所有人的非法处置行为是否会同时构成盗窃罪、诈骗罪、故意毁坏财物罪等侵犯财产类的罪名？如果构

成，罪名认定和罪数问题如何处理？这里以盗窃罪为例进行分析，即行为人将自己被司法机关扣押的财物盗窃回家，其行为应当如何认定？

首先需要明确的是，对刑法第91条第2款应当如何理解？笔者认为，该条文仅仅是一项注意规定，用以提示此时占有状态与财物性质的变化。即该财产仍归行为人所有，而被司法机关合法占有，在该情况下对问题进行分析，就需要进一步讨论财产犯罪保护法益的问题。

目前我国刑法理论的通说认为，[1] 盗窃罪等罪名所保护的法益是财产的所有权整体，而没有将占有纳入其中。从所有权说的立场来看，我国司法机关对财物进行查封、扣押或者冻结的，仅仅是作为一种财产保全措施而存在。被司法机关依法扣押的车辆，并没有改变所有权归属，仍属于原所有人所有，司法机关与依法被查封、扣押、冻结的财物之间并不是一种财产关系，而是一种公法上的行政管理关系，并因为暂时的保管而享有合法的占有状态。

由于司法的占有不能否认所有权人的财产所有权，故其“获取”自己所有财物的行为并不构成财产犯罪。换言之，由于行为人是财产的原所有人，在客观上其不可能侵犯他人的财产所有权，司法机关并未遭受财产损失，没有实质违法性；在主观上，行为人没有非法占有自己不享有所有权的财产的意图，不具有非法占有的目的，故不构成盗窃罪等财产类犯罪。

虽然这一行为导致司法机关无法正常维持自己对财产的管理关系，但并不能因此认为公权力机关的“财物”遭受了损失。对于管理秩序所遭受的破坏，以非法处置查封、扣押、冻结的财产罪对行为人进行惩处已经能够做到罪刑相适应。但在取回自己财物后，如果行为隐瞒相关事实向司法机关索赔，则该后续行为损害了司法机关的所有利益，可以侵财罪论处。同时，被查封、扣押、冻结的财产的所有人、保管人以外的其他人，如果出于非法占有的目的，窃取被司法机关查封、扣押的财产则同时构成盗窃罪，此时便不会发生所有权与合法占有之间的对抗。

需要注意的是，不应仅以后续行为认定非法占有目的。在司法实践中，有很

---

① 张明楷：《刑法学》，法律出版社2021年版，第1222页。

多判决承继上述观点后进一步发散，进而形成了这样的操作：以事后是否有向司法机关索赔的行为作为非法占有目的的认定标准。[①] 如果行为人秘密窃取由他人保管的本人财物是为了借此向他人索取赔偿，这实际上是以非法占有为目的，应以盗窃罪论处；相反，如果行为人秘密窃取由他人保管的本人财物，只是为了与他人开个玩笑或逃避处罚，或者不愿将自己的财物继续置于他人占有、控制之下，并无借此索赔之意，因其主观上没有非法占有的故意，不以盗窃罪论处。这一解释路径存在较大的错误，也被一致反对。事实上，根据“所有权说”的观点，行为人盗窃回自己所有的财物的先前行为没有实质违法性，仅具有非法处置扣押的财产的违法内容，从根本上就否定了侵财罪的构成可能。退一步而言，即使要证明行为人在擅自取回所有之财物时具备非法占有目的，也必须以其实施该行为时的事实加以判断，将事后的诈骗行为作为是否成立盗窃罪的依据，实际上是在以事后心态判断先前行为，并不合适。对后续的索赔行为进行评价时，盗窃的行为已经完成，且索赔的犯罪对象已经不再是自己所有的财产，而是国家机关占有且所有的金钱。此时，行为人采取了虚构事实和隐瞒真相的方式，使公权力机关陷入认识错误并基于认识错误而积极给予赔偿，从而遭受财产损失，因此完全符合诈骗罪的构成要件，绝不应以盗窃罪论处，如此才能保持刑法解释逻辑上的一致性和合理性。

二、本罪和拒不执行判决、裁定罪的界限

拒不执行判决、裁定罪，是指有能力执行而拒不执行人民法院已经生效的判决、裁定的行为，而拒不执行，就包含以隐藏、转移、变卖、毁损将要被执行的财产的方法，抗拒法院裁判的执行。

两个罪名都是妨害司法类的罪名，其主要区别在于：

第一，犯罪主体不同。本罪的主体是一般主体，只要达到刑事责任年龄，具有刑事责任能力，都可以成为本罪的犯罪主体；而后者则是身份犯，犯罪主体只能是对法院的判决、裁定负有履行义务的人，其中包括负有协助法院执行裁判义务的人。

---

① 陈兴良：《判例刑法学》（下卷），中国人民大学出版社2009年版，第297页。

第二，侵犯的客体及犯罪对象不同。本罪侵犯的对象是被司法机关查封、扣押、冻结的财产，损害了司法机关对财产采取的查封、扣押、冻结措施的正常执行活动；而后者侵犯的对象则是法院作出的生效判决、裁定，保护的法益则是人民法院判决、裁定的正常执行活动。

第三，表现形式不同。本罪在客观方面表现为行为人实施了隐藏、转移、变卖、故意毁损这四种法定形式；而后者则没有对行为方式的要求，包括任何有能力而拒不执行的行为，只要阻碍了人民法院对判决、裁定的执行即可。

第四，发生的时间阶段不同。本罪可以发生在诉讼前、诉讼中、执行阶段，即整个诉讼过程中；而后者应当以判决、裁定是否生效为界，犯罪行为只能发生在判决、裁定的执行阶段。

第五，行为人的主观意图不同。本罪不要求行为人具有特殊目的；而后罪则要求行为人具有拒不执行法院裁判的目的。

因此，对两个罪名的认定应当适用以下规则：人民法院作出的判决、裁定生效后，如果负有执行生效裁判义务的人以本罪的行为方式对抗判决、裁定的执行，属于牵连犯（也有观点认为属于法条竞合、想象竞合[①]），虽然实际上构成了数罪，但因其追求的目的只有一个，故不应适用数罪并罚的原则，应当从一重罪处断。但两罪的法定刑相同，从行为人的主观目的来看，主要是为了抵御法院判决、裁定的执行，故以拒不执行判决、裁定罪定罪更为适当。此时应当注意对行为人主观意图的审查，如果行为人实施了非法处置查封、扣押、冻结的财产的行为，却没有逃避判决、裁定执行的意图，就只能以本罪论处。如果行为人并不是负有执行法院判决、裁定义务的人，则应当以非法处置查封、扣押、冻结的财产罪定罪。如果是在判决、裁定生效之前就实施了妨害已被查封、扣押、冻结的财产的行为，导致判决、裁定执行困难或者无法执行的，亦应以非法处置查封、扣押、冻结的财产罪论处。

三、本罪和掩饰、隐瞒犯罪所得、犯罪所得收益罪的界限

第一，犯罪对象的性质不同。本罪的犯罪对象是被司法机关依法采取强制措

① 周光权：《刑法各论》，中国人民大学出版社 2021 年版，第 465 页。

施的财产；而后罪所得收益罪的犯罪对象则是犯罪所得的财物；

第二，行为方式不同。本罪是以隐藏、转移、变卖、故意毁损等方式进行；而后罪则是窝藏、收购或者代为收购的方式进行；

第三，犯罪的主观目的不同。本罪的犯罪目的是妨害司法机关采取强制措施的司法活动；而后罪的犯罪目的则是使犯罪分子逃避法律制裁。

当隐藏、转移、变卖的已被查封、扣押、冻结的财产是赃物时，同时构成的掩饰、隐瞒犯罪所得、犯罪所得收益罪和本罪之间是想象竞合的关系，因本罪是特别法，故应当以本罪论处。

四、与其他罪名的关系

故意毁坏被司法机关查封、扣押、冻结的财产的，同时触犯本罪和故意毁坏财物罪，毁坏行为导致损失特别巨大时，应当按照故意毁坏财物罪处理；隐瞒财产被司法机关查封、扣押、冻结的事实并将其出卖的，构成诈骗罪和本罪的想象竞合犯，应从一重罪处断；司法工作人员利用职务上的便利，贪污、挪用被依法查封、扣押、冻结的财产的，不再成立本罪，应当以渎职类犯罪论处。

五、对“变卖”行为的理解和认定

（一）虚假买卖的行为能否被称为“变卖”

明显以不合理的低价转让财产的，违背价值规律，不符合民法中的等价有偿原则，是一种非常态的买卖行为。但犯罪的本质在于侵害法益，刑法的重要机能也在于保护法益。不管买卖行为本身是否合理，只要其改变了财产所有权的主体，使司法机关的查封、扣押、冻结的强制措施受到冲击，进而导致审判活动受到干扰的，就应当认定为本罪中的“变卖”。

（二）相关财产没有办理法定手续或交付是否影响“变卖”的认定

我国民法典对物权的变动作出了较为详尽的规定，对于买卖动产来说，通常只要当事人意思表示一致，交付财产，即可视为买卖成立。但对于买卖不动产和一些特殊的动产（如汽车、船舶等），根据民法原理和法律有关规定，除需要当事人意思表示一致之外，还需要履行法定的手续，才能视为买卖有效成立。

笔者认为，在司法实践中，对未履行合法手续转让不动产、特殊动产的，也应当认定为本罪中的买卖行为。不管买卖行为本身是否合法、合理，价格是否符合市场行情，只要该行为从事实上或形式上变更了或者欲变更被查封的财产的所有权主体，进而妨害司法机关诉讼活动的顺利进行、扰乱民事诉讼活动的，就应当认定为本罪中的变卖。尽管未履行合法手续转让不动产的行为不具有法律上的有效性，即买卖尚未有效成立，但其事实上变更了财产所有权的主体，违反了刑法所规定的行为规范，致使司法机关生效裁判文书无法执行，直接妨害了司法机关正常的诉讼活动，因而对其应当以变卖论。至于该“处置”行为最终有无发生“变卖”的法律后果，应属于是否构成“情节严重”的判断。

如果中间人明知是已被司法机关查封、扣押的财产而故意在财物的所有人和购买人之间作中介进行撮合的，其行为属于变卖的帮助行为，也应以本罪论处，其是否获得利益不影响犯罪的构成。

【办案依据】

刑法规定

第三百一十四条 隐藏、转移、变卖、故意毁损已被司法机关查封、扣押、冻结的财产，情节严重的，处三年以下有期徒刑、拘役或者罚金。

第十四章 破坏监管秩序罪

【立案追诉标准】

破坏监管秩序案（刑法第315条）

监狱发现罪犯有下列犯罪情形的，应当立案侦查：

有下列破坏监管秩序行为之一，情节严重的：①殴打监管人员的；②组织其他被监管人员破坏监管秩序的；③聚众闹事，扰乱正常监管秩序的；④殴打、体罚或者指使他人殴打、体罚其他被监管人的（破坏监管秩序案）。

对破坏监管秩序，情节恶劣、后果严重的，应当列为重大案件。

《狱内刑事案件立案标准》（2001年3月9日）

【犯罪构成及刑事责任】

破坏监管秩序罪，是指依法被关押的罪犯，故意破坏监管秩序，情节严重的行为。构成本罪需要具备以下四个要件：

1. 客体要件。本罪的客体是国家监管机关的监押管理秩序，在我国，目前承担关押、惩罚、改造已决犯任务的场所主要是监狱、拘役所、看守所、劳改场所、少年犯管教所等。

2. 客观要件。本罪在客观方面表现为行为人有破坏监管秩序的法定行为之一，且情节严重。

（1）行为方式。本罪包括以下四种行为：“殴打监管人员”，是指用拳脚、棍棒等对刑罚场所的人民警察、专业技术人员、辅助人员等管理人员实施暴力打击、伤害的行为。“组织其他被监管人破坏监管秩序”，是指公开或者暗中授意、策动、指使其他被依法关押的罪犯违反监狱的纪律和管理秩序，如集体拒绝劳动、有组织地破坏生产工具或者生产设备等。“聚众闹事，扰乱正常监管秩序”，是指策动、纠集多名被监管人闹事，扰乱监狱的生产、生活等方面的正常秩序。“殴打、体罚或者指使他人殴打、体罚其他被监管人”，是指自己或者指使被监管人对其他被监管者进行殴打以及身体上的折磨。其中，“殴打”，是指用肢体或者其他物品暴力作用于他人身体的行为；“体罚”，是指以暴力威胁、胁迫等方法，强令他人长时间站立、跪、卧或者作出其他难以持久的姿势以及冬天洗冷水浴等使被害人感到痛苦的行为。

（2）时空条件。上述危害行为必须发生在行为人被关押期间，可以发生在监狱等执行场所，也可以发生在外出劳动作业的场所或者押解途中，因为此时罪犯均处于监狱管理机关及监管人员的严格控制之下，应视为服刑场所。如果行为人被解除关押后对曾经监管他的人员实施殴打，则不构成本罪。

（3）情节严重。实施上述四种行为，必须达到情节严重的程度，才构成犯罪。截至目前，对于何为“情节严重”，并没有相应的司法解释或立案标准。司法实践中，“情节严重”一般包括：多次破坏监管秩序，受过警告、记过或者紧闭处分后仍不悔改的；组织其他被监管人或者聚众闹事，造成较严重后果的；殴打监管人员或者其他被监管人员造成轻伤、轻微伤或影响恶劣的；殴打、体罚其他被监管人员引起自杀、精神失常等严重后果的等。如果行为人实施的行为，尚未达到“情节严重”的程度，则不构成犯罪，只能按照监狱法等法律、规章、制度对行为人进行处罚。

3. 主体要件。本罪的主体为特殊主体，只有依法被关押的罪犯才能成为本罪的主体。非在押犯虽然不能单独成为本罪的正犯，但是，非在押人员与在押人员互相勾结，教唆、组织、策划、帮助在押人员实施妨害监管秩序行为的，可以构成本罪的共犯。

4. 主观要件。本罪在主观方面是直接故意犯罪，即明知自己的行为将危害关押场所的监管秩序，而故意实施并追求该危害结果发生的心理状态。

根据刑法第315条的规定，犯本罪的，处三年以下有期徒刑。

【疑难指导】

一、被超期羁押的罪犯是否为本罪的主体

实施本罪的行为人应当是被“依法”关押的罪犯，如果存在超期羁押的情况，即对应当释放的而不予以释放，此时罪犯处于被违法关押的状态，不能构成本罪。换言之，罪犯只有在被依法关押期间破坏监管秩序才能构成本罪，服刑犯刑满后即具有依法获得释放、不再继续被羁押的权利，监管场所对行为人的看管已经失去了法律上的合法来源，在被违法羁押的时间内，被羁押者实际上不再具有“罪犯”的身份，也不具有本罪所要求的主体要件，不构成破坏监管秩序罪。对于行为人所实施的殴打监管人员等行为，应当以其他罪名论处。

也有观点认为，上述出罪事由只适用于被违法关押者所实施的个体性的妨害监管秩序行为中，如拒绝劳动、绝食等，因为行为人本系被错押，并无强制劳动、被强制管教的义务，实施这些行为的，自然不宜治罪。但如果被错押人实施教唆、领导、组织他人妨害监管秩序行为的，严重影响监管秩序的，则应以本罪论处，笔者亦支持此种观点。

二、对“被关押的罪犯”的理解

（一）对“罪犯”的认定

所谓“罪犯”，是指经人民法院依法判决有罪的人。刑事诉讼法第12条规定：“未经人民法院依法判决，对任何人都不得确定有罪。”根据无罪推定原则，只有被人民法院依法判决有罪的人，才能被称为罪犯，包括死刑犯、死缓犯、无期徒刑犯、有期徒刑犯、拘役犯、管制犯、剥夺政治权利犯、没收财产犯、罚金犯等。

未决犯是没有被判决的人，不能被称为罪犯，不是本罪的主体。故处于拘留、逮捕等强制措施控制下的犯罪嫌疑人、被告人不是本罪的主体，因受行政处理而被剥夺或者限制人身自由的人也不是本罪的行为主体。

（二）对“被关押”的认定

本罪还要求犯罪主体处在被依法关押的状态之下。人民法院对被判决有罪的人，有依法关押和不关押两种情况。对判处拘役、有期徒刑、无期徒刑、死刑缓

期两年执行的罪犯依法关押，对判处死刑的罪犯在执行之前也依法予以关押。主要的羁押场所有监狱、看守所、拘役所、未成年犯管教所等。

罪犯在监狱组织外出劳动作业的场所也应视为服刑场所，因为监狱组织罪犯外出劳动，是对罪犯进行强制劳动改造的组成部分，此时的罪犯仍然是处于监狱机关及监管人员的严格控制管理之下。同时，罪犯经人民法院判决有罪、交付执行之前，如被押解前往服刑场所的途中，也属于“被关押”。

依法不关押的情况包括：第一，依法认定有罪，但免予刑事处分的；第二，依法判处拘役或三年以下有期徒刑同时宣告缓刑的；第三，依法本应关押的罪犯，因病保外就医的；第四，依法被假释的罪犯；第五，依法暂予监外执行的罪犯等。只有被关押的罪犯，才有侵害监管秩序的可能。而对于以上几类没有被关押的罪犯，由于其不受监管法规的约束，因而不会侵犯本罪所保护的法益，也就无法成为本罪的主体。

三、关于本罪的共同犯罪问题

（一）组织其他被监管人员破坏监管秩序的情形

刑法所规定的破坏监管秩序的行为中，有“组织其他被监管人员破坏监管秩序”的表述，是指行为人将其他被监管人员纠合聚集起来，策划并指挥他们有组织地进行破坏监管秩序的犯罪活动。

尽管此时，组织者与被组织者之间虽然符合共同犯罪的构成特征，但是不能以共同犯罪论处。因为该条文所处罚的是组织行为，只有组织者才构成犯罪，被组织者不构成犯罪。如果被组织者在组织者的指挥下实施了其他破坏监管秩序的法定行为，达到情节严重的程度，则单独以破坏监管秩序罪定罪处罚，不能以组织犯的共犯论处；组织犯对于被组织人实施的非组织行为，也不负共同犯罪的责任。

（二）聚众闹事，扰乱正常监管秩序的情形

在一般情况下，该行为是以共同犯罪的形式出现的，但与前一类行为相比，“聚众闹事”往往是自发地聚集在一起，具有突发性、事前无通谋的特点，且行为比较保守。对于聚众闹事，扰乱正常监管秩序的，刑法只处罚煽动聚众闹事的聚众者和积极参加的骨干分子，对一般参与闹事的人员不以共同犯罪论处，不追究

刑事责任，只是由监狱机关作出行政处罚。

（三）被监管人员指使的情形

依法被关押的罪犯，受监管人员指使，殴打、体罚虐待其他被监管人员，情节严重的，是成立破坏监管秩序罪，还是成立虐待被监管人罪的共犯？笔者认为，监管人员是虐待被监管人罪的正犯，被指使者成立虐待被监管人罪的共犯，而非破坏监管秩序罪。

首先，虽然被指使者不具有监管人员的身份，但这并不影响二者成立共犯关系；其次，认定被监管人员构成虐待被监管人罪，进而肯定与监管人员之间的共犯关系，在殴打、体罚行为导致其他被监管人伤残或者死亡的情况下，有助于肯定监管人员对伤残或者死亡结果承担责任。但需要注意的是，由于监管人员和被指使人之间存在监管与被监管的关系，行为人的期待可能性较低，对这类受指使所实施的殴打、体罚等行为不宜轻易认定为犯罪。[①]

四、如何理解和认定“情节严重”

监狱法第 58 条规定，“罪犯有下列破坏监管秩序情形之一的，监狱可以给予警告、记过或者禁闭”。同时又规定，“罪犯在服刑期间有第一款所列行为，构成犯罪的，依法追究刑事责任”。这一规定明确，可以处以警告、记过或者禁闭的破坏监管秩序的行为不属情节严重，不构成犯罪，在实践中必须把握好“情节严重”的标准，从而分清罪与非罪的界限。

在客观方面的判断上，第一，可以看行为人破坏监管秩序的次数。除“殴打监管人员的”等个别行为可以一次行为定罪之外，其他行为应当具有多次实施、屡教不改、无视监规纪律抗拒改造等情节才能定罪；聚众性的破坏监管秩序的行为由于其性质严重，对组织者和骨干分子一般可以一次行为定罪，但对一般的参加者则可以不以犯罪论处。第二，可以看破坏监管秩序的行为是否造成严重影响。“严重影响”，一般是指该行为对监狱内外人们的思想和行为产生了相当程度的负面作用，并使监管机关的声誉和权威受到一定的损害，可以通过秩序混乱的程度、持续的时间、是否接受监管人员的教育和制止、是否引起部分成大部分在押罪犯

① 张明楷：《刑法学》，法律出版社 2021 年版，第 1455 页。

的思想波动及行为反常等方面来进行判断。第三，看破坏监管秩序行为是否造成危害结果。殴打监管人员的；殴打、体罚或指使他人殴打、体罚其他被监管人，使他人身体遭受摧残和折磨；组织他人聚众寻衅、哄监闹狱、使监管场所的工作、生产、生活、学习等正常秩序受到严重干扰的，都构成破坏监管秩序罪。

而在主观方面，可以分析行为人是否希望以破坏监管秩序的行为对抗国家司法机关和监管机关。如为谋取不正当利益或不服判决、拒不认罪而多次实施破坏监管秩序行为，则其动机已体现出抗拒改造的目的，可以破坏监管秩序罪定罪处罚。但对那些虽有破坏监管秩序行为但不具有破坏监管秩序的故意，如一般的打架斗殴、捣乱起哄等，则不能随意定罪。①

五、本罪和其他罪名的界限

（一）本罪和袭警罪的界限

刑法修正案（十一）生效后，袭警罪正式成为独立罪名。人民警察法第2条第2款规定：“人民警察包括公安机关、国家安全机关、监狱、劳动教养②管理机关的人民警察和人民法院、人民检察院的司法警察。”因此，袭警罪中的“警”，当然也包括监狱人民警察。

1. 对两个罪名进行比较，袭警罪没有“情节严重”的要求，入罪门槛更低。故服刑罪犯以殴打方式暴力袭击正在依法执行职务的监狱人民警察的，未达至情节严重的，构成袭警罪，适用3年以下有期徒刑、拘役或管制的量刑幅度。

2. 若服刑罪犯以非殴打方式暴力袭击正在依法执行职务的监狱人民警察的，构成袭警罪，且不以情节严重为法定构成要件。

3. 服刑罪犯使用枪支、管制刀具等手段，严重危及正在依法执行职务的监狱人民警察人身安全的，构成袭警罪，且法定刑升格为3年以上7年以下有期徒刑。

4. 若服刑罪犯以殴打方式暴力袭击正在执行职务的监狱人民警察，情节严重的，则可能发生破坏监管秩序罪与袭警罪竞合的问题。对于法条竞合的问题，学界认为，依据袭警罪的立法原意，以及从妨害公务中单独确定罪名、单独配置法

---

① 耿峰：《关于破坏监管秩序罪的认定》，载《辽宁警专学报》2005年第1期。

② 相关规定已被《全国人民代表大会常务委员会关于废止有关劳动教养法律规定的决定》废止。

定刑的立法方法来看，严惩暴力袭警行为，保护警察依法执法，是该罪名的重要价值取向，虽然两罪法定刑顶格幅度都为3年有期徒刑，但以袭警罪定罪量刑更为合适。

可以看出，对殴打监狱警察的行为，袭警罪的适用范围更广。但需要注意的是，刑法第315条的规定系“殴打监管人员”而非“殴打监狱警察”，行为人殴打不具有人民警察编制的监管人员、情节严重时，仍应以破坏监管秩序罪论处。

（二）本罪和脱逃罪等其他狱内犯罪行为的界限

与本编内的其他狱内犯罪如脱逃罪、组织越狱罪、暴动越狱罪等相比，它们在客观上都破坏了监管秩序，前罪的目的在于破坏监管秩序，并非追求脱离羁押场所的结果，但后三个罪名则要求行为人主观上具有脱逃的目的。此外，破坏监管秩序的行为主体是“依法被关押的罪犯”，而后三个罪名则可以由犯罪嫌疑人、被告人等未决犯实施。

（三）本罪和聚众冲击国家机关罪的界限

两个罪名的区别在于：

1. 客体不同。前罪侵犯的是国家监管机关对罪犯的监押管理秩序；而后罪侵犯的则是各种国家机关的管理秩序。

2. 客观特征不同。（1）前罪既可以组织、聚集多人实施，也可以单独实施；而后罪则只能以“聚众”的形式实施。（2）前罪的行为仅限于法定的四种；而后罪的行为方式则多种多样。（3）前罪实施的地点限于特定场所，即关押罪犯的专门性或临时性监管场所；而后罪则可以发生在任何国家机关的工作场所。

3. 犯罪主体不同。前罪的主体为特殊主体，即“依法被关押的罪犯”；而后罪的主体则为一般主体（限于首要分子和积极参加者，其他一般参加者不构成犯罪）。

当依法被关押的罪犯以纠集众人的方式冲击国家监管机关、从而破坏监管秩序时，两个罪名存在法条竞合的情形，由于聚众冲击国家机关罪的法定刑较高，因此，行为人同时触犯两个罪名时一般以该罪论处。类似地，当行为人的行为同时构成妨碍公务罪和破坏监管秩序罪时（如依法被关押的罪犯殴打正在依法执行监管职务的监管人员），也是按照法条竞合的规则进行处理。

六、造成重伤、死亡结果后的罪数问题

在破坏监管秩序罪的四种法定行为中，殴打监管人员及殴打、体罚或者指使他人殴打、体罚其他被监管人员的行为往往会导致伤亡结果的出现，该条款和故意伤害罪的区别在于，一是行为对象有所不同，二是对于伤害结果的要求不同，本罪并不以构成轻伤及以上结果为构成要件。当殴打他人造成轻伤以上的结果时，行为人可能同时构成破坏监管秩序罪和故意伤害罪这两个罪名，对于此时构成一罪还是数罪的问题，笔者认为，应当回归犯罪构成要件，行为人基于一个罪过实施一个行为，触犯了两个罪名，属于想象竞合犯，应当采取从一重罪处罚的原则，不适用数罪并罚。

【办案依据】

一、刑法规定

第三百一十五条 依法被关押的罪犯，有下列破坏监管秩序行为之一，情节严重的，处三年以下有期徒刑：

（一）殴打监管人员的；

（二）组织其他被监管人破坏监管秩序的；

（三）聚众闹事，扰乱正常监管秩序的；

（四）殴打、体罚或者指使他人殴打、体罚其他被监管人的。

二、其他法规

《狱内刑事案件立案标准》（2001年3月9日　司法部令第64号发布）

第二条 监狱发现罪犯有下列犯罪情形的，应当立案侦查：

……

（二十三）有下列破坏监管秩序行为之一，情节严重的：①殴打监管人员的；②组织其他被监管人员破坏监管秩序的；③聚众闹事，扰乱正常监管秩序的；④殴打、体罚或者指使他人殴打、体罚其他被监管人的（破坏监管秩序案）。

……

第三条 情节、后果严重的下列案件，列为重大案件：

……

（十一）破坏监管秩序，情节恶劣、后果严重的。

……

（十七）省、自治区、直辖市司法厅（局）认为需要列为重大案件的。

第四条　情节恶劣、后果特别严重的下列案件，列为特别重大案件：

（一）组织从事危害国家安全活动的犯罪集团，或进行其他危害国家安全的犯罪活动，影响恶劣，情节特别严重的。

（二）案件中一次杀死二名以上罪犯，或者重伤四名以上罪犯，或者杀害监狱警察、武装警察、工人及其家属的。

……

（八）挟持人质，造成人质死亡的。

……

（十）司法部认为需要列为特别重大案件的。

第五条　本规定中的公私财物价值数额、直接经济损失数额以及毒品数量，可在规定的数额、数量幅度内，执行本省（自治区、直辖市）高级人民法院确定的标准。

第十五章 脱 逃 罪

【立案追诉标准】

脱逃案（刑法第316条第1款）

本罪是行为犯，依照刑法第316条第1款的规定，依法被关押的罪犯、被告人、犯罪嫌疑人脱逃的，均应予追诉。

【犯罪构成及刑事责任】

脱逃罪，是指被依法关押的罪犯、被告人、犯罪嫌疑人从被关押的处所（包括押解途中）逃逸的行为。构成本罪需要具备以下四个要件：

1. 客体要件。本罪的客体是国家司法机关对罪犯、被告人、犯罪嫌疑人的正常监管秩序。司法机关的依法关押行为是刑事诉讼正常进行的重要保证，罪犯、被告人、犯罪嫌疑人非法逃脱司法机关的羁押和监管，无疑会扰乱正常的监管秩序。

2. 客观要件。本罪的客观方面表现为行为人实施了脱逃行为。脱逃，是指逃离羁押场所（如从看守所、监狱逃跑）或脱离监管机关的实力支配（如在押解途中逃跑）。脱逃的具体方式多种多样，可以趁监管人员疏忽秘密脱逃，也可以是使用暴力破坏监管设施，或对监管人员使用暴力、威胁等手段公开逃跑。多是单独实施逃跑，也可以结伙逃跑。逃脱的形式属于本罪的量刑情节，一般不影响犯罪的成立。

脱逃行为既可以发生在司法机关借以实现其刑事强制措施和刑罚处罚决定的

看守所、监狱、少管所等强制监禁场所，也可以发生在执行上述法律决定的押解途中。被逮捕的犯罪嫌疑人、被告人在被押送至人民法院应诉受审的途中脱身逃跑的，被判刑的罪犯在被押解至羁押场所的途中跳车、越船脱逃的，或转监途中脱逃的等，由于其人身自由已经被依法控制，符合脱逃罪的本质特征，故均属于脱逃行为。

3. 主体要件。本罪的主体为特殊主体，为依法被关押的罪犯、被告人、犯罪嫌疑人，范围要广于破坏监管秩序罪的适用主体，包括已经被拘留、逮捕而尚未判决的未决犯和已经被判处拘役以上剥夺自由刑罚、正在监狱等场所服刑的已决犯。其中，被告人，是指受到有罪指控、正在由人民法院审理的人；犯罪嫌疑人，是指公安机关（包括国家安全机关）、人民检察院、监察委员会立案侦查或审查起诉期间认为可能实施了犯罪行为的人。

被行政拘留的人，由于不是罪犯，因此不是本罪的主体；被司法机关采取拘传、取保候审、监视居住强制措施的犯罪嫌疑人、被告人和被判处管制、有期徒刑缓刑及被假释的罪犯，由于他们不处于被关押的状态，也不是本罪的主体。

“合法的关押”，是指作出关押决定的机关得到法律的抽象授权，且该机关具有处理当前事项的具体权利，作出的决定符合法律条件和程序。如果关押的手续在程序法上有一定的缺陷，如逮捕罪犯后没有在法定期限内通知其家属，并不影响关押的合法性。但是，非法关押（如非紧急情况下的无证逮捕）、超期关押完全不符合法律条件，在此种情况下脱逃的，行为人属于正当防卫，不构成本罪。

作为主体要件的特殊身份，只是针对该犯罪的实行犯而言，至于教唆犯与帮助犯，则不受特殊身份的限制。因此，如果不具有脱逃罪主体特殊身份的人教唆、帮助具备脱逃罪主体资格的人脱逃，应成立脱逃罪的共犯。

4. 主观要件。本罪在主观方面是直接故意犯罪，行为人脱逃的目的是逃避羁押与刑罚的处罚，至于逃避监管的时间长短，对于成立犯罪故意没有影响。如果没有逃避羁押或刑罚处罚的目的，只是因为特殊原因离开关押场所，在特殊原因消失后立刻返回监狱的，则不构成犯罪。例如，犯人获准回家办理丧葬事宜，确实因故未能按时返回监狱，就不能视为脱逃罪。犯罪嫌疑人、被告人、已决的罪犯本身有罪，但认为司法机关的关押有错误而脱逃的，属于法律上的认识错误，不阻却本罪的故意，仍然构成本罪。

根据刑法第316条的规定，犯本罪的，处五年以下有期徒刑或者拘役。

【疑难指导】

一、本罪主体的具体理解和认定

（一）本罪与破坏监管秩序罪中所规定的“被依法关押的罪犯”含义是否相同

上一章中，破坏监管秩序的主体为“被依法关押的罪犯”，该主体指的是经人民法院依法判决有罪，且被执行拘役、有期徒刑、无期徒刑、死刑缓期执行等限制人身自由的刑罚方式的人。但由于两罪所保护的法益并不相同，脱逃罪更加强调对罪犯的实际控制，故在“关押”的解释上存在一定的差异，讨论如下：

1. 暂予监外执行、保外就医的罪犯能否成为本罪的主体？

有观点认为，对脱逃罪罪状中的“依法被关押”应作扩大解释。因为暂予监外执行、保外就医并不等同于完全的刑罚监外执行，罪犯在此期间虽然回到社会上，但这并不等于“自由”了。[①] 暂予监外执行只是执行刑罚的一种变通方法，不同于假释、缓刑，更不是对他们予以释放，罪犯的人身自由并没有完全恢复，[②] 实际上仍处于服刑期间，依然要接受公安机关的监管，法律对其行为和活动范围都有较为明确的规定，此时行为人仍是依法被关押的罪犯，具备脱逃罪的主体资格。

也有相反观点认为，保外就医事实上属于有条件的不关押，暂予监外执行罪犯实质上属于监外执行的一种特殊形式，应将暂予监外执行罪犯视为没有被关押的罪犯。[③] 同时，对监外执行期间出现的行踪消失及违法犯罪行为等情况，法律已经明确规定通过收监的方式进行处理，其对应的法律责任是收监执行，不宜直接

---

① 张玉、张炜：《罪犯保外就医逾期未归能否以脱逃罪追究其刑事责任》，载《中国检察官》2014年第20期。

② 张剑平、乔舸平：《罪犯在暂予监外执行期间逃走是否构成脱逃罪》，载《中国检察官》2012年第14期。

③ 龚培华：《论脱逃罪认定中的几个问题》，载《政治与法律》2002年第6期。

上升至犯罪的程度。

笔者认为，第一种观点更为妥当，即暂予监外执行时逃走也有可能构成脱逃罪。因为保外就医不是提前释放，只是监管场所的暂时变更，即由司法机关的监管场所变更为其住所，在保外就医期间，罪犯仍要遵守监规纪律。保外就医、暂予监外执行的罪犯只是暂时被放在社会上由有关部门监管，其居住场所应被视为司法机关监管场所的延伸。逃离住所不归，其行为已不是单纯地擅自外出，而是逃避羁押和刑罚处罚，导致自身脱离了司法机关的监控范围，处于非法脱管状态，可以用本罪予以规制。

2. 罪犯回家探亲后逃往外地、拒不归狱的行为是否构成本罪？

此类人员能否成为脱逃罪的主体，在司法实践中是存在争议的。一种观点认为，行为人尽管有摆脱管束的行为，但不是从羁押和改造场所逃走，不符合脱逃罪构成要件中对“关押”的要求，不能认定为脱逃罪；另一种观点认为，行为人乘探假之机逃走，在本质上仍是脱离监管、逃避处罚的行为，应当以脱逃罪追究刑事责任。

根据我国对刑罚执行的规定，探假是对正在劳动改造的服刑罪犯有控制地、以特殊形式执行刑罚并由法律加以规定的一项刑事政策，服刑罪犯获准探假，不是刑罚处罚的解除，也不是终止管束，而是有条件的临时改变监管的一种方式。尽管行为人在探假期间似乎具有暂时性的有条件的“人身自由”，但从刑罚执行的整体状态来看，他们仍属于“依法被关押的罪犯”。受到监狱奖励或节假日受准回家的罪犯，不在规定的时间内返回监狱，采取逃往外地等方式逃避入狱的，也可以构成脱逃罪。

当然，探假的罪犯构成脱逃罪还需要具有逃避监管的故意，对于司法实践中存在的因个人原因或意志以外原因超假但主动返回的，可不认定为脱逃罪。

（二）如何理解“被依法关押的犯罪嫌疑人、被告人”

根据我国刑事诉讼法的规定，犯罪嫌疑人、被告人可能受到拘传、取保候审、监视居住、拘留、逮捕五类强制措施，分别分析如下：

1. 拘留和逮捕毫无疑问属于羁押的范畴，符合“关押”的构成要件。需要注意的是，履行法定程序是强制措施形成的必备要件，在没有依法办理强制措施手续之前，任何同强制措施形式相似、功能相同的控制措施都不能被称为强制措施。例如，没有拘留证这一法定程序要件，即使剥夺犯罪嫌疑人自由的行为符合法律的实体规定，也不能称为拘留。拘留等强制措施是形成“在押”状态的起始条件，因此，没有履行拘留手续之前的“控制”不属于在押，此时，羁押权尚未生成，故无论是犯罪嫌疑人的逃脱行为还是公安人员的渎职行为，侵犯的都不可能是尚未形成的羁押权及基于羁押权而产生的监管职责，也就不可能构成本罪。[①] 反之，只要犯罪嫌疑人被公安机关宣布刑事拘留，从宣布时开始，其人身自由就依法受到限制，无论其处在何地、于何时等待起解，都已经处于被依法关押的状态，其身处留置室还是押解途中均不会影响本罪的成立。

2. 拘传，是指公安机关、人民检察院和人民法院依法强制未被羁押的犯罪嫌疑人、被告人到案接受讯问的一种强制方法，也是强制措施体系中最轻的一种，“被拘传”与“被关押”显然有着本质的不同：一是拘传的对象是未被羁押的犯罪嫌疑人、被告人，对于已经被拘留、逮捕的犯罪嫌疑人，可以直接讯问，不需要经过拘传程序；二是拘传的目的是强制就讯，没有羁押的效力，且在讯问后，应当将被拘传人立即放回。据此，被拘传者在被拘传期间逃跑的，不成立脱逃罪。

3. 取保候审及监视居住属于非羁押型的强制措施，正处于该阶段的犯罪嫌疑人、被告人不是本罪的主体。刑事诉讼法规定了被取保候审或监视居住的人员所应当遵守的规定，以及违反规定所引起的法律责任。在被取保候审的犯罪嫌疑人、被告人所应当遵守的规定中，包括未经执行机关批准不得离开所居住的市、县，在传讯的时候及时到案等，而违反规定的法律责任是，已交纳保证金的，没收保证金，并且区别情形，责令犯罪嫌疑人、被告人具结悔过，重新交纳保证金、提出保证人或者监视居住、予以逮捕。据此，我们认为，被取保候审的犯罪嫌疑人、被告人在取保候审期间逃逸的，不符合脱逃罪的主体要件。被监视居住的，因其规定及法律责任与取保候审大致相当。因此，也不能成立脱逃罪的主体。[②] 如果对犯罪嫌疑人、被告人名为“监视居住”、实为“羁押”时行为人脱逃的，也不应

---

① 王爱平：《已被控制但未被拘留的嫌疑人是否属于“在押”人员》，载《检察日报》2009年6月30日第3版。

② 龚培华：《论脱逃罪认定中的几个问题》，载《政治与法律》2002年第6期。

以本罪论处。

这五类刑事强制措施之外的犯罪嫌疑人、被告人，如被群众扭送过程中的人、被公安机关留置的人、等待被公安机关遣送的人、被人民法院司法拘留的人等，都不是本罪的主体。

（三）事实上无罪的人能否成为本罪的行为主体

这一问题形式上涉及“依法被关押”指的是关押在程序上合法即可还是必须在程序与实体上都合法；实质上涉及当国家利益与公民个人利益发生冲突时，法律的天平应倾向哪一方的问题。这一问题也同样适用于破坏监管秩序罪当中。毫无疑问，这里的“法”一定包含程序正当之义，被司法工作人员滥用职权而非法关押的人脱逃，不构成本罪。而实体方面无罪的罪犯、犯罪嫌疑人、被告人，是否可以成为脱逃罪的主体呢？目前在学术研究领域主要有以下三种看法：

1. 肯定说

肯定说认为：只要是被司法机关依法关押的罪犯、被告人或犯罪嫌疑人，即使实际上无罪，也能成为本罪的主体。[①] 被监押的人如果认为自己无罪，可依法进行申诉或申辩，但绝不允许采取脱逃的方式，否则必然会给司法机关监管秩序造成危害，因此，凡从强制监押状态中逃跑的人都构成本罪。其主要理由在于：

（1）犯罪嫌疑人、被告人，是指根据一定的证据被指控或被怀疑可能是有罪的人，其是否真正在诉讼上被确立为有罪，有待法院的判决。法条表述中将罪犯与犯罪嫌疑人、被告人一并列为本罪的主体，也就意味着本罪的主体从立法之初便将“可能无罪的人”纳入了规制的范畴，故本罪的立法意图并不在于强调行为人必须是犯了罪的人，而在于其摆脱依法被关押状态的行为破坏了司法机关的监管秩序。

（2）即使行为人事实上无罪，也不得自行摆脱受关押的状态，否则，会导致国家司法秩序的混乱。刑法规定脱逃罪的目的，是维护监管场所的监管秩序和司法机关依法办案的权威性和严肃性，如果被告人、犯罪嫌疑人或罪犯自认为无罪即采取脱逃的方法一逃了之，显然既不利于维护监管场所的监管秩序和司法机关

---

① 郎胜主编：《〈中华人民共和国刑法〉解释》，群众出版社1997年版，第421页。

依法办案的权威性和严肃性，也不利于查明事实真相。[①]

在肯定说之下，也有了其他的分类，如依照“无罪的人”是“事实上无罪”还是“情节轻微无罪”进行区分：所谓无罪的人，既包括没有实施任何危害行为的人，也包括虽实施了危害行为，但刑法没有规定为犯罪，或者属于情节显著轻微危害不大、不认为是犯罪的情形。因此，对无罪的人能否成为脱逃罪的主体，也应具体情况具体分析。对那些根本没有实施犯罪行为、完全被错误羁押的人，脱逃情节一般的，可以认为综合全案情节不构成脱逃罪；至于其他情形，一般均应认定为构成脱逃罪。

2. 否定说

否定说认为：实际上无罪的人，即使被司法机关依法关押，也不能成为本罪的主体。[②] 无辜被羁押、监管的人逃离监管场所或者摆脱人身羁押的行为，不但不构成犯罪，而且应根据国家赔偿法的有关规定获得国家赔偿。其主要理由在于：

（1）最高人民法院于1983年8月31日作出的《最高人民法院研究室关于因错判在服刑期“脱逃”后确有犯罪其错判服刑期限可否与后判刑期折抵问题的电话答复》（见本章【办案依据】部分）中有规定，“对被错判徒刑的在服刑期间‘脱逃’的行为，可不以脱逃论罪判刑，但在脱逃期间犯罪的，应依法定罪判刑；对被错判已服刑的日期与后来犯罪所判处的刑期不宜折抵，可在量刑时酌情考虑从轻或减轻处罚”。其中明确“对被错判徒刑的在服刑期间‘脱逃’的行为，可不以脱逃论罪判刑”，基本上就否定了无罪者也能够成立脱逃罪的肯定说主张。

（2）脱逃者本身不是犯罪者，其脱逃行为虽然从客观上也妨害了司法机关的监管秩序，但是与其主观目的是完全不一致的，有罪者脱逃的目的在于逃避监押或者刑罚，而无罪者脱逃的目的是使自己避免无辜的惩罚，是对抗错误司法的行为。

（3）刑法的保障机能首先要求刑法为无罪的人不受法律追究提供法律保障，对无罪的人进行拘留、逮捕和判刑，违反了刑事诉讼法尊重人权的精神内核。如

---

① 吴占英：《论脱逃罪的几个问题》，载《云南大学学报法学版》2006年第4期。

② 王作富主编：《刑法分则实务研究》（下），中国方正出版社2013年版，第1258页。

果因为无罪者的脱逃行为而对其进行“第二次处罚”，不仅不是一种弥补，甚至是一错再错的做法，严重侵犯了无罪公民的人身权利。

3. 折中说

折中说认为：尽管否定说更有利于保护公民的合法权益、并保护人权，但就我国刑法规定而言，肯定说更具有法律依据，毕竟我国实行的是罪刑法定原则。只要是依法被关押的罪犯、被告人、犯罪嫌疑人，无论事实上有罪无罪都可以成为本罪的主体。这里的“依法”与否，不能通过事后的判断来下结论，而应根据当时的状况来判断。[①] 只要司法机关在关押行为人时符合法定的程序和实体条件，就应当认为是依法关押，此时的脱逃行为无疑妨害了正在展开的司法程序、正在执行的职务，甚至还对司法机关进一步调查案件事实、纠正错误，恢复被错误追究者的自由、名誉设置了障碍，所以其行为的违法性仍然存在。

但同时，在具体认定时要考虑紧急避险或缺乏期待可能性的问题，在某些特殊情况下，法律不能期待行为人不作脱逃这种选择的，如脱逃者在脱离司法机关的实力控制的当时有充分的证据证明自己无罪的，或者事实上无罪而被错判死刑立即执行的人在刑罚执行前脱逃的，只要未造成其他严重后果，就不宜认定为脱逃罪，避免在特殊情况下因为司法活动的重大瑕疵将无辜但脱逃者制造成罪犯。如果在脱逃过程中使用暴力等方法，也应以另罪从轻处罚。

对以上三种学术界的看法，笔者支持折中说，且由于脱逃罪的适用率较低，导致这一问题无前例可循，在司法实务中更需要司法人员结合具体案情，综合考虑法律规定和个案中存在的出罪情形，适当把握罪责。

（四）超期羁押的犯罪嫌疑人、被告人是否能构成本罪

在上一章我们已经得出结论，超期羁押的罪犯（应当释放而没有释放的罪犯）不属于被依法关押的罪犯，不是破坏监管秩序罪的行为主体。这一点对脱逃罪依然适用。服刑犯刑满后即具有依法获得释放的权利，司法机关除指控其另有犯罪外，不再具有继续羁押的权利，在该情形下，行为人已经不再具有罪犯的身份，故服刑犯在超期服刑期间脱逃的，不应当认定为脱逃罪的主体。

① 张明楷：《刑法学》，法律出版社2021年版，第1456页。

这里主要探讨超期羁押的未决犯是否能构成本罪的问题。一种观点认为，超期羁押是一种违反刑事诉讼法的行为，被监押的未决犯因超期羁押、久拖不决而脱逃是发生在司法机关事先违法的情况下，因此不构成脱逃罪，否则将会使刑事诉讼法的尊严受到侵犯。① 另一种观点则认为，尽管超期羁押是违法行为，但却不能成为犯罪分子混淆罪责、逃避刑罚的口实或盾牌。②

笔者认为，对于在刑事诉讼过程中因种种原因被超期羁押而脱逃的犯罪嫌疑人、被告人，应当成为脱逃罪的主体。因为超期羁押属于"程序上的细微的缺陷"，被超期羁押者应当合理地行使自身申辩的权利，而不应采取逃跑的方法。同时，在刑事诉讼中被超期羁押的人如果最终被认定为有罪并处刑的，其先前的羁押期可以折抵刑期；如果最终判决认定为无罪的，可依法获得国家赔偿，即有司法救济手段予以补偿。

二、关于犯罪形态的问题

（一）脱逃罪既遂和未遂的认定

对于脱逃罪既遂形态的认定标准，有较大的争议，主要有以下四种观点：

1. 应以行为人是否脱离监管场所为标准；③

2. 应以行为人是否脱离监管人员的控制为标准；④

3. 应以行为人是否达到脱离羁押、关押的程度为标准；⑤

4. 应以同时脱离羁押场所与监管人员的控制为标准。⑥

笔者支持第四种观点，从直接监管人员控制范围内脱逃但仍在监管场所内的行为人，即便形式上摆脱了监管人员的控制，但没有逃出监管场所，从实质上讲，行为人依旧处于看管人员的控制之下，其仍然未获得人身自由，不宜认定为本罪的既遂；而对于行为人虽逃出关押场所、但未逃出监管人员的控制的情形，如始

---

① 吴占英：《论脱逃罪的几个问题》，载《云南大学学报法学版》2006 年第 4 期。

② 吴占英：《论脱逃罪的几个问题》，载《云南大学学报法学版》2006 年第 4 期。

③ 宣炳昭：《刑法各论的法理与实用》，中国政法大学出版社 2002 年版，第 299 页。

④ 宣炳昭：《刑法各论的法理与实用》，中国政法大学出版社 2002 年版，第 299 页。

⑤ 宣炳昭：《刑法各论的法理与实用》，中国政法大学出版社 2002 年版，第 299 页。

⑥ 宣炳昭：《刑法各论的法理与实用》，中国政法大学出版社 2002 年版，第 299 页。

终处于被追逃、抓捕过程的，应以犯罪未遂论处，因为其脱逃的目的实际上并未得逞。在特定情况下，如押解途中行为人脱逃的，判断既遂、未遂的标准仍然是看其是否逃离监管场所（此时表现为囚车或押解人指定范围等），并摆脱了监管人员控制（如逃出监管人视线之外或当时人多车多不易发现）。

据此，对于行为人虽逃离关押场所、但仍处于监管人员追逃中的，如果行为人实施其他犯罪作为脱逃的手段，不能一概认定为数罪，因为此时的脱逃行为尚未完成。只有在以一罪论处不符合罪刑相适应原则的前提下，才能以数罪论处，并实行并罚。

（二）预备行为和实行行为的界限

预备行为包括“准备工具”和“创造条件”这两种表现形式，前者一般比较容易把握，而创造便利条件的预备行为，由于与脱逃的实行行为较为接近，且二者在时间上前后承继、紧密相连，容易出现认定混淆的情况。例如，行为人为了实施脱逃行为而使用事先准备好的工具锯断窗户上的护条、挖墙凿洞，或者为顺利脱逃而按照事先密谋的计划故意制造事端，从而支走或引开看守人等，就极易被认为是开始实施脱逃罪的实行行为。

预备行为和实行行为的本质区别在于，预备行为是为脱逃行为的实施创造便利条件与完成的可能性，而实行行为的作用则在于直接脱离监管，将前期的准备转化为脱逃的最终结果。由此就能看出，上述列举的各项情形均属于脱逃罪的预备行为，而非实行行为，若因为意志以外的原因而被迫停顿，对行为人应以脱逃预备而非脱逃未遂论处。

三、脱逃过程中的故意伤害、杀人情节如何认定

在罪犯、犯罪嫌疑人、被告人脱逃的过程中，往往伴随着故意伤害等暴力情节的出现。从刑法第 316 条脱逃罪的设置来看，该罪的法定刑为 5 年以下有期徒刑，而故意伤害致人重伤的法定刑为 3 年以上 10 年以下有期徒刑，故意杀人罪的法定刑一般为 10 年以上有期徒刑。因此，将故意重伤、故意杀人包含在脱逃罪中显然是不妥当的。脱逃罪的罪数问题应当如何解决，对此目前有如下两类观点：第一种观点是按照牵连犯的原则进行处理，即暴力、破坏等行为与脱逃行为之间是手段与目的的关系，对罪数问题应按牵连犯的处理原则处理。我国刑法中对牵连犯的处理原则是：除法律规定数罪并罚的情况外，一般是从一重罪处罚。该观点中又包含了不同的分支，一派认为，轻伤情节可以被包容在脱逃罪的罪名之中，只对重伤、死亡结果按照牵连犯处理；另一派则坚持轻伤情节也应按照牵连犯的原则进行处理。[①] 第二种观点是按照数罪并罚的方式处理，该观点认为，脱逃罪暴力手段的程度应以致人轻伤害为限，超出此范围的致人重伤、死亡等的，应认定为数罪，并实行并罚。[②]

就目前的司法解释、实践案例而言，第二种数罪并罚的观点更能体现目前保护警务人员生命财产安全、维护监管秩序的政策导向，因此为本书所支持。

需要注意的是，行为人脱逃后，出于报复等其他动机而打死、打伤监管人员或其他检举人、揭发人从而构成犯罪的，由于这种行为并非实施脱逃罪的手段行为，无论采何种观点均应当以数罪并罚处理。

四、脱逃罪的追诉时效问题

如果行为人脱逃后没有新的犯罪行为，那么其脱逃行为是否受到刑法上追诉时效的限制？这是“旧案重提”时所首先面临的问题。一方面，我国刑法没有对行刑时效作出明确规定，即对于脱逃的罪犯，无论其脱逃多久，均应对其执行未执行完的判决；但另一方面，根据总则与分则的一般原理，刑法总则当中关于追诉时效的规定无疑应当适用于脱逃罪。刑法第 88 条规定，在人民检察院、公安机关、国家安全机关立案侦查或者在人民法院受理案件以后，逃避侦查或者审判的，不受追诉期限的限制。据此，追诉时效的延长有两个方面的要求：一是侦查机关已经立案侦查，二是行为人逃避侦查或者审判。这两个方面在脱逃罪当中的应用均面临着一定的难题：

1. 监狱是否属于立案侦查的机关

刑事诉讼法第 308 条则规定，对罪犯在监狱内犯罪的案件由监狱进行侦查。结合《狱内刑事案件立案标准》的规定，狱内在押人员犯脱逃罪应该由监狱而非公安机关立案侦查，但刑法第 88 条中并没有将监狱列为立案侦查机关。

---

① 吴占英：《论脱逃罪的几个问题》，载《云南大学学报法学版》2006 年第 4 期。

② 龚培华：《论脱逃罪认定中的几个问题》，载《政治与法律》2002 年第 6 期。

2. 如何理解“立案侦查”

在我国刑事诉讼中，立案侦查是具有法律规范意义的规范术语，“立案”专指公安机关、人民检察院、人民法院按照管辖范围，对报案、控告、举报、自首等材料进行审查后，认为确有犯罪事实并应追究刑事责任时，决定作为刑事诉讼案件予以受理的诉讼活动；而“侦查”是指公安机关、人民检察院、国家安全机关在办理案件的过程中，依照法律进行的专门调查工作和有关的强制性措施。

因此，如果要适用刑法第 88 条的规定对脱逃罪的犯罪分子延长追诉时效，一是要求侦查机关对此已经立案，且有符合法定程序的立案手续（如狱内刑事案件立案呈批表），二是要求有实际的追逃行为（如网上追逃、发布通缉令、发布缉捕通告等）。如果行为人脱逃后，监狱立刻展开追捕，但当时并未作出立案决定而是在将其抓捕归案后才予以立案，从文义解释的角度来看，该情形不符合延长追诉时效的规定。

3. 如何理解“逃避侦查”

部分观点认为，该条文要求必须是侦查机关或者法院立案在先、逃避侦查或者审判的行为在后，但对脱逃罪而言，罪犯的脱逃行为完全发生在监狱侦查部门侦查之前，且本罪一经既遂其危害行为立刻结束，因此脱逃罪的脱逃行为不可能属于逃避侦查或者审判的行为。[①] 其理由在于，犯脱逃罪的人，之前一定存在其他违法犯罪行为，故该脱逃行为是针对前罪而言的逃避侦查、审判之举，因此前罪可以不受追诉期限的限制。但前罪和脱逃罪的立案及逃避行为应该分开看待，不能简单地将“监狱对脱逃罪立案”与“行为人通过脱逃罪逃避前罪惩处”这两个要件叠加。

这一观点受到了一定的反对。反对观点认为，刑法第 88 条表明了一种态度，即只要发现犯罪就应不遗余力地给予打击，而不论时间过去多久。一旦犯罪行为在追诉期内被国家发现并进行了追诉，其背后所表达的对行为人的训诫是“犯罪后勿逃避”。[②] 故侦查机关在立案侦查后，行为人逃亡外地、办理假身份证隐姓埋

① 魏良冠：《脱逃罪应否受追诉时效限制》，载《法制与社会》2018 年第 11 期。

② 林国强：《脱逃罪的追诉时效探析——基于刑法目的解释维度》，载《人民论坛》2016 年第 17 期。

名的行为属于对脱逃罪惩处的逃避，符合追诉时效延长的要求。

以上两种观点相互对立，使得脱逃罪的追诉时效陷入了“要么一定可以延长、要么一定无法延长”的极端状态。在司法实践中，出于有罪必究、维护监管秩序的考虑，法院往往采纳后一种观点对脱逃者予以惩处。

刑法第 89 条规定，追诉期限从犯罪之日起计算；犯罪行为有连续或者继续状态的，从犯罪行为终了之日起计算。

脱逃罪能否适用刑法第 89 条的规定，关键在于明确脱逃罪是继续犯还是状态犯：如果认为脱逃罪属于继续犯，则追诉时效应从结束脱逃状态之日起开始计算，在行为人被抓捕归案之前追诉时效不会起算；但若认为脱逃罪属于状态犯，则追诉时效应从脱离监管之日起计算。

笔者认为，应当将脱逃罪视为状态犯。继续犯要求犯罪行为与不法状态必须同时处于继续的状态，但对于脱逃罪而言，其脱逃行为在达到脱离监管之时就已经完成，此后到脱逃终结之日，尽管其不受羁押的状态一直在持续之中，但只有不法状态的持续，该不法状态并没有与犯罪行为同时存在，因此脱逃罪并不是继续犯。此外，刑法第 89 条规定的是“犯罪行为有连续或者继续状态的，从犯罪行为终了之日起计算”，脱逃罪的犯罪行为终了之日应该是从其脱离监管行为完成之日起计算，否则将会导致脱逃罪成为永远不会超追诉期限的罪名，这是极不合理的，有违诉讼时效制度的设计，也有违刑法的谦抑性原则。[①]

五、脱逃罪的共同犯罪的犯罪形态问题

对于脱逃罪中数个共同正犯中部分脱逃既遂，其余人员脱逃未遂问题的处理，笔者认为，脱逃罪以行为人的亲自实行行为为必要，系亲手犯，不可能利用他人实现既遂。在共同正犯中，应当对完成犯罪者论以犯罪既遂，对未完成犯罪者论以犯罪未遂，每个实行犯都只有在自己的行为直接完成了犯罪、符合具体罪名既遂要件时才构成犯罪既遂。

六、是否要求行为人有永久性脱逃的主观意图

脱逃罪的成立是否需要行为人具有永久脱离监管的主观心态？还是只要追求

---

① 陈洪兵：《继续犯范围厘定及适用研究》，载《兰州学刊》2019 年第 11 期。

脱离监管即可？如罪犯家里有急事或意图与他人串供，短暂脱逃后迅速归狱，脱逃罪是否成立？这是本罪主观方面的认定难题。

一种观点认为，只要犯罪分子故意地采用非法手段脱离司法机关的羁押控制、破坏正常的监管秩序，就应论以脱逃罪，而不论行为人是否具有永久脱逃的目的。[①] 另一种观点认为，本罪行为人在主观上必须具有永久逃避继续羁押或劳动改造的目的，如果是为了暂时离开，就不能构成本罪，只能以违反监规论处。[②]

笔者认为，脱逃罪侵犯的直接客体是公安、司法机关正常的监管秩序，意图脱逃的时间长短，并不影响犯罪的成立，亦即并不要求行为人具有永久脱逃的主观心态。

而对于本问题的实质，即行为人为某种需求脱逃后又自动返回的、是否应以脱逃罪论处的问题，应该综合全部事实予以判断。在一般情况下，由于逃避刑罚以外的特殊原因离开关押场所、特殊原因消失后立即返回的，不宜以脱逃罪论处，但如果是出于串供的目的，乘监管不严出逃、与他人串供后又迅速返回的，或是一时性逃避劳动改造而脱逃的，其根本目的均在于逃避刑罚而非解决某类问题，应当以本罪论处。

需要注意的是，“永久性”是从行为人的主观意图的角度讲的，至于行为人客观上脱离监控时间的久暂则不影响本罪的成立，只要带有“永久性”的意思脱离了监管机关的监控范围，即使刚一脱离监控就被抓获，仍然构成本罪。

【办案依据】

一、刑法规定

第三百一十六条 依法被关押的罪犯、被告人、犯罪嫌疑人脱逃的，处五年以下有期徒刑或者拘役。

劫夺押解途中的罪犯、被告人、犯罪嫌疑人的，处三年以上七年以下有期徒刑；情节严重的，处七年以上有期徒刑。

---

① 吴占英、梁文琼：《妨害司法犯罪理论研究述评》，载《山东警察学院学报》2010年第1期。

② 吴占英、梁文琼：《妨害司法犯罪理论研究述评》，载《山东警察学院学报》2010年第1期。

二、司法文件

《最高人民法院研究室关于因错判在服刑期“脱逃”后确有犯罪其错判服刑期限可否与后判刑期折抵问题的电话答复》（1983年8月31日）

湖北省高级人民法院：

你院1983年8月12日鄂法研字（83）第19号对《因错判在服刑期“脱逃”后确有犯罪其错判服刑期限可否与后判刑期折抵的请示》已收悉。我们同意你院报告中所提出的意见，即：对被错判徒刑的在服刑期间“脱逃”的行为，可不以脱逃论罪判刑；但在脱逃期间犯罪的，应依法定罪判刑；对被错判已服刑的日期与后来犯罪所判处的刑期不宜折抵，可在量刑时酌情考虑从轻或减轻处罚。

第十六章 劫夺被押解人员罪

【立案追诉标准】

劫夺被押解人员案（刑法第 316 条第 2 款）

本罪是行为犯，依据刑法第 316 条第 2 款的规定，劫夺押解途中的罪犯、被告人、犯罪嫌疑人的，应予追诉。

【犯罪构成及刑事责任】

劫夺被押解人员罪，是指劫夺押解途中的罪犯、被告人、犯罪嫌疑人的行为。构成本罪需要具备以下四个要件：

1. 客体要件。本罪的客体是国家对被押解人员的正常监管秩序。

2. 客观要件。客观方面表现为行为人实施了劫夺行为。“劫夺”，是指使用暴力、威胁等手段，将罪犯、被告人、犯罪嫌疑人从司法机关工作人员的押解控制中夺走的行为，从而使其脱离监管人员的实力支配与人身控制，并置于自己或者第三者的实力支配之内或者使其逃匿。

（1）劫夺的对象是被押解的罪犯、被告人、犯罪嫌疑人，如果劫夺的是一般违法分子或被行政拘留的人等，则不构成本罪。

（2）劫夺行为必须发生在押解途中。押解途中，是指从一地到另外一地的全过程，覆盖拘传、拘留、逮捕、刑罚执行等刑事诉讼活动各个阶段中的押解，包括交通途中、食宿等暂时停留场所，如押至检察院提审、押至法院受审候审、将罪犯从监狱送到外地农场参加集体劳动等。

（3）劫夺的手段方面，既可以采用暴力、威胁的方法，如拦截车辆、袭击押解人员、采取麻醉等手段使押解人员不能还击或者不知还击，也可以不使用暴力方法，如趁押解人员不备而迅速劫夺被押解人。欺骗司法工作人员，使之转移注意力，或者在承担押解任务的司法工作人员的食物、饮用水中投放安眠剂等药物，然后伺机将被押解人员带走的，也是劫夺。

本罪是行为犯，劫夺行为是否成功，不影响犯罪构成。只要行为人实施了劫夺被押解人员的行为，就应当定罪处罚，但是在实践中仍然要注意刑法第13条对该罪在定罪方面所作出的整体上的限制，对情节显著轻微危害不大的不宜作为犯罪处理。

（4）“情节严重”是本罪的加重处罚情节，在司法实践中，一般是指劫夺重刑犯或者重大案件的被告人、犯罪嫌疑人；多人进行劫夺或者劫夺多人的；持械劫夺的；社会影响恶劣的；造成严重后果等情形。

3. 主体要件。本罪的主体必须是被押解的罪犯、被告人、犯罪嫌疑人以外的人。如果被劫夺者与劫夺者通谋的，且被劫夺者是已决犯则成立脱逃罪，不构成本罪。

4. 主观要件。本罪在主观方面是直接故意犯罪，行为人必须对被劫夺者的身份有明确的认识，才能构成本罪；对此有认识错误而实施劫夺行为的，可能构成妨害公务罪等犯罪。同时，行为人还必须具有使罪犯、犯罪嫌疑人脱离监管人员实力支配的意思，否则不构成本罪。

根据刑法第316条第2款的规定，犯本罪的，处三年以上七年以下有期徒刑；情节严重的，处七年以上有期徒刑。

【疑难指导】

一、造成重伤、死亡结果后的罪数问题

在劫夺被押解人员的过程中，如果行为人使用暴力方法劫夺被押解人员，导致押解人员伤亡的，就同时触犯了故意杀人罪、故意伤害罪，但杀人、伤害行为是劫夺行为的一种手段，在具体案件中，离开了杀人、伤害，也就不存在劫夺了。应按照想象竞合犯的原则，择一重罪处罚。

但预谋杀害押解人员后劫夺被押解人员的，或者劫夺被押解人员后为灭口又杀害押解人员的，应当按照数罪并罚的原则进行处理。

二、本罪和妨害公务罪的界限

从广义上讲，押解人犯也是一种公务活动，因此本罪也具有妨害公务的性质，二者的主要区别在于：

第一，侵犯的法益不同。两罪虽然同样规定在刑法分则妨害社会管理秩序罪一章中，但妨害公务罪规定在“扰乱公共秩序罪”一节，其保护的法益则是“公务”；而劫夺被押解人员罪规定在“妨害司法罪”一节，其保护的法益是司法机关押解罪犯、被告人、犯罪嫌疑人的正常活动。

第二，主观目的不同。构成本罪必须具有劫夺人犯的目的，希望使被押解人员脱离司法机关的监管控制，行为针对的对象以及主观认知的内容则更加明确、具体；而妨害公务罪的主观目的更加抽象，且侧重于扰乱秩序、阻碍正常工作的进行，如果行为人仅是以暴力、威胁的方法妨碍押解工作的，则不构成本罪，可以构成妨害公务罪。

【办案依据】

刑法规定

第三百一十六条　依法被关押的罪犯、被告人、犯罪嫌疑人脱逃的，处五年以下有期徒刑或者拘役。

劫夺押解途中的罪犯、被告人、犯罪嫌疑人的，处三年以上七年以下有期徒刑；情节严重的，处七年以上有期徒刑。

第十七章 组织越狱罪

【立案追诉标准】

组织越狱案（刑法第 317 条第 1 款）

本罪为行为犯，依照刑法第 317 条第 1 款的规定，组织越狱的均应予以追诉。

【犯罪构成及刑事责任】

组织越狱罪，是指依法被关押的罪犯、被告人、犯罪嫌疑人有组织地集体越狱的行为。构成本罪需要具备以下四个要件：

1. 客体要件。本罪的客体是国家对在押人员的正常监管秩序。

2. 客观要件。客观方面表现为行为人实施了组织越狱的行为，具体表现有两种：一是组织越狱，二是积极参加有组织的越狱。本罪是行为犯，行为人只要实施者两种行为之一，即可成立本罪。本罪的行为具体有以下要点：

有组织、有计划性，即在首要分子的组织和策划下，在押的犯罪分子进行周密的准备和分工，选择一定的方法、手段、时机，从关押场所逃跑。

聚众性，即要求人数较多，至少 3 人，虽有较为周密的计划但人数不足 3 人的，不能认为是组织越狱；较多的人共同逃跑但无组织性的，亦不属于组织越狱。行为人单独实施越狱犯罪的，按照脱逃罪的规定定罪处罚。

非暴动性，组织越狱行为一般采用秘密脱逃的非暴力手段（如挖地道、打通监房的墙体等）。本罪排除有计划的暴力行为，但不排除使用轻微的暴力或者个别人员非有计划地使用暴力。

此外，“越狱”中的“狱”字，不仅指监狱，还包括承担相同职能的其他相关场所，泛指看守所、拘役所等国家设立的刑罚执行场所或者关押犯罪嫌疑人、被告人的场所，也包括押解途中的交通工具。

3. 主体要件。与其他狱内犯罪不同，本罪没有明确规定犯罪的主体要件，产生的争议主要是狱外人员能否构成本罪，以及犯罪嫌疑人、被告人是否能成为本罪的主体，这也是暴动越狱罪、聚众持械劫狱罪的解释中所面临的共同难题。笔者认为，本罪的主体是特殊主体，即只能是依法被关押的罪犯、被告人或犯罪嫌疑人。狱外个别人员参与组织越狱的，按共犯对待。

4. 主观要件。本罪在主观方面是直接故意犯罪，目的是逃避法律制裁。不要求行为人都出于相同的动机，行为人只要认识到自己在与他人共同实行有组织、有预谋、有计划的逃跑越狱行为而仍决意实施的，即可构成本罪。

根据刑法第 317 条第 1 款的规定，犯本罪的，对首要分子和积极参加的，处五年以上有期徒刑；其他参加的，处五年以下有期徒刑或者拘役。

【疑难指导】

一、本罪的实行行为是“组织”还是“越狱”

本罪的罪状表述较为模糊，也导致了认定中的一些争议，如本罪的实行行为究竟是“越狱”还是“组织”呢？这决定了罪名的关键是“有组织地集体越狱”还是“组织他人越狱”，也决定了犯罪主体是否能包含狱外人员。

一种观点认为，本罪的实行行为为“组织”，只有组织者才是本罪的主体，可以避免对处罚对象的不当扩大。组织他人越狱的同时自己也实施了越狱行为的，成立组织越狱罪和脱逃罪，应当数罪并罚。[①]

另一种观点更加主流，认为本罪并非只有组织者才构成，而是所有参加了越狱组织的人都可以构成，即本罪的实行行为是有组织的越狱行为，而非组织他人越狱的行为。原因在于，在“组织者”当中区分首要分子、积极参加者、其他参

---

① 张明楷：《刑法学》，法律出版社 2021 年版，第 1457 页。

与者的意义不大，也恐与立法意图相违背。[1]

二、本罪和脱逃罪的界限

组织越狱罪与脱逃罪，这两种犯罪在客观上都实施了脱离监管场所的行为，组织越狱行为从广义上说也是一种脱逃行为，二者的主要区别在于：

第一，实行人数不同。脱逃罪既可以是单个人实施，也可以是数人共同实施，在数人共同实施时属于普通共同犯罪，不属于聚众犯罪；而本罪则只能由多人聚众实施。

第二，行为方式不同。本罪不仅要求多人聚众实施，还要求在聚众实施的过程中有明显的首要分子，有明确的分工与严密的组织；而脱逃罪则无此要求。是否具有一定的组织性是两个罪名的区分关键，在押人员临时纠合几个人共同逃跑的，也只能以脱逃罪论处。

两个罪名之间是法条竞合的关系，行为人有可能同时构成两个罪名，此时根据竞合规则，应当优先适用组织越狱罪定罪量刑。

三、本罪的罪数问题

如果行为人在越狱的过程中出现了暴力情节（如抢劫、抢夺看守人员枪支弹药、绑架、杀害监管人员等其他犯罪行为）、但又不构成暴动越狱罪时，一般不按数罪并罚处理，而视为本罪从重处罚的情况。即对于使用较轻微暴力的情况，以组织越狱罪定罪量刑即可；对个别人使用暴力且严重危及人身安全而触犯其他罪名的情况，则应择一重罪从重处罚。但对于越狱后实施的其他犯罪行为，仍应按数罪并罚的原则处理。

【办案依据】

一、刑法规定

第三百一十七条 组织越狱的首要分子和积极参加的，处五年以上有期徒刑；其他参加的，处五年以下有期徒刑或者拘役。

暴动越狱或者聚众持械劫狱的首要分子和积极参加的，处十年以上有期徒刑

① 吴占英：《组织越狱罪研究》，载《孝感学院学报》2003年第5期。

或者无期徒刑；情节特别严重的，处死刑；其他参加的，处三年以上十年以下有期徒刑。

二、其他法规

《狱内刑事案件立案标准》（2001年3月9日 司法部令第64号发布）

第二条 监狱发现罪犯有下列犯罪情形的应当立案侦查：

……

（二十六）罪犯组织、策划、指挥其他罪犯集体逃跑的，或者积极参加集体逃跑的（组织越狱案）。

……

第十八章　暴动越狱罪

【立案追诉标准】

> 暴动越狱案（刑法第317条第2款）
>
> 本罪是行为犯，依照刑法第317条第2款的规定，暴动越狱的均应予以追诉。

【犯罪构成及刑事责任】

暴动越狱罪，是指依法被关押的罪犯、被告人、犯罪嫌疑人相互勾结，在首要分子组织、策划、指挥下，采用暴动方式有组织地集体越狱逃跑的行为，构成本罪需要具备以下四个要件：

1. 客体要件。本罪的客体是国家对在押人员的正常监管秩序。

2. 客观要件。客观方面表现为行为人实施了暴动越狱的行为，具体包括以下要点：

本罪行为要求具备聚众性，即要求较多的人共同实行越狱行为。从本罪处罚的对象看，首要分子是被处罚者之一，而首要分子的概念只存在于犯罪集团和聚众犯罪当中，也就变相要求了本罪需要具有“聚众性”的特征。

本罪是必要共同犯罪，行为人通常具有一定的组织形式，从这个意义上讲，暴动越狱是组织越狱的加重形态。但暴动越狱罪对组织性的要求并不严格，较多的人临时纠集在一起并共同实施暴力越狱行为的，也能构成本罪。

本罪行为要求具有暴动性，即共同采取暴力行动。所谓“暴动”，是指在押的罪犯、犯罪嫌疑人、被告人组织起来，有预谋地对监管人员和监管场所施以暴力，夺取整个监狱或一部分监区环境的控制权进而逃出监狱的行为，其行为具有一定的规模性、武装性、夺权性。暴力手段主要包括：殴打、杀害监管人员或者警卫人员，捣毁监门、围墙，破坏监狱设施，抢夺枪支弹药，劫持监管人员作为人质，等等。

需要说明的是，并非任何 3 人以上、以暴力方法脱逃的，均构成本罪。“暴动”不同于“暴力”，仅有个别人使用暴力的，尚不足以对配置武装人员警戒的监所的安全构成严重威胁，因而也就不能称为暴动。只有大规模、有组织的暴力行为，才能被评价为暴动。数人采取非暴动的暴力方式越狱的、脱逃的，成立组织越狱罪或者脱逃罪。

所谓强行越狱，即通过共同的暴力行为，排除监管人员的控制，逃离关押场所。此外，这里的“狱”与组织越狱罪一样，也应当作广义理解，既包括监狱，也包括劳改队、看守所、拘役所、少年管教所、被押解途中和执行死刑的刑场。

3. 主体要件。本罪的主体与组织越狱罪一致，是特殊主体，即在押的罪犯、犯罪嫌疑人、被告人。个别监管人员为越狱的罪犯提供帮助或方便条件的，应按暴动越狱罪的共犯处理。

4. 主观要件。本罪在主观方面是直接故意犯罪，目的是逃避监狱等监管场所的监管。本罪的行为人实施本罪的目的非常明确，就是越狱。因此，本罪的罪过形式不能是间接故意，更不可能是过失。

根据刑法第 317 条第 2 款的规定，犯本罪的，对首要分子和积极参加的，处十年以上有期徒刑或者无期徒刑；情节特别严重的，处死刑；其他参加的，处三年以上十年以下有期徒刑。

【疑难指导】

在暴动越狱案件中，行为人采用暴力的手段越狱，往往会同时发生抢夺监管人员的枪支弹药，打死、打伤监管人员，捣毁监门、围墙，破坏监管设施等情况。这时，行为人除构成暴动越狱罪外，往往还可能同时成立抢夺枪支弹药罪、故意杀人罪、故意伤害罪、故意毁坏财物罪等罪名。此时，虽然行为人所采用的犯罪手段同时触犯了其他罪名，但根据刑法第 317 条的规定，暴动越狱罪的最高刑为死刑，故可以认为暴动越狱罪中的暴力手段已经包括了上述抢夺枪支弹药，打死打伤监管人员，捣毁监门、围墙，破坏监管设施等情况，不需要进行数罪并罚，只要直接依照暴动越狱罪处罚即可。

【办案依据】

一、刑法规定

第三百一十七条 组织越狱的首要分子和积极参加的，处五年以上有期徒刑；其他参加的，处五年以下有期徒刑或者拘役。

暴动越狱或者聚众持械劫狱的首要分子和积极参加的，处十年以上有期徒刑或者无期徒刑；情节特别严重的，处死刑；其他参加的，处三年以上十年以下有期徒刑。

二、其他法规

《狱内刑事案件立案标准》（2001 年 3 月 9 日　司法部令第 64 号发布）

第二条 监狱发现罪犯有下列犯罪情形的，应当立案侦查：

……

（二十五）罪犯使用各种暴力手段，聚众逃跑的（暴动越狱案）。

……

第三条 情节、后果严重的下列案件，列为重大案件：

……

（十四）暴动越狱的。

……

第四条 情节恶劣、后果特别严重的下列案件，列为特别重大案件：

……

（三）暴动越狱，造成死亡一人以上，或者重伤三人以上的，或者影响恶劣的。

……

第十九章 聚众持械劫狱罪

【立案追诉标准】

聚众持械劫狱案（刑法第317条第2款）

本罪是行为犯，依据刑法第317条第2款的规定，聚众持械劫狱的，均应立案追诉。

【犯罪构成及刑事责任】

聚众持械劫狱罪，是指狱外人员在首要分子的组织、策划、指挥下，聚集多人持械劫夺狱中在押罪犯、被告人或犯罪嫌疑人的行为，构成本罪需要具备以下四个要件：

1. 客体要件。本罪的客体是国家对在押人员的正常监管秩序。

2. 客观要件。客观方面表现为行为人实施了聚集多人持械劫夺狱中在押人员的行为，具体表现为："聚众性"，即首要分子纠集3人以上，以聚众的形式共同实施劫狱行为。"持械"，是指在劫夺过程中使用刀、枪、棍棒等具有杀伤、破坏性的凶器，而不是指单纯地携带。由于集中关押在押人员的场所均有武装人员警戒，如果不"持械"，很难对监管场所的安全构成实质性的威胁。这里的"械"既包括性质上的凶器，也包括使用上的凶器。

所谓劫狱行为，是指以暴力方式劫夺狱中的罪犯、犯罪嫌疑人及被告人，并将被劫夺人员转移至自己或者第三方的实力支配内或使其隐匿。聚众持械劫持监管人员的，不成立本罪，视性质认定为非法拘禁罪、绑架罪等。本罪中"狱"的含义与前两章的罪名并不相同：一方面，这里的“狱”并不限于狭义的监狱，而是包括看守所、拘役所等依法关押罪犯、被告人、犯罪嫌疑人的场所及执行死刑的刑场；另一方面，劫持的地点不能是在押解途中，如果劫夺押解途中的罪犯、被告人、犯罪嫌疑人，则并不构成本罪，而是以劫夺被押解人员罪论处。

本罪一般表现为狱外人员采用暴力手段，杀害、殴打监管人员或警卫人员，捣毁监门、围墙，破坏监管设施，抢夺枪支、弹药，将在押人犯放出等行为。

本案罪状中的“情节特别严重”，实践中主要是指：聚众持械劫狱致使监管人员伤亡的；造成特别严重后果的；行为手段特别残忍的；造成特别恶劣的政治和社会影响的等。[①] 对于行为事实确属刑法第 13 条规定的“情节显著轻微危害不大的”情形的人，如不明真相、受蒙蔽者，不宜作犯罪处理。

3. 主体要件。本罪的主体限于狱外人员，依法被关押人以外的具有刑事责任能力的人，都可以成为本罪的主体。在押的罪犯、被告人、犯罪嫌疑人与聚众持械劫狱行为人通谋的，可构成脱逃罪、组织越狱罪、暴动越狱罪，但不能以本罪论处。

4. 主观要件。本罪在主观方面是直接故意犯罪，行为人的目的，是把被依法关押者从监狱或者其他羁押场所劫夺出来，使之脱离被关押的状态。

根据刑法第 317 条第 2 款的规定，犯本罪的，对首要分子和积极参加的，处十年以上有期徒刑或者无期徒刑；情节特别严重的，处死刑；其他参加的，处三年以上十年以下有期徒刑。

【疑难指导】

一、本罪和劫夺被押解人员罪的界限

两个罪名都是实施了劫夺被押解人员的行为，主要区别在于：

第一，被劫夺者所处的状态不同。本罪所劫夺的人必须是羁押于监狱等关押场所的，而劫夺被押解人罪劫夺的必须是押解途中的人员。尽管本罪中的“狱”

---

① 郎胜主编：《〈中华人民共和国刑法〉理解与适用》，中国民主法制出版社 2015 年版，第 602 页。

采纳了其广义理解，但“押解途中”不属于狱之范畴。对此，只能按照劫夺被押解人员罪定罪处罚。

第二，主体方面。尽管二者都是一般主体，但劫夺被押解人员罪既可以单个人实施，也可以是两人或聚众共同实施，而本罪则只能是聚众实施。

第三，对行为方式的要求不同。本罪以聚众持械为必要条件，而劫夺被押解人罪则无聚众或者持械的限制，甚至可以通过非暴力的方式实施。就这一点而言，目前的立法存在一定的疏漏，对于个人实施的劫狱行为，或多人抢走被关押的人犯但未使用凶器、未实施暴力的，没有恰当的规定予以规制。

二、对行为对象的要求

我国现行刑法对聚众持械劫狱罪的构成特征的描述采取了简单罪状的形式，未对该罪的犯罪对象予以详尽说明。毫无疑问，如果行为人劫夺的是在押的被行政拘留的人，不成立本罪。有些人认为，本罪的行为对象为狱中的罪犯；另有些人认为，本罪的行为对象为在押的罪犯、被告人、犯罪嫌疑人。这是本罪及组织越狱罪、暴动越狱罪所面临的共同难题。

笔者认为，本罪的主体应当包含被告人和犯罪嫌疑人，既能与脱逃罪的主体与本罪的行为对象一致、彼此呼应，也更有利于维护监管场所的安全与稳定。

此外，本罪劫夺的在押的被告人、犯罪嫌疑人，即使最终未被判定有罪，或劫夺的在押罪犯最终被证明为无罪，劫夺者的行为也构成本罪，但量刑时可作为从宽情节予以考虑。

三、本罪常见的罪数问题

在聚众持械劫狱案件中，往往会发生行为人抢夺监管人员的枪支弹药，打死、打伤监管人员，捣毁监门、围墙，破坏监管设施的情况。在上述情形中，行为人为了实现将在押人劫走的目的而采取的有关暴力性行为，是其实现劫狱的一种手段，又由于我国现行刑法关于聚众持械劫狱罪的法定最高刑为死刑，聚众持械劫狱罪中的暴力手段的内容已经包括了上述抢夺枪支弹药，打死、打伤监管人员，捣毁监门、围墙，破坏监管设施等情况。所以，此种情形只能认定为聚众持械劫狱罪一个罪，而不能实行数罪并罚。

【办案依据】

刑法规定

第三百一十七条 组织越狱的首要分子和积极参加的，处五年以上有期徒刑；其他参加的，处五年以下有期徒刑或者拘役。

暴动越狱或者聚众持械劫狱的首要分子和积极参加的，处十年以上有期徒刑或者无期徒刑；情节特别严重的，处死刑；其他参加的，处二年以上十年以下有期徒刑。

第二编　破坏环境资源保护罪

第一章　污染环境罪

【立案追诉标准】

污染环境案（刑法第338条）

违反国家规定，排放、倾倒或者处置有放射性的废物、含传染病病原体的废物、有毒物质或者其他有害物质，涉嫌下列情形之一的，应予立案追诉：

（一）在饮用水水源一级保护区、自然保护区核心区排放、倾倒、处置有放射性的废物、含传染病病原体的废物、有毒物质的；

（二）非法排放、倾倒、处置危险废物三吨以上的；

（三）排放、倾倒、处置含铅、汞、镉、铬、砷、铊、锑的污染物，超过国家或者地方污染物排放标准3倍以上的；

（四）排放、倾倒、处置含镍、铜、锌、银、钒、锰、钴的污染物，超过国家或者地方污染物排放标准10倍以上的；

（五）通过暗管、渗井、渗坑、裂隙、溶洞、灌注等逃避监管的方式排放、倾倒、处置有放射性的废物、含传染病病原体的废物、有毒物质的；

（六）二年内曾因违反国家规定，排放、倾倒、处置有放射性的废物、含传染病病原体的废物、有毒物质受过2次以上行政处罚，又实施前列行为的；

（七）重点排污单位篡改、伪造自动监测数据或者干扰自动监测设施，排放化学需氧量、氨氮、二氧化硫、氮氧化物等污染物的；

（八）违法减少防治污染设施运行支出100万元以上的；

（九）违法所得或者致使公私财产损失30万元以上的；

（十）造成生态环境严重损害的；

（十一）致使乡镇以上集中式饮用水水源取水中断12小时以上的；

（十二）致使基本农田、防护林地、特种用途林地5亩以上，其他农用地10亩以上，其他土地20亩以上基本功能丧失或者遭受永久性破坏的；

（十三）致使森林或者其他林木死亡50立方米以上，或者幼树死亡2500株以上的；

（十四）致使疏散、转移群众5千人以上的；

（十五）致使30人以上中毒的；

（十六）致使3人以上轻伤、轻度残疾或者器官组织损伤导致一般功能障碍的；

（十七）致使1人以上重伤、中度残疾或者器官组织损伤导致严重功能障碍的；

（十八）其他严重污染环境的情形。

本条规定的“有毒物质”，包括列入国家危险废物名录或者根据国家规定的危险废物鉴别标准和鉴别方法认定的具有危险特性的废物，《关于持久性有机污染物的斯德哥尔摩公约》附件所列物质，含重金属的污染物，以及其他具有毒性可能污染环境的物质。

本条规定的“非法处置危险废物”，包括无危险废物经营许可证，以营利为目的，从危险废物中提取物质作为原材料或者燃料，并具有超标排放污染物、非法倾倒污染物或者其他违法造成环境污染情形的行为。

本条规定的“重点排污单位”，是指设区的市级以上人民政府环境保护主管部门依法确定的应当安装、使用污染物排放自动监测设备的重点监控企业及其他单位。

本条规定的"公私财产损失"，包括直接造成财产损毁、减少的实际价值，为防止污染扩大、消除污染而采取必要合理措施所产生的费用，以及处置突发环境事件的应急监测费用。

本条规定的"生态环境损害"，包括生态环境修复费用，生态环境修复期间服务功能的损失和生态环境功能永久性损害造成的损失，以及其他必要合理费用。

本条规定的"无危险废物经营许可证"，是指未取得危险废物经营许可证，或者超出危险废物经营许可证的经营范围。

《最高人民检察院、公安部关于公安机关管辖的刑事案件立案追诉标准的规定（一）的补充规定的通知》（2017 年 4 月 27 日）

【犯罪构成及刑事责任】

污染环境罪，是指自然人或者单位违反国家规定，排放、倾倒或者处置有放射性的废物、含传染病病原体的废物、有毒物质或者其他有害物质，严重污染环境的行为。构成本罪需要具备以下四个要件：

1. 客体要件。本罪侵犯的客体是国家环境保护制度。

2. 客观要件。客观方面表现为违反国家规定，排放、倾倒或者处置有放射性的废物、含传染病病原体的废物、有毒物质或者其他有害物质，严重污染环境的行为。具体包括三个基本要素：

（1）违反国家规定。根据刑法第 96 条的规定，违反国家规定是指违反全国人民代表大会及其常务委员会制定的法律和决定，国务院制定的行政法规、规定的行政措施、发布的决定和命令。因此，本罪的前置法律法规并不包括部门规章以及地方性法规。即违反环境保护法、水污染防治法、大气污染防治法、海洋环境保护法、国务院《气象设施和气象探测环境保护条例》可以成为构成本罪的行政违法性前提，但是行为违反部门规章如自然资源部《矿山地质环境保护规定》

（2019 修正）不能认定为本罪中的“违反国家规定”。

（2）行为。本罪的客观行为为排放、倾倒或者处置有放射性的废物、含传染病病原体的废物、有毒物质或者其他有害物质。

排放，是指把污染物泵出、溢出、泄出、喷出和倒出的行为；倾倒，是指通过船舶、航空器、平台或者其他载运工具，向环境处置废弃物和其他有害物质的行为；处置，是指采用焚烧、填埋等行为，以超过环境保护标准方式处理污染物的行为。司法实践中认定非法排放、倾倒、处置行为时，可以考虑从行为人的行为方式是否违反国家规定或者行业操作规范、污染物是否与外环境接触、是否造成环境污染的危险或者危害等方面进行综合分析判断。对污染物运输、贮存、利用，如果符合国家规定和行业操作规范，行为主体不构成污染环境罪；但行为主体以运输、贮存、利用为名，暗自排放、倾倒、处置污染物或者未采取相应防范措施将没有利用价值的危险废物长期贮存、搁置，放任危险废物或者其有毒有害成分大量扬散、流失、泄漏、挥发，污染环境的，可以依法追究行为主体污染环境罪的刑事责任。

根据放射性污染防治法第 62 条第 8 项的规定，放射性废物，是指含有放射性核素或者被放射性核素污染，其浓度或者比活度大于国家确定的清洁解控水平，预期不再使用的废弃物。根据放射性污染防治法第 40 条、第 42 条的规定，放射性的废物排放需要符合一定标准，且要有合理的行为方式。向环境排放放射性废气、废液，必须符合国家放射性污染防治标准；产生放射性废液的单位，必须按照国家放射性污染防治标准的要求，对不得向环境排放的放射性废液进行处理或者贮存。产生放射性废液的单位，向环境排放符合国家放射性污染防治标准的放射性废液，必须采用符合国务院环境保护行政主管部门规定的排放方式。禁止利用渗井、渗坑、天然裂隙、溶洞或者国家禁止的其他方式排放放射性废液。行为主体排放放射性废物需要符合上述标准，否则也将构成污染环境罪中的排放污染物行为。

含传染病病原体的废物一般是指含病毒、细菌、原虫等传染病病原体的液体、固体或者气体。例如，含有传染病防治法中规定的甲类、乙类、丙类传染病病原体的废物，如含有鼠疫、霍乱、登革热、炭疽、麻风病等传染病病原体的废物。

有毒物质是指具有毒害性，严重危害人类、其他生物或者污染环境的物质。根据《最高人民法院、最高人民检察院关于办理环境污染刑事案件适用法律若干问题的解释》第 15 条的规定，下列物质应当认定为刑法第 338 条规定的“有毒物质”：①危险废物，是指列入国家危险废物名录，或者根据国家规定的危险废物鉴别标准和鉴别方法认定的，具有危险特性的废物；②《关于持久性有机污染物的斯德哥尔摩公约》附件所列物质；③含重金属的污染物；④其他具有毒性，可能污染环境的物质。

“其他有害物质”是本罪中污染物的兜底项，刑法修正案（八）将本罪中的“其他危险废物”修改为“其他有害物质”，意味着拓宽了本罪中污染物的范围。对于污染环境罪中“其他有害物质”的认定，《最高人民法院、最高人民检察院、公安部、司法部、生态环境部关于办理环境污染刑事案件有关问题座谈会纪要》第 9 条规定，常见的有害物质主要有：工业危险废物以外的其他工业固体废物，未经处理的生活垃圾，有害大气污染物、受控消耗臭氧层物质和有害水污染物，在利用和处置过程中必然产生有毒有害物质的其他物质，国务院生态环境保护主管部门会同国务院卫生主管部门公布的有毒有害污染物名录中的有关物质等。因此，“其他有害物质”一词，为本罪“污染物”的认定提供了广阔的空间，“污染物”的范围不仅包括有毒有害污染物名录中的有关物质，如生态环境部、卫生健康委《有毒有害水污染物名录（第一批）》明确二氯甲烷、三氯甲烷、三氯乙烯、甲醛等物质为有毒有害水污染物；“污染物”的范围也包括在利用和处置过程中必然产生有毒有害物质的其他物质。

（3）严重污染环境。严重污染环境，原则上应理解为行为达到严重污染环境的程度，但并非要求造成重大环境污染事故，致使公私财产遭受重大损失或者人身伤亡的后果。根据《最高人民法院、最高人民检察院关于办理环境污染刑事案件适用法律若干问题的解释》第 1 条的规定，实施刑法第 338 条规定的行为，具有下列情形之一的，应当认定为“严重污染环境”：①在饮用水水源一级保护区、自然保护区核心区排放、倾倒、处置有放射性的废物、含传染病病原体的废物、有毒物质的；②非法排放、倾倒、处置危险废物三吨以上的；③排放、倾倒、处置含铅、汞、镉、铬、砷、铊、锑的污染物，超过国家或者地方污染物排放标准三倍以上的；④排放、倾倒、处置含镍、铜、锌、银、钒、锰、钴的污染物，超过国家或者地方污染物排放标准十倍以上的；⑤通过暗管、渗井、渗坑、裂隙、溶洞、灌注等逃避监管的方式排放、倾倒、处置有放射性的废物、含传染病病原体的废物、有毒物质的；⑥二年内曾因违反国家规定，排放、倾倒、处置有放射性的废物、含传染病病原体的废物、有毒物质受过两次以上行政处罚，又实施前列行为的；⑦重点排污单位篡改、伪造自动监测数据或者干扰自动监测设施，排放化学需氧量、氨氮、二氧化硫、氮氧化物等污染物的；⑧违法减少防治污染设施运行支出一百万元以上的；⑨违法所得或者致使公私财产损失三十万元以上的；⑩造成生态环境严重损害的；⑪致使乡镇以上集中式饮用水水源取水中断十二小时以上的；⑫致使基本农田、防护林地、特种用途林地五亩以上，其他农用地十亩以上，其他土地二十亩以上基本功能丧失或者遭受永久性破坏的；⑬致使森林或者其他林木死亡五十立方米以上，或者幼树死亡二千五百株以上的；⑭致使疏散、转移群众五千人以上的；⑮致使三十人以上中毒的；⑯致使三人以上轻伤、轻度残疾或者器官组织损伤导致一般功能障碍的；⑰致使一人以上重伤、中度残疾或者器官组织损伤导致严重功能障碍的；⑱其他严重污染环境的情形。

3. 主体要件。本罪主体既可以是自然人也可以是单位。

4. 主观要件。本罪在主观方面要求具备污染环境的故意，即行为人须有明知是放射性的废物、含传染病病原体的废物、有毒物质或者其他有害物质，而故意违反国家规定，将其排放、倾倒或者处置的故意。如疏忽大意地误将放射性的废物、含传染病病原体的废物、有毒物质或者其他有害物质排放、倾倒或者处置，不能成立本罪。

根据《最高人民法院、最高人民检察院、公安部、司法部、生态环境部关于办理环境污染刑事案件有关问题座谈会纪要》第 3 条的规定，在判断犯罪嫌疑人、被告人是否具有环境污染犯罪的故意时，应当依据犯罪嫌疑人、被告人的任职情况、职业经历、专业背景、培训经历、本人因同类行为受到行政处罚或者刑事追究情况以及污染物种类、污染方式、资金流向等证据，结合其供述，进行综合分析判断。实践中，具有下列情形之一，犯罪嫌疑人、被告人不能作出合理解释的，可以认定其故意实施环境污染犯罪，但有证据证明确系不知情的除外：（1）企业没有依法通过环境影响评价，或者未依法取得排污许可证，排放污染物，或者已经通过环境影响评价并且防治污染设施验收合格后，擅自更改工艺流程、原辅材料，导致产生新的污染物质的；（2）不使用验收合格的防治污染设施或者不按规范要求使用的；（3）防治污染设施发生故障，发现后不及时排除，继续生产放任污染物排放的；（4）生态环境部门责令限制生产、停产整治或者予以行政处罚后，继续生产放任污染物排放的；（5）将危险废物委托第三方处置，没有尽到查验经营许可的义务，或者委托处置费用明显低于市场价格或者处置成本的；（6）通过暗管、渗井、渗坑、裂隙、溶洞、灌注等逃避监管的方式排放污染物的；（7）通过篡改、伪造监测数据的方式排放污染物的；（8）其他足以认定的情形。

根据刑法第 338 条的规定，犯本罪的，处三年以下有期徒刑或者拘役，并处或者单处罚金；情节严重的，处三年以上七年以下有期徒刑，并处罚金；有下列情形之一的，处七年以上有期徒刑，并处罚金：（1）在饮用水水源保护区、自然保护地核心保护区等依法确定的重点保护区域排放、倾倒、处置有放射性的废物、含传染病病原体的废物、有毒物质，情节特别严重的；（2）向国家确定的重要江河、湖泊水域排放、倾倒、处置有放射性的废物、含传染病病原体的废物、有毒物质，情节特别严重的；（3）致使大量永久基本农田基本功能丧失或者遭受永久性破坏的；（4）致使多人重伤、严重疾病，或者致人严重残疾、死亡的。有前款行为，同时构成其他犯罪的，依照处罚较重的规定定罪处罚。

【疑难指导】

一、污染环境罪主观方面是故意还是过失

关于本罪的罪过形式，学者有不同的学术观点。在刑法修正案（八）出台之前，重大环境污染事故一直被司法实践当作过失犯罪来处理，但在刑法修正案（八）出台之后，污染环境罪的责任形式有了学说争议。

首先是过失说。坚持过失说的学者认为污染环境罪的主观方面为过失，即行为人应当预见自己排放、倾倒或者处置有放射性的废物、含传染病病原体的废物、有毒物质或者其他有害物质的行为可能造成严重污染环境的后果，因为疏忽大意而没有预见，或者已经预见而轻信能够避免。该观点的核心思路是，尽管行为人

对污染环境的行为是故意为之，但对于造成的污染环境的结果很难证明有积极追求或者放任发生的心态，将本罪作为故意犯罪予以把握，会增加刑法的打击难度，缩小刑法规制污染环境行为的效力范围。①

其次是故意说。持故意说的学者认为污染环境罪的构成需要行为人明知违反国家规定，仍有意实施排放、倾倒或者处置有放射性的废物、含传染病病原体的废物、有毒物质或者其他有害物质的行为。故意的内容只要求对污染环境的基本结果持认识与希望或者放任态度，而不需要对人身或者财产的损失持认识与希望或者放任态度。②

最后是混合说。污染环境罪的主观罪过形式既包括故意，也包括过失。如有学者认为，从修正后的1997年刑法第338条的立法原意看，污染环境罪的罪过形式既包括故意，也包括过失，立法目的为是纠正1997年刑法第338条在罪过形式方面存在的偏差。③“污染环境罪的罪过形式为一种模糊罪过，类似于结果加重犯中的至少有过失。”④构成本罪基本犯需要主观的故意，但本罪结果加重犯的构成在主观上仅需过失即可。

笔者认为，结合刑法第15条第1款有关过失的认定和刑法第338条污染环境罪的文义，并不能得出污染环境罪可以由过失构成的任何文理规定，从罪刑法定原则出发，将污染环境罪的罪过形式认定为过失并不合适。同时，就混合说的观点来看，立法原意的观点并不能得到有利证据证明，况且司法解释的规定也并不能等同于立法原意，混合说的观点还未能深入人心。

综上，过失说和混合说存在诸多问题，故意说更具有合理性。除此之外，《最高人民法院、最高人民检察院、公安部、司法部、生态环境部关于办理环境污染刑事案件有关问题座谈会纪要》对污染环境罪的主观方面予以明确并且提出了八

---

① 周光权：《刑法各论》，中国政法大学出版社2016年版，第423页。

② 张明楷：《刑法学》，法律出版社2021年版，第1488页。

③ 汪维才：《污染环境罪主客观要件问题研究——以〈刑法修正案（八）〉为视角》，载《法学杂志》2011年第8期。

④ 陈洪兵：《模糊罪过说之提倡——以污染环境罪为切入点》，载《法律科学》2017年第6期。

种足以认定行为人具有主观故意的客观情况，结束了司法实务中认定主观方面的争议。

二、如何认定污染环境罪的单位犯罪

（一）单位犯罪的基本认定标准

单位污染环境罪的认定，要根据案件具体情况准确理解把握。在具体的判断过程中，要考察污染环境的行为是否为了单位集体利益，以及行为是否是单位集体意志的体现。污染环境的行为为单位集体意志的体现，主要表现为行为经过单位集体研究按照决策程序决定、经过单位主要负责人或者分管负责人同意或者授权实施、以单位名义开展对外活动。在办理具体案件时，可以参考《最高人民法院、最高人民检察院、公安部、司法部、生态环境部关于办理环境污染刑事案件有关问题座谈会纪要》第 1 条的规定，“为了单位利益，实施环境污染行为，并具有下列情形之一的，应当认定为单位犯罪：（1）经单位决策机构按照决策程序决定的；（2）经单位实际控制人、主要负责人或者授权的分管负责人决定、同意的；（3）单位实际控制人、主要负责人或者授权的分管负责人得知单位成员个人实施环境污染犯罪行为，并未加以制止或者及时采取措施，而是予以追认、纵容或者默许的；（4）使用单位营业执照、合同书、公章、印鉴等对外开展活动，并调用单位车辆、船舶、生产设备、原辅材料等实施环境污染犯罪行为的”。单位构成污染环境罪的条件是为单位谋利益且污染环境行为是单位集体意志的体现，若污染环境的行为是为了单位领导的个人利益，或者是并非经过单位实际控制人、主要负责人、分管人员批准同意的单位成员个人行为，则不能认定为污染环境罪的单位犯罪。

（二）直接责任的主管人员和其他直接责任人员范围的认定

在认定单位犯罪之时，要贯彻宽严相济刑事政策，重点打击出资者、经营者和主要获利者，既要防止不当地缩小适用刑罚的人员范围，又要防止打击面过大。根据《最高人民法院、最高人民检察院关于办理环境污染刑事案件适用法律若干问题的解释》第 11 条的规定，单位实施本解释规定的犯罪的，依照本解释规定的定罪量刑标准，对直接负责的主管人员和其他直接责任人员定罪处罚，并对单位判处罚金。单位犯污染环境罪的内部刑事责任由直接负责的主管人员和其他直接责任人员直接承担，因此，明确这两类人员的范围有着十分重要的意义。

《最高人民法院、最高人民检察院、公安部、司法部、生态环境部关于办理环境污染刑事案件有关问题座谈会纪要》第1条规定，单位犯罪中的“直接负责的主管人员”，一般是指对单位犯罪起决定、批准、组织、策划、指挥、授意、纵容等作用的主管人员，包括单位实际控制人、主要负责人或者授权的分管负责人、高级管理人员等；“其他直接责任人员”，一般是指在直接负责的主管人员的指挥、授意下积极参与实施单位犯罪或者对具体实施单位犯罪起较大作用的人员。在实践操作中，“直接负责的主管人员”的认定问题不大，“直接负责的主管人员”往往与环境污染的犯罪行为有着较为密切的联系，若某一自然人仅为某公司企业的投资人，则不能直接被认定为直接负责的主管人员，还要结合其在公司开展业务时扮演的角色、承担的作用综合判断。“其他直接责任人员”的认定还存在着认定模糊的问题。例如，公司、企业职工奉命将危险废物运输倾倒进饮用水水源区中，是否应作为“其他直接责任人员”承担污染环境罪的刑事责任?

单位犯罪中的普通职工是否要追究污染环境罪的刑事责任，取决于其是否被认定为直接责任人员。“其他直接责任人员”，一般是指在直接负责的主管人员的指挥、授意下积极参与实施单位犯罪或者对具体实施单位犯罪起较大作用的人员。对于普通职工而言，如果其实施的是盖章、打印、前台等正常的业务工作，且未实质参与到污染环境的合同签订、污染物排放、倾倒和处置中，也不能被直接认定为直接责任人员。

在具体的案件中，可以从以下几个方面考虑普通职工或者雇员是否能认定为“直接责任人员”：首先，工作内容通常存在业务中立性特定的普通职工，如从事如酸洗加工、电镀加工、医疗废物分拣等行为的人，不应当被认定为“直接责任人员”；其次，受雇职工即使专职排污，但如果这类人属于受教育程度较低的人员，无法认识行为的违法性，不能将其认定为“直接责任人员”；最后，具有随时可替换性的雇员、职工，通常听从他人指令从事工作，对污染环境的行为不具有支配性，实际所起作用不大，属于难以期待他不服从命令冒着失业的风险拒绝执行命令的人员，应当否定对其“直接责任人员”的认定。

综上，认定单位犯罪中的“直接责任人员”时要进行综合判断，根据行为人的职责、在单位犯罪中扮演的角色和发挥的作用，对污染环境结果的支配控制作用，是否具有期待可能性等因素考虑是否对普通职工或者雇员以污染环境罪进行刑事处罚。

三、多次污染环境是否一定构成“严重污染环境”

根据《最高人民法院、最高人民检察院关于办理环境污染刑事案件适用法律若干问题的解释》第 1 条第 6 项的规定，二年内曾因违反国家规定，排放、倾倒、处置有放射性的废物、含传染病病原体的废物、有毒物质受过两次以上行政处罚，又实施前列行为的，应被认定为“严重污染环境”。该项规定针对因非法排放、倾倒、处置污染物已经接受过行政处罚的行为人而设置，体现了行政执法与刑事违法的有效衔接，也体现了国家对于多次污染环境行为的严厉打击态度。实现对本款规定的正确适用，离不开对“两年内”“受过两次以上行政处罚”的精准分析。

“两年内”，即自第一次因污染环境收到行政处罚生效之日起至第三次实施排放、倾倒、处置污染物的行为发生之日不超过两年。根据《最高人民法院、最高人民检察院关于办理环境污染刑事案件适用法律若干问题的解释》第 17 条第 1 款的规定，“二年内”以第一次违法行为受到行政处罚的生效之日与又实施相应行为之日的时间间隔计算确定。“两次以上行政处罚”都应当处于两年内，两年内的起算时间为第一次违法行为受到行政处罚的生效之日而不是行政行为的作出之日，行政复议或者行政诉讼的周期不会被纳入考虑范围。在行为人提起行政复议或者发起行政诉讼的情况下，除非复议或者诉讼不停止执行，否则应以行政复议决定或者行政诉讼裁决生效之日作为起算之日。第三次排放、倾倒、处置污染物的行为也应当位于两年之内，不能处于两年之外。

“受过两次以上行政处罚”，不仅包括环境保护主管部门的行政处罚，也包括其他行政主管部门作出的行政处罚。根据《环境行政处罚办法》第 10 条的规定，根据法律、行政法规和部门规章，环境行政处罚的种类有：（1）警告；（2）罚款；（3）责令停产整顿；（4）责令停产、停业、关闭；（5）暂扣、吊销许可证或者其他具有许可性质的证件；（6）没收违法所得、没收非法财物；（7）行政拘留；（8）法律、行政法规设定的其他行政处罚种类。

需要注意的事，从排放、倾倒、处置的污染物来看，“受过两次以上行政处罚”和第三次排放、倾倒、处置的污染物，都必须是有放射性的废物、含传染病病原体的废物、有毒物质或者其他有害物质，但是不需要是同一种污染物。就行为方式而言，受到两次行政处罚的行为和第三次污染环境的行为都可以选择排放、倾倒或者处置中的一种，三次不必为同一种行为方式，选择其一则符合本罪的认定标准。

四、如何认定污染环境罪中的“生态环境损害”

《最高人民法院、最高人民检察院关于办理环境污染刑事案件适用法律若干问题的解释》第1条将“造成生态环境严重损害”规定为污染环境罪的定罪量刑标准之一。

根据中共中央办公厅、国务院办公厅印发《生态环境损害赔偿制度改革方案》第3条的规定，生态环境损害，是指因污染环境、破坏生态造成大气、地表水、地下水、土壤、森林等环境要素和植物、动物、微生物等生物要素的不利改变，以及上述要素构成的生态系统功能退化。具体而言，生态环境损害发生较大及以上突发环境事件的；在国家和省级主体功能区规划中划定的重点生态功能区、禁止开发区发生环境污染、生态破坏事件的；发生其他严重影响生态环境后果的；都可以依法追究生态损害赔偿责任。

在司法实践中，有些地方结合本地实际情况，因地制宜，因时制宜，根据案件具体情况准确认定“造成生态环境严重损害”，并制定了具体标准。如根据上海市生态环境局、上海市司法局、上海市规划和自然资源局、上海市农业农村委员会、上海市水务局、上海市绿化和市容管理局发布的《上海市生态环境损害调查管理办法》第3条规定，生态环境损害包括以下情形：（1）发生较大及以上突发环境事件的；（2）在国家和上海市级主体功能区规划中划定的重点生态功能区、禁止开发区发生环境污染、生态破坏事件的；（3）上海市生态保护红线范围内（陆域范围）发生一般及以上突发环境事件的；（4）违法排放污染物，造成生态环境严重损害，导致耕地、森林、绿地、滩涂、湿地、渔业水域及其他水资源等基本功能丧失或者其他严重后果的；（5）其他生态环境严重损害行为或者赔偿权利人认为有必要进行生态环境损害赔偿的。

但需要注意的是，在追究生态损害赔偿责任时，如涉及人身伤害、个人和集体财产损失要求赔偿的，适用侵权责任法等法律规定；涉及海洋生态环境损害赔偿的，适用海洋环境保护法等法律及相关规定。

生态环境损害不仅包括对于环境损害的经济估量，还包括修复费用等其他损失。根据《最高人民法院、最高人民检察院关于办理环境污染刑事案件适用法律若干问题的解释》第17条的规定，“生态环境损害”，包括生态环境修复费用，生态环境修复期间服务功能的损失和生态环境功能永久性损害造成的损失，以及其他必要合理费用。所以，在个案中，司法人员要综合考虑污染环境的行为给生态环境带来的危害，对生态环境损害作出谨慎、全面的认定。

五、如何正确理解和计算“公私财产损失”

（一）公私财产损失的范围

2014年10月24日，原环境保护部办公厅《环境损害鉴定评估推荐方法（第II版）》，为环境污染损失数额提供了公私财产损失的参考方法。但根据其第2条的规定，《环境损害鉴定评估推荐方法（第II版）》适用于因污染环境或破坏生态行为（包括突发环境事件）导致人身、财产、生态环境损害、应急处置费用和其他事务性费用的鉴定评估，不适用于因核与辐射所致环境损害的鉴定评估，突发环境事件应急处置阶段环境损害评估适用《突发环境事件应急处置阶段环境损害评估技术规范》。

我国的环境污染损害行为涉及刑事责任、行政责任和民事责任，三种责任各有其特殊性不能一概而论。在认定污染环境刑事案件中的“公私财产损失”时，可以参考适用《环境损害鉴定评估推荐方法（第II版）》，而不能直接适用。就本罪中公私财产损失的范围认定，依然要依据《最高人民法院、最高人民检察院关于办理环境污染刑事案件适用法律若干问题的解释》第17条第4款进行准确认定，“公私财产损失”，包括实施刑法第338条、第339条规定的行为直接造成财产损毁、减少的实际价值，为防止污染扩大、消除污染而采取必要合理措施所产生的费用，以及处置突发环境事件的应急监测费用。

与此同时，还要准确把握理解该解释第17条第4款中“为防止污染扩大、消除污染而采取必要合理措施所产生的费用，以及处置突发环境事件的应急监测费用”。“为防止污染扩大、消除污染而采取必要合理措施所产生的费用”是指生态环境损害发生后，防止污染物继续扩散迁移、降低环境中污染物浓度，开展的必要的、合理的行动或措施而产生的费用；“处置突发环境事件的应急监测费用”是指紧急处理突发环境事件的监测费用。按照《突发环境事件应急管理办法》第2条第2款的规定，突发环境事件，是指由于污染物排放或者自然灾害、生产安全事故等因素，导致污染物或者放射性物质等有毒有害物质进入大气、水体、土壤等环境介质，突然造成或者可能造成环境质量下降，危及公众身体健康和财产安全，或者造成生态环境破坏，或者造成重大社会影响，需要采取紧急措施予以应对的事件。面对此类突发环境事件，需要对可能被污染的环境进行一定时长的检测，所发生的应急监测费用，也属于本罪中的“公私财产损失”。

综上，污染环境罪中的“公私财产损失”应当包括三个部分：（1）行为直接造成财产损毁、减少的实际价值；（2）为防止污染扩大、消除污染而采取必要合理措施所产生的费用；（3）处置突发环境事件的应急监测费用。至于人身医疗费用、环境污染的调查评估费用，都不属于“公私财产损失”的认定范围。

（二）公私财产损失的计算

公私财产损失计算的主体可以是司法鉴定机构也可以是国务院环境保护主管部门、公安部门指定的机构。根据《最高人民法院、最高人民检察院关于办理环境污染刑事案件适用法律若干问题的解释》第14条的规定，对案件所涉的环境污染专门性问题难以确定的，依据司法鉴定机构出具的鉴定意见，或者国务院环境保护主管部门、公安部门指定的机构出具的报告，结合其他证据作出认定。

公私财产的损失数额作为污染环境案件具体适用的定罪量刑标准涉及的专门性问题之一，一般需要由司法鉴定机构出具鉴定意见，但在特殊情况下可以不做鉴定。如依据《最高人民法院、最高人民检察院、公安部、司法部、生态环境部关于办理环境污染刑事案件有关问题座谈会纪要》第14条的规定，“非法排放、倾倒、处置危险废物三吨以上”的规定对当事人追究刑事责任的，除可能适用公私财产损失第二档定罪量刑标准的外，则不应再对公私财产损失数额或者超过排放标准倍数进行鉴定。

六、污染环境罪与相关罪名的区分

（一）本罪与投放危险物质罪的界限

投放危险物质罪，是指故意投放毒害性、放射性、传染病病原体等物质、危害公共安全的行为。污染环境罪与投放危险物质罪的行为对象都包含放射性物质、传染病病原体等有害物质，所以实务中需要明确二者的具体界限。

1. 犯罪客体不同。污染环境罪的保护客体是国家环境保护制度；投放危险物质罪的保护客体是公共安全。

2. 客观方面不同。污染环境罪的行为是“排放、倾倒或者处置有放射性的废物、含传染病病原体的废物、有毒物质或者其他有害物质”，投放危险物质罪的行为是“投放毒害性、放射性、传染病病原体等物质”，两罪的行为在外观上可能会十分相近，但行为所指向的危险完全不同，污染环境罪的行为指向对自然环境的破坏；而投放危险物质罪的行为指向对不特定多数人以及（与不特定多数人相关的）重大财产的破坏。污染环境罪是结果犯，行为造成严重污染环境的结果才可入罪；投放危险物质罪是行为犯，只要有投放毒害性、放射性、传染病病原体等物质的行为即可入罪。

3. 主体要件不同。单位可以构成污染环境罪，但是却不能成为投放危险物质罪的主体。

在两罪区分的具体判断标准上，根据《最高人民法院、最高人民检察院、公安部、司法部、生态环境部关于办理环境污染刑事案件有关问题座谈会纪要》第6条的规定，在实务中可以根据行为人的主观恶性、污染行为恶劣程度、污染物的毒害性危险性、污染持续时间、污染结果是否可逆、是否对公共安全造成现实、具体、明确的危险或者危害等各方面区分污染环境罪与投放危险物质罪。如果行为人明知其排放、倾倒、处置的污染物含有毒害性、放射性、传染病病原体等危险物质，依然向饮用水水源保护区、饮用水供水单位取水口和出水口、南水北调水库、干渠、涵洞等配套工程、重要渔业水体以及自然保护区核心区等特殊保护区域排放、倾倒、处置毒害性极强的污染物，危害公共安全并造成严重后果，以投放危险物质罪定罪量刑。

（二）污染环境罪与非法经营罪的界限

非法经营罪，是指自然人或者单位违反国家规定，故意从事非法经营活动，扰乱市场秩序，情节严重的行为。

1. 犯罪客体不同。污染环境罪的保护客体是国家环境保护制度；非法经营罪的保护客体是国家限制买卖物品和经营许可证的市场管理制度。

2. 客观方面不同。在行为方式方面，污染环境罪的行为方式是“排放、倾倒或者处置有放射性的废物、含传染病病原体的废物、有毒物质或者其他有害物质”，投放危险物质罪的行为方式是“未经许可经营法律、行政法规规定的专营、专卖物品或者其他限制买卖的物品的；买卖进出口许可证、进出口原产地证明以及其他法律、行政法规规定的经营许可证或者批准文件的；未经国家有关主管部门批准非法经营证券、期货、保险业务的，或者非法从事资金支付结算业务的；其他严重扰乱市场秩序的非法经营行为”。除此之外，污染环境的行为造成严重污染环境的结果才可入罪；非法经营罪，扰乱市场秩序，情节严重的才能入罪。

3. 主观方面不同。污染环境罪的故意内容是“明知是放射性的废物、含传染病病原体的废物、有毒物质或者其他有害物质，而故意违反国家规定，将其排放、倾倒或者处置”；非法经营罪的故意内容是“明知未取得许可证或者经过国家有关部门批准，违反国家规定，故意从事非法经营活动”。

在具体认定之时，可以参考《最高人民法院、最高人民检察院、公安部、司法部、生态环境部关于办理环境污染刑事案件有关问题座谈会纪要》第5条、《最高人民法院、最高人民检察院关于办理环境污染刑事案件适用法律若干问题的解释》第6条的相关规定。

根据《最高人民法院、最高人民检察院、公安部、司法部、生态环境部关于办理环境污染刑事案件有关问题座谈会纪要》第5条明确区分污染环境罪和非法经营罪要坚持两个重要原则：一要坚持实质判断原则，对行为人非法经营危险废物行为的社会危害性作实质性判断；二要坚持综合判断原则，对行为人非法经营危险废物行为根据其在犯罪链条中的地位、作用综合判断其社会危害性。根据《最高人民法院、最高人民检察院关于办理环境污染刑事案件适用法律若干问题的解释》第6条的规定：“无危险废物经营许可证从事收集、贮存、利用、处置危险废物经营活动，严重污染环境的，按照污染环境罪定罪处罚；同时构成非法经营罪的，依照处罚较重的规定定罪处罚。实施前款规定的行为，不具有超标排放污染物、非法倾倒污染物或者其他违法造成环境污染的情形的，可以认定为非法经营情节显著轻微危害不大，不认为是犯罪；构成生产、销售伪劣产品等其他犯罪的，以其他犯罪论处。”

因此，若行为主体在虽未依法取得危险废物经营许可证的情况下进行危险废物经营活动，但是没有排放、倾倒、处置污染物，不具有超标排放污染物、非法倾倒污染物或者其他违法造成环境污染的情形的，不构成污染环境罪和非法经营罪。若行为主体在无证经营的情况下，已经与危险废物的产业链融为一体，具有不可分割、分工负责、利益均沾、相对固定的特点，行为人或者与其联系紧密的上游或者下游环节具有排放、倾倒、处置危险废物违法造成环境污染的情形，且交易价格明显异常的，对行为人可以根据案件具体情况在污染环境罪和非法经营罪中，择一重罪处断。

【办案依据】

一、刑法规定

第三百三十八条 违反国家规定，排放、倾倒或者处置有放射性的废物、含传染病病原体的废物、有毒物质或者其他有害物质，严重污染环境的，处三年以下有期徒刑或者拘役，并处或者单处罚金；情节严重的，处三年以上七年以下有期徒刑，并处罚金；有下列情形之一的，处七年以上有期徒刑，并处罚金：

（一）在饮用水水源保护区、自然保护地核心保护区等依法确定的重点保护区域排放、倾倒、处置有放射性的废物、含传染病病原体的废物、有毒物质，情节特别严重的；

（二）向国家确定的重要江河、湖泊水域排放、倾倒、处置有放射性的废物、含传染病病原体的废物、有毒物质，情节特别严重的；

（三）致使大量永久基本农田基本功能丧失或者遭受永久性破坏的；

（四）致使多人重伤、严重疾病，或者致人严重残疾、死亡的。

有前款行为，同时构成其他犯罪的，依照处罚较重的规定定罪处罚。

第三百四十六条 单位犯本节第三百三十八条至第三百四十五条规定之罪的，对单位判处罚金，并对其直接负责的主管人员和其他直接责任人员，依照本节各该条的规定处罚。

二、司法解释

（一）《最高人民法院、最高人民检察院关于办理环境污染刑事案件适用法律若干问题的解释》（2016年12月23日 法释〔2016〕29号）

第一条 实施刑法第三百三十八条规定的行为，具有下列情形之 的，应当认定为“严重污染环境”：

（一）在饮用水水源一级保护区、自然保护区核心区排放、倾倒、处置有放射性的废物、含传染病病原体的废物、有毒物质的；

（二）非法排放、倾倒、处置危险废物三吨以上的；

（三）排放、倾倒、处置含铅、汞、镉、铬、砷、铊、锑的污染物，超过国家或者地方污染物排放标准三倍以上的；

（四）排放、倾倒、处置含镍、铜、锌、银、钒、锰、钴的污染物，超过国家或者地方污染物排放标准十倍以上的；

（五）通过暗管、渗井、渗坑、裂隙、溶洞、灌注等逃避监管的方式排放、倾倒、处置有放射性的废物、含传染病病原体的废物、有毒物质的；

（六）二年内曾因违反国家规定，排放、倾倒、处置有放射性的废物、含传染病病原体的废物、有毒物质受过两次以上行政处罚，又实施前列行为的；

（七）重点排污单位篡改、伪造自动监测数据或者干扰自动监测设施，排放化学需氧量、氨氮、二氧化硫、氮氧化物等污染物的；

（八）违法减少防治污染设施运行支出一百万元以上的；

（九）违法所得或者致使公私财产损失三十万元以上的；

（十）造成生态环境严重损害的；

（十一）致使乡镇以上集中式饮用水水源取水中断十二小时以上的；

（十二）致使基本农田、防护林地、特种用途林地五亩以上，其他农用地十亩以上，其他土地二十亩以上基本功能丧失或者遭受永久性破坏的；

（十三）致使森林或者其他林木死亡五十立方米以上，或者幼树死亡二千五百株以上的；

（十四）致使疏散、转移群众五千人以上的；

（十五）致使三十人以上中毒的；

（十六）致使三人以上轻伤、轻度残疾或者器官组织损伤导致一般功能障碍的；

（十七）致使一人以上重伤、中度残疾或者器官组织损伤导致严重功能障碍的；

（十八）其他严重污染环境的情形。

第三条 实施刑法第三百三十八条、第三百三十九条规定的行为，具有下列情形之一的，应当认定为“后果特别严重”：

（一）致使县级以上城区集中式饮用水水源取水中断十二小时以上的；

（二）非法排放、倾倒、处置危险废物一百吨以上的；

（三）致使基本农田、防护林地、特种用途林地十五亩以上，其他农用地三十亩以上，其他土地六十亩以上基本功能丧失或者遭受永久性破坏的；

（四）致使森林或者其他林木死亡一百五十立方米以上，或者幼树死亡七千五百株以上的；

（五）致使公私财产损失一百万元以上的；

（六）造成生态环境特别严重损害的；

（七）致使疏散、转移群众一万五千人以上的；

（八）致使一百人以上中毒的；

（九）致使十人以上轻伤、轻度残疾或者器官组织损伤导致一般功能障碍的；

（十）致使三人以上重伤、中度残疾或者器官组织损伤导致严重功能障碍的；

（十一）致使一人以上重伤、中度残疾或者器官组织损伤导致严重功能障碍，并致使五人以上轻伤、轻度残疾或者器官组织损伤导致一般功能障碍的；

（十二）致使一人以上死亡或者重度残疾的；

（十三）其他后果特别严重的情形。

第四条 实施刑法第三百三十八条、第三百三十九条规定的犯罪行为，具有下列情形之一的，应当从重处罚：

（一）阻挠环境监督检查或者突发环境事件调查，尚不构成妨害公务等犯罪的；

（二）在医院、学校、居民区等人口集中地区及其附近，违反国家规定排放、倾倒、处置有放射性的废物、含传染病病原体的废物、有毒物质或者其他有害物质的；

（三）在重污染天气预警期间、突发环境事件处置期间或者被责令限期整改期间，违反国家规定排放、倾倒、处置有放射性的废物、含传染病病原体的废物、有毒物质或者其他有害物质的；

（四）具有危险废物经营许可证的企业违反国家规定排放、倾倒、处置有放射性的废物、含传染病病原体的废物、有毒物质或者其他有害物质的。

第五条 实施刑法第三百三十八条、第三百三十九条规定的行为，刚达到应当追究刑事责任的标准，但行为人及时采取措施，防止损失扩大、消除污染，全部赔偿损失，积极修复生态环境，且系初犯，确有悔罪表现的，可以认定为情节轻微，不起诉或者免予刑事处罚；确有必要判处刑罚的，应当从宽处罚。

第六条 无危险废物经营许可证从事收集、贮存、利用、处置危险废物经营活动，严重污染环境的，按照污染环境罪定罪处罚；同时构成非法经营罪的，依照处罚较重的规定定罪处罚。

实施前款规定的行为，不具有超标排放污染物、非法倾倒污染物或者其他违法造成环境污染的情形的，可以认定为非法经营情节显著轻微危害不大，不认为是犯罪；构成生产、销售伪劣产品等其他犯罪的，以其他犯罪论处。

第七条 明知他人无危险废物经营许可证，向其提供或者委托其收集、贮存、利用、处置危险废物，严重污染环境的，以共同犯罪论处。

第八条 违反国家规定，排放、倾倒、处置含有毒害性、放射性、传染病病原体等物质的污染物，同时构成污染环境罪、非法处置进口的固体废物罪、投放危险物质罪等犯罪的，依照处罚较重的规定定罪处罚。

第九条 环境影响评价机构或其人员，故意提供虚假环境影响评价文件，情节严重的，或者严重不负责任，出具的环境影响评价文件存在重大失实，造成严重后果的，应当依照刑法第二百二十九条、第二百三十一条的规定，以提供虚假证明文件罪或者出具证明文件重大失实罪定罪处罚。

第十条 违反国家规定，针对环境质量监测系统实施下列行为，或者强令、指使、授意他人实施下列行为的，应当依照刑法第二百八十六条的规定，以破坏计算机信息系统罪论处：

（一）修改参数或者监测数据的；

（二）干扰采样，致使监测数据严重失真的；

（三）其他破坏环境质量监测系统的行为。

重点排污单位篡改、伪造自动监测数据或者干扰自动监测设施，排放化学需氧量、氨氮、二氧化硫、氮氧化物等污染物，同时构成污染环境罪和破坏计算机信息系统罪的，依照处罚较重的规定定罪处罚。

从事环境监测设施维护、运营的人员实施或者参与实施篡改、伪造自动监测数据、干扰自动监测设施、破坏环境质量监测系统等行为的，应当从重处罚。

第十一条 单位实施本解释规定的犯罪的，依照本解释规定的定罪量刑标准，对直接负责的主管人员和其他直接责任人员定罪处罚，并对单位判处罚金。

第十二条 环境保护主管部门及其所属监测机构在行政执法过程中收集的监测数据，在刑事诉讼中可以作为证据使用。

公安机关单独或者会同环境保护主管部门，提取污染物样品进行检测获取的数据，在刑事诉讼中可以作为证据使用。

第十三条 对国家危险废物名录所列的废物，可以依据涉案物质的来源、产生过程、被告人供述、证人证言以及经批准或者备案的环境影响评价文件等证据，结合环境保护主管部门、公安机关等出具的书面意见作出认定。

对于危险废物的数量，可以综合被告人供述，涉案企业的生产工艺、物耗、能耗情况，以及经批准或者备案的环境影响评价文件等证据作出认定。

第十四条 对案件所涉的环境污染专门性问题难以确定的，依据司法鉴定机构出具的鉴定意见，或者国务院环境保护主管部门、公安部门指定的机构出具的报告，结合其他证据作出认定。

第十五条 下列物质应当认定为刑法第三百三十八条规定的“有毒物质”：

（一）危险废物，是指列入国家危险废物名录，或者根据国家规定的危险废物鉴别标准和鉴别方法认定的，具有危险特性的废物；

（二）《关于持久性有机污染物的斯德哥尔摩公约》附件所列物质；

（三）含重金属的污染物；

（四）其他具有毒性，可能污染环境的物质。

第十六条 无危险废物经营许可证，以营利为目的，从危险废物中提取物质作为原材料或者燃料，并具有超标排放污染物、非法倾倒污染物或者其他违法造成环境污染的情形的行为，应当认定为“非法处置危险废物”。

第十七条 本解释所称“二年内”，以第一次违法行为受到行政处罚的生效之日与又实施相应行为之日的时间间隔计算确定。

本解释所称“重点排污单位”，是指设区的市级以上人民政府环境保护主管部门依法确定的应当安装、使用污染物排放自动监测设备的重点监控企业及其他单位。

本解释所称“违法所得”，是指实施刑法第三百三十八条、第三百三十九条规定的行为所得和可得的全部违法收入。

本解释所称“公私财产损失”，包括实施刑法第三百三十八条、第三百三十九条规定的行为直接造成财产损毁、减少的实际价值，为防止污染扩大、消除污染而采取必要合理措施所产生的费用，以及处置突发环境事件的应急监测费用。

本解释所称“生态环境损害”，包括生态环境修复费用，生态环境修复期间服务功能的损失和生态环境功能永久性损害造成的损失，以及其他必要合理费用。

本解释所称“无危险废物经营许可证”，是指未取得危险废物经营许可证，或者超出危险废物经营许可证的经营范围。

（二）《最高人民法院、最高人民检察院关于办理妨害预防、控制突发传染病疫情等灾害的刑事案件具体应用法律若干问题的解释》（2003年5月14日　法释〔2003〕8号）

第十三条 违反传染病防治法等国家有关规定，向土地、水体、大气排放、倾倒或者处置含传染病病原体的废物、有毒物质或者其他危险废物，造成突发传染病传播等重大环境污染事故，致使公私财产遭受重大损失或者人身伤亡的严重后果的，依照刑法第三百三十八条的规定，以重大环境污染事故罪定罪处罚。

三、司法文件

（一）《最高人民检察院、公安部关于公安机关管辖的刑事案件立案追诉标准的规定（一）的补充规定》（2017年4月27日 公通字〔2017〕12号）

十、将《立案追诉标准（一）》第60条修改为：［污染环境案（刑法第三百三十八条）］违反国家规定，排放、倾倒或者处置有放射性的废物、含传染病病原体的废物、有毒物质或者其他有害物质，涉嫌下列情形之一的，应予立案追诉：

（一）在饮用水水源一级保护区、自然保护区核心区排放、倾倒、处置有放射性的废物、含传染病病原体的废物、有毒物质的；

（二）非法排放、倾倒、处置危险废物三吨以上的；

（三）排放、倾倒、处置含铅、汞、镉、铬、砷、铊、锑的污染物，超过国家或者地方污染物排放标准3倍以上的；

（四）排放、倾倒、处置含镍、铜、锌、银、钒、锰、钴的污染物，超过国家或者地方污染物排放标准10倍以上的；

（五）通过暗管、渗井、渗坑、裂隙、溶洞、灌注等逃避监管的方式排放、倾倒、处置有放射性的废物、含传染病病原体的废物、有毒物质的；

（六）二年内曾因违反国家规定，排放、倾倒、处置有放射性的废物、含传染病病原体的废物、有毒物质受过2次以上行政处罚，又实施前列行为的；

（七）重点排污单位篡改、伪造自动监测数据或者干扰自动监测设施，排放化学需氧量、氨氮、二氧化硫、氮氧化物等污染物的；

（八）违法减少防治污染设施运行支出100万元以上的；

（九）违法所得或者致使公私财产损失30万元以上的；

（十）造成生态环境严重损害的；

（十一）致使乡镇以上集中式饮用水水源取水中断12小时以上的；

（十二）致使基本农田、防护林地、特种用途林地五亩以上，其他农用地10亩以上，其他土地20亩以上基本功能丧失或者遭受永久性破坏的；

（十三）致使森林或者其他林木死亡50立方米以上，或者幼树死亡2500株以上的；

（十四）致使疏散、转移群众5000人以上的；

（十五）致使30人以上中毒的；

（十六）致使3人以上轻伤、轻度残疾或者器官组织损伤导致一般功能障碍的；

（十七）致使1人以上重伤、中度残疾或者器官组织损伤导致严重功能障碍的；

（十八）其他严重污染环境的情形。

本条规定的“有毒物质”，包括列入国家危险废物名录或者根据国家规定的危险废物鉴别标准和鉴别方法认定的具有危险特性的废物，《关于持久性有机污染物的斯德哥尔摩公约》附件所列物质，含重金属的污染物，以及其他具有毒性可能污染环境的物质。

本条规定的“非法处置危险废物”，包括无危险废物经营许可证，以营利为目的，从危险废物中提取物质作为原材料或者燃料，并具有超标排放污染物、非法倾倒污染物或者其他违法造成环境污染情形的行为。

本条规定的“重点排污单位”，是指设区的市级以上人民政府环境保护主管部门依法确定的应当安装、使用污染物排放自动监测设备的重点监控企业及其他单位。

本条规定的“公私财产损失”，包括直接造成财产损毁、减少的实际价值，为防止污染扩大、消除污染而采取必要合理措施所产生的费用，以及处置突发环境事件的应急监测费用。

本条规定的“生态环境损害”，包括生态环境修复费用，生态环境修复期间服务功能的损失和生态环境功能永久性损害造成的损失，以及其他必要合理费用。

本条规定的“无危险废物经营许可证”，是指未取得危险废物经营许可证，或者超出危险废物经营许可证的经营范围。

（二）《最高人民检察院关于全面履行检察职能为推进健康中国建设提供有力司法保障的意见》（2016年9月29日　高检发〔2016〕12号）

六、立足检察职能，促进健康中国法治环境建设

13. 加强批捕、起诉工作，确保依法、准确、及时、有效打击犯罪。对于严重危害食品药品安全、破坏环境资源、扰乱医疗场所秩序等破坏健康中国建设、损害广大人民群众生命健康的犯罪，要实行挂牌督办，及时介入侦查引导取证。要全面审查案件证据，在依法查明犯罪事实的基础上，对于符合逮捕、起诉条件的，依法从严从快批捕、起诉，体现打击力度，确保办案质量。

14. 强化刑事诉讼监督，促进公正司法。继续深化破坏环境资源和危害食品药品安全犯罪专项立案监督活动，积极配合行政执法机关、公安机关对辖区内污染水域、排污企业、基本功能丧失的耕地、制售假药劣药的高发区域、生产销售不合格食品的作坊等进行拉网式排查，形成打击合力。依法监督行政执法机关移送、公安机关立案侦查破坏环境资源和危害食品药品安全涉嫌犯罪的案件，营造依法严惩犯罪的执法氛围。会同相关行政执法机关、公安机关建立行政执法与刑事司法衔接的长效机制，推进执法司法信息共享平台建设，提升打击犯罪的能力和水平。加强侦查活动监督，促进解决侦查质量不高，收集证据不合法以及适用强制措施、查封扣押冻结款物不当等问题，保证查处犯罪的合法性、有效性。加强刑事审判监督，对于认定事实或者适用法律错误、量刑畸轻畸重、严重违反法定诉讼程序可能影响公正裁判的案件，依法提出抗诉。加强刑事执行监督，强化对刑罚执行、刑事强制措施执行和强制医疗执行的监督，切实维护司法公正，维护社会和谐稳定。

15. 依法办理环境、医疗、食品药品等领域民事行政诉讼监督案件，维护健康中国法治秩序。依法办理环境污染民事行政诉讼监督案件，正确行使调查核实权，准确把握事实认定和法律适用标准，符合法定条件的案件，依法提出抗诉或者再审检察建议；依法办理医疗损害责任民事行政诉讼监督案件，准确理解和适用侵权责任法关于医疗损害责任的专门规定，化解医患矛盾，促进医疗纠纷依法妥善解决；依法办理食品药品、医疗器械等产品责任民事行政诉讼监督案件，正确把握缺陷产品、因果关系等认定标准，促进司法统一规范。办理案件中，要积极借鉴医疗纠纷专业化管理解决机制，借助专业力量化解社会矛盾。充分发挥行政检察职能，加强对环境、卫生、食品药品领域行政违法行为的法律监督。

16. 积极稳妥开展民事行政公益诉讼试点工作，着力营造绿色安全的健康环境。要重点关注生态环境和资源保护、食品药品安全等领域造成国家和社会公共利益严重侵害的案件；生态环境和资源保护领域负有监督管理职责的行政机关违法行使职权或者不作为，致使国家和社会公共利益受到严重侵害的案件。要充分运用调查核实权，切实发挥鉴定机构和专家辅助人的作用，查清违法行为、损害后果及其因果关系。要充分利用诉前程序，依法科学运用检察建议、支持起诉、公益诉讼等监督方式，促使行政机关纠正违法行为或者依法正确履行职责。要实现行政公益诉讼与民事公益诉讼的有效衔接，增强监督实效，使违法者承担相应的行政责任和民事责任。

17. 全面发挥检察职能，促进健康产业创新发展。依法惩治医药、医疗器械、医疗服务等健康产业领域的侵犯财产和侵犯知识产权犯罪，加大对自主知识产权、关键核心技术和科研成果转化的保护力度。强化对涉及健康养老产业、健康旅游产业、智慧健康产业、健身休闲运动产业、健康食品产业领域相关案件的法律监督，维护有关单位和从业人员的合法权益。认真听取来自健康产业领域对检察工作的意见和建议，努力为健康产业创新发展提供更好的法律服务。

四、会议纪要

《最高人民法院、最高人民检察院、公安部、司法部、生态环境部关于办理环境污染刑事案件有关问题座谈会纪要》（2019年2月20日　高检会〔2019〕3号）

为深入学习贯彻习近平生态文明思想，认真落实党中央重大决策部署和全国人大常委会决议要求，全力参与和服务保障打好污染防治攻坚战，推进生态文明建设，形成各部门依法惩治环境污染犯罪的合力，2018年12月，最高人民法院、最高人民检察院、公安部、司法部、生态环境部在北京联合召开座谈会。会议交流了当前办理环境污染刑事案件的工作情况，分析了遇到的突出困难和问题，研究了解决措施，对办理环境污染刑事案件中的有关问题形成了统一认识。现将会议纪要印发，请认真组织学习，并在工作中遵照执行。执行中遇到的重大问题，请及时向最高人民法院、最高人民检察院、公安部、司法部、生态环境部请示报告。

2018年6月16日，中共中央、国务院发布《关于全面加强生态环境保护坚决打好污染防治攻坚战的意见》。7月10日，全国人民代表大会常务委员会通过了《关于全面加强生态环境保护依法推动打好污染防治攻坚战的决议》。为深入学习贯彻习近平生态文明思想，认真落实党中央重大决策部署和全国人大常委会决议要求，全力参与和服务保障打好污染防治攻坚战，推进生态文明建设，形成各部门依法惩治环境污染犯罪的合力，2018 年 12 月，最高人民法院、最高人民检察院、公安部、司法部、生态环境部在北京联合召开座谈会。会议交流了当前办理环境污染刑事案件的工作情况，分析了遇到的突出困难和问题，研究了解决措施。会议对办理环境污染刑事案件中的有关问题形成了统一认识。纪要如下：

一

会议指出，2018 年 5 月 18 日至 19 日，全国生态环境保护大会在北京胜利召开，习近平总书记出席会议并发表重要讲话，着眼人民福祉和民族未来，从党和国家事业发展全局出发，全面总结党的十八大以来我国生态文明建设和生态环境保护工作取得的历史性成就、发生的历史性变革，深刻阐述加强生态文明建设的重大意义，明确提出加强生态文明建设必须坚持的重要原则，对加强生态环境保护、打好污染防治攻坚战作出了全面部署。这次大会最大的亮点，就是确立了习近平生态文明思想。习近平生态文明思想站在坚持和发展中国特色社会主义、实现中华民族伟大复兴中国梦的战略高度，把生态文明建设摆在治国理政的突出位置，作为统筹推进“五位一体”总体布局和协调推进“四个全面”战略布局的重要内容，深刻回答了为什么建设生态文明、建设什么样的生态文明、怎样建设生态文明的重大理论和实践问题，是习近平新时代中国特色社会主义思想的重要组成部分。各部门要认真学习、深刻领会、全面贯彻习近平生态文明思想，将其作为生态环境行政执法和司法办案的行动指南和根本遵循，为守护绿水青山蓝天、建设美丽中国提供有力保障。

会议强调，打好防范化解重大风险、精准脱贫、污染防治的攻坚战，是以习近平同志为核心的党中央深刻分析国际国内形势，着眼党和国家事业发展全局作出的重大战略部署，对于夺取全面建成小康社会伟大胜利、开启全面建设社会主义现代化强国新征程具有重大的现实意义和深远的历史意义。服从服务党和国家工作大局，充分发挥职能作用，努力为打好打赢三大攻坚战提供优质法治环境和司法保障，是当前和今后一个时期人民法院、人民检察院、公安机关、司法行政机关、生态环境部门的重点任务。

会议指出，2018 年 12 月 19 日至 21 日召开的中央经济工作会议要求，打好污染防治攻坚战，要坚守阵地、巩固成果，聚焦做好打赢蓝天保卫战等工作，加大工作和投入力度，同时要统筹兼顾，避免处置措施简单粗暴。各部门要认真领会会议精神，紧密结合实际，强化政治意识、大局意识和责任担当，以加大办理环境污染刑事案件工作力度作为切入点和着力点，主动调整工作思路，积极谋划工作举措，既要全面履职、积极作为，又要综合施策、精准发力，保障污染防治攻坚战顺利推进。

二

会议要求，各部门要正确理解和准确适用刑法和《最高人民法院、最高人民检察院关于办理环境污染刑事案件适用法律若干问题的解释》（法释〔2016〕29号，以下称《环境解释》）的规定，坚持最严格的环保司法制度、最严密的环保法治理念，统一执法司法尺度，加大对环境污染犯罪的惩治力度。

1. 关于单位犯罪的认定

会议针对一些地方存在追究自然人犯罪多，追究单位犯罪少，单位犯罪认定难的情况和问题进行了讨论。会议认为，办理环境污染犯罪案件，认定单位犯罪时，应当依法合理把握追究刑事责任的范围，贯彻宽严相济刑事政策，重点打击出资者、经营者和主要获利者，既要防止不当缩小追究刑事责任的人员范围，又要防止打击面过大。

为了单位利益，实施环境污染行为，并具有下列情形之一的，应当认定为单位犯罪：(1) 经单位决策机构按照决策程序决定的；(2) 经单位实际控制人、主要负责人或者授权的分管负责人决定、同意的；(3) 单位实际控制人、主要负责人或者授权的分管负责人得知单位成员个人实施环境污染犯罪行为，并未加以制止或者及时采取措施，而是予以追认、纵容或者默许的；(4) 使用单位营业执照、合同书、公章、印鉴等对外开展活动，并调用单位车辆、船舶、生产设备、原辅材料等实施环境污染犯罪行为的。

单位犯罪中的“直接负责的主管人员”，一般是指对单位犯罪起决定、批准、组织、策划、指挥、授意、纵容等作用的主管人员，包括单位实际控制人、主要负责人或者授权的分管负责人、高级管理人员等；“其他直接责任人员”，一般是指在直接负责的主管人员的指挥、授意下积极参与实施单位犯罪或者对具体实施单位犯罪起较大作用的人员。

对于应当认定为单位犯罪的环境污染犯罪案件，公安机关未作为单位犯罪移送审查起诉的，人民检察院应当退回公安机关补充侦查。对于应当认定为单位犯罪的环境污染犯罪案件，人民检察院只作为自然人犯罪起诉的，人民法院应当建议人民检察院对犯罪单位补充起诉。

2. 关于犯罪未遂的认定

会议针对当前办理环境污染犯罪案件中，能否认定污染环境罪（未遂）的问题进行了讨论。会议认为，当前环境执法工作形势比较严峻，一些行为人拒不配合执法检查、接受检查时弄虚作假、故意逃避法律追究的情形时有发生，因此对于行为人已经着手实施非法排放、倾倒、处置有毒有害污染物的行为，由于有关部门查处或者其他意志以外的原因未得逞的情形，可以污染环境罪（未遂）追究刑事责任。

3. 关于主观过错的认定

会议针对当前办理环境污染犯罪案件中，如何准确认定犯罪嫌疑人、被告人主观过错的问题进行了讨论。会议认为，判断犯罪嫌疑人、被告人是否具有环境污染犯罪的故意，应当依据犯罪嫌疑人、被告人的任职情况、职业经历、专业背景、培训经历、本人因同类行为受到行政处罚或者刑事追究情况以及污染物种类、污染方式、资金流向等证据，结合其供述，进行综合分析判断。

实践中，具有下列情形之一，犯罪嫌疑人、被告人不能作出合理解释的，可以认定其故意实施环境污染犯罪，但有证据证明确系不知情的除外：（1）企业没有依法通过环境影响评价，或者未依法取得排污许可证，排放污染物，或者已经通过环境影响评价并且防治污染设施验收合格后，擅自更改工艺流程、原辅材料，导致产生新的污染物质的；（2）不使用验收合格的防治污染设施或者不按规范要求使用的；（3）防治污染设施发生故障，发现后不及时排除，继续生产放任污染物排放的；（4）生态环境部门责令限制生产、停产整治或者予以行政处罚后，继续生产放任污染物排放的；（5）将危险废物委托第三方处置，没有尽到查验经营许可的义务，或者委托处置费用明显低于市场价格或者处置成本的；（6）通过暗管、渗井、渗坑、裂隙、溶洞、灌注等逃避监管的方式排放污染物的；（7）通过篡改、伪造监测数据的方式排放污染物的；（8）其他足以认定的情形。

……

5. 关于非法经营罪的适用

会议针对如何把握非法经营罪与污染环境罪的关系以及如何具体适用非法经营罪的问题进行了讨论。会议强调，要高度重视非法经营危险废物案件的办理，坚持全链条、全环节、全流程对非法排放、倾倒、处置、经营危险废物的产业链进行刑事打击，查清犯罪网络，深挖犯罪源头，斩断利益链条，不断挤压和铲除此类犯罪滋生蔓延的空间。

会议认为，准确理解和适用《环境解释》第六条的规定应当注意把握两个原则：一要坚持实质判断原则，对行为人非法经营危险废物行为的社会危害性作实质性判断。比如，一些单位或者个人虽未依法取得危险废物经营许可证，但其收集、贮存、利用、处置危险废物经营活动，没有超标排放污染物、非法倾倒污染物或者其他违法造成环境污染情形的，则不宜以非法经营罪论处。二要坚持综合判断原则，对行为人非法经营危险废物行为根据其在犯罪链条中的地位、作用综合判断其社会危害性。比如，有证据证明单位或者个人的无证经营危险废物行为属于危险废物非法经营产业链的一部分，并且已经形成了分工负责、利益均沾、相对固定的犯罪链条，如果行为人或者与其联系紧密的上游或者下游环节具有排放、倾倒、处置危险废物违法造成环境污染的情形，且交易价格明显异常的，对行为人可以根据案件具体情况在污染环境罪和非法经营罪中，择一重罪处断。

6. 关于投放危险物质罪的适用

会议强调，目前我国一些地方环境违法犯罪活动高发多发，刑事处罚威慑力不强的问题仍然突出，现阶段在办理环境污染犯罪案件时必须坚决贯彻落实中央领导同志关于重典治理污染的指示精神，把刑法和《环境解释》的规定用足用好，形成对环境污染违法犯罪的强大震慑。

会议认为，司法实践中对环境污染行为适用投放危险物质罪追究刑事责任时，应当重点审查判断行为人的主观恶性、污染行为恶劣程度、污染物的毒害性危险性、污染持续时间、污染结果是否可逆、是否对公共安全造成现实、具体、明确的危险或者危害等各方面因素。对于行为人明知其排放、倾倒、处置的污染物含有毒害性、放射性、传染病病原体等危险物质，仍实施环境污染行为放任其危害公共安全，造成重大人员伤亡、重大公私财产损失等严重后果，以污染环境罪论处明显不足以罚当其罪的，可以按投放危险物质罪定罪量刑。实践中，此类情形主要是向饮用水水源保护区，饮用水供水单位取水口和出水口，南水北调水库、干渠、涵洞等配套工程，重要渔业水体以及自然保护区核心区等特殊保护区域，排放、倾倒、处置毒害性极强的污染物，危害公共安全并造成严重后果的情形。

7. 关于涉大气污染环境犯罪的处理

会议针对涉大气污染环境犯罪的打击处理问题进行了讨论。会议强调，打赢蓝天保卫战是打好污染防治攻坚战的重中之重。各级人民法院、人民检察院、公安机关、生态环境部门要认真分析研究全国人大常委会大气污染防治法执法检查发现的问题和提出的建议，不断加大对涉大气污染环境犯罪的打击力度，毫不动摇地以法律武器治理污染，用法治力量保卫蓝天，推动解决人民群众关注的突出大气环境问题。

会议认为，司法实践中打击涉大气污染环境犯罪，要抓住关键问题，紧盯薄弱环节，突出打击重点。对重污染天气预警期间，违反国家规定，超标排放二氧化硫、氮氧化物，受过行政处罚后又实施上述行为或者具有其他严重情节的，可以适用《环境解释》第一条第十八项规定的“其他严重污染环境的情形”追究刑事责任。

8. 关于非法排放、倾倒、处置行为的认定

会议针对如何准确认定环境污染犯罪中非法排放、倾倒、处置行为进行了讨论。会议认为，司法实践中认定非法排放、倾倒、处置行为时，应当根据《固体废物污染环境防治法》和《环境解释》的有关规定精神，从其行为方式是否违反国家规定或者行业操作规范、污染物是否与外环境接触、是否造成环境污染的危险或者危害等方面进行综合分析判断。对名为运输、贮存、利用，实为排放、倾倒、处置的行为应当认定为非法排放、倾倒、处置行为，可以依法追究刑事责任。比如，未采取相应防范措施将没有利用价值的危险废物长期贮存、搁置，放任危险废物或者其有毒有害成分大量扬散、流失、泄漏、挥发，污染环境的。

9. 关于有害物质的认定

会议针对如何准确认定刑法第三百三十八条规定的“其他有害物质”的问题进行了讨论。会议认为，办理非法排放、倾倒、处置其他有害物质的案件，应当坚持主客观相一致原则，从行为人的主观恶性、污染行为恶劣程度、有害物质危险性毒害性等方面进行综合分析判断，准确认定其行为的社会危害性。实践中，常见的有害物质主要有：工业危险废物以外的其他工业固体废物；未经处理的生活垃圾；有害大气污染物、受控消耗臭氧层物质和有害水污染物；在利用和处置过程中必然产生有毒有害物质的其他物质；国务院生态环境保护主管部门会同国务院卫生主管部门公布的有毒有害污染物名录中的有关物质等。

10. 关于从重处罚情形的认定

会议强调，要坚决贯彻党中央推动长江经济带发展的重大决策，为长江经济带共抓大保护、不搞大开发提供有力的司法保障。实践中，对于发生在长江经济带十一省（直辖市）的下列环境污染犯罪行为，可以从重处罚：(1) 跨省（直辖市）排放、倾倒、处置有放射性的废物、含传染病病原体的废物、有毒物质或者其他有害物质的；(2) 向国家确定的重要江河、湖泊或者其他跨省（直辖市）江河、湖泊排放、倾倒、处置有放射性的废物、含传染病病原体的废物、有毒物质或者其他有害物质的。

11. 关于严格适用不起诉、缓刑、免予刑事处罚

会议针对当前办理环境污染犯罪案件中如何严格适用不起诉、缓刑、免予刑事处罚的问题进行了讨论。会议强调，环境污染犯罪案件的刑罚适用直接关系加强生态环境保护打好污染防治攻坚战的实际效果。各级人民法院、人民检察院要深刻认识环境污染犯罪的严重社会危害性，正确贯彻宽严相济刑事政策，充分发挥刑罚的惩治和预防功能。要在全面把握犯罪事实和量刑情节的基础上严格依照刑法和刑事诉讼法规定的条件适用不起诉、缓刑、免予刑事处罚，既要考虑从宽情节，又要考虑从严情节；既要做到刑罚与犯罪相当，又要做到刑罚执行方式与犯罪相当，切实避免不起诉、缓刑、免予刑事处罚不当适用造成的消极影响。

会议认为，具有下列情形之一的，一般不适用不起诉、缓刑或者免予刑事处罚：(1) 不如实供述罪行的；(2) 属于共同犯罪中情节严重的主犯的；(3) 犯有

数个环境污染犯罪依法实行并罚或者以一罪处理的；（4）曾因环境污染违法犯罪行为受过行政处罚或者刑事处罚的；（5）其他不宜适用不起诉、缓刑、免予刑事处罚的情形。

会议要求，人民法院审理环境污染犯罪案件拟适用缓刑或者免予刑事处罚的，应当分析案发前后的社会影响和反映，注意听取控辩双方提出的意见。对于情节恶劣、社会反映强烈的环境污染犯罪，不得适用缓刑、免予刑事处罚。人民法院对判处缓刑的被告人，一般应当同时宣告禁止令，禁止其在缓刑考验期内从事与排污或者处置危险废物有关的经营活动。生态环境部门根据禁止令，对上述人员担任实际控制人、主要负责人或者高级管理人员的单位，依法不得发放排污许可证或者危险废物经营许可证。

三

会议要求，各部门要认真执行《环境解释》和原环境保护部、公安部、最高人民检察院《环境保护行政执法与刑事司法衔接工作办法》（环环监〔2017〕17号）的有关规定，进一步理顺部门职责，畅通衔接渠道，建立健全环境行政执法与刑事司法衔接的长效工作机制。

12. 关于管辖的问题

会议针对环境污染犯罪案件的管辖问题进行了讨论。会议认为，实践中一些环境污染犯罪案件属于典型的跨区域刑事案件，容易存在管辖不明或者有争议的情况，各级人民法院、人民检察院、公安机关要加强沟通协调，共同研究解决。

会议提出，跨区域环境污染犯罪案件由犯罪地的公安机关管辖。如果由犯罪嫌疑人居住地的公安机关管辖更为适宜的，可以由犯罪嫌疑人居住地的公安机关管辖。犯罪地包括环境污染行为发生地和结果发生地。“环境污染行为发生地”包括环境污染行为的实施地以及预备地、开始地、途经地、结束地以及排放、倾倒污染物的车船停靠地、始发地、途经地、到达地等地点；环境污染行为有连续、持续或者继续状态的，相关地方都属于环境污染行为发生地。“环境污染结果发生地”包括污染物排放地、倾倒地、堆放地、污染发生地等。

多个公安机关都有权立案侦查的，由最初受理的或者主要犯罪地的公安机关立案侦查，管辖有争议的，按照有利于查清犯罪事实、有利于诉讼的原则，由共同的上级公安机关协调确定的公安机关立案侦查，需要提请批准逮捕、移送审查起诉、提起公诉的，由该公安机关所在地的人民检察院、人民法院受理。

13. 关于危险废物的认定

会议针对危险废物如何认定以及是否需要鉴定的问题进行了讨论。会议认为，根据《环境解释》的规定精神，对于列入《国家危险废物名录》的，如果来源和相应特征明确，司法人员根据自身专业技术知识和工作经验认定难度不大的，司法机关可以依据名录直接认定。对于来源和相应特征不明确的，由生态环境部门、公安机关等出具书面意见，司法机关可以依据涉案物质的来源、产生过程、被告人供述、证人证言以及经批准或者备案的环境影响评价文件等证据，结合上述书面意见作出是否属于危险废物的认定。对于需要生态环境部门、公安机关等出具书面认定意见的，区分下列情况分别处理：（1）对已确认固体废物产生单位，且产废单位环评文件中明确为危险废物的，根据产废单位建设项目环评文件和审批、验收意见、案件笔录等材料，可对照《国家危险废物名录》等出具认定意见。（2）对已确认固体废物产生单位，但产废单位环评文件中未明确为危险废物的，应进一步分析废物产生工艺，对照判断其是否列入《国家危险废物名录》。列入名录的可以直接出具认定意见；未列入名录的，应根据原辅材料、产生工艺等进一步分析其是否具有危险特性，不可能具有危险特性的，不属于危险废物；可能具有危险特性的，抽取典型样品进行检测，并根据典型样品检测指标浓度，对照《危险废物鉴别标准》（GB5085. 1-7）出具认定意见。（3）对固体废物产生单位无法确定的，应抽取典型样品进行检测，根据典型样品检测指标浓度，对照《危险废物鉴别标准》（GB5085. 1-7）出具认定意见。对确需进一步委托有相关资质的检测鉴定机构进行检测鉴定的，生态环境部门或者公安机关按照有关规定开展检测鉴定工作。

14. 关于鉴定的问题

会议指出，针对当前办理环境污染犯罪案件中存在的司法鉴定有关问题，司法部将会同生态环境部，加快准入一批诉讼急需、社会关注的环境损害司法鉴定机构，加快对环境损害司法鉴定相关技术规范和标准的制定、修改和认定工作，规范鉴定程序，指导各地司法行政机关会同价格主管部门制定出台环境损害司法鉴定收费标准，加强与办案机关的沟通衔接，更好地满足办案机关需求。

会议要求，司法部应当根据《关于严格准入严格监管提高司法鉴定质量和公信力的意见》（司发〔2017〕11号）的要求，会同生态环境部加强对环境损害司法鉴定机构的事中事后监管，加强司法鉴定社会信用体系建设，建立黑名单制度，完善退出机制，及时向社会公开违法违规的环境损害司法鉴定机构和鉴定人行政处罚、行业惩戒等监管信息，对弄虚作假造成环境损害鉴定评估结论严重失实或者违规收取高额费用、情节严重的，依法撤销登记。鼓励有关单位或者个人向司法部、生态环境部举报环境损害司法鉴定机构的违法违规行为。

会议认为，根据《环境解释》的规定精神，对涉及案件定罪量刑的核心或者关键专门性问题难以确定的，由司法鉴定机构出具鉴定意见。实践中，这类核心或者关键专门性问题主要是案件具体适用的定罪量刑标准涉及的专门性问题，比如公私财产损失数额、超过排放标准倍数、污染物性质判断等。对案件的其他非核心或者关键专门性问题，或者可鉴定也可不鉴定的专门性问题，一般不委托鉴定。比如，适用《环境解释》第一条第二项“非法排放、倾倒、处置危险废物三吨以上”的规定对当事人追究刑事责任的，除可能适用公私财产损失第二档定罪量刑标准的以外，则不应再对公私财产损失数额或者超过排放标准倍数进行鉴定。涉及案件定罪量刑的核心或者关键专门性问题难以鉴定或者鉴定费用明显过高的，司法机关可以结合案件其他证据，并参考生态环境部门意见、专家意见等作出认定。

15. 关于监测数据的证据资格问题

会议针对实践中地方生态环境部门及其所属监测机构委托第三方监测机构出具报告的证据资格问题进行了讨论。会议认为，地方生态环境部门及其所属监测机构委托第三方监测机构出具的监测报告，地方生态环境部门及其所属监测机构在行政执法过程中予以采用的，其实质属于《环境解释》第十二条规定的“环境保护主管部门及其所属监测机构在行政执法过程中收集的监测数据”，在刑事诉讼中可以作为证据使用。

第二章 非法处置进口的固体废物罪

【立案追诉标准】

非法处置进口的固体废物案（刑法第 339 条第 1 款）

违反国家规定，将境外的固体废物进境倾倒、堆放、处置的，应予立案追诉。

《最高人民检察院、公安部关于公安机关管辖的刑事案件立案追诉标准的规定（一）》（2008 年 6 月 25 日）

【犯罪构成及刑事责任】

非法处置进口的固体废物罪，是指自然人或者单位违反国家规定，将境外的固体废物进境倾倒、堆放、处置的行为。构成本罪需要具备以下四个要件：

1. 客体要件。本罪侵犯的客体是国家对进口固体废物的管理制度。

2. 客观要件。客观方面表现为违反国家规定，将境外的固体废物进境倾倒、堆放、处置的行为。具体包括以下三个要素：

（1）违反国家规定。根据刑法第 96 条的规定，违反国家规定是指违反全国人民代表大会及其常务委员会制定的法律和决定，国务院制定的行政法规、规定的行政措施、发布的决定和命令。因此作为本罪前提性条件的“违反国家规定”，主要是指违反我国关于进口固体废物管理的一系列法律法规、行政法规及国务院颁布的其他有关进口固体废物管理的决定、命令等禁止性规定，如固体废物污染环境防治法第 23 条规定：“禁止中华人民共和国境外的固体废物进境倾倒、堆放、处置。”

（2）行为对象。本罪的行为对象是一切进口的固体废物，根据固体废物污染环境防治法第 124 条的规定，固体废物，是指在生产、生活和其他活动中产生的丧失原有利用价值或者虽未丧失利用价值但被抛弃或者放弃的固态、半固态和置于容器中的气态的物品、物质以及法律、行政法规规定纳入固体废物管理的物品、物质。经无害化加工处理，并且符合强制性国家产品质量标准，不会危害公众健康和生态安全，或者根据固体废物鉴别标准和鉴别程序认定为不属于固体废物的不是本罪的行为对象。

（3）行为。本罪行为方式表现为倾倒、堆放和处置，行为人实施其中一种行为即可构成本罪，若行为人实施多种行为，依然仅构成本罪而不实行数罪并罚。倾倒，是指通过船舶、航空器、平台或者其他载运工具，向水体处置废弃物或者其他有害物质的行为。堆放，是指直接向土地弃置固体废物的行为。处置，是指将固体废物焚烧、填埋和用其他改变固体废物的物理、化学、生物特性的方法，达到减少已产生的固体废物数量、缩小固体废物体积、减少或者消除其危险成分的活动。

3. 主体要件。本罪主体是既可以是自然人也可以是单位。

4. 主观要件。本罪在主观方面要求有非法处置进口固体废物的故意，即行为人须有明知是境外的固体废物而故意违反国家规定，将其倾倒、堆放、处置的主观心态。如疏忽大意地误将境外的固体废物倾倒、堆放、处置，不能成立本罪。本罪的认定需要以行为人违法国家规定为前提，行为人的违法性认识错误不能阻碍本罪故意的成立。在具体个案中，要结合行为人的行为目的、客观做法、行为人的职业、生活环境等方面对行为人的主观心态作出具体判断，对行为人的定罪要坚持主客观相一致的原则。在考察行为人的主观方面之时，可看其是否有为追求经济利益心存侥幸的心态。同时，考虑到专业人员对于固体废物和相关规定的认知能力是高于一般普通人的客观现实，在认定从事该业务的行为人是否构成本罪的故意之时，更应采用严格的标准，而不能以社会一般正常行为人的判断标准进行认定。

根据刑法第 339 条第 1 款的规定，犯本罪的，处五年以下有期徒刑或者拘役，并处罚金；造成重大环境污染事故，致使公私财产遭受重大损失或者严重危害人体健康的，处五年以上十年以下有期徒刑，并处罚金；后果特别严重的，处十年以上有期徒刑，并处罚金。

【疑难指导】

一、如何认定混合固体危险废物的危害

在实务中，固体危险固体废物的认定往往十分复杂，污染环境犯罪案件中的危险废物与其他固体废物混后可能形成新的混合固体废物，比如棉签、针头、医用容器等单独的医疗固体废物相混合就成了混合的固体医疗废物。由于混合固体废物与一般同种类固体废物相比，其构成更为复杂、危害更加难以确定，所以不能仅将混合固体危险废物的数量作为认定其危害的唯一标准，也不能简单地将两种以及多种固体废物的危害性指数相加再结合数量进行认定。在倾倒、堆放、处置的对象为混合固体危险废物罪之时，要从以下几个角度出发，对混合固体危险废物的数量和对环境危害结果的作用力进行认定。

首先，考虑每种单独固体危险废物的数量比例。固体危险废物的数量越少，其危险特性扩散给其他固体废物的可能性越小。若其中一种固体危险废物的数量占据绝大比例，则在认定最终危害性时主要考虑此种固体危险废物的作用力。

其次，要考虑结合固体危险废物的种类考虑混合时间的长短。对于不同的固体废物，混合时间的长短决定最终混合固体危险废物的危害性。对于医疗固体危险废物而言，由于很多病原微生物的存活条件比较特殊，时间越久，血液、体液、排泄物中的病原微生物的感染危险性越小，甚至可能完全消失，在环境中也更加难以扩散。

最后，要考虑混合固体废物的混合程度。混合是否充分，也会影响混合固体废物的扩散影响力，危险废物与其他固体废物的材质、密度、体积大小、接触方式，都影响混合的充分程度。

因此，在混合固体废物的危害时，要采用综合、全面的认定思路，结合危险废物的特点，考察数量比例、体积、传染性、混合程度、毒性等方面进行综合认定。

二、如何把握非法处置进口的固体废物罪的既遂条件

从刑法第 339 条第 1 款的规定来看，非法处置进口的固体废物罪属于行为犯，即只要行为人违反国家规定，将境外的固体废物进境倾倒、堆放、处置的，不要求数量、次数等情节，也不需要造成实害后果，即可构成犯罪既遂。如果违反国家规定，非法处置进口的固体废物，将境外的固体废物进境倾倒、堆放、处置的行为造成重大环境污染事故，致使公私财产遭受重大损失或者严重危害人体健康的，属于加重犯。如果行为人从境外进口固体废物，意图实施倾倒、堆放、处置行为，但是由于意志以外的原因没有得逞的，属于本罪的犯罪未遂。

三、非法处置进口的固体废物罪与走私废物罪的界限

走私废物罪，是指逃避海关监管将境外固体废物、液态废物和气态废物运输进境，情节严重的行为。非法处置固体废物的行为和走私废物的行为在实务中有时密不可分，所以在行为发生交互时要严格区分两种罪名的认定以及罪数的认定。两罪的区别主要体现在以下几个方面：

第一，犯罪客体不同。本罪的客体是国家对进口固体废物的管理制度；走私废物罪的客体则是国家海关监管制度中关于废物进口的管理制度。

第二，行为对象不同。与非法处置进口的固体废物罪相比，走私废物罪的行为对象的范围更为广泛。非法处置进口的固体废物罪的行为对象为进口的固体废物；走私废物罪的行为对象为境外的固体废物、液态废物和气态废物，走私废物罪的行为对象不仅包括固体废物，而且包括液态废物和气态废物。

第三，前置性违法表现不同。非法处置进口的固体废物罪在违反国家规定的情况下才能认定，走私废物罪违反的是海关监管规定，与前罪的认定有所不同。

第四，行为方式不同。非法处置进口的固体废物罪是将我国境外的固体废物进境倾倒、堆放、处置的行为，走私废物罪是指逃避海关监管，将境外废物运输进境的行为。

第五，主观方面不同。非法处置进口的固体废物罪的故意内容是“明知是境外的固体废物而故意违反国家规定，将其倾倒、堆放、处置”，走私废物罪的故意内容是“明知自己的行为不符合海关监管规定，依然逃避海关监管将境外固体废物、液态废物和气态废物运输进境”。

四、非法处置进口的固体废物罪与污染环境罪的界限

非法处置进口的固体废物罪与污染环境罪在犯罪主体方面相同，犯罪的同类客体上都是相同的。两者主要区别可以从以下两点把握：

第一，犯罪直接客体不同。非法处置进口的固体废物罪侵犯的客体是国家有关固体废物污染防治的管理制度；而污染环境罪的客体为国家环境保护管理制度。

第二，犯罪客观要件不同。非法处置进口的固体废物罪在客观上表现为违反国家规定，将境外的固体废物进境倾倒、堆放、处置，行为对象仅限于进口的固体废物；而污染环境罪在客观上则表现为违反国家规定向土地、水体、大气排放、倾倒或者处置危险废物，而危险废物的范围更大，包含了非法处置进口的固体废物罪的行为对象。

五、非法处置进口的固体废物罪的罪数问题

（一）非法处置进口的固体废物罪与走私废物罪的罪数问题

行为人以处置境外固体废物为目的，实施了走私废物的行为，可以构成刑法中的牵连犯，在处罚时从一从重，并不以两罪数罪并罚。如果行为人不是以处置为目的的走私固体废物，如为了减少自己工厂的用工成本来走私境外固体废物，但是在实际操作的过程中没有办法对固体废物实际利用，因而又对走私进来的固体废物加以处置，触及非法处置固体废物罪，在这种情况下，行为人实际上从事的是两个行为，侵害了两种法益，应当以两个罪名数罪并罚。除此之外，如果行为人一开始并不想利用固体废物而是想先进口再处置，则需根据走私废物罪的规定处罚。

（二）非法处置进口的固体废物罪与伪造、变造、买卖国家机关公文、证件、印章罪的罪数问题

行为人通过伪造、变造《进口废物批准证书》进口固体废物，并倾倒、堆放、处置的，手段行为构成伪造、变造、买卖国家机关公文、证件、印章罪，目的行为构成非法处置进口的固体废物罪，在刑法和相关的司法解释没有规定实行数罪并罚的情况下，应当按照牵连犯的处罚原则择一重罪论处。依据刑法法条对法定刑的规定，非法处置进口的固体废物罪的法定刑重于伪造、变造、买卖国家机关公文、证件、印章罪的法定刑，所以应按照非法处置进口的固体废物罪定罪量刑。

（三）非法处置进口的固体废物罪与污染环境罪、投放危险物质罪的罪数问题

一般来说，当非法处置进口的固体废物罪与污染环境罪、投放危险物质罪出现竞合之时依照处罚较重的规定定罪处罚。根据《最高人民法院、最高人民检察院关于办理环境污染刑事案件适用法律若干问题的解释》第8条的规定："违反国家规定，排放、倾倒、处置含有毒害性、放射性、传染病病原体等物质的污染物，同时构成污染环境罪、非法处置进口的固体废物罪、投放危险物质罪等犯罪的，依照处罚较重的规定定罪处罚。"

但应注意的是，当个案中存在数个行为时，存在应当实行数罪并罚的情形。以本罪与污染环境罪的罪数形态为例，某企业一方面违法排放有毒废水，严重污染环境；另一方面又将境外的固体废物进行倾倒。对此，应当实行数罪并罚，而不能仅以一罪论处。只有当行为人单纯将境外的固体废物进境倾倒、堆放、处置，造成严重污染环境的结果时，才能仅按一个重罪处罚。

【办案依据】

一、刑法规定

第三百三十九条第一款　违反国家规定，将境外的固体废物进境倾倒、堆放、处置的，处五年以下有期徒刑或者拘役，并处罚金；造成重大环境污染事故，致使公私财产遭受重大损失或者严重危害人体健康的，处五年以上十年以下有期徒刑，并处罚金；后果特别严重的，处十年以上有期徒刑，并处罚金。

第三百四十六条　单位犯本节第三百三十八条至第三百四十五条规定之罪的，对单位判处罚金，并对其直接负责的主管人员和其他直接责任人员，依照本节各该条的规定处罚。

二、司法解释

《最高人民法院、最高人民检察院关于办理环境污染刑事案件适用法律若干问题的解释》（2016年12月23日　法释〔2016〕29号）

第二条　实施刑法第三百三十九条、第四百零八条规定的行为，致使公私财产损失三十万元以上，或者具有本解释第一条第十项至第十七项规定情形之一的，应当认定为"致使公私财产遭受重大损失或者严重危害人体健康"或者"致使公

私财产遭受重大损失或者造成人身伤亡的严重后果”。

第三条 实施刑法第三百三十八条、第三百三十九条规定的行为，具有下列情形之一的，应当认定为“后果特别严重”：

（一）致使县级以上城区集中式饮用水水源取水中断十二小时以上的；

（二）非法排放、倾倒、处置危险废物一百吨以上的；

（三）致使基本农田、防护林地、特种用途林地十五亩以上，其他农用地三十亩以上，其他土地六十亩以上基本功能丧失或者遭受永久性破坏的；

（四）致使森林或者其他林木死亡一百五十立方米以上，或者幼树死亡七千五百株以上的；

（五）致使公私财产损失一百万元以上的；

（六）造成生态环境特别严重损害的；

（七）致使疏散、转移群众一万五千人以上的；

（八）致使一百人以上中毒的；

（九）致使十人以上轻伤、轻度残疾或者器官组织损伤导致一般功能障碍的；

（十）致使三人以上重伤、中度残疾或者器官组织损伤导致严重功能障碍的；

（十一）致使一人以上重伤、中度残疾或者器官组织损伤导致严重功能障碍，并致使五人以上轻伤、轻度残疾或者器官组织损伤导致一般功能障碍的；

（十二）致使一人以上死亡或者重度残疾的；

（十三）其他后果特别严重的情形。

第五条 实施刑法第三百三十八条、第三百三十九条规定的行为，刚达到应当追究刑事责任的标准，但行为人及时采取措施，防止损失扩大、消除污染，全部赔偿损失，积极修复生态环境，且系初犯，确有悔罪表现的，可以认定为情节轻微，不起诉或者免予刑事处罚；确有必要判处刑罚的，应当从宽处罚。

第十七条 本解释所称“二年内”，以第一次违法行为受到行政处罚的生效之日与又实施相应行为之日的时间间隔计算确定。

本解释所称“重点排污单位”，是指设区的市级以上人民政府环境保护主管部门依法确定的应当安装、使用污染物排放自动监测设备的重点监控企业及其他单位。

本解释所称“违法所得”，是指实施刑法第三百三十八条、第三百三十九条规定的行为所得和可得的全部违法收入。

本解释所称“公私财产损失”，包括实施刑法第三百三十八条、第三百三十九条规定的行为直接造成财产损毁、减少的实际价值，为防止污染扩大、消除污染而采取必要合理措施所产生的费用，以及处置突发环境事件的应急监测费用。

本解释所称“生态环境损害”，包括生态环境修复费用，生态环境修复期间服务功能的损失和生态环境功能永久性损害造成的损失，以及其他必要合理费用。

本解释所称“无危险废物经营许可证”，是指未取得危险废物经营许可证，或者超出危险废物经营许可证的经营范围。

三、司法文件

《最高人民检察院、公安部关于公安机关管辖的刑事案件立案追诉标准的规定（一）》（2008年6月25日　公通字〔2008〕36号）

第六十一条　【非法处置进口的固体废物案（刑法第三百三十九条第一款）】违反国家规定，将境外的固体废物进境倾倒、堆放、处置的，应予立案追诉。

第三章 擅自进口固体废物罪

【立案追诉标准】

擅自进口固体废物案（刑法第339条第2款）

未经国务院有关主管部门许可，擅自进口固体废物用作原料，造成重大环境污染事故，涉嫌下列情形之一的，应予立案追诉：

（一）致使公私财产损失三十万元以上的；

（二）致使基本农田、防护林地、特种用途林地五亩以上，其他农用地十亩以上，其它土地二十亩以上基本功能丧失或者遭受永久性破坏的；

（三）致使森林或者其他林木死亡五十立方米以上，或者幼树死亡二千五百株以上的；

（四）致使一人以上死亡、三人以上重伤、十人以上轻伤，或者一人以上重伤并且五人以上轻伤的；

（五）致使传染病发生、流行或者人员中毒达到《国家突发公共卫生事件应急预案》中突发公共卫生事件分级Ⅲ级以上情形，严重危害人体健康的；

（六）其他致使公私财产遭受重大损失或者严重危害人体健康的情形。

《最高人民检察院、公安部关于公安机关管辖的刑事案件立案追诉标准的规定（一）》（2008年6月25日）

需要注意的是，根据《最高人民法院、最高人民检察院关于办理环境污染刑事案件适用法律若干问题的解释》（2016 年 12 月 23 日）第 1 条和第 2 条的规定，致使三十人以上中毒的；致使三人以上轻伤、轻度残疾或者器官组织损伤导致一般功能障碍的；致使一人以上重伤、中度残疾或者器官组织损伤导致严重功能障碍的；造成生态环境严重损害的；致使乡镇以上集中式饮用水水源取水中断十二小时以上的；致使疏散、转移群众五千人以上的都是擅自进口固体废物罪的刑事立案标准。因此，《最高人民检察院、公安部关于公安机关管辖的刑事案件立案追诉标准的规定（一）》（2008 年 6 月 25 日）与《最高人民法院、最高人民检察院关于办理环境污染刑事案件适用法律若干问题的解释》不一致的，优先适用《最高人民法院、最高人民检察院关于办理环境污染刑事案件适用法律若干问题的解释》。

【犯罪构成及刑事责任】

擅自进口固体废物罪，是指自然人或者单位未经国务院有关主管部门许可，擅自进口固体废物用作原料，造成重大环境污染事故，致使公私财产遭受重大损失或者严重危害人体健康的行为。构成本罪需要具备以下四个要件：

1. 客体要件。本罪侵犯的客体是国家对进口固体废物的管理制度。根据固体废物污染环境防治法第 24 条的规定，国家逐步实现固体废物零进口，由国务院生态环境主管部门会同国务院商务、发展改革、海关等主管部门组织实施。根据自 2021 年 1 月 1 日起施行的生态环境部、商务部、国家发展和改革委员会、海关总署《关于全面禁止进口固体废物有关事项的公告》，禁止以任何方式进口固体废物，生态环境部停止受理和审批限制进口类可用作原料的固体废物进口许可证的申请；2020 年已发放的限制进口类可用作原料的固体废物进口许可证，应当在证书载明的 2020 年有效期内使用，逾期自行失效。在未经国务院有关主管部门许可的情况下，行为人实施的擅自进口固体废物用作原料造成重大环境污染事故的行为，严重危害了国家对于进口固体废物的管理制度。

2. 客观要件。客观方面表现为自然人或者单位未经国务院有关主管部门许可，擅自进口固体废物用作原料，造成重大环境污染事故，致使公私财产遭受重大损失或者严重危害人体健康的行为。具体包括以下三个基本要素：

（1）未经国务院有关主管部门许可。这是构成本罪的前提条件，在 2021 年 1 月 1 日以后，国家已经禁止以任何方式进口固体废物，已发放的限制进口类可用作原料的固体废物进口许可证也已经失效，《进口废物管理目录》中的所有固体废物，包括限制进口类可用作原料的固体废物和非限制进口类可用作原料的固体废物在任何情况下也不允许进口。

（2）行为。本罪的行为表现为擅自进口固体废物用作原料。需要注意的是，行为人擅自进口固体废物的目的是将其用作原料，而不是将其填埋、长久堆放，且本罪的行为对象是进口的固体废物，而非气态、液态废物。

（3）结果。构成本罪需要造成重大环境污染事故，致使公私财产遭受重大损失或者严重危害人体健康。根据《最高人民法院、最高人民检察院关于办理环境污染刑事案件适用法律若干问题的解释》第 2 条，致使公私财产损失三十万元以上，或者具有以下情形之一的，应当认定为“致使公私财产遭受重大损失或者严重危害人体健康”或者“致使公私财产遭受重大损失或者造成人身伤亡的严重后果”：①造成生态环境严重损害的；②致使乡镇以上集中式饮用水水源取水中断 12 小时以上的；③致使基本农田、防护林地、特种用途林地 5 亩以上，其他农用地 10 亩以上，其他土地 20 亩以上基本功能丧失或者遭受永久性破坏的；④致使森林或者其他林木死亡 50 立方米以上，或者幼树死亡 2500 株以上的；⑤致使疏散、转移群众 5 千人以上的；⑥致使 30 人以上中毒的；⑦致使 3 人以上轻伤、轻度残疾或者器官组织损伤导致一般功能障碍的；⑧致使 1 人以上重伤、中度残疾或者器官组织损伤导致严重功能障碍的。

3. 主体要件。本罪主体既可以是自然人也可以是单位。在实践中，该罪多由单位构成。

4. 主观要件。本罪在主观方面表现为故意，即行为人明知自己未取得国务院有关行政主管部门许可，仍擅自进口固体废物用作原料，过失不构成本罪。

根据刑法第339条第2款的规定，犯本罪的，处五年以下有期徒刑或者拘役，并处罚金；后果特别严重的，处五年以上十年以下有期徒刑，并处罚金。

【疑难指导】

一、擅自进口固体废物罪入罪标准的严格把握

判断行为人构成擅自进口固体废物罪的前提是是否经国务院有关主管部门许可。近些年来，国务院及有关部门逐步对可以进口的固体废物种类进行限缩，所以要根据行为人进口固体废物的时间以及行为人是否取得固体废物进口许可证来判断行为人进口固体废物的行为是否属于“未经国家相关行政主管部门许可”。

需要注意的是，在2020年固体废物污染环境防治法修订之前，根据2016年固体废物污染环境防治法第25条的规定，固体废物分为禁止进口、限制进口和非限制进口三类。在2021年全面禁止进口固体废物之前，作为本罪行为对象的固体废物仅指可用作原料的、国家限制进口的固体废物，国家禁止进口的固体废物、未列入规定目录的固体废物、列入自动许可进口目录的固体废物不是本罪的行为对象。依照刑法第339条第3款的规定，以原料进口为名，进口不能用作原料的固体废物、液态废物和气态废物的，依照走私废物罪定罪处罚。进口的固体废物必须符合国家环境保护标准，并经质量监督检验检疫部门检验合格。如果未经国务院环境保护行政主管部门会同国务院对外贸易主管部门审查许可，擅自进口列入限制进口目录的固体废物用作原料，则可能构成擅自进口固体废物罪。

在2021年全面禁止固体废物入境后，本罪的行为对象发生变化，在司法办案中要严格把握行为人进口固体废物的时间。在以前司法办案的过程中，如果行为人进口的固体废物属于固体废物的自动许可进口范围，则不构成本罪，但是在2021年后，擅自进口此类固体废物，则存在适用本罪的可能。

二、擅自进口固体废物罪与非法处置进口的固体废物罪的界限

根据刑法第339条第1款的规定，非法处置进口的固体废物罪，是指违反国家规定，将境外的固体废物进境倾倒、堆放、处置的行为。擅自进口固体废物罪与非法处置进口的固体废物罪都侵害了我国进口固体废物的管理制度，两罪的行为对象都是进口固体废物，且都是故意犯罪，犯罪主体也都相同。本罪与非法处置

进口的固体废物罪的主要区别在于：

第一，主观方面不同。擅自进口固体废物罪的故意内容是“明知自己未取得国务院有关行政主管部门许可，仍擅自进口固体废物用作原料”；而非法处置进口的固体废物罪的故意内容为“明知是境外的固体废物而故意违反国家规定，依然将其倾倒、堆放、处置”。

第二，客观方面不同。擅自进口固体废物罪是结果犯，只有造成重大环境污染事故的结果，才构成犯罪；而非法处置进口的固体废物罪是行为犯，只要实施了将境外的固体废物进境倾倒、堆放、处置的行为就可以构成犯罪。

三、擅自进口固体废物罪与走私废物罪的界限

走私废物罪，是指逃避海关监管将境外固体废物、液态废物和气态废物运输进境，情节严重的行为。两罪的区别主要体现在以下几个方面：

第一，犯罪客体不同。擅自进口固体废物罪的客体是国家对进口固体废物的管理制度；走私废物罪的客体是国家海关监管制度中关于废物进口的管理制度。

第二，违法前置性不同。擅自进口固体废物罪的行为的前提是未经国务院环境保护行政主管部门许可；走私废物罪则是表现为违反了海关监管制度。

第三，行为方式不同。擅自进口固体废物罪的行为方式是用作原料；走私废物罪表现为实施逃避海关监管将境外废物运输进境的行为。以原料利用为名，进口不能用作原料的固体废物、液态废物和气态废物的，构成走私废物罪。

第四，是否要求犯罪结果不同。擅自进口固体废物罪的成立要求必须有造成重大环境污染事故的后果，如致使公私财产遭受重大损失或者严重危害人体健康；走私废物罪需要以实施走私行为、情节严重为成立要件。根据《最高人民法院、最高人民检察院关于办理走私刑事案件适用法律若干问题的解释》第 14 条的规定，走私国家禁止进口的废物或者国家限制进口的可用作原料的废物，具有下列情形之一的，应当认定为刑法第 152 条第 2 款规定的“情节严重”：（1）走私国家禁止进口的危险性固体废物、液态废物分别或者合计达到一吨以上不满五吨的；（2）走私国家禁止进口的非危险性固体废物、液态废物分别或者合计达到五吨以上不满二十五吨的；（3）走私国家限制进口的可用作原料的固体废物、液态废物分别或者合计达到二十吨以上不满一百吨的；（4）未达到上述数量标准，但属于犯罪集团的首要分子，使用特种车辆从事走私活动，或者造成环境严重污染等情形的。

第五，主观方面不同。两罪都为故意犯罪但故意的内容有所不同，擅自进口固体废物罪的故意内容是“明知自己未取得国务院有关行政主管部门许可，仍擅自进口固体废物用作原料”，走私废物罪的故意内容为“明知自己的行为不符合海关监管规定，依然逃避海关监管将境外固体废物、液态废物和气态废物运输进境”。在目的层面，虽然两罪的成立都不需要以何种目的为前提，但在实务中走私废物的行为人一般都具有非法牟利的目的，而擅自进口固体废物的行为人一般是以把固体废物当做原料利用为目的。

【办案依据】

一、刑法规定

第三百三十九条第二款　未经国务院有关主管部门许可，擅自进口固体废物用作原料，造成重大环境污染事故，致使公私财产遭受重大损失或者严重危害人体健康的，处五年以下有期徒刑或者拘役，并处罚金；后果特别严重的，处五年以上十年以下有期徒刑，并处罚金。

第三百三十九条第三款　以原料利用为名，进口不能用作原料的固体废物、液态废物和气态废物的，依照本法第一百五十二条第二款、第三款的规定定罪处罚。

第三百四十六条　单位犯本节第三百三十八条至第三百四十五条规定之罪的，对单位判处罚金，并对其直接负责的主管人员和其他直接责任人员，依照本节各该条的规定处罚。

二、司法文件

（一）《最高人民检察院、公安部关于公安机关管辖的刑事案件立案追诉标准的规定（一）》（2008年6月25日　公通字〔2008〕36号）

第六十二条　【擅自进口固体废物案（刑法第三百三十九条第二款）】未经国务院有关主管部门许可，擅自进口固体废物用作原料，造成重大环境污染事故，涉嫌下列情形之一的，应予立案追诉：

（一）致使公私财产损失三十万元以上的；

（二）致使基本农田、防护林地、特种用途林地五亩以上，其他农用地十亩以上，其他土地二十亩以上基本功能丧失或者遭受永久性破坏的；

（三）致使森林或者其他林木死亡五十立方米以上，或者幼树死亡二千五百株以上的；

（四）致使一人以上死亡、三人以上重伤、十人以上轻伤，或者一人以上重伤并且五人以上轻伤的；

（五）致使传染病发生、流行或者人员中毒达到《国家突发公共卫生事件应急预案》中突发公共卫生事件分级 III 级以上情形，严重危害人体健康的；

（六）其他致使公私财产遭受重大损失或者严重危害人体健康的情形。

（二）《最高人民法院、最高人民检察院关于办理环境污染刑事案件适用法律若干问题的解释》（2016 年 12 月 23 日　法释〔2016〕29 号）

第一条　实施刑法第三百三十八条规定的行为，具有下列情形之一的，应当认定为“严重污染环境”：

（一）在饮用水水源一级保护区、自然保护区核心区排放、倾倒、处置有放射性的废物、含传染病病原体的废物、有毒物质的；

（二）非法排放、倾倒、处置危险废物三吨以上的；

（三）排放、倾倒、处置含铅、汞、镉、铬、砷、铊、锑的污染物，超过国家或者地方污染物排放标准三倍以上的；

（四）排放、倾倒、处置含镍、铜、锌、银、钒、锰、钴的污染物，超过国家或者地方污染物排放标准十倍以上的；

（五）通过暗管、渗井、渗坑、裂隙、溶洞、灌注等逃避监管的方式排放、倾倒、处置有放射性的废物、含传染病病原体的废物、有毒物质的；

（六）二年内曾因违反国家规定，排放、倾倒、处置有放射性的废物、含传染病病原体的废物、有毒物质受过两次以上行政处罚，又实施前列行为的；

（七）重点排污单位篡改、伪造自动监测数据或者干扰自动监测设施，排放化学需氧量、氨氮、二氧化硫、氮氧化物等污染物的；

（八）违法减少防治污染设施运行支出一百万元以上的；

（九）违法所得或者致使公私财产损失三十万元以上的；

（十）造成生态环境严重损害的；

（十一）致使乡镇以上集中式饮用水水源取水中断十二小时以上的；

（十二）致使基本农田、防护林地、特种用途林地五亩以上，其他农用地十亩以上，其他土地二十亩以上基本功能丧失或者遭受永久性破坏的；

（十三）致使森林或者其他林木死亡五十立方米以上，或者幼树死亡二千五百株以上的；

（十四）致使疏散、转移群众五千人以上的；

（十五）致使三十人以上中毒的；

（十六）致使三人以上轻伤、轻度残疾或者器官组织损伤导致一般功能障碍的；

（十七）致使一人以上重伤、中度残疾或者器官组织损伤导致严重功能障碍的；

（十八）其他严重污染环境的情形。

第二条　实施刑法第三百三十九条、第四百零八条规定的行为，致使公私财产损失三十万元以上，或者具有本解释第一条第十项至第十七项规定情形之一的，应当认定为“致使公私财产遭受重大损失或者严重危害人体健康”或者“致使公私财产遭受重大损失或者造成人身伤亡的严重后果”。

第四章　非法捕捞水产品罪

【立案追诉标准】

非法捕捞水产品案（刑法第340条）

违反保护水产资源法规，在禁渔区、禁渔期或者使用禁用的工具、方法捕捞水产品，涉嫌下列情形之一的，应予立案追诉：

（一）在内陆水域非法捕捞水产品五百公斤以上或者价值五千元以上的，或者在海洋水域非法捕捞水产品二千公斤以上或者价值二万元以上的；

（二）非法捕捞有重要经济价值的水生动物苗种、怀卵亲体或者在水产种质资源保护区内捕捞水产品，在内陆水域五十公斤以上或者价值五百元以上，或者在海洋水域二百公斤以上或者价值二千元以上的；

（三）在禁渔区内使用禁用的工具或者禁用的方法捕捞的；

（四）在禁渔期内使用禁用的工具或者禁用的方法捕捞的；

（五）在公海使用禁用渔具从事捕捞作业，造成严重影响的；

（六）其他情节严重的情形。

《最高人民检察院、公安部关于公安机关管辖的刑事案件立案追诉标准的规定（一）》（2008年6月25日）

【犯罪构成及刑事责任】

非法捕捞水产品罪，是指自然人或者单位违反保护水产资源法规，在禁渔区、禁渔期或者使用禁用的工具、方法捕捞水产品，情节严重的行为。构成本罪需要具备以下四个要件：

1. 客体要件。本罪侵犯的客体为国家保护水产资源的管理制度。

2. 客观要件。客观方面表现为违反保护水产资源法规，在禁渔区、禁渔期或者使用禁用的工具、方法捕捞水产品的行为。具体包括三个要素：

（1）违反保护水产资源法规。水产品资源法规包括渔业法、水产资源繁殖保护条例等保护水产资源的法律、法规。如根据水产资源繁殖保护条例第 8 条的规定："凡是鱼、蟹等产卵洄游通道的江河，不得遮断河面拦捕，应当留出一定宽度的通道，以保证足够数量的亲体上溯或降河产卵繁殖。更不准在闸口拦捕鱼、蟹幼体和产卵洄游的亲体，必要时应当规定禁渔期。因养殖生产需要而捕捞鱼苗、蟹苗者，应当经省、自治区、直辖市水产部门批准，在指定水域和时间内作业。"若行为人违反了上述禁渔期的规定，则违反保护水产资源法规，符合构成本罪的前提条件。

（2）在禁渔区、禁渔期或者使用禁用的工具、方法捕捞水产品。"禁渔区"，是指禁止或者限制从事水产品捕捞作业的区域。具体是指渔业行政主管部门依照有关法律或者国际协定，对某些重要的鱼、虾、贝类产卵场、越冬场、幼体索饵场、洄游通道及生长繁殖场所等，划定禁止全部作业或者限制作业的一定区域。"禁渔期"，是指禁止或者限制从事水产品捕捞作业的时间。具体是指渔业行政主管部门依照有关法律或者国际协定，对某些重要的水生动植物，如重要的鱼、虾、贝类、藻类以及其他重要水生动物的产卵场、索饵场、越冬场、洄游通道及生长繁殖场所等，规定禁止全部作业或者限制作业的一定期限。"禁用的工具"，是指禁止使用的捕捞工具，即超过国家按照不同的捕捞对象所分别规定的最小网眼尺寸的网具和其他禁止使用的渔具。最小网眼尺寸就是容许捕捞各种鱼、虾、蟹所使用的渔具网眼的最低限制，可以使未成熟的水产品幼体不被捕捞，确保其生长繁殖，以供日后捕捞，有利于水产品的正常繁殖。"禁止的方法"，是指禁止使用的捕捞方法，即以严重损害水产品正常生长繁殖的方法捕捞水产品。主要是指使用电力、决水、爆炸、投放危险物质、鱼鹰、墨鱼笼、双层囊网拖网等方法捕捞水产品。

（3）情节严重。就本罪"情节严重"的认定，根据 2016 年 8 月 1 日发布的

《最高人民法院关于审理发生在我国管辖海域相关案件若干问题的规定（二）》第4条的规定，违反保护水产资源法规，在海洋水域，在禁渔区、禁渔期或者使用禁用的工具、方法捕捞水产品，具有下列情形之一的，应当认定为刑法第340条规定的“情节严重”：①非法捕捞水产品一万公斤以上或者价值十万元以上的；②非法捕捞有重要经济价值的水生动物苗种、怀卵亲体二千公斤以上或者价值二万元以上的；③在水产种质资源保护区内捕捞水产品二千公斤以上或者价值二万元以上的；④在禁渔区内使用禁用的工具或者方法捕捞的；⑤在禁渔期内使用禁用的工具或者方法捕捞的；⑥在公海使用禁用渔具从事捕捞作业，造成严重影响的；⑦其他情节严重的情形。同时，根据2020年12月17日发布的《最高人民法院、最高人民检察院、公安部、农业农村部关于依法惩治长江流域非法捕捞等违法犯罪的意见》第2条的规定，违反保护水产资源法规，在长江流域重点水域非法捕捞水产品，具有下列情形之一的，依照刑法第340条的规定，以非法捕捞水产品罪定罪处罚：①非法捕捞水产品五百公斤以上或者一万元以上的；②非法捕捞具有重要经济价值的水生动物苗种、怀卵亲体或者在水产种质资源保护区内捕捞水产品五十公斤以上或者一千元以上的；③在禁捕区域使用电鱼、毒鱼、炸鱼等严重破坏渔业资源的禁用方法捕捞的；④在禁捕区域使用农业农村部规定的禁用工具捕捞的；⑤其他情节严重的情形。对长江流域的非法捕捞行为进行重点打击。

3. 主体要件。本罪主体既可以是自然人也可以是单位。

4. 主观要件。本罪在主观方面是故意犯罪。行为人须有明知自己的捕捞行为违反保护水产资源法规，依然在禁渔区、禁渔期或者使用禁用的工具、方法捕捞水产品的故意。如疏忽大意地在禁渔区、禁渔期或者使用禁用的工具、方法捕捞水产品，不能成立本罪。

根据刑法第340条的规定，犯本罪的，处三年以下有期徒刑、拘役、管制或者罚金。

【疑难指导】

一、本罪保护法益的争议及认定

非法捕捞水产品罪的刑法条文经历了变迁，法益的理解也具有较强的时代属性。在1979年刑法中，立法者着眼于水产品的经济属性，认为非法捕捞水产品罪的客体主要体现为对经济秩序的破坏，将非法捕捞水产品罪置于“破坏社会主义经济秩序罪”一章，并规定“违反保护水产资源法规，在禁渔区、禁渔期或者使用禁用的工具、方法捕捞水产品，情节严重的，处二年以下有期徒刑、拘役或者罚金”。但伴随着社会观念的转变，立法者认识到水产资源不仅仅有着自身的经济价值，而且与环境保护密切相关，水产品也有其自身的环境价值，故在1997年刑法中，非法捕捞水产品罪被挪入“妨害社会管理秩序罪”一章中的“破坏环境资源保护罪”一节中。因此，非法捕捞水产品罪的法益解读也随之发生变化，不再是单纯地从经济角度考虑，而是从环境资源保护的角度考虑。

就非法捕捞水产品罪的保护法益，有不同的学术观点。理论上主流观点认为本罪的客体为国家保护水产资源的管理制度，[①] 但也有学者认为，本罪的法益是环境法益，包括环境权和环境生态安全。[②] 反对将本罪的客体限定为国家保护水产资源的管理制度的主要理由是，其并不能正确概括本罪的保护法益，简单地将本罪认定为对管理制度的破坏，则没有把握非法捕捞水产品罪的本质，在刑法本节的犯罪中，共同的保护客体是环境资源而不是对于环境管理制度的破坏。该观点认为，非法捕捞水产品罪的客体应细化为水产资源和水域生态环境法益。非法捕捞行为首先直接表现为对水产资源的破坏，其次大部分非法捕捞往往也会伴随对水域生态环境的破坏，如电鱼、毒鱼、炸鱼等非法捕捞行为不仅直接危害鱼虾的生存，也会导致该水域内的藻类、浮游生物等死亡。如果将保护的内容落脚到制度，则容易造成对本罪的形式判断而忽略了实质判断，从而会将实践中一些本该认定为非法捕捞水产品罪的行为忽略，影响对该犯罪行为的打击。例如，实务中曾出

---

① 高铭暄、马克昌主编：《刑法学》，北京大学出版社2019年版，第585页。

② 吴献萍：《环境犯罪与环境刑法》，知识产权出版社2010年版，第286页。

现以数额太小、数量不大或危害性不大为理由，拒绝受理渔政执法部门移送的案件，则忽略了非法捕捞水产品罪的真实客体，直接影响了对非法捕捞水产品性为的打击力度和打击效果。[①]

但笔者认为，在现有的刑法体系下，本罪的法益认定为国家保护水产资源的管理制度依然有其合理之处。如果将本罪的法益过于实质化，如认定为水产资源和水域生态环境法益，有可能会出现法益过于模糊的问题。而且，国家保护水产资源的管理制度的根本目的，也没有停留在制度本身，在制度的管控下，最终能够实现对水产资源和环境的保护，将本罪的法益认定为国家保护水产资源的管理制度并不会影响对与水产资源相关的环境法益的保护。当然，也不能将本罪的客体直接认定为环境法益，在与环境法益相联系的同时，要注意本罪的特殊性。第六节破坏环境资源保护罪的同类客体是环境法益，但其内容较为宽泛，不能直接明确非法捕捞水产品罪的直接客体。刑法第六章第六节也是通过设置多种不同罪名来保护各种重要的环境法益，覆盖了耕地资源、矿产资源、水资源、大气资源和林木资源等不同的环境资源。所以在认定非法捕捞水产品罪的客体之时，不能仅仅将其理解为环境法益。在现有的法律框架上，将本罪的法益明确为国家保护水产资源的管理制度更具合理性和必要性。

二、如何理解非法捕捞水产品罪中的“水产品”

根据我国刑法第 340 条之规定，非法捕捞水产品罪的犯罪对象是水产品。关于何谓“水产品”的定义，我国相关法律法规没有作出明确规定。根据现代汉语词典的解释，水产，是指海洋、江河、湖泊里出产的动物、藻类等的统称，一般指有经济价值的，如各种鱼、虾、蟹、贝类、海带、石花菜等。[②] 根据 1979 年国务院颁布的《水产资源繁殖保护条例》第 4 条的规定，水产资源的保护对象包括各种鱼类、虾蟹类、贝类、海藻类、淡水食用水生植物类以及其他重要的水产资源。

---

① 周泽春、王涛：《禁渔期非法捕捞为何不立案》，载《检察日报》2013 年 7 月 13 日第 4 版。

② 中国社会科学院语言研究所词典编辑室编：《现代汉语词典》，商务印书馆 2012 年版，第 1218 页。

对于人工养殖的水产品，是否可以构成非法捕捞水产品罪的犯罪对象还有所争议。笔者认为，一般来说，捕捞人工养殖的水产品不会构成非法捕捞水产品罪，但是当捕捞行为已经触及对水产资源的管理制度的破坏时，可以入罪。有学者认为，非法捕捞水产品罪中的“水产品”只能是自然野生的水产品，对“人工养殖”的水产品非法捕捞更多是对养殖人财产所有权的侵犯，而不会造成对自然水产资源的破坏，因此只能按相应的财产犯罪来处理。① 但捕捞人工养殖的水产品，也存在对水产资源的管理制度的破坏和危及生态环境、破坏生态资源的危险性。渔业法对渔业资源的增殖和保护是全方位的，并没有仅就自然水产进行保护，如根据渔业法第29条的规定：“国家保护水产种质资源及其生存环境，并在具有较高经济价值和遗传育种价值的水产种质资源的主要生长繁育区域建立水产种质资源保护区。未经国务院渔业行政主管部门批准，任何单位或者个人不得在水产种质资源保护区内从事捕捞活动。”由此可以看出，对水产种质资源保护区内人工培育、养殖的水产品，也符合上述条文的保护范围，行为人依然可以构成非法捕捞水产品罪。当行为人的捕捞行为已经实质性地侵害到了本罪的法益，本罪也存在一定的适用空间，不能一概而论。

三、如何正确理解“禁渔区”“禁渔期”

（一）“禁渔区”是水产资源法规中的专门概念，不能与禁止捕鱼区域相混淆

非法捕捞水产品罪的构成前提是违反保护水产资源法规，刑法条文中规定的“禁渔区”应考虑水产资源法规中的“禁渔区”概念。根据渔业法、《水产资源繁殖保护条例》等规定，“禁渔区”是指对某些主要鱼虾贝藻类以及其他主要水生生物产卵场、索饵场、越冬场和洄游通道，划定禁止全部作业或者部分作业的一定区域。“禁渔区”划定的目的是保护和长远利用水产资源，与自然保护区划定的禁止捕鱼区域不是一个概念，即使行为人在自然保护区禁止捕捞，并以禁用的电瓶电鱼的方式进行捕鱼，但只要该自然保护区未被主管部门划定为“禁渔区”，其行为不符合非法捕捞水产品罪的追诉标准，不能认定为非法捕捞水产品罪。②

---

① 谢雄伟、李福顺：《非法捕捞水产品罪司法认定的法教义学研究》，载《法治社会》2016年第3期。

② 李慧泉：《在自然保护区内捕鱼的行为是否构成犯罪》，载《人民检察》2017年第24期。

因此，对于“禁渔区”的理解，应当结合水产资源法规综合理解，要按照水产资源法规中对“禁渔区”的规定进行解释，不能随意将在禁止捕鱼的地点捕捞水产品的行为认定为非法捕捞水产品罪。

（二）对“禁渔区”“禁渔期”的理解要依据当地具体标准灵活适用

不同流域的禁渔区、禁渔期要根据本地区的气候和水生动植物的生长条件作出具体规定，各地标准不一。例如，2019年，《农业农村部关于实行海河、辽河、松花江和钱塘江等4个流域禁渔期制度的通告》规定了海河、辽河、松花江和钱塘江等4个流域禁渔期制度，有不同的禁渔区和禁渔期。2017年，原农业部发布的《农业农村部关于发布珠江、闽江及海南省内陆水域禁渔期制度的通告》，将云南省曲靖市沾益区珠江源以下至广东省珠江口（上川岛-北尖岛联线以北）的珠江干流、支流、通江湖泊、珠江三角洲河网及重要独立入海河流确定为禁渔区，每年3月1日0时至6月30日24时为禁渔期。2016年，农业部发布的《关于赤水河流域全面禁渔的通告》规定，四川省合江县赤水河河口（E 105°50′37.17″，N 28°48′12.62″）以上赤水河流域全部天然水域，设定2017年1月1日0时起至2026年12月31日24时止，一共有为期10年的禁渔期，在规定的禁渔区和禁渔期内，禁止一切捕捞行为，严禁扎巢取卵，严禁收购、销售禁渔区渔获物。因养殖生产或科研调查等特殊需要采捕水生生物资源的，须经省级以上渔业行政主管部门批准。

一般来说，部门规章针对禁渔时间和禁渔范围作出相应规定之余，会赋予当地政府机关进行一定范围调整的权限，如各省可根据本地实际情况，将其他相关河流、湖泊纳入禁渔范围，可以在执行统一禁渔规定的基础上，适当延长禁渔时间和扩大禁渔范围。司法工作人员在办案之时，要多参考当地的关于禁渔区、禁渔期的地方规定，不能仅仅依照部门规章进行判断，特别是在行为人在部门规章规定的禁渔范围以外的地方捕捞水产品时，要结合当地文件，确认其是否符合禁渔区和禁渔期的标准。

四、如何正确理解“禁用工具”和“禁用方法”

所谓禁用的工具，是指使用了国家禁止使用的渔具，主要表现为使用超过国家对不同捕捞对象所分别规定的最小网目尺寸的渔具。例如，农业部发布的《渤海生物资源养护规定》规定，禁止使用三重流网、底拖网、浮拖网及变水层拖网作业，但网口网衣拉直周长小于 30 米的桁杆、框架型拖网类渔具除外。

所谓禁用的方法，是指使用了禁止采用、能够损害水产资源正常繁殖、生长的方法，如使用炸鱼、毒鱼、电鱼以及用鱼鹰捕鱼等严重损害水产资源的方法。近两年来，运用毒鱼、炸鱼、电鱼等方式传统非法捕捞水产品的行为已经得到基本控制，但却出现了各式各样的新型捕捞工具和各种新型捕鱼方法。实务中出现的新型捕鱼工具和捕鱼方法，成为司法中认定的疑难问题。新型捕捞工具多是在传统网具、钓具上加工、升级和改装而成，从而进一步提高捕鱼效率，达到利益最大化。常见的非法捕捞工具有：武斗竿、空钩延绳钓、光诱捕鱼、可视化锚鱼、超声波捕鱼等。如武斗竿是延绳钓的一种，通常又称滚钩（钓），支线间距比较短，支线上的钓钩十分锋利。可视锚鱼设备是一种在传统的钓鱼工具上加装了水下探头、显示器、锚钩等外部工具，使捕鱼人能看见水下动态的新型捕鱼工具。如实务案件中曾经出现的可视锚鱼器，钓鱼人可以通过可视锚鱼器的显示器观察水底的鱼类，当水中有鱼通过时，大号锚钩主动将尖锐的钩刺穿插入鱼体，以挂刺的方式捕捉鱼类，其捕捉对象主要为较大的鱼体，作业时会导致鱼类受到严重伤害，一旦失去有效控制，将会对水产资源造成严重的破坏。除新型捕捞工具外，还出现了利用动物的趋光习性吸引水域中的鱼类聚集进而捕捉的捕捞方式。

在处理此类案件时，司法机关可以依据新型工具和新型方法对水产品的捕捞能力、对鱼类的伤害程度、对鱼类繁衍后代的影响，来认定上述新型捕鱼器或者新型捕鱼方法是否成为非法捕捞水产品罪中的禁用工具、禁用方法。要结合本罪的保护法益，融入对新型捕捞工具和新型捕捞方法的技术鉴定，对新型工具和新型捕捞方法的危害性作出判断，实现非法捕捞水产品罪名的正确适用。

【办案依据】

一、刑法规定

第三百四十条 违反保护水产资源法规，在禁渔区、禁渔期或者使用禁用的工具、方法捕捞水产品，情节严重的，处三年以下有期徒刑、拘役、管制或者罚金。

第三百四十六条 单位犯本节第三百三十八条至第三百四十五条规定之罪的，

对单位判处罚金，并对其直接负责的主管人员和其他直接责任人员，依照本节各该条的规定处罚。

二、司法解释

（一）《最高人民法院、最高人民检察院关于办理破坏野生动物资源刑事案件适用法律若干问题的解释》（2022年4月6日 法释〔2022〕12号）

第三条 在内陆水域，违反保护水产资源法规，在禁渔区、禁渔期或者使用禁用的工具、方法捕捞水产品，具有下列情形之一的，应当认定为刑法第三百四十条规定的“情节严重”，以非法捕捞水产品罪定罪处罚：

（一）非法捕捞水产品五百公斤以上或者价值一万元以上的；

（二）非法捕捞有重要经济价值的水生动物苗种、怀卵亲体或者在水产种质资源保护区内捕捞水产品五十公斤以上或者价值一千元以上的；

（三）在禁渔区使用电鱼、毒鱼、炸鱼等严重破坏渔业资源的禁用方法或者禁用工具捕捞的；

（四）在禁渔期使用电鱼、毒鱼、炸鱼等严重破坏渔业资源的禁用方法或者禁用工具捕捞的；

（五）其他情节严重的情形。

实施前款规定的行为，具有下列情形之一的，从重处罚：

（一）暴力抗拒、阻碍国家机关工作人员依法履行职务，尚未构成妨害公务罪、袭警罪的；

（二）二年内曾因破坏野生动物资源受过行政处罚的；

（三）对水生生物资源或者水域生态造成严重损害的；

（四）纠集多条船只非法捕捞的；

（五）以非法捕捞为业的。

实施第一款规定的行为，根据渔获物的数量、价值和捕捞方法、工具等，认为对水生生物资源危害明显较轻的，综合考虑行为人自愿接受行政处罚、积极修复生态环境等情节，可以认定为犯罪情节轻微，不起诉或者免予刑事处罚；情节显著轻微危害不大的，不作为犯罪处理。

（二）《最高人民法院关于审理发生在我国管辖海域相关案件若干问题的规定（二）》（2016年8月1日 法释〔2016〕17号）

第四条 违反保护水产资源法规，在海洋水域，在禁渔区、禁渔期或者使用禁用的工具、方法捕捞水产品，具有下列情形之一的，应当认定为刑法第三百四十条规定的“情节严重”：

（一）非法捕捞水产品一万公斤以上或者价值十万元以上的；

（二）非法捕捞有重要经济价值的水生动物苗种、怀卵亲体二千公斤以上或者价值二万元以上的；

（三）在水产种质资源保护区内捕捞水产品二千公斤以上或者价值二万元以上的；

（四）在禁渔区内使用禁用的工具或者方法捕捞的；

（五）在禁渔期内使用禁用的工具或者方法捕捞的；

（六）在公海使用禁用渔具从事捕捞作业，造成严重影响的；

（七）其他情节严重的情形。

第八条 实施破坏海洋资源犯罪行为，同时构成非法捕捞罪、非法猎捕、杀害珍贵、濒危野生动物罪、组织他人偷越国（边）境罪、偷越国（边）境罪等犯罪的，依照处罚较重的规定定罪处罚。

有破坏海洋资源犯罪行为，又实施走私、妨害公务等犯罪的，依照数罪并罚的规定处理。

三、司法文件

《最高人民法院、最高人民检察院、公安部、农业农村部关于依法惩治长江流域非法捕捞等违法犯罪的意见》（2020年12月17日 公通字〔2020〕17号）

二、准确适用法律，依法严惩非法捕捞等危害水生生物资源的各类违法犯罪

（一）依法严惩非法捕捞犯罪。违反保护水产资源法规，在长江流域重点水域非法捕捞水产品，具有下列情形之一的，依照刑法第三百四十条的规定，以非法捕捞水产品罪定罪处罚：

1. 非法捕捞水产品五百公斤以上或者一万元以上的；

2. 非法捕捞具有重要经济价值的水生动物苗种、怀卵亲体或者在水产种质资源源保护区内捕捞水产品五十公斤以上或者一千元以上的；

3. 在禁捕区域使用电鱼、毒鱼、炸鱼等严重破坏渔业资源的禁用方法捕捞的；

4. 在禁捕区域使用农业农村部规定的禁用工具捕捞的；

5. 其他情节严重的情形。

第五章　危害珍贵、濒危野生动物罪

【立案追诉标准】

危害珍贵、濒危野生动物案（刑法第341条第1款）

非法猎捕、杀害国家重点保护的珍贵、濒危野生动物的，应予立案追诉。非法收购、运输、出售国家重点保护的珍贵、濒危野生动物及其制品的，应予立案追诉。

《最高人民检察院、公安部关于公安机关管辖的刑事案件立案追诉标准的规定（一）》（2008年6月25日）

【犯罪构成及刑事责任】

危害珍贵、濒危野生动物罪，是指违反野生动物保护法规，猎捕、杀害国家重点保护的珍贵、濒危野生动物的，或者收购、运输、出售国家重点保护的珍贵、濒危野生动物及其制品的行为。

1. 客体要件。本罪侵犯的客体是国家对重点保护的珍贵、濒危野生动物的管理秩序。

2. 客观要件。违反野生动物保护法规，猎捕、杀害国家重点保护的珍贵、濒危野生动物的，或者收购、运输、出售国家重点保护的珍贵、濒危野生动物及其制品的行为。

（1）违反野生动物保护法律法规。违反野生动物保护法、《中华人民共和国陆生野生动物保护实施条例》等法律法规是构成本罪的前提条件。例如，野生动物保护法第21条第1款规定：“禁止猎捕、杀害国家重点保护野生动物。”

（2）猎捕、杀害国家重点保护的珍贵、濒危野生动物的，或者收购、运输、出售国家重点保护的珍贵、濒危野生动物及其制品。根据2022年4月6日《最高人民法院、最高人民检察院关于办理破坏野生动物资源刑事案件适用法律若干问题的解释》第4条的规定：“刑法第三百四十一条第一款规定的‘国家重点保护的珍贵、濒危野生动物’包括：（一）列入《国家重点保护野生动物名录》的野生动物；（二）经国务院野生动物保护主管部门核准按照国家重点保护的野生动物管理的野生动物。”

“非法猎捕、杀害”是指除因科学研究、驯养繁殖、展览或者其他特殊情况的需要，经过依法批准猎捕外，对野生动物捕捉或者杀死的行为。“非法收购、运输、出售国家重点保护的珍贵、濒危野生动物及其制品”是指违反法律规定，对珍贵、濒危野生动物进行收购、运输、出售的行为。根据《最高人民法院、最高人民检察院关于办理破坏野生动物资源刑事案件适用法律若干问题的解释》第5条的规定，“收购”，包括以营利、自用等为目的的购买行为；“运输”，包括采用携带、邮寄、利用他人、使用交通工具等方法进行运送的行为；“出售”，包括出卖和以营利为目的的加工利用行为。根据《全国人民代表大会常务委员会关于〈中华人民共和国刑法〉第三百四十一条、第三百一十二条的解释》的规定，知道或者应当知道是国家重点保护的珍贵、濒危野生动物及其制品，为食用或者其他目的而非法购买的，属于刑法第三百四十一条第一款规定的非法收购国家重点保护的珍贵、濒危野生动物及其制品的行为。非法运输国家重点保护的珍贵、濒危野生动物及其制品，是指违反野生动物保护法的有关规定，利用飞机、火车、汽车、轮船等交通工具，邮寄、利用他人或者随身携带等方式，将国家重点保护的珍贵、濒危野生动物及其制品，从这一地点运往另一地点的行为。非法出售国家重点保护的珍贵、濒危野生动物及其制品不仅包括将国家重点保护的珍贵、濒危野生动物及其制品售出的行为，也包括以营利为目的对国家重点保护的珍贵、濒危野生动物及其制品进行加工的行为。

3. 主体要件。本罪主体是自然人或者单位。实践中一般是自然人，但也存在单位在利益驱使的情况下，不顾国家法律规定，猎捕、杀害国家重点保护的珍贵、濒危野生动物，或者收购、运输、出售国家重点保护的珍贵、濒危野生动物及其制品。

4. 主观要件。本罪在主观方面要求具有危害珍贵、濒危野生动物的犯罪故意，即行为人须有明知自己的行为违反野生动物保护法规，依然猎捕、杀害国家重点保护的珍贵、濒危野生动物的，或者收购、运输、出售国家重点保护的珍贵、濒危野生动物及其制品的故意。如疏忽大意地猎捕、杀害国家重点保护的珍贵、濒危野生动物的，或者收购、运输、出售国家重点保护的珍贵、濒危野生动物及其制品，不能成立本罪。

根据刑法第 341 条第 1 款的规定，犯本罪的，处五年以下有期徒刑或者拘役，并处罚金；情节严重的，处五年以上十年以下有期徒刑，并处罚金；情节特别严重的，处十年以上有期徒刑，并处罚金或者没收财产。

【疑难指导】

一、如何理解本罪中的“珍贵、濒危野生动物”

本罪行为对象为列入《国家重点保护野生动物名录》的野生动物和经国务院野生动物保护主管部门核准按照国家重点保护的野生动物管理的野生动物。实践中主要是指列入《国家重点保护野生动物名录》的国家一、二级保护野生动物和列入《濒危野生动植物种国际贸易公约》附录一和附录二的野生动物以及驯养繁殖的物种。“珍贵”野生动物，是指数量稀少具有较高的科学研究、经济或观赏价值的野生动物，如隼、秃鹫、猕猴、黄羊、马鹿等。“濒危”野生动物，是指由于物种自身的原因或受到人类活动或自然灾害的影响种群数量处于急剧下降的趋势、面临灭绝危险的野生动物，如白鳍豚等。部分动物既是珍贵野生动物又是濒危野生动物，如大熊猫。珍贵、濒危的野生动物，都是被列为国家重点保护的野生动物。国家对重点保护的野生动物范围实行目录管理制度，野生动物保护法中规定的地方重点保护野生动物不属于本罪对象。

囿于人类的认识水平、认知能力，《国家重点保护野生动物名录》的国家一、二级保护野生动物和列入《濒危野生动植物种国际贸易公约》附录一和附录二中的物种并不能在事实上涵盖所有本罪的行为对象。随着科技的进步和发展，人类会逐渐发现新物种，在新物种被发现后，但是还未及时列入上述野生动物名录中之前，新出现、新发现的野生动物品种能否成为危害珍贵、濒危野生动物罪的行为对象还存在争议，也是实践中必然会出现的新问题。

凡经野生动物行政主管部门委托或者确定的野生动物科学研究机构以及国家级野生动物科学研究机构鉴定的野生动物种类，其鉴定结果具有法律效力。符合《国家重点保护野生动物名录》规定的，应当按国家重点保护野生动物进行管理；《国家重点保护野生动物名录》没有规定的，但属于未定名物种，同样受国家法律保护，根据国家科学技术保密的有关规定，未经国务院有关主管部门批准，不得出口。该答复体现出的倾向是：对于未定名物种，经过法定鉴定机构确认的，亦可成为本罪行为对象。

对于新发现未纳入野生动物名录的野生动物能否认定为本罪的行为对象，笔者认为，罪刑法定原则需要在刑事立法和刑事司法中得到贯彻，在法律没有对其有明文规定之时不能对民众的行为提出过高的要求，在缺少明文规范的情况下不能将新发现未纳入野生动物名录的野生动物作为本罪的行为对象。从客观能力上考虑，野生动物专家对于新出现、新发现的野生动物都未必可以作出十分准确的鉴定结果，如果将这种新的物种作为本罪的犯罪对象，进而对普通民众提出了刑法层面的要求，未免过于苛刻，甚至陷入客观归罪的深渊之中。

至于上文的答复之效力，笔者认为不能将其作为刑法上承认新发现未纳入野生动物名录的野生动物成为本罪行为对象的依据，刑法具有自身的独立性，司法工作人员也要有其自身的判断。根据现有的刑法规定和罪刑法定原则的要求，对新出现的未定名动物物种进行猎捕、杀害、收购、运输和出售的行为不应认定为本罪。我们要坚持罪刑法定原则，依据现有的规定理解珍贵、濒危野生动物的概念，不能在理解时对该罪的行为对象扩张。

二、如何把握猎捕、杀害珍贵、濒危野生动物行为入罪标准

在持有特许猎捕证的情况下，猎捕、杀害珍贵、濒危野生动物的行为不构成危害珍贵、濒危野生动物罪。根据野生动物保护法第 21 条的规定，禁止猎捕、杀害国家重点保护野生动物。因科学研究、种群调控、疫源疫病监测或者其他特殊情况，需要猎捕国家一级保护野生动物的，应当向国务院野生动物保护主管部门申请特许猎捕证；需要猎捕国家二级保护野生动物的，应当向省、自治区、直辖市人民政府野生动物保护主管部门申请特许猎捕证。行为人确实因科学研究、种群调控、疫源疫病监测或者其他特殊情况需要猎捕、杀害珍贵、濒危野生动物的，可以在申请特许猎捕证后实施猎捕、杀害珍贵、濒危野生动物的行为。

根据刑法第 13 条的规定，情节显著轻微危害不大的行为，不以犯罪论处。一般来说，可以结合行为人猎捕杀害的次数、猎捕的地点、是否对珍贵、濒危野生动物造成不可逆转的损害等方面对是否构成情节显著轻微危害不大进行认定。根据《中华人民共和国陆生野生动物保护实施条例》第 32 条的规定，非法捕杀国家重点保护野生动物的，依照刑法有关规定追究刑事责任；情节显著轻微危害不大的，或者犯罪情节轻微不需要判处刑罚的，由野生动物行政主管部门没收猎获物、猎捕工具和违法所得，吊销特许猎捕证，并处以相当于猎获物价值 10 倍以下的罚款，没有猎获物的处 1 万元以下罚款。根据《中华人民共和国水生野生动物保护实施条例》第 26 条的规定，非法捕杀国家重点保护的水生野生动物的，依照刑法有关规定追究刑事责任；情节显著轻微危害不大的，或者犯罪情节轻微不需要判处刑罚的，由渔业行政主管部门没收捕获物、捕捉工具和违法所得，吊销特许捕捉证，并处以相当于捕获物价值 10 倍以下的罚款，没有捕获物的处以 1 万元以下的罚款。在行为人情节显著轻微危害不大的，或者犯罪情节轻微不需要判处刑罚的情况下，可以仅对其进行行政处罚，而不对其进行刑事处罚。

在业务行为中，如在驯养、繁殖、展览的过程中导致珍贵、濒危野生动物伤亡的，要结合行为人的主观、客观综合判断，不能随意入罪。在对珍贵、濒危野生动物进行科学研究和驯养、繁殖过程中，珍贵、濒危野生动物若因自然原因死亡，其死亡原因不具有人为因素，不应当是犯罪而是意外事件。如果在驯养、繁殖、科研的过程中因为疏忽大意而导致珍贵、濒危野生动物死亡的，如不了解习性而进行了不正确的喂养等，此类行为因不具有猎捕、杀害珍贵、濒危野生动物的故意，不属于犯罪。只有在正常的业务中，行为人秉持伤害、杀害野生动物的故意时，才可以本罪定罪量刑。

三、如何把握非法收购、运输、出售国家重点保护的珍贵、濒危野生动物及其制品行为入罪标准

在认定非法收购、运输、出售国家重点保护的珍贵、濒危野生动物及其制品行为是否构罪之时，要坚持刑法的谦抑性原则，对于情节显著轻微、危害不大的，不认为是犯罪，明确行政处罚和刑罚适用的边界问题。根据《中华人民共和国陆生野生动物保护实施条例》第36条的规定，违反野生动物保护法规，出售、收购、运输、携带国家或者地方重点保护野生动物或者其产品的，由工商行政管理部门或者其授权的野生动物行政主管部门没收实物和违法所得，可以并处相当于实物价值10倍以下的罚款。根据《中华人民共和国水生野生动物保护实施条例》第28条的规定，违反野生动物保护法律、法规，出售、收购、运输、携带国家重点保护的或者地方重点保护的水生野生动物或者其产品的，由工商行政管理部门或者其授权的渔业行政主管部门没收实物和违法所得，可以并处相当于实物价值10倍以下的罚款。虽然上述情节显著轻微、危害不大的行为不认为是犯罪，但是依然要对行为主体进行行政处罚。

尤其要关注非法运输国家重点保护的珍贵、濒危野生动物及其制品行为的刑法入罪。2016年7月全国人大常委会对野生动物保护法作了修订。修订前的野生动物保护法第23条规定，运输、携带国家重点保护野生动物或者其产品出县境的，必须经省、自治区、直辖市政府野生动物行政主管部门或者其授权的单位批准；修订后的野生动物保护法第33条对运输野生动物的条件作了修改，规定，运输、携带、寄递国家重点保护野生动物及其制品、本法第二十八条第二款规定的野生动物及其制品出县境的，应当持有或者附有本法第二十一条、第二十五条、第二十七条或者第二十八条规定的许可证、批准文件的副本或者专用标识，以及检疫证明。运输非国家重点保护野生动物出县境的，应当持有狩猎、进出口等合法来源证明，以及检疫证明。行为人运输野生动物应当持有有关合法来源的证明文件和检疫证明，不需再另行向野生动物行政主管部门专门就运输申请批准。因此，实务中在行为人持有有关合法来源的证明文件和检疫证明的情况下，不能将携带珍贵、濒危野生动物的表演团体为进行异地表演而未经批准运输珍贵、濒危野生动物的行为认定为本罪。

四、行为人收购非人为原因而死亡的珍贵、濒危野生动物是否构罪

从刑法立法的保护的目的上看，对野生动物物种的保护需要从各个角度和各个层面入手，间接对野生动物物种发生侵害的行为也要纳入本罪的考虑范围内。曾经有观点认为非人为原因死亡的珍贵、濒危野生动物的尸体进行收购或加工和处理后，再运输和出售的，不会对珍贵、濒危野生动物的保护造成侵害，不应当按照危害珍贵、濒危野生动物罪处理。但是这种观点仅仅从片面上了解本罪的保护目的，而没有真正思考究竟何种行为会真正侵害本罪的保护法益。

有学者认为："野生动物保护法与刑法并没有禁止公民将死亡的野生动物制成标本，也没有禁止公民持有珍贵、濒危野生动物制品。既然行为人运输的珍贵、濒危野生动物制品来源合法，就不能将其运输行为认定为犯罪。"[①] 但是，如果对本种行为不加以管制，很有可能出现在利益的驱使下，行为人故意制造"非人为原因死亡"的珍贵、濒危野生动物，从而规避本条文的适用。珍贵、濒危野生动物不仅仅具有巨大的科研价值，有时也存在巨大的经济价值，如果对本种行为采取默认态度，则会导致在源头上无法根治本罪。市场的需求就会决定危害珍贵、濒危野生动物的行为永远都不会停止。因此，国家依然要保护对此类动物尸体的保护，不能允许其自由流入社会，更不能随意流入市场。只要是非法对珍贵、濒危野生动物的制品进行收购、运输和出售的行为，都是被禁止的行为，甚至可以犯罪论处。

【办案依据】

一、刑法规定

第三百四十一条第一款　非法猎捕、杀害国家重点保护的珍贵、濒危野生动物的，或者非法收购、运输、出售国家重点保护的珍贵、濒危野生动物及其制品的，处五年以下有期徒刑或者拘役，并处罚金；情节严重的，处五年以上十年以下有期徒刑，并处罚金；情节特别严重的，处十年以上有期徒刑，并处罚金或者没收财产。

---

① 张明楷：《刑法学》，法律出版社2021年版，第1493页。

第三百四十六条 单位犯本节第三百三十八条至第三百四十五条规定之罪的，对单位判处罚金，并对其直接负责的主管人员和其他直接责任人员，依照本节各该条的规定处罚。

二、立法解释

《全国人民代表大会常务委员会关于〈中华人民共和国刑法〉第三百四十一条、第三百一十二条的解释》

知道或者应当知道是国家重点保护的珍贵、濒危野生动物及其制品，为食用或者其他目的而非法购买的，属于刑法第三百四十一条第一款规定的非法收购国家重点保护的珍贵、濒危野生动物及其制品的行为。

三、司法解释

(一)《最高人民法院关于审理发生在我国管辖海域相关案件若干问题的规定(二)》(2016年8月1日　法释〔2016〕17号)

第五条 非法采捕珊瑚、砗磲或者其他珍贵、濒危水生野生动物，具有下列情形之一的，应当认定为刑法第三百四十一条第一款规定的“情节严重”：

(一)价值在五十万元以上的；

(二)非法获利二十万元以上的；

(三)造成海域生态环境严重破坏的；

(四)造成严重国际影响的；

(五)其他情节严重的情形。

实施前款规定的行为，具有下列情形之一的，应当认定为刑法第三百四十一条第一款规定的“情节特别严重”：

(一)价值或者非法获利达到本条第一款规定标准五倍以上的；

(二)价值或者非法获利达到本条第一款规定的标准，造成海域生态环境严重破坏的；

(三)造成海域生态环境特别严重破坏的；

(四)造成特别严重国际影响的；

(五)其他情节特别严重的情形。

第六条 非法收购、运输、出售珊瑚、砗磲或者其他珍贵、濒危水生野生动物及其制品，具有下列情形之一的，应当认定为刑法第三百四十一条第一款规定的“情节严重”：

（一）价值在五十万元以上的；

（二）非法获利在二十万元以上的；

（三）具有其他严重情节的。

非法收购、运输、出售珊瑚、砗磲或者其他珍贵、濒危水生野生动物及其制品，具有下列情形之一的，应当认定为刑法第三百四十一条第一款规定的“情节特别严重”：

（一）价值在二百五十万元以上的；

（二）非法获利在一百万元以上的；

（三）具有其他特别严重情节的。

第七条　对案件涉及的珍贵、濒危水生野生动物的种属难以确定的，由司法鉴定机构出具鉴定意见，或者由国务院渔业行政主管部门指定的机构出具报告。

珍贵、濒危水生野生动物或者其制品的价值，依照国务院渔业行政主管部门的规定核定。核定价值低于实际交易价格的，以实际交易价格认定。

本解释所称珊瑚、砗磲，是指列入《国家重点保护野生动物名录》中国家一、二级保护的，以及列入《濒危野生动植物种国际贸易公约》附录一、附录二中的珊瑚、砗磲的所有种，包括活体和死体。

（二）《最高人民法院、最高人民检察院关于办理破坏野生动物资源刑事案件适用法律若干问题的解释》（2022年4月6日　法释〔2022〕12号）

第四条　刑法第三百四十一条第一款规定的“国家重点保护的珍贵、濒危野生动物”包括：

（一）列入《国家重点保护野生动物名录》的野生动物；

（二）经国务院野生动物保护主管部门核准按照国家重点保护的野生动物管理的野生动物。

第五条　刑法第三百四十一条第一款规定的“收购”包括以营利、自用等为目的的购买行为；“运输”包括采用携带、邮寄、利用他人、使用交通工具等方法进行运送的行为；“出售”包括出卖和以营利为目的的加工利用行为。

刑法第三百四十一条第三款规定的“收购”“运输”“出售”，是指以食用为目的，实施前款规定的相应行为。

第六条 非法猎捕、杀害国家重点保护的珍贵、濒危野生动物，或者非法收购、运输、出售国家重点保护的珍贵、濒危野生动物及其制品，价值二万元以上不满二十万元的，应当依照刑法第三百四十一条第一款的规定，以危害珍贵、濒危野生动物罪处五年以下有期徒刑或者拘役，并处罚金；价值二十万元以上不满二百万元的，应当认定为“情节严重”，处五年以上十年以下有期徒刑，并处罚金；价值二百万元以上的，应当认定为“情节特别严重”，处十年以上有期徒刑，并处罚金或者没收财产。

实施前款规定的行为，具有下列情形之一的，从重处罚：

（一）属于犯罪集团的首要分子的；

（二）为逃避监管，使用特种交通工具实施的；

（三）严重影响野生动物科研工作的；

（四）二年内曾因破坏野生动物资源受过行政处罚的。

实施第一款规定的行为，不具有第二款规定的情形，且未造成动物死亡或者动物、动物制品无法追回，行为人全部退赃退赔，确有悔罪表现的，按照下列规定处理：

（一）珍贵、濒危野生动物及其制品价值二百万元以上的，可以认定为“情节严重”，处五年以上十年以下有期徒刑，并处罚金；

（二）珍贵、濒危野生动物及其制品价值二十万元以上不满二百万元的，可以处五年以下有期徒刑或者拘役，并处罚金；

（三）珍贵、濒危野生动物及其制品价值二万元以上不满二十万元的，可以认定为犯罪情节轻微，不起诉或者免予刑事处罚；情节显著轻微危害不大的，不作为犯罪处理。

……

第十二条 二次以上实施本解释规定的行为构成犯罪，依法应当追诉的，或者二年内实施本解释规定的行为未经处理的，数量、数额累计计算。

第十三条 实施本解释规定的相关行为，在认定是否构成犯罪以及裁量刑罚时，应当考虑涉案动物是否系人工繁育、物种的濒危程度、野外存活状况、人工繁育情况、是否列入人工繁育国家重点保护野生动物名录，行为手段、对野生动物资源的损害程度，以及对野生动物及其制品的认知程度等情节，综合评估社会危害性，准确认定是否构成犯罪，妥当裁量刑罚，确保罪责刑相适应；根据本解释的规定定罪量刑明显过重的，可以根据案件的事实、情节和社会危害程度，依法作出妥当处理。

涉案动物系人工繁育，具有下列情形之一的，对所涉案件一般不作为犯罪处理；需要追究刑事责任的，应当依法从宽处理：

（一）列入人工繁育国家重点保护野生动物名录的；

（二）人工繁育技术成熟、已成规模，作为宠物买卖、运输的。

第十四条 对于实施本解释规定的相关行为被不起诉或者免予刑事处罚的行为人，依法应当给予行政处罚、政务处分或者其他处分的，依法移送有关主管机关处理。

第十五条 对于涉案动物及其制品的价值，应当根据下列方法确定：

（一）对于国家禁止进出口的珍贵动物及其制品、国家重点保护的珍贵、濒危野生动物及其制品的价值，根据国务院野生动物保护主管部门制定的评估标准和方法核算；

（二）对于有重要生态、科学、社会价值的陆生野生动物、地方重点保护野生动物、其他野生动物及其制品的价值，根据销赃数额认定；无销赃数额、销赃数额难以查证或者根据销赃数额认定明显偏低的，根据市场价格核算，必要时，也可以参照相关评估标准和方法核算。

第十六条 根据本解释第十五条规定难以确定涉案动物及其制品价值的，依据司法鉴定机构出具的鉴定意见，或者下列机构出具的报告，结合其他证据作出认定：

（一）价格认证机构出具的报告；

（二）国务院野生动物保护主管部门、国家濒危物种进出口管理机构或者海关总署等指定的机构出具的报告；

（三）地、市级以上人民政府野生动物保护主管部门、国家濒危物种进出口管理机构的派出机构或者直属海关等出具的报告。

第十七条 对于涉案动物的种属类别、是否系人工繁育，非法捕捞、狩猎的工具、方法，以及对野生动物资源的损害程度等专门性问题，可以由野生动物保护主管部门、侦查机关依据现场勘验、检查笔录等出具认定意见；难以确定的，依据司法鉴定机构出具的鉴定意见、本解释第十六条所列机构出具的报告，被告人及其辩护人提供的证据材料，结合其他证据材料综合审查，依法作出认定。

第十八条 餐饮公司、渔业公司等单位实施破坏野生动物资源犯罪的，依照本解释规定的相应自然人犯罪的定罪量刑标准，对直接负责的主管人员和其他直接责任人员定罪处罚，并对单位判处罚金。

第十九条 在海洋水域，非法捕捞水产品，非法采捕珊瑚、砗磲或者其他珍贵、濒危水生野生动物，或者非法收购、运输、出售珊瑚、砗磲或者其他珍贵、濒危水生野生动物及其制品的，定罪量刑标准适用《最高人民法院关于审理发生在我国管辖海域相关案件若干问题的规定（二）》（法释〔2016〕17号）的相关规定。

四、司法文件

（一）《最高人民法院、最高人民检察院、公安部、司法部关于依法惩治非法野生动物交易犯罪的指导意见》（2020年12月18日　公通字〔2020〕19号）

一、依法严厉打击非法猎捕、杀害野生动物的犯罪行为，从源头上防控非法野生动物交易。

非法猎捕、杀害国家重点保护的珍贵、濒危野生动物，符合刑法第三百四十一条第一款规定的，以非法猎捕、杀害珍贵、濒危野生动物罪定罪处罚。

违反狩猎法规，在禁猎区、禁猎期或者使用禁用的工具、方法进行狩猎，破坏野生动物资源，情节严重，符合刑法第三百四十一条第二款规定的，以非法狩猎罪定罪处罚。

违反保护水产资源法规，在禁渔区、禁渔期或者使用禁用的工具、方法捕捞水产品，情节严重，符合刑法第三百四十条规定的，以非法捕捞水产品罪定罪处罚。

二、依法严厉打击非法收购、运输、出售、进出口野生动物及其制品的犯罪行为，切断非法野生动物交易的利益链条。

非法收购、运输、出售国家重点保护的珍贵、濒危野生动物及其制品，符合刑法第三百四十一条第一款规定的，以非法收购、运输、出售珍贵、濒危野生动物、珍贵、濒危野生动物制品罪定罪处罚。

走私国家禁止进出口的珍贵动物及其制品，符合刑法第一百五十一条第二款规定的，以走私珍贵动物、珍贵动物制品罪定罪处罚。

三、依法严厉打击以食用或者其他目的的非法购买野生动物的犯罪行为，坚决革除滥食野生动物的陋习。

知道或者应当知道是国家重点保护的珍贵、濒危野生动物及其制品，为食用或者其他目的而非法购买，符合刑法第三百四十一条第一款规定的，以非法收购珍贵、濒危野生动物、珍贵、濒危野生动物制品罪定罪处罚。

四、二次以上实施本意见第一条至第三条规定的行为构成犯罪，依法应当追诉的，或者二年内二次以上实施本意见第一条至第三条规定的行为未经处理的，数量、数额累计计算。

五、明知他人实施非法野生动物交易行为，有下列情形之一的，以共同犯罪论处：

（一）提供贷款、资金、账号、车辆、设备、技术、许可证件的；

（二）提供生产、经营场所或者运输、仓储、保管、快递、邮寄、网络信息交互等便利条件或者其他服务的；

（三）提供广告宣传等帮助行为的。

六、对涉案野生动物及其制品价值，可以根据国务院野生动物保护主管部门制定的价值评估标准和方法核算。对野生动物制品，根据实际情况予以核算，但核算总额不能超过该种野生动物的整体价值。具有特殊利用价值或者导致动物死亡的主要部分，核算方法不明确的，其价值标准最高可以按照该种动物整体价值标准的80%予以折算，其他部分价值标准最高可以按整体价值标准的20%予以折算，但是按照上述方法核算的价值明显不当的，应当根据实际情况妥当予以核算。核算价值低于实际交易价格的，以实际交易价格认定。

根据前款规定难以确定涉案野生动物及其制品价值的，依据下列机构出具的报告，结合其他证据作出认定：

（一）价格认证机构出具的报告；

（二）国务院野生动物保护主管部门、国家濒危物种进出口管理机构、海关总署等指定的机构出具的报告；

（三）地、市级以上人民政府野生动物保护主管部门、国家濒危物种进出口管理机构的派出机构、直属海关等出具的报告。

七、对野生动物及其制品种属类别，非法捕捞、狩猎的工具、方法，以及对野生动物资源的损害程度、食用涉案野生动物对人体健康的危害程度等专门性问题，可以由野生动物保护主管部门、侦查机关或者有专门知识的人依据现场勘验、检查笔录等出具认定意见。难以确定的，依据司法鉴定机构出具的鉴定意见，或者本意见第六条第二款所列机构出具的报告，结合其他证据作出认定。

八、办理非法野生动物交易案件中，行政执法部门依法收集的物证、书证、视听资料、电子数据等证据材料，在刑事诉讼中可以作为证据使用。

对不易保管的涉案野生动物及其制品，在做好拍摄、提取检材或者制作足以反映原物形态特征或者内容的照片、录像等取证工作后，可以移交野生动物保护主管部门及其指定的机构依法处置。对存在或者可能存在疫病的野生动物及其制品，应立即通知野生动物保护主管部门依法处置。

九、实施本意见规定的行为，在认定是否构成犯罪以及裁量刑罚时，应当考虑涉案动物是否系人工繁育、物种的濒危程度、野外存活状况、人工繁育情况、是否列入国务院野生动物保护主管部门制定的人工繁育国家重点保护野生动物名录，以及行为手段、对野生动物资源的损害程度、食用涉案野生动物对人体健康的危害程度等情节，综合评估社会危害性，确保罪责刑相适应。相关定罪量刑标准明显不适宜的，可以根据案件的事实、情节和社会危害程度，依法作出妥当处理。

（二）《最高人民法院、最高人民检察院、国家林业局[①]等关于破坏野生动物资源刑事案件中涉及的 CITES 附录Ⅰ和附录Ⅱ所列陆生野生动物制品价值核定问题的通知》（2012 年 9 月 17 日　林濒发〔2012〕239 号）

各省、自治区、直辖市高级人民法院、人民检察院、林业厅（局）、公安厅（局），解放军军事法院，解放军军事检察院，新疆维吾尔自治区高级人民法院生产建设兵团分院，新疆生产建设兵团人民检察院、林业局、公安局，海关总署广东分署，各直属海关：

我国是《濒危野生动植物种国际贸易公约》（CITES）缔约国，非原产我国的 CITES 附录Ⅰ和附录Ⅱ所列陆生野生动物已依法被分别核准为国家一级、二级保护野生动物。近年来，各地严格按照 CITES 和我国野生动物保护法律法规的规定，查获了大量非法收购、运输、出售和走私 CITES 附录Ⅰ、附录Ⅱ所列陆生野生动物及其制品案件。为确保依法办理上述案件，依据《陆生野生动物保护实施条例》第二十四条、《最高人民法院关于审理走私刑事案件具体应用法律若干问题的解释》（法释〔2000〕30 号）第四条，以及《最高人民法院关于审理破坏野生动物资源刑事案件具体应用法律若干问题的解释》（法释〔2000〕37 号）第十条和第十一条的有关规定，结合《林业部关于在野生动物案件中如何确定国家重点保护野生动物及其产品价值标准的通知》（林策通字〔1996〕8 号），现将破坏野生动物资源案件中涉及的 CITES 附录Ⅰ和附录Ⅱ所列陆生野生动物制品的价值标准规定如下：

一、CITES 附录Ⅰ、附录Ⅱ所列陆生野生动物制品的价值，参照与其同属的国家重点保护陆生野生动物的同类制品价值标准核定；没有与其同属的国家重点保护陆生野生动物的，参照与其同科的国家重点保护陆生野生动物的同类制品价值标准核定；没有与其同科的国家重点保护陆生野生动物的，参照与其同目的国家重点保护陆生野生动物的同类制品价值标准核定；没有与其同目的国家重点保护陆生野生动物的，参照与其同纲或者同门的国家重点保护陆生野生动物的同类制

---

① 编者注：2018 年 3 月 13 日，十二届全国人大一次会议审议《国务院机构改革方案》，不再保留国家林业局，组建国家林业和草原局。以下不再标注。

品价值标准核定。

二、同属、同科、同目、同纲或者同门中，如果存在多种不同保护级别的国家重点保护陆生野生动物的，应当参照该分类单元中相同保护级别的国家重点保护陆生野生动物的同类制品价值标准核定；如果存在多种相同保护级别的国家重点保护陆生野生动物的，应当参照该分类单元中价值标准最低的国家重点保护陆生野生动物的同类制品价值标准核定；如果CITES附录Ⅰ和附录Ⅱ所列陆生野生动物所处分类单元有多种国家重点保护陆生野生动物，但保护级别不同的，应当参照该分类单元中价值标准最低的国家重点保护陆生野生动物的同类制品价值标准核定；如果仅有一种国家重点保护陆生野生动物的，应当参照该种国家重点保护陆生野生动物的同类制品价值标准核定。

三、同一案件中缴获的同一动物个体的不同部分的价值总和，不得超过该种动物个体的价值。

四、核定价值低于非法贸易实际交易价格的，以非法贸易实际交易价格认定。

五、犀牛角、象牙等野生动物制品的价值，继续依照《国家林业局关于发布破坏野生动物资源刑事案中涉及走私的象牙及其制品价值标准的通知》（林濒发〔2001〕234号），以及《国家林业局关于发布破坏野生动物资源刑事案件中涉及犀牛角价值标准的通知》（林护发〔2002〕130号）的规定核定。

人民法院、人民检察院、公安、海关等办案单位可以依据上述价值标准，核定破坏野生动物资源刑事案件中涉及的CITES附录Ⅰ和附录Ⅱ所列陆生野生动物制品的价值。核定有困难的，县级以上林业主管部门、国家濒危物种进出口管理机构或其指定的鉴定单位应该协助。

（三）《最高人民检察院、公安部关于公安机关管辖的刑事案件立案追诉标准的规定（一）》（2008年6月25日　公通字〔2008〕36号）

第六十四条　【非法猎捕、杀害珍贵、濒危野生动物案（刑法第三百四十一条第一款）】非法猎捕、杀害国家重点保护的珍贵、濒危野生动物的，应予立案追诉。

本条和本规定第六十五条规定的“珍贵、濒危野生动物”，包括列入《国家重点保护野生动物名录》的国家一、二级保护野生动物、列入《濒危野生动植物种国际贸易公约》附录一、附录二的野生动物以及驯养繁殖的上述物种。

第六十五条 【非法收购、运输、出售珍贵、濒危野生动物、珍贵、濒危野生动物制品案（刑法第三百四十一条第一款）】非法收购、运输、出售国家重点保护的珍贵、濒危野生动物及其制品的，应予立案追诉。

本条规定的“收购”，包括以营利、自用等为目的的购买行为；“运输”，包括采用携带、邮寄、利用他人、使用交通工具等方法进行运送的行为；“出售”，包括出卖和以营利为目的的加工利用行为。

第六章 非法狩猎罪

【立案追诉标准】

非法狩猎案（刑法第341条第2款）

违反狩猎法规，在禁猎区、禁猎期或者使用禁用的工具、方法进行狩猎，破坏野生动物资源，涉嫌下列情形之一的，应予立案追诉：

（一）非法狩猎野生动物二十只以上的；

（二）在禁猎区内使用禁用的工具或者禁用的方法狩猎的；

（三）在禁猎期内使用禁用的工具或者禁用的方法狩猎的；

（四）其他情节严重的情形。

《最高人民检察院、公安部关于公安机关管辖的刑事案件立案追诉标准的规定（一）》（2008年6月25日）

【犯罪构成及刑事责任】

非法狩猎罪，是指违反狩猎法规，在禁猎区、禁猎期或者使用禁用的工具、方法进行狩猎，破坏野生动物资源，情节严重的行为。

1. 客体要件。本罪侵犯的客体是国家对野生动物的管理秩序。

2. 客观要件。违反狩猎法规，在禁猎区、禁猎期或者使用禁用的工具、方法进行狩猎，破坏野生动物资源，情节严重的行为。具体包括三个基本要素：

（1）违反狩猎法规。本罪违反的狩猎法规主要包括野生动物保护法、陆生野生动物保护实施条例等法规中与狩猎有关的规定。如根据野生动物保护法第20条的规定："在相关自然保护区域和禁猎（渔）区、禁猎（渔）期内，禁止猎捕以及其他妨碍野生动物生息繁衍的活动，但法律法规另有规定的除外。野生动物迁徙洄游期间，在前款规定区域外的迁徙洄游通道内，禁止猎捕并严格限制其他妨碍野生动物生息繁衍的活动……"根据《中华人民共和国陆生野生动物保护实施条例》第 15 条第 1 款："猎捕非国家重点保护野生动物的，必须持有狩猎证，并按照狩猎证规定的种类、数量、地点、期限、工具和方法进行猎捕。"

（2）在禁猎区、禁猎期或者使用禁用的工具、方法进行狩猎，破坏野生动物资源。禁猎区，是指国家为了使重要野生动物得到自然繁殖，对适宜野生动物生息繁衍或者资源贫乏、破坏比较严重的地区，划定禁止狩猎的区域。禁猎区有两种类型：一种是永久性禁猎区。永久性禁猎区，是指以保护珍稀或濒危野生动物种群栖息和繁殖为目的，在区内任何时期都不准进行生产性狩猎的地区。另一种是有禁猎期限的禁猎区。有禁猎期限的禁猎区，是指为了使重要野生动物得到自然繁殖，并保持一定的贮存量，在规定的禁猎期限内不准进行狩猎活动的地区。根据野生动物保护法第 12 条第 2 款的规定，省级以上人民政府依法划定相关自然保护区域，保护野生动物及其重要栖息地，保护、恢复和改善野生动物生存环境。对不具备划定相关自然保护区域条件的，县级以上人民政府可以采取划定禁猎（渔）区、规定禁猎（渔）期等其他形式予以保护。由此可以看出，除县级以上人民政府的划定禁猎区以外，自然保护区域也是禁猎区的范围。

禁猎期，是指为了保证野生动物拥有良好的繁殖环境，使其正常发展，保持并增加种群数量，维护生态平衡，国家野生动物行政管理部门根据野生动物的繁殖或者皮毛、肉食、药材的成熟季节，分别规定的禁止捕猎的期间。根据野生动物保护法第 12 条的规定，禁猎期由县级以上人民政府或野生动物行政主管部门按照自然规律规定。

禁用的工具，是指足以破坏野生动物资源，危害人兽安全的工具。根据野生动物保护法第 24 条第 1 款的规定，禁止使用毒药、爆炸物、电击或者电子诱捕装置以及猎套、猎夹、地枪、排铳等工具进行猎捕，禁止使用夜间照明行猎、歼灭性围猎、捣毁巢穴、火攻、烟熏、网捕等方法进行猎捕，但因科学研究确需网捕、电子诱捕的除外。根据《中华人民共和国陆生野生动物保护实施条例》第 18 条的规定，禁止使用军用武器、汽枪、毒药、炸药、地枪、排铳、非人为直接操作并危害人畜安全的狩猎装置、夜间照明行猎、歼灭性围猎、火攻、烟熏以及县级以上各级人民政府或者其野生动物行政主管部门规定禁止使用的其他狩猎工具和方法狩猎。除此之外，禁用工具还包括地弓、大铁夹、大桃杆子、粘网等。

禁用的方法，是指破坏、妨害野生动物正常繁殖和生长的方法，如投毒、爆炸、火攻、烟熏、掏窝、拣蛋、夜间照明行猎、歼灭性围攻等。

（3）情节严重。具有下列情形之一的，属于“情节严重”：①非法狩猎野生动物20只以上的；②违反狩猎法规，禁猎区或者禁猎期使用禁用的工具、方法狩猎的；③具有其他严重情节的。

3. 主体要件。本罪主体既可以是自然人也可以是单位。

4. 主观要件。本罪在主观方面是故意犯罪。行为人须有明知自己在禁猎区、禁猎期或者明知使用的是禁用的工具、方法而从事狩猎行为的故意。如疏忽大意地在禁猎区、禁猎期或者不能明知自己使用的是禁用的工具、方法而从事狩猎行为，不能成立本罪。对于明知的认定问题，只要国家有明文的禁止性规定而且予以公布，就不能因行为人主张不知法而否认故意的成立。

根据刑法第341条第2款的规定，犯本罪的，处三年以下有期徒刑、拘役、管制或者罚金。

【疑难指导】

一、如何理解非法狩猎罪的行为对象

野生动物保护法第2条规定，本法规定保护的野生动物，是指珍贵、濒危的陆生、水生野生动物和有益的或者有重要经济、科学研究价值的陆生野生动物。本法各条款所提野生动物，均系指前款规定的受保护的野生动物。珍贵、濒危的水生野生动物以外的其他水生野生动物的保护，适用渔业法等有关法律的规定。因此，非法狩猎罪的对象，是指除珍贵、濒危的陆生野生动物和水生野生动物以外的一般陆生野生动物。

非法狩猎罪的对象是决定其与刑法第340条非法捕捞水产品罪、第341条第1款危害珍贵、濒危野生动物罪的关键。如果行为人的行为对象属于国家重点保护

的珍贵、濒危野生动物，应按刑法第 341 条第 1 款危害珍贵、濒危野生动物罪论处；如果非法狩猎的为一般水生动物，则以刑法第 340 条非法捕捞水产品罪定罪量刑。可见，本罪的犯罪对象仅指一般陆生野生动物，即未列入《国家重点保护野生动物名录》的其他所有陆生野生动物。

人工驯化、繁殖的动物不应该成为非法狩猎罪的行为对象。野生动物应指生活在自然环境中未经驯养的野生动物，而不应包括在人工环境下驯养繁殖的物种，在罪刑法定原则的要求下同时考虑本罪的保护法益，对本罪行为对象的理解应采用通常的含义，即不应包括驯养繁殖的物种在内。

二、非法狩猎罪与危害珍贵、濒危野生动物罪的界限

危害珍贵、濒危野生动物罪，是指违反保护野生动物法律法规的规定，猎捕、杀害国家重点保护的珍贵、濒危野生动物的行为。非法狩猎罪与危害珍贵、濒危野生动物罪在构成要件方面存在众多相似之处，但二者区别也很明显：

1. 犯罪对象不同。非法狩猎罪的犯罪对象是珍贵、濒危陆生野生动物以及水生野生动物以外的其他陆生野生动物；而危害珍贵、濒危野生动物罪的犯罪对象是珍贵、濒危野生动物。

2. 行为方式不同。非法狩猎罪表现为违反狩猎法规，在禁猎区、禁猎期或者使用禁用的工具、方法进行狩猎，破坏野生动物资源，情节严重的行为；而危害珍贵、濒危野生动物罪表现为违反保护野生动物法律法规的规定，猎捕、杀害国家重点保护的珍贵、濒危野生动物的行为。

3. 是否要求“情节严重”。本罪的成立需要达到“情节严重”；而危害珍贵、濒危野生动物罪是行为犯，不需要造成此种结果即可构罪。

三、非法狩猎罪的罪数形态认定

（一）非法狩猎罪与盗窃罪的罪数问题

盗窃罪是指以非法占有为目的，盗窃他人占有的数额较大的财物，或者多次窃取、入户盗窃、携带凶器盗窃、扒窃的行为。珍贵、濒危野生动物也着巨大的财产价值，可以成为盗窃罪的行为对象。非法狩猎的行为人若出于非法占有的目的，狩猎某一特定区域内的野生动物归自己所有，符合盗窃罪犯罪构成的，又成立盗窃罪。此时，行为人的行为属于一行为触犯数罪名，成立想象竞合，应从一重罪定罪量刑。此外，行为人并非以狩猎为目的，而是以非法占有为目的将某一特定区域的人工驯养的野生动物转移占有的，成立盗窃罪，而非非法狩猎罪。

（二）非法狩猎罪与枪支、弹药、爆炸物犯罪的罪数问题

本罪的行为还有可能涉及枪支、弹药、爆炸物，所以要考虑非法狩猎罪与枪支、弹药、爆炸物犯罪的罪数问题。首先，行为人可能构成两罪的牵连犯即非法狩猎是目的行为，非法制造、买卖、运输、邮寄、储存枪支、弹药、爆炸物或者非法持有枪支、弹药是手段行为，在此种情况下应当根据牵连犯的规定择一重罪定罪量刑。

若行为人原本就非法制造、买卖、运输、邮寄、储存枪支、弹药、爆炸物或者非法持有枪支、弹药，在非法狩猎的过程中使用前述枪支、弹药、爆炸物，则应当数罪并罚，以非法狩猎罪和非法制造、买卖、运输、邮寄、储存枪支、弹药、爆炸物罪或者非法持有枪支、弹药罪定罪量刑。

（三）非法狩猎罪与危害公共安全犯罪的罪数问题

由于本罪行为方式、行为手段的特殊性，因此在实务中行为人的行为除狩猎外，还存在危害公共安全、造成人员伤亡的可能性。根据《最高人民法院关于审理破坏野生动物资源刑事案件具体应用法律若干问题的解释》第 7 条的规定，使用爆炸、投毒、设置电网等危险方法破坏野生动物资源，构成非法狩猎罪，同时构成刑法第 114 条或者第 115 条规定之罪的，依照处罚较重的规定定罪处罚。

因此，若行为人的行为在实施本罪的过程中同时危害了公共安全，比如行为人采用决水、放火、爆炸、投放危险物质等方法非法狩猎，其行为同时触犯刑法第 114 条、第 115 条规定的犯罪，属于一行为触犯数罪名，成立想象竞合，应从一重罪定罪量刑。

【办案依据】

一、刑法规定

第三百四十一条第二款 违反狩猎法规，在禁猎区、禁猎期或者使用禁用的工具、方法进行狩猎，破坏野生动物资源，情节严重的，处三年以下有期徒刑、拘役、管制或者罚金。

第三百四十六条　单位犯本节第三百三十八条至第三百四十五条规定之罪的，对单位判处罚金，并对其直接负责的主管人员和其他直接责任人员，依照本节各该条的规定处罚。

二、司法解释

《最高人民法院、最高人民检察院关于办理破坏野生动物资源刑事案件适用法律若干问题的解释》（2022年4月6日　法释〔2022〕12号）

第七条　违反狩猎法规，在禁猎区、禁猎期或者使用禁用的工具、方法进行狩猎，破坏野生动物资源，具有下列情形之一的，应当认定为刑法第三百四十一条第二款规定的“情节严重”，以非法狩猎罪定罪处罚：

（一）非法猎捕野生动物价值一万元以上的；

（二）在禁猎区使用禁用的工具或者方法狩猎的；

（三）在禁猎期使用禁用的工具或者方法狩猎的；

（四）其他情节严重的情形。

实施前款规定的行为，具有下列情形之一的，从重处罚：

（一）暴力抗拒、阻碍国家机关工作人员依法履行职务，尚未构成妨害公务罪、袭警罪的；

（二）对野生动物资源或者栖息地生态造成严重损害的；

（三）二年内曾因破坏野生动物资源受过行政处罚的。

实施第一款规定的行为，根据猎获物的数量、价值和狩猎方法、工具等，认为对野生动物资源危害明显较轻的，综合考虑猎捕的动机、目的、行为人自愿接受行政处罚、积极修复生态环境等情节，可以认定为犯罪情节轻微，不起诉或者免予刑事处罚；情节显著轻微危害不大的，不作为犯罪处理。

……

第十二条　二次以上实施本解释规定的行为构成犯罪，依法应当追诉的，或者二年内实施本解释规定的行为未经处理的，数量、数额累计计算。

第十三条　实施本解释规定的相关行为，在认定是否构成犯罪以及裁量刑罚时，应当考虑涉案动物是否系人工繁育、物种的濒危程度、野外存活状况、人工繁育情况、是否列入人工繁育国家重点保护野生动物名录，行为手段、对野生动物资源的损害程度，以及对野生动物及其制品的认知程度等情节，综合评估社会危害性，准确认定是否构成犯罪，妥当裁量刑罚，确保罪责刑相适应；根据本解释的规定定罪量刑明显过重的，可以根据案件的事实、情节和社会危害程度，依法作出妥当处理。

涉案动物系人工繁育，具有下列情形之一的，对所涉案件一般不作为犯罪处理；需要追究刑事责任的，应当依法从宽处理：

（一）列入人工繁育国家重点保护野生动物名录的；

（二）人工繁育技术成熟、已成规模，作为宠物买卖、运输的。

第十四条 对于实施本解释规定的相关行为被不起诉或者免予刑事处罚的行为人，依法应当给予行政处罚、政务处分或者其他处分的，依法移送有关主管机关处理。

第十五条 对于涉案动物及其制品的价值，应当根据下列方法确定：

（一）对于国家禁止进出口的珍贵动物及其制品、国家重点保护的珍贵、濒危野生动物及其制品的价值，根据国务院野生动物保护主管部门制定的评估标准和方法核算；

（二）对于有重要生态、科学、社会价值的陆生野生动物、地方重点保护野生动物、其他野生动物及其制品的价值，根据销赃数额认定；无销赃数额、销赃数额难以查证或者根据销赃数额认定明显偏低的，根据市场价格核算，必要时，也可以参照相关评估标准和方法核算。

第十六条 根据本解释第十五条规定难以确定涉案动物及其制品价值的，依据司法鉴定机构出具的鉴定意见，或者下列机构出具的报告，结合其他证据作出认定：

（一）价格认证机构出具的报告；

（二）国务院野生动物保护主管部门、国家濒危物种进出口管理机构或者海关总署等指定的机构出具的报告；

（三）地、市级以上人民政府野生动物保护主管部门、国家濒危物种进出口管理机构的派出机构或者直属海关等出具的报告。

第十七条 对于涉案动物的种属类别、是否系人工繁育，非法捕捞、狩猎的工具、方法，以及对野生动物资源的损害程度等专门性问题，可以由野生动物保护主管部门、侦查机关依据现场勘验、检查笔录等出具认定意见；难以确定的，依据司法鉴定机构出具的鉴定意见、本解释第十六条所列机构出具的报告，被告人及其辩护人提供的证据材料，结合其他证据材料综合审查，依法作出认定。

第十八条 餐饮公司、渔业公司等单位实施破坏野生动物资源犯罪的，依照本解释规定的相应自然人犯罪的定罪量刑标准，对直接负责的主管人员和其他直接责任人员定罪处罚，并对单位判处罚金。

第十九条 在海洋水域，非法捕捞水产品，非法采捕珊瑚、砗磲或者其他珍贵、濒危水生野生动物，或者非法收购、运输、出售珊瑚、砗磲或者其他珍贵、濒危水生野生动物及其制品的，定罪量刑标准适用《最高人民法院关于审理发生在我国管辖海域相关案件若干问题的规定（二）》（法释〔2016〕17号）的相关规定。

三、司法文件

《最高人民检察院、公安部关于公安机关管辖的刑事案件立案追诉标准的规定（一）》（2008年6月25日 公通字〔2008〕36号）

第六十六条 **【非法狩猎案（刑法第三百四十一条第二款）】**违反狩猎法规，在禁猎区、禁猎期或者使用禁用的工具、方法进行狩猎，破坏野生动物资源，涉嫌下列情形之一的，应予立案追诉：

（一）非法狩猎野生动物二十只以上的；

（二）在禁猎区内使用禁用的工具或者禁用的方法狩猎的；

（三）在禁猎期内使用禁用的工具或者禁用的方法狩猎的；

（四）其他情节严重的情形。

第七章 非法猎捕、收购、运输、出售陆生野生动物罪

【立案追诉标准】

非法猎捕、收购、运输、出售陆生野生动物案（刑法第 341 条第 3 款）

违反野生动物保护管理法规，以食用为目的非法猎捕、收购、运输、出售（本条）第 1 款规定以外的在野外环境自然生长繁殖的陆生野生动物，情节严重的，应予追诉。

【犯罪构成及刑事责任】

非法猎捕、收购、运输、出售陆生野生动物罪，是指以食用为目的非法猎捕、收购、运输、出售第一款规定以外的在野外环境自然生长繁殖的陆生野生动物，情节严重的行为。

1. 客体要件。本罪侵犯的客体是国家对陆生野生动物的管理秩序。

2. 客观要件。违反野生动物保护法规，以食用为目的非法猎捕、收购、运输、出售刑法第 341 条第 1 款规定以外的在野外环境自然生长繁殖的陆生野生动物，情节严重的。具体包括三个要素：

（1）违反野生动物保护法律法规。如违反野生动物保护法第 20 条的规定："在相关自然保护区域和禁猎（渔）区、禁猎（渔）期内，禁止猎捕以及其他妨碍野生动物生息繁衍的活动，但法律法规另有规定的除外。野生动物迁徙洄游期间，在前款规定区域外的迁徙洄游通道内，禁止猎捕并严格限制其他妨碍野生动物生息繁衍的活动……"

（2）行为。本罪的行为表现为非法猎捕、收购、运输、出售刑法第 341 条第 1 款规定以外的在野外环境自然生长繁殖的陆生野生动物。

（3）情节严重。何为情节严重司法解释尚未作出统一的明确规定，但结合本罪的立法目的，司法机关在打击此种犯罪行为时，可以从非法获利数额、涉及的野生动物数量，以及是否具有传染动物疫病重要风险等方面把握是否属于情节严重。

3. 主体要件。本罪主体既可以是自然人也可以是单位。

4. 主观要件。本罪在主观方面要求具备犯罪故意，且必须要有食用的目的。行为人须有违反野生动物保护管理法规，以食用为目的非法猎捕、收购、运输、出售刑法第 341 条第 1 款规定以外的在野外环境自然生长繁殖的陆生野生动物的故意。如疏忽大意地在猎捕、收购、运输、出售刑法第 341 条第 1 款规定以外的在野外环境自然生长繁殖的陆生野生动物，不能成立本罪。

根据刑法第 341 条第 1 款和第 3 款的规定，犯本罪的，处三年以下有期徒刑、拘役、管制或者罚金。

【疑难指导】

一、如何理解本罪中的“陆生野生动物”

本罪中的“陆生野生动物”，主要是指在刑法第 341 条第 1 款规定之外的，在野外环境自然生长繁殖的陆生野生动物，也就是不属于国家重点保护的珍贵、濒危动物之列的陆生野生动物，而且主要是指陆生脊椎动物。但如果行为人误将刑法第 341 条第 1 款规定的珍贵、濒危动物当作普通的野生动物，以食用为目的进行猎捕、收购、运输、出售等，依然适用本条款，而不构成刑法第 341 条第 1 款的危害珍贵、濒危野生动物罪。

与此同时，本罪中“陆生野生动物”必须是在野外环境自然生长繁殖的，也就是不包括家庭畜养的动物，即使是没有驯化的动物，只要不是野外环境生长繁殖的，也不能以“野生动物”视作行为对象。

与刑法第 341 条第 1 款危害珍贵、濒危野生动物罪不同，本罪的行为对象不包括野生动物制品和已经死亡的野生动物，这里的“已经死亡”值得讨论，如果动物是在猎捕过程中死亡，那么下游的收购、运输、出售环节行为人是否可以脱罪？答案显然是否定的。所以对这一点应该这样界定：在猎捕行为之前，如果野生动物没有死亡，依然适用于此罪；如果野生动物已经因为其他原因死亡，那随后的以食用为目的猎捕、收购、运输、出售陆生野生动物的行为则不构成犯罪。与国家对珍贵、濒危野生动物的保护态度相比，对珍贵、濒危野生动物之外的在野外环境自然生长繁殖的陆生野生动物的保护程度是不如对前者的保护程度要高，对于已经死亡的野生动物，不应纳入本罪的保护范围。

二、如何理解“以食用为目的”

本罪为刑法修正案（十一）新增的罪名，理解“以食用为目的”要结合本条款的立法背景和立法目的。

非法猎捕、收购、运输、出售陆生野生动物罪的行为对象不是珍贵、濒危野生动物，而是更为普通、范围更广的野外生长繁殖的陆生动物。刑法中设立这一罪名，主要考虑有两点：一是预防非法猎捕、收购、运输、出售陆生野生动物带来的传染病传播风险；二是惩罚非法猎捕、收购、运输、出售陆生野生动物可能导致的传染病传播和社会动荡等不良后果。

为加强公共卫生安全，防止和切断病毒、疫病从野生动物向人类的传播途径，2020 年 2 月 24 日，第十三届全国人大常委会第十六次会议通过了《关于全面禁止非法野生动物交易、革除滥食野生动物陋习、切实保障人民群众生命健康安全的决定》，从维护生物安全和生态安全，有效防范重大公共卫生风险的角度，对野生动物保护管理制度作了较大调整。其中的第 2 条规定，全面禁止食用国家保护的“有重要生态、科学、社会价值的陆生野生动物”以及其他陆生野生动物，包括人工繁育、人工饲养的陆生野生动物。全面禁止以食用为目的猎捕、交易、运输在野外环境自然生长繁殖的陆生野生动物。刑法修正案（十一）与该决定衔接，从防范公共卫生风险的角度，进一步加大惩治以食用为目的非法经营、交易、运输非珍贵、濒危的其他野生动物犯罪，增设了 341 条第 3 款非法猎捕、收购、运输、出售陆生野生动物罪。

该条款主要是从禁止食用野生动物、防范野生动物疫情传播风险角度作出的规定，所以立法者本着刑事处罚范围尽量缩小的原则，将犯罪行为限定为“以食用为目的”。对于出于药用、驯养、观赏、皮毛利用等目的猎捕、收购、出售、运输其他陆生野生动物的，因为公共健康风险性较小，可给予行政处罚，或者构成非法狩猎罪等其他犯罪依法追究刑事责任。

根据《最高人民法院、最高人民检察院关于办理破坏野生动物资源刑事案件适用法律若干问题的解释》第 11 条的规定，对于“以食用为目的”，应当综合涉案动物及其制品的特征，被查获的地点，加工、包装情况，以及可以证明来源、用途的标识、证明等证据作出认定。

具有下列情形之一的，可以认定为“以食用为目的”：（一）将相关野生动物及其制品在餐饮单位、饮食摊点、超市等场所作为食品销售或者运往上述场所的；（二）通过包装、说明书、广告等介绍相关野生动物及其制品的食用价值或者方法的；（三）其他足以认定以食用为目的的情形。

三、非法猎捕、收购、运输、出售陆生野生动物罪与危害珍贵、濒危野生动物罪的界限

非法猎捕、收购、运输、出售陆生野生动物罪与危害珍贵、濒危野生动物罪都危害了国家对于野生动物保护的管理秩序，都有非法猎捕野生动物的行为表现。两者的不同体现为以下两个方面：

第一，行为对象不同。本罪的行为对象是在野外环境自然生长繁殖的陆生野生动物，并不包括野生动物制品和已经死亡的野生动物；而危害珍贵、濒危野生动物罪的行为对象是珍贵、濒危野生动物。但是，行为人确实误将珍贵、濒危野生动物当作并非国家重点保护的野外环境自然生长繁殖的陆生野生动物，而实施非法猎捕、收购、运输、出售行为，如果具有食用目的，就只能认定为本罪，不能适用刑法第 341 条第 1 款的规定；如果不具有食用目的，则不能以犯罪论处。

第二，主观方面不同。两者都是故意犯罪，但是本罪需要以非法食用为目的，如果不具有食用目的，则不能认定为非法猎捕、收购、运输、出售陆生野生动物罪。

四、非法猎捕、收购、运输、出售陆生野生动物罪与非法狩猎罪的界限

非法狩猎罪是违反狩猎法规，在禁猎区、禁猎期或者使用禁用的工具、方法进行狩猎，破坏野生动物资源，情节严重的行为，与本罪的区分主要体现在三个方面：

第一，行为方式不同。非法猎捕、收购、运输、出售陆生野生动物罪的成立没有时间、地点的限制，猎捕、收购、运输、出售都可以成为本罪的行为方式；非法狩猎罪的成立要求行为人违反狩猎法规，在禁猎区、禁猎期或者使用禁用的工具、方法进行狩猎，其行为方式不包括收购、运输和出售。

第二，行为对象不同。非法猎捕、收购、运输、出售陆生野生动物罪的对象仅针对除珍贵、濒危野生动物外的陆生野生动物；非法狩猎罪中行为人狩猎的对象包括一切野生动物，既包括陆生野生动物，也包括水生野生动物。

第三，主观方面不同。非法猎捕、收购、运输、出售陆生野生动物罪中行为人必须在主观上具有食用的目的；非法狩猎罪中行为人不要求有特定的目的，不论是基于出售、食用还是个人养育的目的，均不影响非法狩猎罪的认定。

【办案依据】

一、刑法规定

第三百四十一条第三款 违反野生动物保护管理法规，以食用为目的非法猎捕、收购、运输、出售第一款规定以外的在野外环境自然生长繁殖的陆生野生动物，情节严重的，依照前款的规定处罚。

第三百四十六条 单位犯本节第三百三十八条至第三百四十五条规定之罪的，对单位判处罚金，并对其直接负责的主管人员和其他直接责任人员，依照本节各该条的规定处罚。

二、司法解释

《最高人民法院、最高人民检察院关于办理破坏野生动物资源刑事案件适用法律若干问题的解释》（2022年4月6日　法释〔2022〕12号）

第十一条 对于“以食用为目的”，应当综合涉案动物及其制品的特征，被查获的地点，加工、包装情况，以及可以证明来源、用途的标识、证明等证据作出认定。

实施本解释规定的相关行为，具有下列情形之一的，可以认定为“以食用为目的”：

（一）将相关野生动物及其制品在餐饮单位、饮食摊点、超市等场所作为食品销售或者运往上述场所的；

（二）通过包装、说明书、广告等介绍相关野生动物及其制品的食用价值或者方法的；

（三）其他足以认定以食用为目的的情形。

……

第十二条 二次以上实施本解释规定的行为构成犯罪，依法应当追诉的，或者二年内实施本解释规定的行为未经处理的，数量、数额累计计算。

第十三条 实施本解释规定的相关行为，在认定是否构成犯罪以及裁量刑罚时，应当考虑涉案动物是否系人工繁育、物种的濒危程度、野外存活状况、人工繁育情况、是否列入人工繁育国家重点保护野生动物名录，行为手段、对野生动物资源的损害程度，以及对野生动物及其制品的认知程度等情节，综合评估社会危害性，准确认定是否构成犯罪，妥当裁量刑罚，确保罪责刑相适应；根据本解释的规定定罪量刑明显过重的，可以根据案件的事实、情节和社会危害程度，依法作出妥当处理。

涉案动物系人工繁育，具有下列情形之一的，对所涉案件一般不作为犯罪处理；需要追究刑事责任的，应当依法从宽处理：

（一）列入人工繁育国家重点保护野生动物名录的；

（二）人工繁育技术成熟、已成规模，作为宠物买卖、运输的。

第十四条 对于实施本解释规定的相关行为被不起诉或者免予刑事处罚的行为人，依法应当给予行政处罚、政务处分或者其他处分的，依法移送有关主管机关处理。

第十五条 对于涉案动物及其制品的价值，应当根据下列方法确定：

（一）对于国家禁止进出口的珍贵动物及其制品、国家重点保护的珍贵、濒危野生动物及其制品的价值，根据国务院野生动物保护主管部门制定的评估标准和方法核算；

（二）对于有重要生态、科学、社会价值的陆生野生动物、地方重点保护野生动物、其他野生动物及其制品的价值，根据销赃数额认定；无销赃数额、销赃数额难以查证或者根据销赃数额认定明显偏低的，根据市场价格核算，必要时，也可以参照相关评估标准和方法核算。

第十六条 根据本解释第十五条规定难以确定涉案动物及其制品价值的，依据司法鉴定机构出具的鉴定意见，或者下列机构出具的报告，结合其他证据作出认定：

（一）价格认证机构出具的报告；

（二）国务院野生动物保护主管部门、国家濒危物种进出口管理机构或者海关总署等指定的机构出具的报告；

（三）地、市级以上人民政府野生动物保护主管部门、国家濒危物种进出口管理机构的派出机构或者直属海关等出具的报告。

第十七条 对于涉案动物的种属类别、是否系人工繁育，非法捕捞、狩猎的工具、方法，以及对野生动物资源的损害程度等专门性问题，可以由野生动物保护主管部门、侦查机关依据现场勘验、检查笔录等出具认定意见；难以确定的，依据司法鉴定机构出具的鉴定意见、本解释第十六条所列机构出具的报告，被告人及其辩护人提供的证据材料，结合其他证据材料综合审查，依法作出认定。

第十八条 餐饮公司、渔业公司等单位实施破坏野生动物资源犯罪的，依照本解释规定的相应自然人犯罪的定罪量刑标准，对直接负责的主管人员和其他直接责任人员定罪处罚，并对单位判处罚金。

第十九条 在海洋水域，非法捕捞水产品，非法采捕珊瑚、砗磲或者其他珍贵、濒危水生野生动物，或者非法收购、运输、出售珊瑚、砗磲或者其他珍贵、濒危水生野生动物及其制品的，定罪量刑标准适用《最高人民法院关于审理发生在我国管辖海域相关案件若干问题的规定（二）》（法释〔2016〕17号）的相关规定。

第八章 非法占用农用地罪

【立案追诉标准】

非法占用农用地案（刑法第342条）

违反土地管理法规，非法占用耕地、林地等农用地，改变被占用土地用途，造成耕地、林地等农用地大量毁坏，涉嫌下列情形之一的，应予立案追诉：

（一）非法占用基本农田五亩以上或者基本农田以外的耕地十亩以上的；

（二）非法占用防护林地或者特种用途林地数量单种或者合计五亩以上的；

（三）非法占用其他林地十亩以上的；

（四）非法占用本款第（二）项、第（三）项规定的林地，其中一项数量达到相应规定的数量标准的百分之五十以上，且两项数量合计达到该项规定的数量标准的；

（五）非法占用其他农用地数量较大的情形。

《最高人民检察院、公安部关于公安机关管辖的刑事案件立案追诉标准的规定（一）》（2008年6月25日）

【犯罪构成及刑事责任】

非法占用农用地罪，是指违反土地管理法规，非法占用耕地、林地等农用地，改变被占用土地用途，数量较大，造成耕地、林地等农用地大量毁坏的行为，具体包括四个要件：

1. 客体要件。本罪侵犯的客体是国家对农用地的管理制度。

2. 客观要件。非法占用农用地罪的客观方面是指违反土地管理法规，实施非法占用耕地、林地等农用地，改变被占用土地用途的行为，数量较大，造成耕地、林地等农用地大量毁坏，具体包括四个要素：

（1）违反土地管理法规。根据全国人大常委会制定的相关文件，“违反土地管理法规”，是指违反土地管理法、森林法、草原法等法律以及有关行政法规中关于土地管理的规定。因而，作为本罪前置法律法规的范围应当以全国人大及其常委会制定的法律和国务院制定的行政法规中有关土地管理的规定为限，不包括地方性法规和部门规章等。如土地管理法第 4 条规定：“国家实行土地用途管制制度……严格限制农用地转为建设用地，控制建设用地总量，对耕地实行特殊保护……使用土地的单位和个人必须严格按照土地利用总体规划确定的用途使用土地。”草原法第 38 条规定：“进行矿藏开采和工程建设，应当不占或者少占草原；确需征收、征用或者使用草原的，必须经省级以上人民政府草原行政主管部门审核同意后，依照有关土地管理的法律、行政法规办理建设用地审批手续。”此外，水土保持法、《土地复垦条例》、《基本农田保护条例》等法律、法规中也包括有关农用地保护的规定。因此，从形式程序上来看，凡是对耕地、林地、草原等进行占用、改变用途的，必须向土地、林业、草原等行政主管部门申请，并获得批准后方可进行。

（2）行为对象。刑法修正案（二）中，将 1997 年刑法规定的犯罪对象范围“耕地”扩大至农用地，根据土地管理法第 4 条第 3 款的规定，“农用地”是指直接用于农业生产的土地，包括耕地、林地、草地、农田水利地、养殖水面等。具体而言，耕地一般包括：种植农作物的耕地，包括新开荒地、休闲地、轮歇地等；主要种植农作物，兼有零星果树、桑树或者其他树木的土地；耕种三年以上的滩涂和 3 年内曾用于耕种农作物的土地。林地包括郁闭度在 0. 2 以上的乔木林地、竹林地、灌木林地疏林地、采伐迹地、火烧迹地、未成林造林地、苗圃地和县级以上人民政府规划的宜林地。草地，是指以草本植物为主体的植被类型，包括一些可以作为放牧利用的灌林地和疏林地。

（3）行为。本罪的行为包括两种情况，一为非法占用农用地；二为改变被占用土地用途。

“非法占用耕地、林地等农用地”，是指违反土地利用总体规划或计划，未经批准擅自将耕地改为建设用地或者作其他用途，或者擅自占用林地进行建设或者开垦林地进行种植、养殖以及实施采石、采沙等活动。从实践中来看，一般的非法占用农用地行为通常表现为以下几种情形：①未经批准而占用农用地，即未经国家土地管理机关审查，并报经有审核和决定权的相应级别的政府批准，而擅自专用农用地的；②少批而多占用农用地的，即虽合法取得了一部分农用地使用权，但超出被批准的农用地范围而多占了农用地，超出批准范围的土地是非法占用的土地；③超过土地使用权的使用期限而未办理继续使用农用地手续的；④以欺诈方式骗取农用地的，如以提供虚假文件，谎报土地用途、盗用他人名义申请等欺诈性的方式和手段获取农用地的。

“改变被占用土地用途”，是指未经依法办理农用地转用批准手续、土地征收、征用、占用审批手续，非法占用耕地、林地、草地等农用地，在被占用的农用地上从事建设、采矿、养殖等活动，改变土地利用总体规划规定的农用地的原用途。如占用耕地建设度假村，开垦林地、草地种植庄稼，占用林地挖塘养虾等。此处的“改变”应当作实质化的认定，即改变被占农用地的用途，应实质分析为改变原来的耕种环境、耕种条件等，使得农用地不能继续进行相应的农业生产活动，包括两种情况：①改变农用地的生产环境和生产条件，是指不能继续进行任何农业生产活动，如在农用地上开办企业、建造房屋、挖沙、取土、采石、堆放固体废弃物或者进行其他非农业建设等行为，在这种情况下，农用地原有的用途无法恢复或者恢复的费用极高而不适宜恢复，因而构成犯罪。需要排除的是如果仅仅是表面上土地用途的不遵守，而没有造成农业生产条件的破坏，即不属于这里的改变土地用途。例如，行为人在自己承包的鱼塘里挖沙，没有破坏鱼塘的养殖环境，或者行为人在自己的林地上取土，但没有破坏林地的生产条件，则不构成本罪。②改变了原来农用地的生产条件，但却适合另外一种农业生产条件，如将林地、草地毁坏变为耕地或者在耕地上开挖鱼塘等行为。此时，虽然没有破坏土地作为“农用地”的价值，甚至可能单纯地从经济效益来看产生了正面的影响，但该行为仍破坏了我国对农用地的合理规划，尤其是对耕地的严格保护，因而如果上述行为导致土地性质变化或者土地环境、条件无法恢复至原有状态的状况，依然涉嫌构成本罪。

（4）结果要件。构成本罪必须达到非法占用或改变用途的农用地数量较大，并且造成耕地、林地等农用地大量毁坏的后果，才构成犯罪。

根据《最高人民法院关于审理破坏土地资源刑事案件具体应用法律若干问题的解释》第3条的规定，非法占用耕地“数量较大”，是指非法占用基本农田五亩以上或者非法占用基本农田以外的耕地十亩以上。非法占用耕地“造成耕地大量毁坏”，是指行为人非法占用耕地建窑、建坟、建房、挖沙、采石、采矿、取土、堆放固体废弃物或者进行其他非农业建设，造成毁坏或者严重污染。根据《最高人民法院关于审理破坏林地资源刑事案件具体应用法律若干问题的解释》第1条的规定，所谓“数量较大，造成林地大量毁坏”，是指下列情形：①非法占用并毁坏防护林地、特种用途林地数量分别或者合计达到五亩以上；②非法占用并毁坏其他林地数量达到十亩以上；③非法占用并毁坏本条第（一）项、第（二）项规定的林地，数量分别达到相应规定的数量标准的百分之五十以上；④非法占用并毁坏第（一）项、第（二）项规定的林地，其中一项数量达到相应规定的数量标准的百分之五十以上，且两项数量合计达到该项规定的数量标准。根据《最高人民法院关于审理破坏草原资源刑事案件应用法律若干问题的解释》第2条的规定，非法占用草原，改变被占用草原用途，数量在二十亩以上的，或者曾因非法占用草原受过行政处罚，在三年内又非法占用草原，改变被占用草原用途，数量在十亩以上的，应当认定为刑法第三百四十二条规定的“数量较大”。非法占用草原，改变被占用草原用途，数量较大，具有下列情形之一的，应当认定为刑法第三百四十二条规定的“造成耕地、林地等农用地大量毁坏”：①开垦草原种植粮食作物、经济作物、林木的；②在草原上建窑、建房、修路、挖砂、采石、采矿、取土、剥取草皮的；③在草原上堆放或者排放废弃物，造成草原的原有植被严重毁坏或者严重污染的；④违反草原保护、建设、利用规划种植牧草和饲料作物，造成草原沙化或者水土严重流失的；⑤其他造成草原严重毁坏的情形。

3. 主体要件。本罪的犯罪主体既包括自然人，也包括单位。当单位犯本罪时，对单位判处罚金，对单位直接负责的主管人员和其他直接责任人员判处相应刑罚。

4. 主观要件。本罪成立需要行为人具有犯罪故意，即明知自己非法占用大量的农用地或者行为会改变农用地的用途，仍希望或放任造成大量农用地被破坏的结果的发生。

根据刑法第342条的规定，犯本罪的，处五年以下有期徒刑或者拘役，并处或者单处罚金。

【疑难指导】

一、农用地认定的具体问题

1. 南方宽小于1.0m，北方宽小于2.0m的沟、渠、路和田埂等耕地的辅助空间是否应当算作耕地的面积？笔者认为应当计入，虽然如前文所说，耕地一般是指种植农作物的土地，但上述虽不直接种植农作物，但对农业生产起到关键作用的辅助空间，是耕地不可分离的组成部分，因此，这些区域土地的保护价值不亚于直接种植农作物的土地。而且，从我国土地管理法对“农用地”的规定来看，其强调的是“直接用于农业生产”，而不是“直接用于种植农作物”，因此，应当将这些辅助空间纳入“耕地”的计算范围中。

2. 草地是以草本植物为主体的植被类型，包括一些可以作为放牧利用的灌木地和疏林地，我国主要的草地类型有草原、草地草坡、滩涂（人工、半人工草地等）。从草地的形成特点来看，又可将其分为天然草地、改良草地和人工草地三大类。笔者认为，个案中的草地是否构成本罪的犯罪对象，需要具体问题具体分析，核心在于涉案草地是否直接用于农业生产。

3. 园地是种植以采集果、叶为主的集约经营的多年生木本和草本植物，覆盖度在0.5以上的或每亩株数大于合理株数70%以上的土地，包括用于育苗的土地。我国在2017年《土地利用现状分类》中将园地归入农用地的一种，更与耕地、林地等并列为农用地的二级分类，并包括果园、茶园和其他园地等三个三级规划分类。因此，园地本身属于本罪犯罪对象应无争议。至于非法占用园地的入罪标准，司法解释尚未明确规定，但从最高人民法院关于审理破坏土地资源、耕地、林地、草原司法解释的规定来看，主要是根据不同种类的土地存在用途上的不同、稀缺程度以及对社会经济发展的重要程度的差异，体现在刑法保护程度上就有所不同，鉴于园地与耕地、林地同属农用地的下位概念，可参照对耕地、草原的入罪标准，数量较大的认定村组可掌握在 10 亩以上。[①]

二、土地性质的认定

在司法实践中，涉案土地性质的认定往往无法由司法机关独立完成，需要相关行政部门出具土地性质的认定，但在个案中，可能会出现对同一土地的性质认定出现分歧的情况。

上述问题产生的根源在于刑法保护的农用地性质取决于土地的自然属性还是社会属性，即如果按照土地的自然属性也就是土地现状来决定，那该宗土地的实际现状是裸岩石砾地，属于未利用地，不属于农用地，因此不是非法占用农用地的犯罪对象；但如果按照土地的社会属性，即从土地规划的角度予以判断，林地保护利用规划其为林地，该土地就属于农用地，就可能成为非法占用农用地罪的犯罪对象。笔者认为，认定非法占用农用地的犯罪对象，应当从土地的社会属性出发，理由如下：

第一，从法益保护原则的角度出发，法益具有解释犯罪构成要件的机能，在面对法条含义的解释存在分歧时，必须结合犯罪保护的法益进行解释。非法占用农用地罪保护的法益是国家对农用地的管理制度，但这样解释太过宽泛，需要结合本罪的特点进一步细化解释：土地资源是国计民生之本，财富之源，是人类赖以生存和发展的最基本资料，也是其他各种资源得以存在的基础，农用地是土地资源中最为重要的组成部分，对促进农业生产和社会经济的可持续发展具有重要作用。同时，农用地与建设用地之间比例的协调也关乎国民经济的健康发展和社会稳定。正因如此，国家结合各种土地的自然特点，根据经济社会发展的需要，对各种土地资源的用途进行规划，规划确定的土地用途，是珍惜、合理利用土地和切实保护农用地的基本国策的具体化，而非法占用农用地的行为破坏了国家规划确定的土地用途，因而侵犯了国家对农用地的管理制度。因此，对于国家对农

---

① 付金兰：《非法占用农用地中“园地”的认定》，载《中国检察官》2020 年第 22 期。

用地的管理制度的判断，应当落到涉案土地的规划用途也就是其社会属性上。

第二，非法占用农用地属于法定犯，其前置的基本法律是土地管理法，该法第 4 条规定，“国家编制土地利用总体规划，规定土地用途，将土地分为农用地、建设用地和未利用地……使用土地的单位和个人必须严格按照土地利用总体规划确定的用途使用土地”。由此可知，其主要规范的是土地的社会用途，即土地规划根据社会需要确定的用途，非法占用农用地罪保护的是土地的规划用途。

因此，在确定土地的用途时，应当依据土地的社会属性，而不能依据土地的自然属性，诸如“土地利用现状图”“裸岩石砾地”等表述土地涉及利用现状的概念，均不能作为认定土地用途的依据。

三、何为“改变被占用土地的用途”

“改变被占用土地的用途”一般情形下表现为将农用地进行非农用途，但实践中往往会出现这样的案件：行为人非法占有农用地，并将此种农用用途的土地改作其他农用用途，是否属于上述条件的范畴。笔者认为，当出现犯罪认定模糊或困难时，应当回归构成要件，因为上述描述并不具体，需要在个案中进行涵摄，看本案中的法律事实是否符合犯罪构成要件，即是否“导致被占用农用地大量毁坏”，具体来讲是破坏农用用途的生态环境和生产条件，使得其无法恢复至原规划的一般用途。如耕地的一般用途就是种植农作物，林地的一般用途就是种植林木，养殖水面的一般用途就是养殖水生动物和种植藻类水生植物。以在林地上种植农作物为例，《最高人民法院关于审理破坏林地资源刑事案件具体应用法律若干问题的解释》第 1 条规定：“违反土地管理法规，非法占用林地，改变被占用林地用途，在非法占用的林地上……种植农作物……等行为或者进行其他非林业生产、建设，造成林地的原有植被或林业种植条件严重毁坏或者严重污染，并具有下列情形之一的，属于刑法第三百四十二条规定的犯罪行为，应当以非法占用农用地罪判处五年以下有期徒刑或者拘役，并处或者单处罚金……”因此，在非法占用的林地上种植农作物的，也属于“改变被占用的林地用途”。从对“一般用途”理解的角度出发，可以将改变被占用的土地上种植的作物品种或者养殖的生物品种的行为排除在本罪之外，因为其仍然在“被占用土地”的一般用途之内，不属于“改变”被占用土地的用途。因此，如过失在非法占用的林地上种植与原来种植的林木不同品种的林木，则不构成本罪。

四、破坏耕地程度是否必须经过鉴定才具有证据效力

判断是否造成“农用地大量毁坏”原则上不需要经过鉴定，司法实践中，一些人主张农用地的毁损程度是否达到法定要求，必须由公诉机关委托鉴定部门出具鉴定意见，否则不足以起诉。但一般而言，需要经过鉴定才能认定是否符合构成要件的应该是专业性较强、一般人难以判定的技术性问题，是否造成“农用地大量破坏”并不是一个专业的问题，普通人也能看出来，因此专业人员的检验、鉴别和评定并非必要。从《最高人民法院关于审理破坏土地资源刑事案件具体应用法律若干问题的解释》第3条第2项也可以看出，“非法占用耕地‘造成耕地大量毁坏’，是指行为人非法占用耕地建窑、建坟、建房、挖沙、采石、采矿、取土、堆放固体废弃物或者进行其他非农业建设，造成基本农田五亩以上或者基本农田以外的耕地十亩以上种植条件严重毁坏或者严重污染”。因此，存在大多数不需要鉴定即可定罪的情形。

五、结果要件中的“数量较大”和“造成农用地大量毁坏”是否需要同时满足

对于结果要件中数量结果“数量较大”和状态结果“造成农用地大量毁坏”两个要素的逻辑关系（应当同时具备还是择一即可），笔者认为，应当同时具备，才能构成本罪。理由有四：

第一，从文理解释出发，通常的语言表达习惯认为“或者”一般是不省略的，而“并”“和”等连接词可以省略，因此法条原文表达的“数量较大，造成耕地、林地等农用地大量毁坏的”之间，应当是并列的关系。

第二，根据《最高人民法院关于审理破坏林地资源刑事案件具体应用法律若干问题的解释》第1条的规定，需要具备“在非法占用的林地上实施建窑……造成林地的原有植被或林业种植条件严重毁坏或者严重污染”的情况，并且达到下列各项规定的林地面积，才能被认定为非法占有农用地罪。虽然形式上该解释的效力只针对非法占用林地的情况，但各种情况之间的逻辑是相通的，可以看出司法解释的态度也是要求两个结果要素一并具备。

第三，从实质解释的角度出发，单单就对非法占用农用地达到数量较大，但未对涉案农用地造成侵害，即既未破坏农用地的自然环境和生产条件，也不妨碍其恢复原有的功能用途，与本罪要求的“非法占用农用地，造成农用地大量破坏”要求的法益侵害性相去甚远。

第四，从刑法与其他法律法规的衔接上来看，刑法是社会关系保护的最后一道屏障，基于刑法的谦抑性，当民事、行政手段足以恢复被破坏的社会关系时，不可动用刑法手段。在我国，对农用地的保护，有许多的行政处罚措施：如《基本农田保护条例》第33条规定，违反本条例规定，占用基本农田建窑、建房、建坟、挖砂、采石、采矿、取土、堆放固体废弃物或者从事其他活动破坏基本农田，毁坏种植条件的，由县级以上人民政府土地行政主管部门责令改正或者治理，恢复原种植条件，处占用基本农田的耕地开垦费1倍以上2倍以下的罚款；构成犯罪的，依法追究刑事责任。因此，对于小面积的破坏，达不到法益侵害性的要求无法入罪，对于违反行政程序但尚未侵犯法益的行为，有行政手段予以规制，所以刑法保护农用地管理制度的界限应当有度。

因此，在认定非法占有农用地罪的结果时，需要同时符合数量条件和程度条件。

六、非法占用农用地与非法占用土地违法行为的界限

非法占用农用地和行政法意义上的非法占用土地在客观行为的性质上是基本一致的，但区别在于，非法占用农用地是结果犯，行为人必须实施了非法占用农用地的行为，并且该行为改变了被占用农用地的用途，数量较大，且造成农用地大量毁坏的后果；而行政法意义上的非法占用土地，侧重于未经许可即占用农用地的违法行为。一般而言，构成非法占用农用地罪的行为必然属于非法占用土地的违法行为，二者的区别主要体现在行为人非法占用农用地的数量未达到法定的标准，或者虽然达到了法定的数量标准，但并未改变被占用农用地的用途，或者虽然既达到法定的数量标准，也改变了被占用农用地的用途，但行为人并未造成被占用的农用地大量毁坏的结果发生。总结来说，即不具备刑事处罚必要性的非法占用土地的行为，归入行政法规范的范围。我国土地管理法第75条规定：“违反本法规定，占用耕地建窑、建坟或者擅自在耕地上建房、挖砂、采石、采矿、取土等，破坏种植条件的，或者因开发土地造成土地荒漠化、盐渍化的，由县级

以上人民政府自然资源主管部门、农业农村主管部门等按照职责责令限期改正或者治理，可以并处罚款；构成犯罪的，依法追究刑事责任。”

【办案依据】

一、刑法规定

第三百四十二条 违反土地管理法规，非法占用耕地、林地等农用地，改变被占用土地用途，数量较大，造成耕地、林地等农用地大量毁坏的，处五年以下有期徒刑或者拘役，并处或者单处罚金。

第三百四十六条 单位犯本节第三百三十八条至第三百四十五条规定之罪的，对单位判处罚金，并对其直接负责的主管人员和其他直接责任人员，依照本节各该条的规定处罚。

二、立法解释

《全国人民代表大会常务委员会关于〈中华人民共和国刑法〉第二百二十八条、第三百四十二条、第四百一十条的解释》（2009年8月27日）

全国人民代表大会常务委员会关于《中华人民共和国刑法》第二百二十八条、第三百四十二条、第四百一十条的解释

全国人民代表大会常务委员会讨论了刑法第二百二十八条、第三百四十二条、第四百一十条规定的“违反土地管理法规”和第四百一十条规定的“非法批准征收、征用、占用土地”的含义问题，解释如下：

刑法第二百二十八条、第三百四十二条、第四百一十条规定的“违反土地管理法规”，是指违反土地管理法、森林法、草原法等法律以及有关行政法规中关于土地管理的规定。

刑法第四百一十条规定的“非法批准征收、征用、占用土地”，是指非法批准征收、征用、占用耕地、林地等农用地以及其他土地。

现予公告。

三、司法解释

（一）《最高人民法院关于审理破坏草原资源刑事案件应用法律若干问题的解释》（2012年11月2日　法释〔2012〕15号）

第一条　违反草原法等土地管理法规，非法占用草原，改变被占用草原用途，数量较大，造成草原大量毁坏的，依照刑法第三百四十二条的规定，以非法占用农用地罪定罪处罚。

第二条　非法占用草原，改变被占用草原用途，数量在二十亩以上的，或者曾因非法占用草原受过行政处罚，在三年内又非法占用草原，改变被占用草原用途，数量在十亩以上的，应当认定为刑法第三百四十二条规定的“数量较大”。

非法占用草原，改变被占用草原用途，数量较大，具有下列情形之一的，应当认定为刑法第三百四十二条规定的“造成耕地、林地等农用地大量毁坏”：

（一）开垦草原种植粮食作物、经济作物、林木的；

（二）在草原上建窑、建房、修路、挖砂、采石、采矿、取土、剥取草皮的；

（三）在草原上堆放或者排放废弃物，造成草原的原有植被严重毁坏或者严重污染的；

（四）违反草原保护、建设、利用规划种植牧草和饲料作物，造成草原沙化或者水土严重流失的；

（五）其他造成草原严重毁坏的情形。

第五条　单位实施刑法第三百四十二条规定的行为，对单位判处罚金，并对其直接负责的主管人员和其他直接责任人员，依照本解释规定的定罪量刑标准定罪处罚。

第六条　多次实施破坏草原资源的违法犯罪行为，未经处理，应当依法追究刑事责任的，按照累计的数量、数额定罪处罚。

第七条　本解释所称“草原”，是指天然草原和人工草地，天然草原包括草地、草山和草坡，人工草地包括改良草地和退耕还草地，不包括城镇草地。

（二）《最高人民法院关于审理破坏林地资源刑事案件具体应用法律若干问题的解释》（2005年12月26日　法释〔2005〕15号）

第一条　违反土地管理法规，非法占用林地，改变被占用林地用途，在非法占用的林地上实施建窑、建坟、建房、挖沙、采石、采矿、取土、种植农作物、堆放或排泄废弃物等行为或者进行其他非林业生产、建设，造成林地的原有植被或林业种植条件严重毁坏或者严重污染，并具有下列情形之一的，属于刑法第三百四十二条规定的犯罪行为，应当以非法占用农用地罪判处五年以下有期徒刑或者拘役，并处或者单处罚金：

（一）非法占用并毁坏防护林地、特种用途林地数量分别或者合计达到五亩以上；

（二）非法占用并毁坏其他林地数量达到十亩以上；

（三）非法占用并毁坏本条第（一）项、第（二）项规定的林地，数量分别达到相应规定的数量标准的百分之五十以上；

（四）非法占用并毁坏本条第（一）项、第（二）项规定的林地，其中一项数量达到相应规定的数量标准的百分之五十以上，且两项数量合计达到该项规定的数量标准。

第六条 单位实施破坏林地资源犯罪的，依照本解释规定的相关定罪量刑标准执行。

第七条 多次实施本解释规定的行为依法应当追诉且未经处理的，应当按照累计的数量、数额处罚。

（三）《最高人民法院关于审理破坏土地资源刑事案件具体应用法律若干问题的解释》（2000年6月19日　法释〔2000〕第14号）

第三条 违反土地管理法规，非法占用耕地改作他用，数量较大，造成耕地大量毁坏的，依照刑法第三百四十二条的规定，以非法占用耕地罪定罪处罚：

（一）非法占用耕地“数量较大”，是指非法占用基本农田5亩以上或者非法占用基本农田以外的耕地10亩以上。

（二）非法占用耕地“造成耕地大量毁坏”，是指行为人非法占用耕地建窑、建坟、建房、挖沙、采石、采矿、取土、堆放固体废弃物或者进行其他非农业建设，造成基本农田5亩以上或者基本农田以外的耕地10亩以上种植条件严重毁坏或者严重污染。

第八条 单位犯非法转让、倒卖土地使用权罪、非法占有耕地罪的定罪量刑标准，依照本解释第一条、第二条、第三条的规定执行。

第九条　多次实施本解释规定的行为依法应当追诉的，或者1年内多次实施本解释规定的行为未经处理的，按照累计的数量、数额处罚。

四、司法文件

《最高人民检察院、公安部关于公安机关管辖的刑事案件立案追诉标准的规定（一）》（2008年6月25日　公通字〔2008〕36号）

第六十七条　【非法占用农用地案（刑法第三百四十二条）】违反土地管理法规，非法占用耕地、林地等农用地，改变被占用土地用途，造成耕地、林地等农用地大量毁坏，涉嫌下列情形之一的，应予立案追诉：

（一）非法占用基本农田五亩以上或者基本农田以外的耕地十亩以上的；

（二）非法占用防护林地或者特种用途林地数量单种或者合计五亩以上的；

（三）非法占用其他林地数量十亩以上的；

（四）非法占用本款第（二）项、第（三）项规定的林地，其中一项数量达到相应规定的数量标准的百分之五十以上，且两项数量合计达到该项规定的数量标准的；

（五）非法占用其他农用地数量较大的情形。

违反土地管理法规，非法占用耕地建窑、建坟、建房、挖沙、采石、采矿、取土、堆放固体废弃物或者进行其他非农业建设，造成耕地种植条件严重毁坏或者严重污染，被毁坏耕地数量达到以上规定的，属于本条规定的“造成耕地大量毁坏”。

违反土地管理法规，非法占用林地，改变被占用林地用途，在非法占用的林地上实施建窑、建坟、建房、挖沙、采石、采矿、取土、种植农作物、堆放或者排泄废弃物等行为或者进行其他非林业生产、建设，造成林地的原有植被或者林业种植条件严重毁坏或者严重污染，被毁坏林地数量达到以上规定的，属于本条规定的“造成林地大量毁坏”。

【指导性案例】

最高人民检察院指导性案例第60号，刘某非法占用农用地案①

（2019年12月2日最高人民检察院第十三届检察委员会
第二十八次会议决定，2019年12月20日发布）

【关键词】

非法占用农用地罪　永久基本农田“大棚房”非农建设改造

【要旨】

行为人违反土地管理法规，在耕地上建设“大棚房”“生态园”“休闲农庄”等，非法占用耕地数量较大，造成耕地等农用地大量毁坏的，应当以非法占用农用地罪追究实际建设者、经营者的刑事责任。

【相关规定】

《中华人民共和国刑法》第三百一十条、第三百四十二条

《全国人民代表大会常务委员会关于〈中华人民共和国刑法〉第二百二十八条、第三百四十二条、第四百一十条的解释》

《中华人民共和国土地管理法》第七十五条

《最高人民法院关于审理破坏土地资源刑事案件具体应用法律若干问题的解释》第三条

《最高人民检察院、公安部关于公安机关管辖的刑事案件立案追诉标准的规定（一）》第六十七条

---

① 《第十六批指导性案例——刘某非法占用农用地（检例第60号）》，载最高人民检察院网站，https://www.spp.gov.cn/jczdal/202003/t20200305_455868.shtml，2022年6月12日访问。

【基本案情】

被告人刘某，男，1979 年 10 月出生，某文化发展公司法定代表人。2008 年 1 月，因犯敲诈勒索罪被北京市海淀区人民法院判处有期徒刑二年，缓刑二年。

2016 年 3 月，被告人刘某经人介绍以人民币 1000 万元的价格与北京某种植专业合作社（以下简称合作社）的法定代表人池某商定，受让合作社位于延庆区延庆镇广积屯村东北蔬菜大棚 377 亩集体土地使用权。同年 4 月 15 日，刘某指使其司机刘某岐与池某签订转让意向书，约定将合作社土地使用权及地上物转让给刘某岐。同年 10 月 21 日，合作社的法定代表人变更为刘某岐。其间，刘某未经国土资源部门批准，以合作社的名义组织人员对蔬菜大棚园区进行非农建设改造，并将园区命名为“紫薇庄园”。截至 2016 年 9 月 28 日，刘某先后组织人员在园区内建设鱼池、假山、规划外道路等设施，同时将原有蔬菜大棚加高、改装钢架，并将其一分为二，在其中各建房间，每个大棚门口铺设透水砖路面，外垒花墙。截至案发，刘某组织人员共建设“大棚房”260 余套（每套面积 350 平方米至 550 平方米不等，内部置橱柜、沙发、藤椅、马桶等各类生活起居设施），并对外出租。经北京市国土资源局延庆分局组织测绘鉴定，该项目占用耕地 2875 亩，其中含永久基本农田 2284 亩，造成耕地种植条件被破坏。

截至 2017 年 4 月，北京市规划和国土资源管理委员会、延庆区延庆镇人民政府先后对该项目下达《行政处罚决定书》《责令停止建设通知书》《限期拆除决定书》，均未得到执行。2017 年 5 月，延庆区延庆镇人民政府组织有关部门将上述违法建设强制拆除。

【指控与证明犯罪】

2017 年 5 月 10 日，北京市国土资源局延庆分局向北京市公安局延庆分局移送刘某岐涉嫌非法占用农用地一案，5 月 13 日，北京市公安局延庆分局对刘某岐涉嫌非法占用农用地案立案侦查，经调查发现刘某有重大嫌疑。2017 年 12 月 5 日，北京市公安局延庆分局以刘某涉嫌非法占用农用地罪，将案件移送北京市延庆区人民检察院审查起诉。

审查起诉阶段，刘某拒不承认犯罪事实，辩称：1. 自己从未参与紫薇庄园项目建设，没有实施非法占地的行为。2. 紫薇庄园项目的实际建设者、经营者是刘某岐。3. 自己与紫薇庄园无资金往来。4. 蔬菜大棚改造项目系设施农业，属于政府扶持项目，不属于违法行为。刘某岐虽承认自己是合作社的法定代表人、项目建设的出资人，但对于转让意向书内容、资金来源、大棚内施工建设情况语焉不详。

为进一步查证紫薇庄园的实际建设者、经营者，北京市延庆区人民检察院将案件退回公安机关补充侦查，要求补充查证：1. 调取刘某、刘某岐、池某、张某军（工程承包方）之间的资金往来凭证，核实每笔资金往来的具体操作人，对全案账目进行司法会计鉴定，了解资金的来龙去脉，查实资金实际出让人和受让人。2. 寻找关键证人会计李某彬，核实合作社账目与刘某个人账户的资金往来，确定刘某、刘某岐在紫薇庄园项目中的地位作用。3. 就测量技术报告听取专业测量人员的意见，查清所占耕地面积。

经补充侦查，北京市公安局延庆分局收集到证人李某彬的证言，证实了合作社是刘某出资从池某手中购买，李某彬受刘某邀请负责核算合作社的收入和支出。会计师事务所出具的司法鉴定意见书，证实了资金往来去向。在补充侦查过程中，侦查机关调取了紫薇庄园临时工作人员胡某等人的证言，证实刘某岐是刘某的司机；刘某岐受刘某指使在转让意向书中签字，并担任合作社法定代表人，但其并未与刘某共谋参与非农建设改造事宜。针对辩护律师对测量技术报告数据的质疑，承办检察官专门听取了参与测量人员的意见，准确掌握所占耕地面积。

2018 年 5 月 23 日，北京市延庆区人民检察院以刘某犯非法占用农用地罪向北京市延庆区人民法院提起公诉。7 月 2 日，北京市延庆区人民法院公开开庭审理了本案。

法庭调查阶段，公诉人宣读起诉书，指控被告人刘某违反土地管理法规，非法占用耕地进行非农建设改造，改变被占土地用途，造成耕地大量毁坏，其行为构成非法占用农用地罪。针对以上指控的犯罪事实，公诉人向法庭出示了四组证据予以证明：

一是现场勘测笔录、《测量技术报告书》《非法占用耕地破坏程度鉴定意见》、现场照片78张等，证明紫薇庄园园区内存在非法占地行为，改变被占土地用途且数量较大，造成耕地大量毁坏。

二是合作社土地租用合同，设立、变更登记材料，转让意向书，合作社大棚改造工程相关资料，延庆镇政府、北京市国土资源局延庆分局提供的相关书证等证据，证明合作社土地使用权受让相关事宜，以及未经国土资源部门批准，刘某擅自对园区土地进行非农建设改造，并拒不执行行政处罚。

三是司法鉴定意见书、案件相关银行账户的交易流水及凭证、合作社转让改造项目的参与人证言及被告人的供述与辩解等证据材料，证明刘某是紫薇庄园非农建设改造的实际建设者、经营者及合作社改造项目资金来源、获利情况等。

四是紫薇庄园宣传材料、租赁合同、大棚房租户、池某、李某彬证人证言等，证明刘某修建大棚共196个，其中东院136个，西院60个，每个大棚都配有耳房，面积约10至20平方米；刘某将大棚改造后，命名为“紫薇庄园”对外宣传，“大棚房”内有休闲、娱乐、居住等生活设施，对外出租，造成不良社会影响。

被告人刘某对公诉人指控的上述犯罪事实没有异议，当庭认罪。

法庭辩论阶段，公诉人发表了公诉意见，指出刘某作为合作社的实际建设者、经营者，在没有行政批准的情况下，擅自对园区内农用地进行非农建设改造并对外出租，造成严重危害，应当追究刑事责任。

辩护人提出：1. 刘某不存在主观故意，社会危害性小。2. 建造蔬菜“大棚房”符合设施农业政策。3. 刘某认罪态度较好，主动到公安机关投案，具有自首情节。4. 起诉书中指控的假山、鱼池等设施，仅在测量报告中有描述且描述模糊。5. 相关设施已被有关部门拆除。请求法庭对被告人刘某从轻处罚。

公诉人针对辩护意见进行答辩：

第一，刘某受让合作社时指使司机刘某岐代其签字，证明其具有规避法律责任的行为，主观上存在违法犯罪的故意，刘某非法占用农用地，造成大量农用地被严重毁坏，其行为具有严重社会危害性。

第二，关于符合国家政策的说法不实，农业大棚与违法建造的非农“大棚房”存在本质区别，刘某建设的“大棚房”集休闲、娱乐、居住为一体，对农用地进行非农改造，严重违反《土地管理法》永久基本农田保护政策。该项目因违法建设受到行政处罚，但刘某未按照处罚决定积极履行耕地修复义务，直至案发，也未缴纳行政罚款，其行为明显违法。

第三，刘某直到开庭审理时才表示认罪，不符合自首条件。

第四，测量技术报告对案发时合作社建设情况作了详细的记录和专业说明，现场勘验笔录和现场照片均证实了蔬菜大棚改造的实际情况，另有相关证人证言也能证实假山、鱼池存在。

第五，违法设施应由刘某承担拆除并恢复原状的责任，有关行政部门进行拆除违法设施，恢复耕地的行为，不能成为刘某从轻处罚的理由。

法庭经审理，认为公诉人提交的证据能够相互印证，予以确认。对辩护人提出的被告人当庭认罪态度较好的辩护意见予以采纳，其他辩护意见缺乏事实依据，不予采纳。2018 年 10 月 16 日，北京市延庆区人民法院作出一审判决，以非法占用农用地罪判处被告人刘某有期徒刑一年六个月，并处罚金人民币五万元。一审宣判后，被告人刘某未上诉，判决已生效。

刘某岐在明知刘某是合作社非农建设改造的实际建设者、经营者，且涉嫌犯罪的情况下，故意隐瞒上述事实和真相，向公安机关做虚假证明。经北京市延庆区人民检察院追诉，2019 年 3 月 13 日，北京市延庆区人民法院以包庇罪判处被告人刘某岐有期徒刑六个月。一审宣判后，被告人刘某岐未上诉，判决已生效。

本案中，延庆镇规划管理与环境保护办公室虽然采取了约谈、下发《责令停止建设通知书》和《限期拆除决定书》等方式对违法建设予以制止，但未遏制住违法建设，履职不到位，北京市延庆区监察委员会给予延庆镇副镇长等 3 人行政警告处分，1 人行政记过处分，广积屯村村党支部给予该村党支部书记党内警告处分。

【指导意义】

十分珍惜、合理利用土地和切实保护耕地是我国的基本国策。近年来，随着传统农业向产业化、规模化的现代农业转变，以温室大棚为代表的设施农业快速发展。一些地区出现了假借发展设施农业之名，擅自或者变相改变农业用途，在耕地甚至永久基本农田上建设“大棚房”“生态园”“休闲农庄”等现象，造成土地资源被大量非法占用和毁坏，严重侵害农民权益和农业农村的可持续发展，在社会上造成恶劣影响。2018 年，自然资源部和农业农村部在全国开展了“大棚房”问题专项整治行动，推进落实永久基本农田保护制度和最严格的耕地保护政策。在基本农田上建设“大棚房”予以出租出售，违反《中华人民共和国土地管理法》，属于破坏耕地或者非法占地的违法行为。非法占用耕地数量较大或者造成耕地大量毁坏的，应当以非法占用农用地罪追究实际建设者、经营者的刑事责任。

该类案件中，实际建设者、经营者为逃避法律责任，经常隐藏于幕后。对此，检察机关可以通过引导公安机关查询非农建设项目涉及的相关账户交易信息、资金走向等，辅以相关证人证言，形成严密证据体系，查清证实实际建设者、经营者的法律责任。对于受其操控签订合同或者作假证明包庇，涉嫌共同犯罪或者伪证罪、包庇罪的相关行为人，也要一并查实惩处。对于非法占用农用地面积这一关键问题，可由专业机构出具测量技术报告，必要时可申请测量人员出庭作证。

第九章　破坏自然保护地罪

【立案追诉标准】

> 破坏自然保护地案（刑法第342条之一）
>
> 违反自然保护地管理法规，在国家公园、国家级自然保护区进行开垦、开发活动或者修建建筑物，造成严重后果或者有其他恶劣情节的，应予追诉。

【犯罪构成及刑事责任】

破坏自然保护地罪，是指违反自然保护地管理法规，在国家公园、国家级自然保护区进行开垦、开发活动或者修建建筑物，造成严重后果或者有其他恶劣情节的行为。具体包含四个要件：

1. 客体要件。本罪的侵犯客体是国家重点生态保护区域、生态脆弱敏感区域的管理制度。

2. 客观要件。本罪的客观方面，是指违反自然保护地管理法规，在国家公园、国家级自然保护区进行开垦、开发活动或者修建建筑物，成严重后果或者有其他恶劣情节的行为，具体需要考察四个要件。

（1）“违反自然保护地管理法规”，是指违反有关自然保护地的管理、保护的法律、行政法规等，包括《中华人民共和国自然保护区条例》以及将来拟制定的自然保护地立法等。例如，《关于建立以国家公园为主体的自然保护地体系的指导意见》第14条规定，国家公园和自然保护区实行分区管控，原则上核心保护区内禁止人为活动，一般控制区内限制人为活动。自然公园原则上按一般控制区管理，限制人为活动。《中华人民共和国自然保护区条例》第26条规定："禁止在自然保护区内进行砍伐、放牧、狩猎、捕捞、采药、开垦、烧荒、开矿、采石、挖沙等活动；但是，法律、行政法规另有规定的除外。"第27条规定，禁止任何人进入自然保护区的核心区。因科学研究的需要，必须进入核心区从事科学研究观测、调查活动的，应当事先向自然保护区管理机构提交申请和活动计划，并经自然保护区管理机构批准；其中，进入国家级自然保护区核心区的，应当经省、自治区、直辖市人民政府有关自然保护区行政主管部门批准。第28条第1款规定："禁止在自然保护区的缓冲区开展旅游和生产经营活动。因教学科研的目的，需要进入自然保护区的缓冲区从事非破坏性的科学研究、教学实习和标本采集活动的，应当事先向自然保护区管理机构提交申请和活动计划，经自然保护区管理机构批准。"第32条第1款规定："在自然保护区的核心区和缓冲区内，不得建设任何生产设施。在自然保护区的实验区内，不得建设污染环境、破坏资源或者景观的生产设施；建设其他项目，其污染物排放不得超过国家和地方规定的污染物排放标准。在自然保护区的实验区内已经建成的设施，其污染物排放超过国家和地方规定的排放标准的，应当限期治理；造成损害的，必须采取补救措施。"

（2）行为对象。自然保护地，是指具有代表性的自然生态系统、珍稀濒危野生动植物物种的天然集中分布区，有特殊意义的自然遗迹等保护对象所在的陆地、陆地水体或者海域，依法划出一定面积予以特殊保护和管理的区域。[①] 根据《关于建立以国家公园为主体的自然保护地体系的指导意见》的规定，自然保护地按照生态价值和保护强度高低分为三类：国家公园、自然保护区和自然公园（包括森林公园、地质公园、海洋公园、湿地公园等各类自然公园），本罪的对象应为前两项。"国家公园"是我国自然保护地最重要的类型之一，属于全国主体功能区规划中的禁止开发区域，被纳入全国生态保护红线区域管控范围，实行最严格的保护。目前首批10个国家公园体制试点包括：三江源国家公园、东北虎豹国家公园、大熊猫国家公园、祁连山国家公园、长城国家公园、湖北神农架国家公园、武夷山

① 张明楷：《刑法学》，法律出版社2021年版，第1496页。

国家公园、钱江源百山祖国家公园、湖南南山国家公园、云南普达措国家公园等。“自然保护区”，是指根据自然保护区条例的规定，对有代表性的自然生态系统、珍稀濒危野生动植物物种的天然集中分布区、有特殊意义的自然遗迹等保护对象所在的陆地、陆地水体或者海域，依法划出一定面积予以特殊保护和管理的区域，自然保护区分为国家级自然保护区和地方级自然保护区。其中在国内外有典型意义、在科学上有重大国际影响或者有特殊科学研究价值的自然保护区，被列为“国家级自然保护区”。截至 2018 年 5 月 31 日，国务院公布了 5 处新建国家级自然保护区，全国共计 474 个国家级自然保护区。[①]

（3）行为。本罪的客观行为包括非法开垦开发活动及修建建筑物。“开垦”，是指对林地、农地等土地的开荒、种植、砍伐、放牧等活动，“开发”，是指经济工程项目建设，如水电项目、矿山项目、挖沙等；“修建建筑物”，是指在国家公园、国家自然保护区修建供人们进行生产、生活及其他活动的房屋或场所，如厂房、住宅、剧院、庙宇、车站、桥梁、隧道等。需要注意的是，因历史遗留问题或者原居住在此处的居民因必要生产、生活需要而进行的活动，不宜构成本罪。

（4）结果。造成严重后果或者有其他恶劣情节，致使其原有的自然条件遭到破坏，功能丧失或者质量严重下降，无法或者难以恢复等情形。暂无司法解释规定明确的标准，司法人员在认定时应当根据行为手段、对生态环境的破坏程度、是否在核心保护区、非法开垦、开发的规模等情节进行综合判断。如将林地、草地改作耕地，造成植被毁坏，土地荒漠化、水土流失，使生态环境的遭到破坏，即使退耕还林、还草，也很难再恢复原有植被等严重后果的。

3. 主体要件。本罪的犯罪主体既包括自然人，也包括单位。当单位犯本罪时，对单位判处罚金，对单位直接负责的主管人员和其他直接责任人员判处相应刑罚。

4. 主观要件。根据刑法第 15 条第 2 款的规定，过失犯罪，法律有规定的才负刑事责任，因此本罪的主观心态要求故意，即明知是国家公园、国家级自然保护区，仍在其中进行开垦、开发活动或修筑建筑物的主观心态。

---

① 黄永：《中华人民共和国刑法立法背景与条文解读》，中国法制出版社 2021 年版，第 932 页。

根据刑法第 342 条之一的规定，违反自然保护地管理法规，在国家公园、国家级自然保护区进行开垦、开发活动或者修建建筑物，造成严重后果或者有其他恶劣情节的，处五年以下有期徒刑或者拘役，并处或者单处罚金。有前款行为，同时构成其他犯罪的，依照处罚较重的规定定罪处罚。

【疑难指导】

一、正确把握个案中的事实认识错误和法律认识错误

因本罪为故意犯罪，所以需要行为人对犯罪对象清晰的认识，如果仅具备过失，甚至不具有认识可能性，则不能认定为本罪。此处需要着重区分，行为人的错误认识是事实认识错误还是法律认识错误。

所谓事实认识错误，是指行为人对自己所认识、所意欲的事实与实际情况、客观事实不一致，对事实情况有不正确理解，又可以细分为构成要件以内的事实认识错误和构成要件以外的事实认识错误。对于前者，不阻却故意，在满足其他条件的情况下仍可构成本罪，如误以为自己开垦、开发的是国家公园，但事实上是国家级自然保护区；对于后者，一般可以阻却故意，如行为人知晓自然保护区的范围，误以为自己所开垦、开发的是自然保护区的周边一般区域，而事实上仍在自然保护区的划定范围之内，则不构成本罪。

所谓法律认识错误，是指行为人对行为对象本身没有认识错误，但对行为对象的性质以及自己行为的违法性认识有误，包含很多的情况，如误以为某块区域并非国家级自然保护区，或者误以为自己有开垦、开发、修建建筑物的权限而行为，此时一般不阻却犯罪故意，仍能构成本罪。唯一的例外情况是当行为人存在不具认识可能性的违法性认识错误时，可能阻却行为人的责任，如因相关行政机关的疏忽，在开发规划许可中划错区域，或者错误地发出许可，或者有权机关明示或默示允许了行为人的开发行为等，均可能影响本罪的认定。

二、如何理解本条的第 2 款的规定

笔者认为，本罪第 2 款是想象竞合的提示性规定，即适用本罪需要处理好与刑法第 342 条非法占用农用地罪、第 343 条非法采矿罪等的关系。例如，行为人在国家公园、国家级自然保护区进行开垦、开发活动或者修建建筑物的过程中，还

因其非法占用林地等农用地，可能同时构成第 342 条规定的非法占用农用地罪；行为人可能在国家公园、国家级自然保护区进行开垦、开发活动或者修建建筑物的过程中，还因其未取得采矿许可证擅自采矿，可能同时构成第 343 条规定的非法采矿罪；行为人可能在国家公园、国家级自然保护区进行开垦、开发活动或者修建建筑物的过程中，还因其非法采伐、毁坏珍贵树木或者国家重点保护的其他植物，可能同时构成第 344 条规定的非法采伐、毁坏国家重点保护植物罪；行为人可能在国家公园、国家级自然保护区进行开垦、开发活动或者修建建筑物的过程中，还因其盗伐森林或者其他林木，可能同时构成第 345 条规定的盗伐林木罪。

需要注意的是，本款规定适用的前提，是该案中只有一个行为，如果存在多个行为，如违反法律规定，在国家公园实施盗伐林木的行为，将林木出卖后又开始在原地修筑建筑物的，应当以盗伐林木罪和破坏自然保护地罪数罪并罚。

【办案依据】

一、刑法规定

第三百四十二条之一 违反自然保护地管理法规，在国家公园、国家级自然保护区进行开垦、开发活动或者修建建筑物，造成严重后果或者有其他恶劣情节的，处五年以下有期徒刑或者拘役，并处或者单处罚金。

有前款行为，同时构成其他犯罪的，依照处罚较重的规定定罪处罚。

第三百四十六条 单位犯本节第三百三十八条至第三百四十五条规定之罪的，对单位判处罚金，并对其直接负责的主管人员和其他直接责任人员，依照本节各该条的规定处罚。

二、其他法规

《中华人民共和国自然保护区条例》（2017 年修订）

第二十六条 禁止在自然保护区内进行砍伐、放牧、狩猎、捕捞、采药、开垦、烧荒、开矿、采石、挖沙等活动；但是，法律、行政法规另有规定的除外。

第二十七条 禁止任何人进入自然保护区的核心区。因科学研究的需要，必须进入核心区从事科学研究观测、调查活动的，应当事先向自然保护区管理机构提交申请和活动计划，并经自然保护区管理机构批准；其中，进入国家级自然保护区核心区的，应当经省、自治区、直辖市人民政府有关自然保护区行政主管部门批准。

自然保护区核心区内原有居民确有必要迁出的，由自然保护区所在地的地方人民政府予以妥善安置。

第二十八条 禁止在自然保护区的缓冲区开展旅游和生产经营活动。因教学科研的目的，需要进入自然保护区的缓冲区从事非破坏性的科学研究、教学实习和标本采集活动的，应当事先向自然保护区管理机构提交申请和活动计划，经自然保护区管理机构批准。

从事前款活动的单位和个人，应当将其活动成果的副本提交自然保护区管理机构。

第四十条 违反本条例规定，造成自然保护区重大污染或者破坏事故，导致公私财产重大损失或者人身伤亡的严重后果，构成犯罪的，对直接负责的主管人员和其他直接责任人员依法追究刑事责任。

第十章　非法采矿罪

【立案追诉标准】

非法采矿案（刑法第 343 条第 1 款）

违反矿产资源法的规定，未取得采矿许可证擅自采矿，或者擅自进入国家规划矿区、对国民经济具有重要价值的矿区和他人矿区范围采矿，或者擅自开采国家规定实行保护性开采的特定矿种，涉嫌下列情形之一的，应予立案追诉：

（一）开采的矿产品价值或者造成矿产资源破坏的价值在 10 万元至 30 万元以上的；

（二）在国家规划矿区、对国民经济具有重要价值的矿区采矿，开采国家规定实行保护性开采的特定矿种，或者在禁采区、禁采期内采矿，开采的矿产品价值或者造成矿产资源破坏的价值在 5 万元至 15 万元以上的；

（三）二年内曾因非法采矿受过两次以上行政处罚，又实施非法采矿行为的；

（四）造成生态环境严重损害的；

（五）其他情节严重的情形。

在河道管理范围内采砂，依据相关规定应当办理河道采砂许可证而未取得河道采砂许可证，或者应当办理河道采砂许可证和采矿许可证，既未取得河道采砂许可证又未取得采矿许可证，具有本条第一款规定的情形之一，或者严重影响河势稳定危害防洪安全的，应予立案追诉。

采挖海砂，未取得海砂开采海域使用权证且未取得采矿许可证，具有本条第一款规定的情形之一，或者造成海岸线严重破坏的，应予立案追诉。

……

多次非法采矿构成犯罪，依法应当追诉的，或者 2 年内多次非法采矿未经处理的，价值数额累计计算。

非法开采的矿产品价值，根据销赃数额认定；无销赃数额，销赃数额难以查证，或者根据销赃数额认定明显不合理的，根据矿产品价格和数量认定。

矿产品价值难以确定的，依据价格认证机构，省级以上人民政府国土资源、水行政、海洋等主管部门，或者国务院水行政主管部门在国家确定的重要江河、湖泊设立的流域管理机构出具的报告，结合其他证据作出认定。

《最高人民检察院、公安部关于〈公安机关管辖的刑事案件立案追诉标准规定（一）〉的补充规定》（2017 年 4 月 27 日）

【犯罪构成及其刑事责任】

非法采矿罪，是指违反矿产资源法的规定，未取得采矿许可证擅自采矿，擅自进入国家规划矿区、对国民经济具有重要价值的矿区和他人矿区范围采矿，或者擅自开采国家规定实行保护性开采的特定矿种，情节严重的行为。具体包含四个犯罪构成要件：

1. 客体要件。本罪的侵犯客体是国家保护矿产资源的管理制度。

2. 客观要件。本罪的客观方面表现为，违反矿产资源法的规定，非法采矿的行为。具体包含以下三个要素。

（1）违反矿产资源法的规定。违反矿产资源法的规定是本罪构成的前提条件，只有在违反了矿产资源法的前提下才构成非法采矿罪。非法采矿罪采取了空白罪状的方式，将行为非法的判断依据交由矿产资源法加以规定。笔者认为，对于“矿产资源法”这一概念不应当做狭义的理解，此处所说的“矿产资源法”，应当理解为矿产资源相关的法律法规，即应当包括矿产资源法及其他法律、法规中有关矿产资源开发、利用、保护和管理的规定。①

（2）行为类型。刑法第 343 条第 1 款将非法采矿罪的客观行为表述为“未取得采矿许可证擅自采矿，擅自进入国家规划矿区、对国民经济具有重要价值的矿区和他人矿区范围采矿，或者擅自开采国家规定实行保护性开采的特定矿种”，导致很多人对上文表述作出“未取得采矿许可证擅自采矿”“擅自进入国家规划矿区、对国民经济具有重要价值的矿区和他人矿区范围采矿”“擅自开采国家规定实行保护性开采的特定矿种”三种情形，但事实上上述理解不甚准确，因为无论是哪种情形，都以“未取得采矿许可证”为前提，因此，从语言逻辑角度加以细究，笔者将非法采矿罪的客观行为表述为五种情形：①未取得采矿许可证擅自采矿，主要是指对未设立矿区的矿产资源进行开采的行为；②未取得采矿许可证擅自进入国家规划矿区采矿，是指未取得采矿许可证，擅自进入在一定时期内，根据国民经济建设长期的需要和资源分布情况，经国务院或者国务院有关主管部门依法定程序审查、批准，确定列入国家矿产资源开发长期或中期规划的矿区以及作为老矿区后备资源基地的矿区进行采矿的行为；③未取得采矿许可证，擅自进入对国民经济具有重要价值的矿区采矿，是指擅自进入经济价值重大或者经济效益很高，对国家经济建设的全局性、战略性有重要影响的矿区采矿的行为；④未取得采矿许可证，擅自进入他人矿区范围采矿的行为；⑤未取得采矿许可证，擅自开采国家规定实行保护性开采的特定矿种，是指擅自开采列为国家实行保护性开采的特定矿种的行为，如黄金、钨、锡、锑、离子型稀土矿产。

未取得采矿许可证擅自开采，是指未取得国务院、省、自治区、直辖市人民政府、国务院授权的有关主管部门颁发的采矿许可证而开采矿产资源的行为。根据《最高人民法院、最高人民检察院关于办理非法采矿、破坏性采矿刑事案件适用法律若干问题的解释》第 2 条的规定，“具有下列情形之一的，应当认定为刑法

---

① 喻海松：《环境资源犯罪实务精粹》，法律出版社 2017 年版，第 206 页。

第三百四十三条第一款规定的‘未取得采矿许可证’：（一）无许可证的；（二）许可证被注销、吊销、撤销的；（三）超越许可证规定的矿区范围或者开采范围的；（四）超出许可证规定的矿种的（共生、伴生矿种除外）；（五）其他未取得许可证的情形”。此外，根据该司法解释第 4 条的规定，在河道管理范围内采砂，依据相关规定应当办理河道采砂许可证，未取得河道采砂许可证的，或者应当办理河道采砂许可证和采矿许可证，既未取得河道采砂许可证，又未取得采矿许可证的，以及未取得海砂开采海域使用权证，且未取得采矿许可证，采挖海砂的行为，均以本罪定罪处罚。

（3）情节严重/情节特别严重。构成本罪，需要至少符合情节严重的标准，如情节特别严重，则适用刑法第 343 条第 1 款规定的升格法定刑。根据《最高人民法院、最高人民检察院关于办理非法采矿、破坏性采矿刑事案件适用法律若干问题的解释》第 3 条第 1 款的规定：“实施非法采矿行为，具有下列情形之一的，应当认定为刑法第三百四十三条第一款规定的‘情节严重’：（一）开采的矿产品价值或者造成矿产资源破坏的价值在十万元至三十万元以上的；（二）在国家规划矿区、对国民经济具有重要价值的矿区采矿，开采国家规定实行保护性开采的特定矿种，或者在禁采区、禁采期内采矿，开采的矿产品价值或者造成矿产资源破坏的价值在五万元至十五万元以上的；（三）二年内曾因非法采矿受过两次以上行政处罚，又实施非法采矿行为的；（四）造成生态环境严重损害的；（五）其他情节严重的情形。”在河道内非法采砂的，即便不具有上述情形，但造成海岸线严重破坏的，应当认定“情节严重”。

同时，该司法解释第 3 条第 2 款规定，下列情形应当认定为“情节特别严重”，适用升格法定刑：①开采的矿产品价值或者造成矿产资源破坏的价值在五十万元至一百五十万元以上的；②在国家规划矿区、对国民经济具有重要价值的矿区采矿，开采国家规定实行保护性开采的特定矿种，或者在禁采区、禁采期内采矿，开采的矿产品价值或者造成矿产资源破坏的价值在二十五万元至七十五万元以上的；③造成生态环境特别严重损害的；④其他情节特别严重的情形。

由于我国矿产资源各地分配不均匀，不同地域的非法采矿行为在获取矿产品的价值、查处难度、生态环境危害性等方面存在一定差异度，因此上述司法解释

第 15 条规定，各省、自治区、直辖市高级人民法院、人民检察院，可以根据本地区实际情况，在上述数额幅度内，确定本地区执行的具体数额标准，报最高人民法院、最高人民检察院备案。

3. 主体要件。本罪的犯罪主体既包括自然人，也包括单位。当单位犯本罪时，对单位判处罚金，对单位直接负责的主管人员和其他直接责任人员判处相应刑罚。

4. 主观要件。构成本罪，需要具备非法采矿的故意，即明知开采行为不符合国家规定，仍进行非法开采，但对造成的具体破坏所构成的情节严重程度不需要具体认识。

根据刑法第 343 条第 1 款之规定，犯本罪，情节严重的，处三年以下有期徒刑、拘役或者管制，并处或者单处罚金；情节特别严重的，处三年以上七年以下有期徒刑，并处罚金。

【疑难指导】

一、在被责令停产停业期间仍然擅自采矿是否构成本罪

实践中，一些矿山企业在被责令停产停业期间仍然擅自采伐的情况较为普遍，且往往是引发矿难的重大隐患。对于未取得采矿许可证擅自采矿该如何定罪，笔者特作分析和提示。

笔者认为，“在被责令停产停业期间仍然擅自采伐”不应该被认定为“未取得采矿许可证”，进而不应当以非法采矿罪定罪处罚，理由有三：第一，采伐许可证被暂扣，不同于行为人自始未取得采矿许可证的情形，行为人实际上属于采矿权人，难以将此种情况下开采矿产资源的行为解释为“未取得采矿许可证擅自采矿”的情形；第二，从法益保护的角度而言，因存在重大安全隐患而责令停产停业或者暂停采矿，为的是安全生产，并非非法采矿罪所保护的国家矿产资源开发制度；第三，如果行为人违背停产停业的行政命令，仍开采矿产资源，导致重大安全事故，完全可以落入其他安全生产类犯罪的规范范围之中，不会出现处罚漏洞。

二、非法开采的矿产品的价值认定

非法采矿罪的入罪判断离不开矿产品价值的认定，司法机关在认定非法开采的矿产品价值时，可以从以下几个方面入手：

第一，销赃数额，即通过查阅销售矿产品的台账等方式查明非法开采的矿产品价值。

第二，矿产品数量和价格，即根据行为人非法采矿的矿产品数量，乘以行为发生时的价格，价格的确定应当优先以实际为准，实际售价难以确定的，参考行为发生时当地的市场价格。

第三，矿产品价值难以确定的，也可以由有关价格认证机构出具价格认证，或者由司法解释规定的有关管理部门（包括省级以上人民政府国土资源、水行政、海洋等主管部门和国务院水行政主管部门在国家确定的重要江河、湖泊设立的流域管理机构）出具报告，并结合其他证据具体认定。

三、非法采砂行为如何适用本罪予以规制

砂也是我国重要的矿产资源之一，刑法规定，非法采砂情节严重的行为应当适用本罪规定予以打击，但非法采砂与一般的非法采矿相比在行为表现上具有一定的特殊性，适用本罪的路径并不通畅，笔者对于非法采矿罪的扩大适用于非法采砂的行为进行如下梳理：

（一）未取得许可证非法采砂的行为，实质上是未取得采矿许可证擅自采矿，应当适用非法采矿罪

1. 从对象归属上来看，砂属于非法采矿罪的行为对象。《中华人民共和国矿产资源法实施细则》规定，矿产资源是指由地质作用形成的，具有利用价值的，呈固态、液态、气态的自然资源。河（江）砂属于合流相沉积天然石英砂，《矿产资源分类细目》将其归属到非金属矿产天然石英砂中，[①] 因此砂属于国家矿产资源。

2. 从行为认定上来看，矿产资源法第35条规定，“国家……允许个人采挖零星分散资源和只能用作普通建筑材料的砂、石、粘土以及为生活自用采挖少量矿产”。因而，采砂行为受到广义上的矿产资源法的调整，存在适用非法采矿罪予以规制的空间。

（二）“未取得采矿许可证擅自采矿”的扩大认定

《最高人民法院、最高人民检察院关于办理非法采矿、破坏性采矿刑事案件适

① 喻海松：《环境资源犯罪实务精粹》，法律出版社2017年版，第203页。

用法律若干问题的解释》对刑法第 343 条第 1 款的采矿许可证作出了扩大解释，将开采河砂需要申请的采矿许可证、河道采砂许可证和开采海砂需要申请的采矿许可证、海砂开采海域使用权证均解释进采矿许可证的范围内。该扩大解释为打击非法采砂行为提供前提基础的同时，也带来了新的问题，那就是如何准确认定“未取得采矿许可证擅自采矿”？尤其是对于实行“两证”管理的区域，由于两证之间没有先后之分，取得其中一个许可证也并不是申请另一个许可证的必要环节，因而导致实践中会出现两证中只取得其一的情形。例如，行为人已经申领了采砂许可证，并且缴纳了相应的补偿费用，当行为人继而向有关部门申请采矿许可证时，未被批准。这一现象与现行的采砂管理体制的不完善不无关系，该问题也应当通过行政体制的完善而非将不利后果交由行为人承担来解决。因此，该司法解释第 4 条第 1 款规定：“在河道管理范围内采砂，具有下列情形之一，符合刑法第三百四十三条第一款和本解释第二条、第三条规定的，以非法采矿罪定罪处罚：（一）依据相关规定应当办理河道采砂许可证，未取得河道采砂许可证的；（二）依据相关规定应当办理河道采砂许可证和采矿许可证，既未取得河道采砂许可证，又未取得采矿许可证的。”第 5 条第 1 款规定：“未取得海砂开采海域使用权证，且未取得采矿许可证，采挖海砂，符合刑法第三百四十三条第一款和本解释第二条、第三条规定的，以非法采矿罪定罪处罚。”即对于实行一证管理的区域，没有取得该许可证即擅自采砂的，适用非法采矿罪予以规制；对于实行两证管理的地区，只要取得其中一个许可证，则不能认定为非法采矿罪，但不妨碍追究其行政法上的法律责任。具体区域实行一证管理还是两证管理，需要司法工作人员查明当地地方性法规，并审查其作为刑事案件的定案依据的效力。

需要提醒司法人员注意的是，由于该司法解释第 2 条对未取得采矿许可证作出了明确的规定，故上述两款对于采砂领域未取得采矿许可证擅自采矿的认定要适用第 2 条的规定。例如，虽然取得了采砂许可证，但超出许可证规定的范围的，也应当认定为“未取得采矿许可证擅自采矿”。

（三）非法采砂行为的定罪标准

非法采砂是非法采矿的类型之一，自然应当适用上述司法解释第 3 条关于非法采矿罪的定罪量刑标准（参照上文），但非法采砂行为又具有其特殊性，规制河道管理范围内的非法采砂行为，除对砂资源本身价值的保护外，还要保护河势稳定、防洪安全和生态安全此类砂资源关联的公共利益，因此除了上述的定罪标准以外，司法解释还将影响河势稳定、危害防洪安全，但尚未达到危害公共安全程度的非法采砂行为，以非法采矿罪加以规制。同理，对于非法采挖海砂的行为，除破坏矿产资源外，还有可能造成海岸线改变，对海洋生态环境造成破坏。因此，司法解释也将未取得海砂开采海域使用权证，且未取得采矿许可证，采挖海砂造成海岸线严重破坏的行为，纳入非法采矿罪的打击范围。

1. 危害防洪安全的具体认定

非法采砂对于防洪安全的危害比较复杂，既有对堤防、闸坝、护岸等防洪工程和设施的影响，也有对河势稳定、水流形态和防洪抢险的影响。具体分为如下四种情形：（1）非法采砂造成堤防、闸坝、护岸等防洪工程设施毁损、功能失效。例如，实践中一些非法采砂活动，直接破坏了防洪工程结构，或者造成防洪工程护脚前缘土体坍塌，致使防洪工程设施基部空心化，受水流冲刷后导致上述工程毁损，甚至引发渗水管涌至岸线崩塌等险情；（2）非法采砂造成河势、流态改变，出现防洪险情、险工、险段的情形；（3）使用禁止使用的或者超出限定功率一定倍数以上的采砂机具进行采砂，对水底砂层造成严重扰动，极易出现防洪工程措施损毁、失效，河势、流态改变的后果；（4）非法采砂导致取水工程、供水工程等工程设施造成毁损，或者导致水位下降，致工程失效，造成公共事故等危害后果。

对于非法采砂导致上述情形的，可以通过消除其危害后果所需要的修复、补救费用来进一步量化非法采砂行为的罪量大小。此外，由于在禁采区、禁采期非法采砂，相比于一般非法采砂的行为有更大的危害性，因此可以考虑在禁采区、禁采期采砂，严重影响河势稳定、危害防洪安全的，可以适当降低入罪门槛。

如果本处所分析的危害行为，同时构成危害公共安全犯罪的，应当依照想象竞合的原理，择一重罪定罪处罚。

2. 造成海岸线严重破坏的具体认定

由于海岸线的破坏程度的认定专业性太强，司法人员应当申请有关主管机关出具报告，并根据报告结合其他证据作出认定。根据《最高人民法院、最高人民检察院办理非法采矿、破坏性采矿刑事案件适用法律若干问题的解释》第14条的规定，对于海岸线是否遭到严重破坏，应当依据省级以上人民政府海洋主管部门出具的报告，结合其他证据作出认定。

【办案依据】

一、刑法规定

第三百四十三条第一款 违反矿产资源法的规定，未取得采矿许可证擅自采矿，擅自进入国家规划矿区、对国民经济具有重要价值的矿区和他人矿区范围采矿，或者擅自开采国家规定实行保护性开采的特定矿种，情节严重的，处三年以下有期徒刑、拘役或者管制，并处或者单处罚金；情节特别严重的，处三年以上七年以下有期徒刑，并处罚金。

第三百四十六条 单位犯本节第三百三十八条至第三百四十五条规定之罪的，对单位判处罚金，并对其直接负责的主管人员和其他直接责任人员，依照本节各该条的规定处罚。

二、司法解释

（一）《最高人民法院、最高人民检察院关于办理非法采矿、破坏性采矿刑事案件适用法律若干问题的解释》（2016年11月28日　法释〔2016〕25号）

第一条 违反《中华人民共和国矿产资源法》《中华人民共和国水法》等法律、行政法规有关矿产资源开发、利用、保护和管理的规定的，应当认定为刑法第三百四十三条规定的“违反矿产资源法的规定”。

第二条 具有下列情形之一的，应当认定为刑法第三百四十三条第一款规定的“未取得采矿许可证”：

（一）无许可证的；

（二）许可证被注销、吊销、撤销的；

（三）超越许可证规定的矿区范围或者开采范围的；

（四）超出许可证规定的矿种的（共生、伴生矿种除外）；

（五）其他未取得许可证的情形。

第三条 实施非法采矿行为，具有下列情形之一的，应当认定为刑法第三百四十三条第一款规定的“情节严重”：

（一）开采的矿产品价值或者造成矿产资源破坏的价值在十万元至三十万元以上的；

（二）在国家规划矿区、对国民经济具有重要价值的矿区采矿，开采国家规定实行保护性开采的特定矿种，或者在禁采区、禁采期内采矿，开采的矿产品价值或者造成矿产资源破坏的价值在五万元至十五万元以上的；

（三）二年内曾因非法采矿受过两次以上行政处罚，又实施非法采矿行为的；

（四）造成生态环境严重损害的；

（五）其他情节严重的情形。

实施非法采矿行为，具有下列情形之一的，应当认定为刑法第三百四十三条第一款规定的“情节特别严重”：

（一）数额达到前款第一项、第二项规定标准五倍以上的；

（二）造成生态环境特别严重损害的；

（三）其他情节特别严重的情形。

第四条 在河道管理范围内采砂，具有下列情形之一，符合刑法第三百四十三条第一款和本解释第二条、第三条规定的，以非法采矿罪定罪处罚：

（一）依据相关规定应当办理河道采砂许可证，未取得河道采砂许可证的；

（二）依据相关规定应当办理河道采砂许可证和采矿许可证，既未取得河道采砂许可证，又未取得采矿许可证的。

实施前款规定行为，虽不具有本解释第三条第一款规定的情形，但严重影响河势稳定，危害防洪安全的，应当认定为刑法第三百四十三条第一款规定的“情节严重”。

第五条 未取得海砂开采海域使用权证，且未取得采矿许可证，采挖海砂，符合刑法第三百四十三条第一款和本解释第二条、第三条规定的，以非法采矿罪定罪处罚。

实施前款规定行为，虽不具有本解释第三条第一款规定的情形，但造成海岸线严重破坏的，应当认定为刑法第三百四十三条第一款规定的“情节严重”。

第七条 明知是犯罪所得的矿产品及其产生的收益，而予以窝藏、转移、收购、代为销售或者以其他方法掩饰、隐瞒的，依照刑法第三百一十二条的规定，以掩饰、隐瞒犯罪所得、犯罪所得收益罪定罪处罚。

实施前款规定的犯罪行为，事前通谋的，以共同犯罪论处。

第八条 多次非法采矿、破坏性采矿构成犯罪，依法应当追诉的，或者二年内多次非法采矿、破坏性采矿未经处理的，价值数额累计计算。

第九条 单位犯刑法第三百四十三条规定之罪的，依照本解释规定的相应自然人犯罪的定罪量刑标准，对直接负责的主管人员和其他直接责任人员定罪处罚，并对单位判处罚金。

第十条 实施非法采矿犯罪，不属于“情节特别严重”，或者实施破坏性采矿犯罪，行为人系初犯，全部退赃退赔，积极修复环境，并确有悔改表现的，可以认定为犯罪情节轻微，不起诉或者免予刑事处罚。

第十一条 对受雇佣为非法采矿、破坏性采矿犯罪提供劳务的人员，除参与利润分成或者领取高额固定工资的以外，一般不以犯罪论处，但曾因非法采矿、破坏性采矿受过处罚的除外。

第十二条 对非法采矿、破坏性采矿犯罪的违法所得及其收益，应当依法追缴或者责令退赔。

对用于非法采矿、破坏性采矿犯罪的专门工具和供犯罪所用的本人财物，应当依法没收。

第十三条 非法开采的矿产品价值，根据销赃数额认定；无销赃数额，销赃数额难以查证，或者根据销赃数额认定明显不合理的，根据矿产品价格和数量认定。

矿产品价值难以确定的，依据下列机构出具的报告，结合其他证据作出认定：

（一）价格认证机构出具的报告；

（二）省级以上人民政府国土资源、水行政、海洋等主管部门出具的报告；

（三）国务院水行政主管部门在国家确定的重要江河、湖泊设立的流域管理机构出具的报告。

第十四条 对案件所涉的有关专门性问题难以确定的，依据下列机构出具的鉴定意见或者报告，结合其他证据作出认定：

（一）司法鉴定机构就生态环境损害出具的鉴定意见；

（二）省级以上人民政府国土资源主管部门就造成矿产资源破坏的价值、是否属于破坏性开采方法出具的报告；

（三）省级以上人民政府水行政主管部门或者国务院水行政主管部门在国家确定的重要江河、湖泊设立的流域管理机构就是否危害防洪安全出具的报告；

（四）省级以上人民政府海洋主管部门就是否造成海岸线严重破坏出具的报告。

第十五条 各省、自治区、直辖市高级人民法院、人民检察院，可以根据本地区实际情况，在本解释第三条、第六条规定的数额幅度内，确定本地区执行的具体数额标准，报最高人民法院、最高人民检察院备案。

（二）《最高人民法院、最高人民检察院关于办理盗窃油气、破坏油气设备等刑事案件具体应用法律若干问题的解释》（2007年1月15日 法释〔2007〕3号）

第六条 违反矿产资源法的规定，非法开采或者破坏性开采石油、天然气资源的，依照刑法第三百四十三条以及《最高人民法院关于审理非法采矿、破坏性采矿刑事案件具体应用法律若干问题的解释》的规定追究刑事责任。

三、司法文件

《最高人民检察院、公安部关于公安机关管辖的刑事案件立案追诉标准的规定（一）的补充规定》（2017年4月27日 公通字〔2017〕12号）

十一、将《立案追诉标准（一）》第六十八条修改为：［**非法采矿案（刑法第三百四十三条第一款）**］违反矿产资源法的规定，未取得采矿许可证擅自采矿，或者擅自进入国家规划矿区、对国民经济具有重要价值的矿区和他人矿区范围采矿，或者擅自开采国家规定实行保护性开采的特定矿种，涉嫌下列情形之一的，应予立案追诉：

（一）开采的矿产品价值或者造成矿产资源破坏的价值在十万元至三十万元以上的；

（二）在国家规划矿区、对国民经济具有重要价值的矿区采矿，开采国家规定实行保护性开采的特定矿种，或者在禁采区、禁采期内采矿，开采的矿产品价值或者造成矿产资源破坏的价值在五万元至十五万元以上的；

（三）二年内曾因非法采矿受过两次以上行政处罚，又实施非法采矿行为的；

（四）造成生态环境严重损害的；

（五）其他情节严重的情形。

在河道管理范围内采砂，依据相关规定应当办理河道采砂许可证而未取得河道采砂许可证，或者应当办理河道采砂许可证和采矿许可证，既未取得河道采砂许可证又未取得采矿许可证，具有本条第一款规定的情形之一，或者严重影响河势稳定危害防洪安全的，应予立案追诉。

采挖海砂，未取得海砂开采海域使用权证且未取得采矿许可证，具有本条第一款规定的情形之一，或者造成海岸线严重破坏的，应予立案追诉。

具有下列情形之一的，属于本条规定的“未取得采矿许可证”：

（一）无许可证的；

（二）许可证被注销、吊销、撤销的；

（三）超越许可证规定的矿区范围或者开采范围的；

（四）超出许可证规定的矿种的（共生、伴生矿种除外）；

（五）其他未取得许可证的情形。

多次非法采矿构成犯罪，依法应当追诉的，或者二年内多次非法采矿未经处理的，价值数额累计计算。

非法开采的矿产品价值，根据销赃数额认定；无销赃数额，销赃数额难以查证，或者根据销赃数额认定明显不合理的，根据矿产品价格和数量认定。

矿产品价值难以确定的，依据价格认证机构，省级以上人民政府国土资源、水行政、海洋等主管部门，或者国务院水行政主管部门在国家确定的重要江河、湖泊设立的流域管理机构出具的报告，结合其他证据作出认定。

第十一章 破坏性采矿罪

【立案追诉标准】

破坏性采矿案（刑法第 343 条第 2 款）

违反矿产资源法的规定，采取破坏性的开采方法开采矿产资源，造成矿产资源严重破坏，价值在三十万至五十万元以上的，应予立案追诉。

本条规定的“采取破坏性的开采方法开采矿产资源”，是指行为人违反地质矿产主管部门审查批准的矿产资源开发利用方案开采矿产资源，并造成矿产资源严重破坏的行为。

破坏性的开采方法以及造成矿产资源严重破坏的价值数额，由省级以上地质矿产主管部门出具鉴定结论，经查证属实后予以认定。

《最高人民检察院、公安部关于公安机关管辖的刑事案件立案追诉标准的规定（一）》（2008 年 6 月 25 日）

【犯罪构成及刑事责任】

破坏性采矿罪，是指违反矿产资源法的规定，采取破坏性的开采方法开采矿产资源，造成矿产资源严重破坏的行为，具体包含以下四个要件：

1. 客体要件。本罪的侵犯客体是国家保护矿产资源的管理制度。

2. 客观要件。本罪的客观方面是，违反矿产资源法的规定，采取破坏性的开采方式开采矿产资源的行为。

（1）违反矿产资源法的规定。这是行为人构成本罪的前提条件，破坏性采矿罪采取了空白罪状的方式，将行为非法的判断依据交由矿产资源法加以规定。笔者认为，与非法采矿罪一样，对于此处的“矿产资源法”同样不应当做狭义的理解，应当包括违反矿产资源法及其他法律、法规中有关矿产资源开发、利用、保护和管理的规定。如矿产资源法第 29 条规定：“开采矿产资源，必须采取合理的开采顺序、开采方法和选矿工艺。矿山企业的开采回采率、采矿贫化率和选矿回收率应当达到设计要求。”第 30 条规定：“在开采主要矿产的同时，对具有工业价值的共生和伴生矿产应当统一规划，综合开采，综合利用，防止浪费；对暂时不能综合开采或者必须同时采出而暂时还不能综合利用的矿产以及含有有用组分的尾矿，应当采取有效的保护措施，防止损失破坏。”《中华人民共和国矿产资源法实施细则》第 29 条规定：“单位或者个人开采矿产资源前，应当委托持有相应矿山设计证书的单位进行可行性研究和设计。开采零星分散矿产资源和用作建筑材料的砂、石、粘土的，可以不进行可行性研究和设计，但是应当有开采方案和环境保护措施。矿山设计必须依据设计任务书，采用合理的开采顺序、开采方法和选矿工艺。矿山设计必须按照国家有关规定审批；未经批准，不得施工。”第 31 条规定：“采矿权人应当履行下列义务：（一）在批准的期限内进行矿山建设或者开采；（二）有效保护、合理开采、综合利用矿产资源；（三）依法缴纳资源税和矿产资源补偿费；（四）遵守国家有关劳动安全、水土保持、土地复垦和环境保护的法律、法规；（五）接受地质矿产主管部门和有关主管部门的监督管理，按照规定填报矿产储量表和矿产资源开发利用情况统计报告。”违反这些规定，都符合构成破坏性采矿罪的前提条件。

（2）行为。“采取破坏性的开采方法开采矿产资源”，是指行为人违反地质矿产主管部门审查批准的矿产资源开发利用方案开采矿产资源，采易弃难，采富弃贫，严重违反开采回采率、采矿贫化率和选矿回收率的指标进行采矿的行为。对于矿产资源的开采，必须采用合理的开采顺序、方法和选矿工艺，否则将造成矿产资源的破坏与浪费。具体而言：“不合理的开采顺序”是指对矿产回采作业安全造成危险，造成矿产资源不能合理回收以及降低采矿效益的开采顺序；“不合理的开采方法”，是指生产不安全、采矿强度低、矿产损失和贫化率高、矿产资源利用率低以及经济效益低下的开采方法；“不合理的选矿工艺”，是指不能科学利用物理或者化学方法，将矿物原料中的有用成分和无用矿物或者无害矿物分开，或者不能将多种有用成分有效分离的工艺过程。但上述标准的认定对于司法机关存在一定的专业性困难，因此《最高人民法院、最高人民检察院关于办理非法采矿、破坏性采矿刑事案件适用法律若干问题的解释》第14条规定，“破坏性开采方法”应当由司法鉴定机构或省级以上人民政府相关部门出具的鉴定或报告，由司法工作人员结合其他证据予以确定。

（3）造成矿产资源严重破坏。本罪是结果犯，只有上述行为还不足以构成本罪，司法机关需要考察破坏性的采矿行为造成的危害结果。根据《最高人民法院、最高人民检察院关于办理非法采矿、破坏性采矿刑事案件适用法律若干问题的解释》第6条的规定，“造成矿产资源破坏的价值在五十万元至一百万元以上，或者造成国家规划矿区、对国民经济具有重要价值的矿区和国家规定实行保护性开采的特定矿种资源破坏的价值在二十五万元至五十万元以上的，应当认定为刑法第三百四十三条第二款规定的‘造成矿产资源严重破坏’”。同时，该解释第15条还规定：“各省、自治区、直辖市高级人民法院、人民检察院，可以根据本地区实际情况，在本解释第三条、第六条规定的数额幅度内，确定本地区执行的具体数额标准，报最高人民法院、最高人民检察院备案。”同样，个案中矿产资源破坏的价值应由省级以上人民政府国土资源主管部门出具报告，由司法机关审查，并结合其他证据予以认定。需要注意的是，认定矿产资源遭受的破坏，不仅应当包括矿产资源价值现实丧失的情况，还应当包括虽未造成矿产资源价值完全丧失，但是由于破坏性的开采行为，无法对剩余价值继续开采利用的情况，以及虽然可以再开采利用，但由于破坏性的开采活动导致开采成本大大提高的情形。

3. 主体要件。本罪的犯罪主体既包括自然人，也包括单位。当单位犯本罪时，对单位判处罚金，对单位直接负责的主管人员和其他直接责任人员判处相应刑罚。对于本罪是一般主体还是须为取得采矿许可证的个人或单位，理论界存在争议，笔者认为本罪主体无须为取得采矿许可证的自然人或单位，具体理由在后文予以说明。

4. 主观要件。本罪的主观方面是故意，包括直接故意和间接故意，过失不构成本罪，即行为人明知自己破坏性的采矿行为会发生造成矿产资源遭到严重破坏的结果，并且希望或者放任这种危害结果发生的心理态度。

笔者认为，仅以技术能力上的缺乏不足以抗辩本罪故意，由于矿产开发行业是国家重要资源开发行业，进入该行业进行经营的个人或单位需要具备高于社会一般人的技术素养和注意义务，这也是国家施行凭证采矿、事前规划、按规采矿、合理采矿的原因，因此，如果技术能力明显缺乏，仍进入矿区以不成熟的开采计划、采矿工艺对矿区资源胡乱开采，应当认定为具备本罪故意。

根据刑法第 343 条第 2 款的规定，犯本罪的，处五年以下有期徒刑或者拘役，并处罚金。

【疑难指导】

一、如何认定“破坏性的开采方法”

1. 对破坏性开采方法的认定应当作实质性把握，从而避免简单地将开采回采率、采矿贫化率和选矿回收率作为判断标准。在实践中由于矿床结构复杂，实际的采矿工作与当初的设计要求有不同是在所难免的，上述指标不达标的情形也会经常出现在合理方法采矿的情况下，但不足以构成破坏性的采矿方式，因而不能将“三率”不达标作为认定破坏性开采方法的充分条件，只能将数字性的指标作为认定实质的破坏性开采方法的参考依据。

所谓的“破坏性的开采方法”，是指使用不合理的开采顺序、不合理的开采方法以及不合理的选矿工艺开采矿产资源，因而会造成矿产资源的严重破坏。其与上述三个指标之间的关系可以表述成，破坏性的开采方法具体表现为采取不合理的开采顺序、开采方法和选矿工艺，造成开采回采率、采矿贫化率和选矿回收率达不到科学设计要求的方法。虽然数值的具体认定一般需要交由专业部门处理，但建议司法人员了解三个标准的大致含义：开采回采率，是指采矿过程中开采出的矿石与该采区拥有的矿石储量的百分比，数值越高，说明采出的矿石越多，丢失在矿井里的矿石越少，矿山的资源开发利用效益也就越高；采矿贫化率，是指实际采出的矿石的品位比原矿石的降低百分比，所谓“贫化”，是指在开采过程中，由于废石、矸石汇入或者高品位的矿石损失、部分有用组分溶解或散失，导致采出的矿石品位低于开采前计算的工业储量中的矿石地质品位的现象，贫化现象越严重，采矿贫化率的数值会越高；选矿回收率，是指选矿产品中所含被回收有用成分的质量占入选矿石中该有用成分质量的百分比。

2. 综合考虑违反矿产资源开发利用方案、矿山设计等。虽然新的司法解释未再明确将矿产资源开发利用方案或者矿山设计作为认定破坏性的开采方法的依据，但是，作为事实存在且对于科学采矿、按规划采矿有着重要作用的事前方案，行为人对其的违反仍能作为判定是否属于破坏性开采方法的考量依据之一。

3. 严格适用《最高人民法院、最高人民检察院关于办理非法采矿、破坏性采矿刑事案件适用法律若干问题的解释》第 14 条的认定程序。第一，对于采取“破坏性开采方法”开采矿产资源的认定专业性较强，原则上应当严格依照司法解释的规定，由省级以上人民政府国土资源主管部门作出报告，司法机关依据报告，结合其他证据认定；第二，省级以上人民政府国土资源主管部门对于“采取破坏性的开采方法开采矿产资源”这一问题出具报告时，应当根据技术发展情况，综合考虑个别矿区的开采难度，事前规划的科学合理性等因素，就是否属于“采取破坏性的开采方法开采矿产资源”提出明确性的意见，在论证过程中尽量详细地说明，以供办案人员审查其刑事法律规范性。

二、本罪犯罪主体是否需要以持有采矿许可证为界限

本罪犯罪主体为一般主体还是须为持有合法采矿许可的主体，在理论界一直存在争议，支持后者观点的学者大致持以下理由①：（1）非法采矿罪和破坏性采矿罪是相对应的罪名，且破坏性采矿罪的法定刑配置低于非法采矿罪，其实质就在于非法采矿是无证采矿，破坏性采矿是有证滥采。如果不把破坏性采矿罪的主体限定于采矿人，则无法将其与非法采矿罪区分开，也无法解释其刑罚配置低于非法采矿罪的事实。（2）破坏性采矿是未按照依法取得的采矿许可证规定的范围，采取合理的开采顺序、开采方法和选矿工艺，导致矿产资源的严重破坏，所以主体只能限定于取得采矿许可证的采矿权人。（3）矿产资源法第 44 条规定“违反本法规定，采取破坏性的开采方法开采矿产资源的，处以罚款，可以吊销采矿许可证；造成矿产资源严重破坏的，依照刑法有关规定对直接责任人员追究刑事责

① 喻海松：《环境资源犯罪实务精粹》，法律出版社 2017 年版，第 185 页。

任”。吊销的前提是取得许可证，因此认为主体只能给限定于取得采矿许可证的个人或单位。

但笔者认为，上述理由并不成立，理由如下：（1）非法采矿罪和破坏性采矿罪并非简单的对应关系，在两罪的规范范围内，存在两个变量因素：一是有无采矿许可证，侧重于开采资质；二是是否以破坏性的方法采矿，侧重于开采的方式。两者完全可以组成四种不同的情景，即有证合理采矿、有证破坏性采矿、无证合理（指的是非以破坏性的方法）采矿、无证破坏性采矿，每一个因素均由各自的罪名进行规制，因而罪名之间不存在绝对互斥的情况，当个案中出现重合时，适用想象竞合犯的规则进行评价即可。（2）对于一处矿产的合理开采顺序、开采方法和选矿工艺的确定，是一个自然科学中的事实问题，并不以有无人申领采矿许可证为转移，即采矿方式是否合理是科学技术上的客观判断，在涉案采矿行为发生之前或之后均可完成，不以事前作出采矿规划为必要前提，即便无证破坏性采矿，也能认定出采矿的行为是否属于“以破坏性的方法采矿”。（3）法律规定以破坏性的方式采矿的，可以吊销采矿许可证，这只能说明，吊销作为辅助性的规制手段，对于有证的行为人可以吊销以剥夺资质，对于无证破坏性采伐本就无吊销之谈，也不存在剥夺资质的效果需求，所以这个理由逻辑并不周延。

从司法解释变动而言，2003 年《最高人民法院关于审理非法采矿、破坏性采矿刑事案件具体应用法律若干问题的解释》第 4 条确实将“采取破坏性的开采方法开采矿产资源”，规定为行为人违反地质矿产主管部门审查批准的矿产资源开发利用方案开采矿产资源，并造成矿产资源严重破坏的行为，但随着 2003 年司法解释的废止，该条文并未传承至 2016 年《最高人民法院、最高人民检察院关于办理非法采矿、破坏性采矿刑事案件适用法律若干问题的解释》，因而从一定程度上说明，司法解释的态度在转变。从法益保护原则的角度出发，不能狭隘地理解为非法采矿罪和破坏性采矿罪保护的法益完全一致，并且完美弥合，不重合地共同保护国家矿产资源的开发管理制度。非法采矿罪对于国家矿产资源的保护角度是凭证采矿制度，是国家统一规划、调配矿产资源开发计划；破坏性采矿罪对国家矿产资源的保护角度是合理采矿制度，是从自然科学的角度出发，避免采易弃难，采富弃贫等不科学的开发方式，只为获得眼前收益，不顾国家矿产资源的长远发展。二者的保护法益不同，在个案中同时出现时完全可以同时成立，如果是一个行为，则适用想象竞合的规定，如果是多个行为，则数罪并罚。如此，才不会遗漏处罚，也不会过度处罚。

综上，笔者认为，对于本罪主体不应进行不当的限缩。

三、本罪与非法采矿罪竞合的情况如何处理

未取得采矿许可的行为人，同时以破坏性手段采矿的，应当如何处理，是理论界和实务界存有争议的话题。有观点认为破坏性采矿罪的主体只能限于依法取得采矿资格的自然人或单位，因此，上述行为的认定不涉及本罪的成立，而只成立非法采矿罪，破坏性采矿的行为及其导致的后果作为量刑情节予以考虑，更有论者，认为非法采矿罪和破坏性采矿罪都需要行为人以破坏性的方式采矿，区别仅在于是否存在违法性前提；另一种观点认为破坏性采矿罪和非法采矿罪应当各自成立，但由于两罪具有吸收关系，应当按照吸收犯的原理进行处理。

对于以上两种观点，笔者认为均不甚合理：第一种观点涉及破坏性采矿罪的主体限定问题，在上文“本罪犯罪主体是否需要以持有采矿许可证为界限”的问题中，笔者已经进行论证并得出了不应限定的结论。此外，即便是以十分科学合理的开采方式违法擅自开采矿产资源，只要开采出的矿产资源价值达到一定数额、或者二年内曾因非法采矿受过两次以上行政处罚，又实施非法采矿行为的都能成立非法采矿罪，不需要“以破坏性的方式”。第二种观点在主体的限定问题上与笔者观点一致，但认为非法采矿罪和破坏性采矿罪是吸收犯，理论基础尚不充分，吸收犯的几种典型类型，如重罪吸收轻罪、实行行为吸收预备行为，都要求吸收的罪名和被吸收的罪名之间存在逻辑上的连接和法益上可吸收的可能性，但破坏性采矿罪是违反矿产资源法的规定，采取破坏性的开采方法开采矿产资源，造成矿产资源严重破坏的行为；非法采矿罪是违反矿产资源法的规定，未取得采矿许可证擅自采矿，擅自进入国家规划矿区、对国民经济具有重要价值的矿区和他人矿区范围采矿，或者擅自开采国家规定实行保护性开采的特定矿种，情节严重的行为。破坏性采矿罪保护的客体是国家矿产资源的合理开发和长远性发展，侧重于开采的方式；非法性采矿罪保护的客体是国家对矿产资源开发的规划和凭证采伐制度，侧重于开采的资格，两罪的行为类型并非逻辑上前后的两个阶段，而存在很大程度上的重合，两罪保护的法益也并不同一，而是国家保护矿产资源的两个方面，且两罪的罪量认定标准也不同一，因此一罪吸收另一罪难以处理。

笔者认为，非法采矿罪和破坏性采矿罪有着不同的犯罪构成条件，也不存在冲突和吸收的必然关系，因此回归构成要件的判断，分别认定两罪是否成立即可。如果行为人的行为同时符合两个罪的犯罪构成，就进入行为数量的判断，如果只有一个行为，即自始至终无证、破坏性采矿，应当按照想象竞合犯的规定，从一重罪处罚，如果存在可分离的两个行为，则分别认定两罪的罪责，数罪并罚。

四、破坏性采矿罪与故意毁坏财物罪的界限

根据刑法第 275 条的规定，故意毁坏财物是指故意毁坏公私财物，数额较大或者有其他严重情节的行为。本罪与故意毁坏财物罪相比较而言，存在共同之处，即均侵犯了财产的所有权。但同时两罪也存在区别：

第一，犯罪客体不同。破坏性采矿罪主要侵犯国家对矿产资源的保护和管理制度；而故意毁坏财物罪侵犯的则是公私财物的所有权。

第二，犯罪对象不同。破坏性采矿罪的犯罪对象是矿产资源这一特定的范畴；而故意毁坏财物罪的犯罪对象很广泛，可以是任何公私财物。

第三，行为要件不同。破坏性采矿罪的犯罪行为表现为违反矿产资源法的规定，采取破坏性的采矿方法开采矿资源，造成矿产资源严重破坏。但这种行为并没有改变矿产资源的性质，只是在某种程度上造成了矿产资源的巨大浪费，导致应该采出但因矿床破坏已难以采出矿产资源，但矿产资源本身仍具有其原有价值和使用价值。[①] 甚至在表面上，可能是创造经济价值的行为，只是从长远来看不符合我国对矿产资源开发的规划和可持续发展的理念；而故意毁坏财物罪通常是财物价值的部分或完全丧失，在客观上则表现为毁坏行为，即毁灭、损坏。

第四，犯罪主体不同。破坏性采矿罪的主体既可以是自然人，也可以是单位；而故意毁坏财物罪的犯罪主体只能是自然人；

第五，犯罪主观方面不完全相同。破坏性采矿罪主观上表现为行为人明知其

---

① 冯军、孙学军主编：《破坏环境资源保护罪立案追诉标准与司法认定实务》，中国人民公安大学出版社 2010 年版，第 147 页。

采矿的方式、手段等矿产资源开发利用方案会造成矿产资源严重破坏而仍然实施，但很难认定其对矿产资源的毁损有直接的追求的心态，即直接故意，且对于开采出来的矿产资源，行为人意图占有；而故意毁坏财物罪主观上表现为明知自己的行为会造成公私财物的毁坏，并且希望或者放任这种结果的发生，行为人主观上追求的是财物的毁坏，不具有非法占有公私财物的目的。

五、本罪与非法占用农用地行为的重合处理

实践中，在非法采矿的过程中，容易发生为了非法采矿而占用大量农用地，并改变被占用农用地的用途，数量较大，造成被占用的农用地大量毁坏的结果，即可能触犯刑法第 342 条非法占用农用地罪的规定。非法占用农用地罪，是指违反土地管理法规，非法占用耕地、林地等农用地，改变被占用土地用途，数量较大，造成耕地、林地等农用地大量毁坏的行为。当两罪在实践中发生重合时该如何处理，笔者将其分为两种情况：

第一，如果矿产直接位于被占用的农用地下，行为人为了非法采矿就必须占用农用地并改变被占用农用地的用途即破坏性采矿的行为发生同时导致了大量非法占用的农用地毁坏，其实是一个行为触犯了两个罪名，成立想象竞合犯，应从一重处罚。

第二，非法占用的农用地并非被非法开采的矿产之上的土地，而是作为非法开采矿产的辅助用地，比如修建运输矿产的公路，修建矿工居住的工棚等，那么说明行为人存在非法占用农用地和破坏性采矿两个行为，不能按照想象竞合的规则处理，有学者认为，非法占用农用地的目的是非法采矿，前者是后者的方法行为，是为了后者便利而实施的行为，因此应视为刑法理论上的牵连犯，按照牵连犯的一般处置规则，应从一重论处。[①] 但笔者认为，牵连犯应当具有手段和目的行为的通常性，实践中发生通过非法占有大量农用地来为采矿工程作为辅助用地的情况并不通常，因此不能按照牵连犯的规则择一重处。相反，非法占有农用地罪和破坏性采矿罪保护的是两个完全不同的法益，前者为国家对农用地的规划和管理制度，后者为国家对矿产资源的长久开发制度。行为人虽然经济意义上只有一

---

① 李希慧、董文辉、李冠煜：《环境犯罪研究》，知识产权出版社 2013 年版，第 239 页。

个破坏性采矿的目的，但事实上侵犯了两种法益，不能遗漏评价。

【办案依据】

一、刑法规定

第三百四十三条第二款 违反矿产资源法的规定，采取破坏性的开采方法开采矿产资源，造成矿产资源严重破坏的，处五年以下有期徒刑或者拘役，并处罚金。

第三百四十六条 单位犯本节第三百三十八条至第三百四十五条规定之罪的，对单位判处罚金，并对其直接负责的主管人员和其他直接责任人员，依照本节各该条的规定处罚。

二、司法解释

（一）《最高人民法院、最高人民检察院关于办理非法采矿、破坏性采矿刑事案件适用法律若干问题的解释》（2016年11月28日　法释〔2016〕25号）

第一条 违反《中华人民共和国矿产资源法》《中华人民共和国水法》等法律、行政法规有关矿产资源开发、利用、保护和管理的规定的，应当认定为刑法第三百四十三条规定的“违反矿产资源法的规定”。

第六条 造成矿产资源破坏的价值在五十万元至一百万元以上，或者造成国家规划矿区、对国民经济具有重要价值的矿区和国家规定实行保护性开采的特定矿种资源破坏的价值在二十五万元至五十万元以上的，应当认定为刑法第三百四十三条第二款规定的“造成矿产资源严重破坏”。

第八条 多次非法采矿、破坏性采矿构成犯罪，依法应当追诉的，或者二年内多次非法采矿、破坏性采矿未经处理的，价值数额累计计算。

第九条 单位犯刑法第三百四十三条规定之罪的，依照本解释规定的相应自然人犯罪的定罪量刑标准，对直接负责的主管人员和其他直接责任人员定罪处罚，并对单位判处罚金。

第十条 实施非法采矿犯罪，不属于“情节特别严重”，或者实施破坏性采矿犯罪，行为人系初犯，全部退赃退赔，积极修复环境，并确有悔改表现的，可以认定为犯罪情节轻微，不起诉或者免予刑事处罚。

第十一条 对受雇佣为非法采矿、破坏性采矿犯罪提供劳务的人员，除参与利润分成或者领取高额固定工资的以外，一般不以犯罪论处，但曾因非法采矿、破坏性采矿受过处罚的除外。

第十二条 对非法采矿、破坏性采矿犯罪的违法所得及其收益，应当依法追缴或者责令退赔。

对用于非法采矿、破坏性采矿犯罪的专门工具和供犯罪所用的本人财物，应当依法没收。

第十三条 非法开采的矿产品价值，根据销赃数额认定；无销赃数额，销赃数额难以查证，或者根据销赃数额认定明显不合理的，根据矿产品价格和数量认定。

矿产品价值难以确定的，依据下列机构出具的报告，结合其他证据作出认定：

（一）价格认证机构出具的报告；

（二）省级以上人民政府国土资源、水行政、海洋等主管部门出具的报告；

（三）国务院水行政主管部门在国家确定的重要江河、湖泊设立的流域管理机构出具的报告。

第十四条 对案件所涉的有关专门性问题难以确定的，依据下列机构出具的鉴定意见或者报告，结合其他证据作出认定：

（一）司法鉴定机构就生态环境损害出具的鉴定意见；

（二）省级以上人民政府国土资源主管部门就造成矿产资源破坏的价值、是否属于破坏性开采方法出具的报告；

（三）省级以上人民政府水行政主管部门或者国务院水行政主管部门在国家确定的重要江河、湖泊设立的流域管理机构就是否危害防洪安全出具的报告；

（四）省级以上人民政府海洋主管部门就是否造成海岸线严重破坏出具的报告。

第十五条 各省、自治区、直辖市高级人民法院、人民检察院，可以根据本地区实际情况，在本解释第三条、第六条规定的数额幅度内，确定本地区执行的具体数额标准，报最高人民法院、最高人民检察院备案。

（二）《最高人民法院、最高人民检察院关于办理盗窃油气、破坏油气设备等刑事案件具体应用法律若干问题的解释》（2007年1月15日 法释〔2007〕3号）

第六条 违反矿产资源法的规定，非法开采或者破坏性开采石油、天然气资源的，依照刑法第三百四十三条以及《最高人民法院关于审理非法采矿、破坏性采矿刑事案件具体应用法律若干问题的解释》的规定追究刑事责任。

第八条 本解释所称的“油气”，是指石油、天然气。其中，石油包括原油、成品油；天然气包括煤层气。

本解释所称“油气设备”，是指用于石油、天然气生产、储存、运输等易燃易爆设备。

三、司法文件

《最高人民检察院、公安部关于公安机关管辖的刑事案件立案追诉标准的规定（一）》（2008年6月25日 公通字〔2008〕36号）

第六十九条 【破坏性采矿案（刑法第三百四十三条第二款）】违反矿产资源法的规定，采取破坏性的开采方法开采矿产资源，造成矿产资源严重破坏，价值数额在三十万元至五十万元以上的，应予立案追诉。

本条规定的“采取破坏性的开采方法开采矿产资源”，是指行为人违反地质矿产主管部门审查批准的矿产资源开发利用方案开采矿产资源，并造成矿产资源严重破坏的行为。

破坏性的开采方法以及造成矿产资源严重破坏的价值数额，由省级以上地质矿产主管部门出具鉴定结论，经查证属实后予以认定。

第一百条 本规定中的立案追诉标准，除法律、司法解释另有规定的以外，适用于相关的单位犯罪。

第一百零一条 本规定中的“以上”，包括本数。

第十二章　危害国家重点保护植物罪

【立案追诉标准】

危害国家重点保护植物案（刑法第344条）

违反国家规定，非法采伐、毁坏珍贵树木或者国家重点保护的其他植物的，或者非法收购、运输、加工、出售珍贵树木或者国家重点保护的其他植物及其制品的，应予立案追诉。

【犯罪构成及刑事责任】

《最高人民法院、最高人民检察院关于执行〈中华人民共和国刑法〉确定罪名的补充规定（七）》取消了原罪名规定中“非法采伐、毁坏国家重点保护植物罪”及“非法收购、运输、加工、出售国家重点保护植物、国家重点保护植物制品罪”，将其合并为“危害国家重点保护植物罪”。但研究本罪的犯罪构成，还是从上述两个原罪名规定的行为类型出发，即本罪包括违反国家规定，明知是珍贵树木或者国家重点保护的其他植物仍非法采伐、毁坏的行为，和明知是珍贵树木或者国家重点保护的其他植物及其制品，仍非法收购、运输、加工或者出售的行为。

1. 客体要件。本罪的犯罪客体是国家重点保护植物资源管理制度。为了保护野生植物资源，国家颁布了一系列的法律法规，建立起关于国家重点保护植物的管理制度，也就是本罪侵害的客体。

2. 客观要件。本罪的客观方面，是指违反国家的规定，非法采伐、毁坏珍贵树木或者国家重点保护的其他植物的，或者非法收购、运输、加工、出售珍贵树木或者国家重点保护的其他植物及其制品的行为，笔者分别从违法性前提、行为对象、行为方式上拆解本罪的客观方面如下：

（1）违法性前提。违反国家规定，是指违反全国人民代表大会及其常务委员会制定的法律和决定，国务院制定的行政法规、规定的行政措施、发布的决定和命令。具体到本罪，这里的“规定”主要是指森林法、《农业野生植物保护办法》、《中华人民共和国野生植物保护条例》和《野生药材资源保护管理条例》等法律法规的规定。本书在此略作提示，如森林法第 2 条规定：“在中华人民共和国领域内从事森林、林木的保护、培育、利用和森林、林木、林地的经营管理活动，适用本法。”第 31 条第 1 款规定：“国家在不同自然地带的典型森林生态地区、珍贵动物和植物生长繁殖的林区、天然热带雨林区和具有特殊保护价值的其他天然林区，建立以国家公园为主体的自然保护地体系，加强保护管理。”第 31 条第 3 款规定：“县级以上人民政府应当采取措施对具有特殊价值的野生植物资源予以保护。”第 40 条规定：“国家保护古树名木和珍贵树木。禁止破坏古树名木和珍贵树木及其生存的自然环境。”第 56 条规定：“采伐林地上的林木应当申请采伐许可证，并按照采伐许可证的规定进行采伐……采挖移植林木按照采伐林木管理。具体办法由国务院林业主管部门制定……”第 65 条规定：“木材经营加工企业应当建立原料和产品出入库台账。任何单位和个人不得收购、加工、运输明知是盗伐、滥伐等非法来源的林木。”第 82 条第 2 款规定：“违反本法规定，构成违反治安管理行为的，依法给予治安管理处罚；构成犯罪的，依法追究刑事责任。”再如《中华人民共和国野生植物保护条例》第 16 条第 1 款至第 4 款规定，禁止采集国家一级保护野生植物。因科学研究、人工培育、文化交流等特殊需要，采集国家一级保护野生植物的，应当按照管理权限向国务院林业行政主管部门或者其授权的机构申请采集证；或者向采集地的省、自治区、直辖市人民政府农业行政主管部门或者其授权的机构申请采集证。采集国家二级保护野生植物的，必须经采集地的县级人民政府野生植物行政主管部门签署意见后，向省、自治区、直辖市人民政府野生植物行政主管部门或者其授权的机构申请采集证。采集城市园林或者风景名胜区内的国家一级或者二级保护野生植物的，须先征得城市园林或者风景名胜区管理机构同意，分别依照前两款的规定申请采集证。采集珍贵野生树木或者林区内、草原上的野生植物的，依照森林法、草原法的规定办理。第 18 条规定："禁止出售、收购国家一级保护野生植物。出售、收购国家二级保护野生植物的，必须经省、自治区、直辖市人民政府野生植物行政主管部门或者其授权的机构批准。"《农业野生植物保护办法》第 20 条规定："出售、收购国家二级保护野生植物的许可为一次一批。出售、收购国家二级保护野生植物的许可文件应当载明野生植物的物种名称（或亚种名）、数量、期限、地点及获取方式、来源等项内容。"《野生药材资源保护管理条例》第 6 条规定："禁止采猎一级保护野生药材物种。"第 7 条规定："采猎、收购二、三级保护野生药材物种的，必须按照批准的计划执行。该计划由县以上（含县，下同）医药管理部门（含当地人民政府授权管理该项工作的有关部门，下同）会同同级野生动物、植物管理部门制定，报上一级医药管理部门批准。"行为人采伐、毁坏国家保护的野生植物，或者收购、运输、加工、出售国家重点保护植物及其制品的行为，违反上述规定的，即具备了成立本罪的违法性前提。

（2）行为对象。本罪的行为对象是珍贵树木及国家重点保护的其他植物，和上述植物的制品。依照《最高人民法院关于审理破坏森林资源刑事案件具体应用法律若干问题的解释》第 1 条的规定，"珍贵树木"包括由省级以上林业主管部门或者其他部门确定的具有重大历史纪念意义、科学研究价值或者年代久远的古树名木，国家禁止、限制出口的珍贵树木以及列入《国家重点保护野生植物名录》的树木。"国家重点保护的其他植物"是指除珍贵树木以外的其他国家重点保护的植物，主要是除珍贵植物以外，国务院颁布的《国家重点保护野生植物名录》中所规定的植物。根据《中华人民共和国野生植物保护条例》的规定，野生植物限于原生地天然生长的植物，因此人工培育的植物，除古树名木外，不属于本罪规定的"珍贵树木或者国家重点保护的其他植物"。此外，已经枯死、病死等自然死亡的珍贵树木和国家重点保护的其他植物，则不属于本罪的犯罪对象。所谓"制品"，是指"对采伐的珍贵树木或国家重点保护的其他植物通过某种加工手段而获得的成品或半成品，如标本、药材、家具等"。

（3）行为。"非法采伐珍贵树木或者国家重点保护的其他植物"，是指违反森林法及有关法规的规定，未经有关主管部门批准而采伐珍贵树木或者国家重点保护的其他植物的行为。“毁坏珍贵树木或者国家重点保护的其他植物”，是指采用剥皮、砍枝、取脂等方式使珍贵树木或者国家重点保护的其他植物死亡或者影响其正常生长，致使珍贵树木的价值或者使用价值部分丧失或者全部丧失的行为。需要注意的是，依照《最高人民法院、最高人民检察院关于适用〈中华人民共和国刑法〉第三百四十四条有关问题的批复》的规定，对于非法移栽珍贵树木或者国家重点保护的其他植物，依法应当追究刑事责任的，以非法采伐国家重点保护植物罪定罪处罚。但鉴于移栽在社会危害程度上与砍伐存在一定差异，对非法移栽珍贵树木或者国家重点保护的其他植物的行为，在认定是否构成犯罪以及裁量刑罚时，应当考虑植物的珍贵程度、移栽目的、移栽手段、移栽数量、对生态环境的损害程度等情节，综合评估社会危害性，确保罪责刑相适应。“非法收购珍贵树木或国家重点保护的其他植物及其制品”，是指出于营利、自用或者其他目的，付出货币获取其他对价来换取珍贵树木或者国家重点保护的其他植物及其制品的行为。“非法运输”，是指采取携带、邮寄、利用他人、使用交通工具等方法将珍贵树木或者国家重点保护的其他植物及其制品从一个地点运送到另一个地点的行为。“非法加工”，是指按照一定的工艺或者流程，将珍贵树木或者国家重点保护的其他植物原材料制成成品或者半成品的行为。“非法出售”，是指将珍贵树木或者国家重点保护的其他植物及其制品有偿转让的行为。

认定本罪的行为时，需要注意行为方式和对象的一一对应关系，而且本罪虽然罪名发生了变更，但实质上等同于原来的选择性罪名，因此只需要实施上述行为之一即可成立危害国家重点保护之物罪。

3. 主体要件。本罪的犯罪主体既包括自然人，也包括单位。当单位犯本罪时，对单位判处罚金，对单位直接负责的主管人员和其他直接责任人员判处相应刑罚。

4. 主观要件。本罪要求有犯罪故意，即明知是国家重点保护植物仍非法采伐、破坏，或者明知是国家重点保护的植物及其制品，仍予以非法的收购、运输、加工、出售的主观心态，司法实践中主要需要考察对行为对象是否明知，在此需要区分刑法上的事实认识错误和法律认识错误，前者是指不知道所采伐、毁坏或者收购、运输、加工、出售的是国家重点保护的植物或者国家重点保护的植物及其制品，后者是指虽知道涉案的物品归属此类，但误以为不是犯罪，对于前者，应当阻却犯罪故意，而后者不能阻却故意，视具体情节考察是否处于不具有认识可能性的违法性认识错误。犯罪动机和目的不影响本罪的成立，因此在实践中，行为人不管是出于谋取经济利益、保护，还是搭建住宅、打造家具等自用目的，都不影响犯罪的成立。

根据刑法第 344 条的规定，犯本罪的，处三年以下有期徒刑、拘役或者管制，并处罚金；情节严重的，处三年以上七年以下有期徒刑，并处罚金。

【疑难指导】

一、罪与非罪的区分

珍贵树木或者国家重点保护的其他植物并非一概不可以采伐，刑法对此类行为的打击面也不宜过大，因此需要界定罪与非罪，刑事犯罪和一般违法之间的区别。

如《中华人民共和国野生植物保护条例》第 16 条规定了基于科学研究、工人培育、文化交流等特殊需要，采集国家一级保护野生植物、国家二级野生植物的批准机关、程序。因此，合法的采伐行为均需要经过法定程序进行申请、批准，符合法律法规规定，经有关机关批准的合法采伐、毁坏行为不属于本罪规制的范围。再如森林法、《农业野生植物保护办法》、《中华人民共和国野生植物保护条例》和《野生药材资源保护管理条例》等法律法规对国家重点保护植物及其制品的收购、运输、加工、出售作出了规定，根据这些法律法规的规定，依法取得相关许可，并严格按照许可对国家重点保护植物及其制品实施收购、运输、加工、出售行为的是合法行为。

虽然本罪没有数额或者“情节严重”的追诉标准，但在刑事犯罪与一般违法的区分上，需要充分注意运用刑法第 13 条“但书”的规定，对情节显著轻微危害不大的非法采伐或者毁坏行为，不应以本罪追究刑事责任。如《中华人民共和国野生植物保护条例》第 23 条规定：“未取得采集证或者未按照采集证的规定采集国家重点保护野生植物的，由野生植物行政主管部门没收所采集的野生植物和违法所得，可以并处违法所得 10 倍以下的罚款；有采集证的，并可以吊销采集证。”

二、非法采伐、毁坏珍贵林木或者国家重点保护的其他植物的行为，与故意毁坏财物罪的区分与竞合

故意毁坏财物罪规定在刑法侵害财产罪一章中的第275条中，是指故意毁灭或者损坏公私财物，数额较大或情节严重的行为。危害国家重点保护植物罪中的非法采伐、毁坏珍贵林木或者国家重点保护的其他植物的行为，一般也是故意毁坏财物罪的行为，存在两罪想象竞合的情况，但两罪仍存在区别：第一，两罪侵犯的客体不同，危害国家重点保护植物罪侵犯的客体是国家关于珍贵或者国家重点保护的其他植物的管理制度，而故意毁坏财物罪的犯罪客体是公私财物的所有权；第二，两罪侵犯的对象存在差异，故意毁坏财物罪的对象非常宽泛，即各类公私财物，但并非所有有价值的植物都能作为危害国家重点保护罪的对象进行保护，而需要植物保护类的前置法律法规予以确定，且对于自然死亡的枯立珍贵树木或其他植物，虽然仍具有经济价值，但是不作为危害国家重点保护罪的对象进行保护；第三，两罪成立犯罪的标准不同，危害国家重点保护植物罪是行为犯，成立本罪没有数额或者情节标准，而成立故意毁坏财物罪则要求行为人故意破坏财物的行为达到数额较大或者情节严重的程度；第四，犯罪主体的要求不同，在我国身份犯法定的刑法环境下，故意毁坏财物罪只能由自然人构成，单位不作为故意毁坏财物罪的主体，但危害国家重点保护植物罪的主体，既可以是自然人，也可以是单位。因此，两罪并没有一罪完全包含另外一罪的关系，实践中应当分别把握行为数量，法益侵害程度和具体构成要件，确定如何定罪处罚。

三、本罪与盗伐林木罪、滥伐林木罪的界限

盗伐林木罪，是指以非法占有为目的，盗伐森林或者其他林木，数量较大的行为。盗伐行为包括：（1）擅自砍伐国家、集体、他人所有或者他人承包经营管理的森林或者其他林木；（2）擅自砍伐本单位或者本人承包经营管理的森林或者其他林木；（3）在林木采伐许可证规定的地点以外采伐国家、集体、他人所有或者他人承包经营管理的森林或者其他林木。同时，如果采伐许可证已经过期，未征得林业主管部门的同意仍然采伐林木，符合该罪其他要件的，也成立盗伐林木罪。滥伐林木罪，是指违反森林法的规定，滥伐森林或者其他林木，数量较大的行为。滥伐行为包括：（1）未经林业行政主管部门及法律规定的其他主管部门批

准并核发林木采伐许可证，或者虽持有林木采伐许可证，但违反林木采伐许可证规定的时间、数量、树种或者方式，任意采伐本单位所有或者本人所有的森林或者其他林木；（2）超过林木采伐许可证规定的数量采伐他人所有的森林或者其他林木；（3）林木权属争议一方在林木权属确权之前，擅自砍伐森林或者其他林木，数量较大的，也以滥伐林木罪论处。因此，对于珍贵树木的非法采伐、毁坏行为，存在与盗伐林木罪、滥发林木罪竞合的空间，以区别方式把握个罪构成就尤为重要：

1. 犯罪对象不同。危害国家重点保护植物罪的犯罪对象较为狭窄，即具有特殊保护价值的珍贵林木或者国家重点保护的其他植物，而盗伐林木罪、滥发林木罪的犯罪对象是各种林木。

2. 成立犯罪的要求不同。危害国家重点保护植物罪是行为犯，成立本罪没有数额或者情节标准，而成立故意毁坏财物罪则要求行为人故意破坏财物的行为达到数额较大或者情节严重的程度，但成立盗伐林木罪和滥发林木罪，要求至少达到“数量较大”的标准。

依照《最高人民法院关于审理破坏森林资源刑事案件具体应用法律若干问题的解释》第 8 条的规定，触犯本罪，同时符合盗伐林木罪或滥伐林木罪构成要件的，以处罚较重的规定定罪处罚。

四、非法收购、运输珍贵林木的行为与非法收购、运输盗伐、滥伐的林木罪的界限

非法收购、运输盗伐、滥伐的林木罪是指明知是盗伐、滥伐的林木，仍然非法收购或者运输的行为。与本罪中非法收购、运输珍贵林木的行为常常存在竞合的情况，除犯罪对象、犯罪成立条件的不同外，笔者对实践中两罪交叉的情况如何处理作出如下提示：

第一，行为人非法收购、运输普通林木的犯罪故意，非法收购、运输非法采伐的珍贵林木，但不知道其所收购或者运输的林木中含有珍贵树木或者国家重点保护的其他植物，由于行为人缺乏危害国家重点保护植物的故意，因此不成立本罪，视数量情况判定是否符合非法收购、运输盗伐、滥伐的林木罪。

第二，行为人基于概括的故意，非法收购、运输非法采伐的林木，其明知自己非法收购、运输的林木中既有珍贵树木或国家重点保护的其他植物又有盗伐、滥伐的一般林木，出于概括的犯罪故意，仍然予以非法收购、运输，同时触犯非法收购、运输盗伐、滥伐的林木罪和危害国家重点保护植物罪，应当数罪并罚。[①]

五、原两罪合并之后的罪数问题

《最高人民法院、最高人民检察院关于执行〈中华人民共和国刑法〉确定罪名的补充规定（七）》取消了原罪名规定中的“非法采伐、毁坏国家重点保护植物罪及非法收购、运输、加工、出售国家重点保护植物、国家重点保护植物制品罪”，合并为“危害国家重点保护植物罪”。但仍然保留了罪状上的两个行为类型，且两个行为甚至发生在同一个犯罪链条上的不同阶段，因此两罪同时触犯如何处罚的问题值得讨论：

第一，行为人为了非法加工、运输、出售而非法采伐国家重点保护的植物，即非法采伐的行为与非法加工、运输、出售的行为在对象上具有同一性时，应当认定为危害国家重点保护植物罪，不宜将同一批国家重点保护植物在两个行为上重复评价。

第二，行为人非法采伐和非法收购、运输、加工、出售的并非同一批植物时，应当认定存在两个刑法评价的行为，两个行为均触犯危害国家重点保护植物罪，分别定罪后数罪并罚。

【办案依据】

一、刑法规定

第三百四十四条 违反国家规定，非法采伐、毁坏珍贵树木或者国家重点保护的其他植物的，或者非法收购、运输、加工、出售珍贵树木或者国家重点保护的其他植物及其制品的，处三年以下有期徒刑、拘役或者管制，并处罚金；情节严重的，处三年以上七年以下有期徒刑，并处罚金。

---

① 行为外表似乎只有一个行为或者一个连续的行为，但事实上因为分别侵害不同法益的，应当认定为两个行为。参见张明楷：《刑法学》，法律出版社2021年版，第643页。

第三百四十六条 单位犯本节第三百三十八条至第三百四十五条规定之罪的，对单位判处罚金，并对其直接负责的主管人员和其他直接责任人员，依照本节各该条的规定处罚。

二、司法解释

（一）《最高人民法院、最高人民检察院关于适用〈中华人民共和国刑法〉第三百四十四条有关问题的批复》（2020年3月19日 法释〔2020〕2号）

一、古树名木以及列入《国家重点保护野生植物名录》的野生植物，属于刑法第三百四十四条规定的“珍贵树木或者国家重点保护的其他植物”。

二、根据《中华人民共和国野生植物保护条例》的规定，野生植物限于原生地天然生长的植物。人工培育的植物，除古树名木外，不属于刑法第三百四十四条规定的“珍贵树木或者国家重点保护的其他植物”。非法采伐、毁坏或者非法收购、运输人工培育的植物（古树名木除外），构成盗伐林木罪、滥伐林木罪、非法收购、运输盗伐、滥伐的林木罪等犯罪的，依照相关规定追究刑事责任。

三、对于非法移栽珍贵树木或者国家重点保护的其他植物，依法应当追究刑事责任的，依照刑法第三百四十四条的规定，以非法采伐国家重点保护植物罪定罪处罚。

鉴于移栽在社会危害程度上与砍伐存在一定差异，对非法移栽珍贵树木或者国家重点保护的其他植物的行为，在认定是否构成犯罪以及裁量刑罚时，应当考虑植物的珍贵程度、移栽目的、移栽手段、移栽数量、对生态环境的损害程度等情节，综合评估社会危害性，确保罪责刑相适应。

四、本批复自2020年3月21日起施行，之前发布的司法解释与本批复不一致的，以本批复为准。

（二）《最高人民法院关于审理破坏森林资源刑事案件具体应用法律若干问题的解释》（2000年11月22日 法释〔2000〕36号）

第一条 刑法第三百四十四条规定的“珍贵树木”，包括由省级以上林业主管部门或者其他部门确定的具有重大历史纪念意义、科学研究价值或者年代久远的古树名木，国家禁止、限制出口的珍贵树木以及列入国家重点保护野生植物名录的树木。

第二条 具有下列情形之一的，属于非法采伐、毁坏珍贵树木行为“情节严重”：

（一）非法采伐珍贵树木二株以上或者毁坏珍贵树木致使珍贵树木死亡三株以上的；

（二）非法采伐珍贵树木二立方米以上的；

（三）为首组织、策划、指挥非法采伐或者毁坏珍贵树木的；

（四）其他情节严重的情形。

第八条 盗伐、滥伐珍贵树木，同时触犯刑法第三百四十四条、第三百四十五条规定的，依照处罚较重的规定定罪处罚。

第十六条 单位犯刑法第三百四十四条、第三百四十五条规定之罪，定罪量刑标准按照本解释的规定执行。

三、司法文件

《最高人民检察院、公安部关于公安机关管辖的刑事案件立案追诉标准的规定（一）》（2008年6月25日 公通字〔2008〕36号）

第七十条 【非法采伐、毁坏国家重点保护植物案（刑法第三百四十四条）】 违反国家规定，非法采伐、毁坏珍贵树木或者国家重点保护的其他植物的，应予立案追诉。

本条和本规定第七十一条规定的“珍贵树木或者国家重点保护的其他植物”，包括由省级以上林业主管部门或者其他部门确定的具有重大历史纪念意义、科学研究价值或者年代久远的古树名木，国家禁止、限制出口的珍贵树木以及列入《国家重点保护野生植物名录》的树木或者其他植物。

第七十一条 【非法收购、运输、加工、出售国家重点保护植物、国家重点保护植物制品案（刑法第三百四十四条）】 违反国家规定，非法收购、运输、加工、出售珍贵树木或者国家重点保护的其他植物及其制品的，应予立案追诉。

第十三章　非法引进、释放、丢弃外来入侵物种罪

【立案追诉标准】

非法引进、释放、丢弃外来入侵物种案（刑法第344条之一）

违反国家规定，非法引进、释放或者丢弃外来入侵物种，情节严重的，应予立案。

【犯罪构成及刑事责任】

非法引进、释放、丢弃外来入侵物种罪，是指违反国家规定，非法引进、释放或者丢弃外来入侵物种，情节严重的行为，具体包含四个犯罪构成要件：

1. 客体要件。本罪的保护客体是国家的生物安全。外来入侵物种对于生物多样性、生态环境的破坏后果。2020年通过的生物安全法，对生物安全风险防控领域的基本制度作了规定的同时，也对防范外来物种入侵及法律责任作了规定。为进一步加强保护我国生物安全，维护我国生物多样性和生态系统平衡，依法惩治涉及外来入侵物种非法引进、处置的犯罪，与生物安全法等规定衔接，刑法修正案（十一）增加了本条规定，将外来物种入侵的行为也纳入刑法的打击范围，因此前置法的具体规定，可以用来辅助确定本罪犯罪客体的具体内涵。

2. 客观要件。根据本条规定，本罪的客观方面表现为“违反国家规定，非法引进、释放或者丢弃外来入侵物种”并要求存在情节严重的情况。具体包含四个要件。

（1）“违反国家规定”，是指违反全国人民代表大会及其常务委员会制定的法

律和决定，国务院制定的行政法规、规定等行政措施、发布的决定和命令中有关外来物种安全和制度的规定。有关部门规章对国家规定有关条款作出进一步细化规定的，根据情况，违反该具体规定的也可认定为“违反国家规定”。我国涉及外来物种管理的法律主要有国境卫生检疫法、进出境动植物检疫法、动物防疫法、野生动物保护法以及新颁布的生物安全法等法律，对防范外来物种入侵作了原则性规定。2003 年国务院办公厅转发质检总局《关于加强防范外来有害生物传入工作的意见》，对外来有害生物入侵的防范、调查、预警和应对机制作了规定，并要求及时调整禁止进境动物、植物危险性有害生物名录和禁止进境物名录。2005 年原国家林业局制定的《引进陆生野生动物外来物种种类及数量审批管理办法》，规定了引进陆生野生动物外来物种种类及数量审批许可制度。《野生动物保护法》第 37 条规定：“从境外引进野生动物物种的，应当经国务院野生动物保护主管部门批准。从境外引进列入本法第三十五条第一款名录的野生动物，还应当依法取得允许进出口证明书。海关依法实施进境检疫，凭进口批准文件或者允许进出口证明书以及检疫证明按照规定办理通关手续。从境外引进野生动物物种的，应当采取安全可靠的防范措施，防止其进入野外环境，避免对生态系统造成危害。确需将其放归野外的，按照国家有关规定执行。”2020 年通过的生物安全法及其有关配套规定对外来入侵物种的防范和管理，以及名录等作了进一步细化和全面的规定。引进、处置外来物种应当依照包括上述法律法规在内的“国家规定”确定的条件、程序和要求进行。

（2）关于“外来入侵物种”，我国现行相关法律法规实行名录制管理。2003 年原国家环境保护总局制订发布了《中国第一批外来入侵物种名单》，包括解放草、水花生、飞机草、水葫芦等植物，以及蔗扁蛾、美国白蛾、非洲大蜗牛、牛蛙等动物。生物安全法第 60 条第 1 款规定：“国家加强对外来物种入侵的防范和应对，保护生物多样性。国务院农业农村主管部门会同国务院其他有关部门制定外来入侵物种名录和管理办法。”因此，是否属于外来物种的认定，当前可以参照上述名单，待国务院部门联合制定出具体的外来入侵物种名录和管理办法，也可参照适用。农业农村部、自然资源部、生态环境部、海关总署、国家林业和草原局《进一步加强外来物种入侵防控工作方案》明确规定，要由农业农村部会同国务院其他有关部门制定外来入侵物种名录和管理办法，且允许各地结合实际，研究制定外来物种入侵防控地方性法规、管理名录、应急预案、技术标准和政策措施。

（3）行为。本罪行为是非法引进、释放、丢弃外来入侵物种。引进外来入侵物种应当依照有关法律法规的规定，实行行政审批许可，处置外来入侵物种按照国家有关规定进行。任何单位和个人未经批准，不得擅自引进、释放或者丢弃外来物种。本条中的“引进”主要是指从国外非法携带、运输、邮寄、走私进境等行为。“释放”“丢弃”是非法处置外来入侵物种的行为，包括经过批准引进的物种，在进行实验研究等之后予以非法野外放养或者随意丢弃的情况。

（4）情节严重。关于本罪何为情节严重，尚未颁布司法解释对此明确，但从本罪保护的法益出发，需要达到入侵物种进入被破坏的生态环境中的程度才能构成本罪。大致可以总结为：非法引进、释放、丢弃入侵性强的外来物种，使得某个生态系统的生物多样性和生态系统平衡遭到破坏，造成经济损失达到一定数额，或者对国家的生物安全造成严重损害的情况。适用本罪时应当注意与行政处罚的衔接问题，保持刑法的谦抑性。

3. 主体要件。本罪的犯罪主体既包括自然人，也包括单位。当单位犯本罪时，对单位判处罚金，对单位直接负责的主管人员和其他直接责任人员判处相应刑罚。

4. 主观要件。本罪要求具有犯罪故意，即明知是外来入侵物种，仍予以引进、释放和丢弃的主观心态。根据刑法第 15 条第 2 款的规定，过失犯罪，法律有规定的才负刑事责任，因此本罪的主观心态要求故意，即明知是外来入侵物种，仍将其丢弃、释放或者引进的主观心态。

根据刑法第 344 条之一的规定，犯本罪，情节严重的，处三年以下有期徒刑或者拘役，并处或者单处罚金。

【疑难指导】

一、正确处理认识错误的情况

因本罪为故意犯罪，所以需要司法人员认定行为人存在对行为对象的清晰认识，如果仅具备过失，甚至不具有认识可能性，则不能认定为本罪。此处需要着重区分，行为人的错误认识是事实认识错误还是法律认识错误。

所谓事实认识错误，是指行为人对自己所认识、所意欲的事实与实际情况、客观事实不一致，是指行为人对事实情况有不正确的理解，又可以细分为构成要件以内的事实认识错误和构成要件以外的事实认识错误。对于前者，不阻却故意，在满足其他条件的情况下仍可构成本罪，如误以为自己引进、释放、丢弃的是此种外来入侵物种，但事实上是另外一个物种；对于后者，一般可以阻却故意，如行为人了解同一批动物中既有普通物种，也有不可随意释放的外来入侵物种，误以为自己释放的是普通物种，但事实上是外来入侵物种，则不构成本罪。

所谓法律认识错误，是指行为人对行为对象本身没有认识错误，但对行为对象的性质以及自己行为的违法性认识有误，包含多种情况，如误以为某个品种并非外来入侵物种，此时一般不阻却犯罪故意，仍能构成本罪。唯一的例外情况是当行为人存在不具认识可能性的违法性认识错误时，可能阻却行为人的责任，如因相关机关的疏忽，在普法宣传中错误地进行宣示，或者有权机关明示或默示允许了行为人的引进、释放、丢弃行为等，均可能影响本罪的认定。

因为本罪中“外来入侵物种”的认定不同于记叙性构成要件要素和一般的规范性构成要件要素，以社会一般人的认知水平能否清楚了解其范围，需要司法机关结合当地的知识普及情况作出综合认定。同时，对于特殊行业，如餐饮行业、从事进口活动的其他行业、动植物养殖种植行业的从业人员，需要适当提高其注意义务。

二、与走私罪名的竞合关系

故意从海外非法引进外来入侵物种的行为，通常会和走私类犯罪发生竞合，如禁止进口货物目录、限制进口货物目录以及外来入侵物种的国家与地方名录，既可能存在区别也可能有重叠。相互区别的分别构成走私禁止进口货物罪与非法引进、释放或者丢弃外来入侵物种罪；重叠的则按照想象竞合的原则择一重罪定罪量刑。

【办案依据】

一、刑法规定

第三百四十四条之一　违反国家规定，非法引进、释放或者丢弃外来入侵物种，情节严重的，处三年以下有期徒刑或者拘役，并处或者单处罚金。

第三百四十六条　单位犯本节第三百三十八条至第三百四十五条规定之罪的，对单位判处罚金，并对其直接负责的主管人员和其他直接责任人员，依照本节各该条的规定处罚。

二、其他法规

（一）《中华人民共和国生物安全法》（2020年10月17日）

第六十条　国家加强对外来物种入侵的防范和应对，保护生物多样性。国务院农业农村主管部门会同国务院其他有关部门制定外来入侵物种名录和管理办法。

国务院有关部门根据职责分工，加强对外来入侵物种的调查、监测、预警、控制、评估、清除以及生态修复等工作。

任何单位和个人未经批准，不得擅自引进、释放或者丢弃外来物种。

第八十一条　违反本法规定，未经批准，擅自引进外来物种的，由县级以上人民政府有关部门根据职责分工，没收引进的外来物种，并处五万元以上二十五万元以下的罚款。

违反本法规定，未经批准，擅自释放或者丢弃外来物种的，由县级以上人民政府有关部门根据职责分工，责令限期捕回、找回释放或者丢弃的外来物种，处一万元以上五万元以下的罚款。

第八十二条　违反本法规定，构成犯罪的，依法追究刑事责任；造成人身、财产或者其他损害的，依法承担民事责任。

第八十三条　违反本法规定的生物安全违法行为，本法未规定法律责任，其他有关法律、行政法规有规定的，依照其规定。

（二）《中华人民共和国环境保护法》（2014年修订）

第三十条　开发利用自然资源，应当合理开发，保护生物多样性，保障生态安全，依法制定有关生态保护和恢复治理方案并予以实施。

引进外来物种以及研究、开发和利用生物技术，应当采取措施，防止对生物多样性的破坏。

（三）《中华人民共和国野生动物保护法》（2018年修正）

第十二条 国务院野生动物保护主管部门应当会同国务院有关部门，根据野生动物及其栖息地状况的调查、监测和评估结果，确定并发布野生动物重要栖息地名录。

省级以上人民政府依法划定相关自然保护区域，保护野生动物及其重要栖息地，保护、恢复和改善野生动物生存环境。对不具备划定相关自然保护区域条件的，县级以上人民政府可以采取划定禁猎（渔）区、规定禁猎（渔）期等其他形式予以保护。

禁止或者限制在相关自然保护区域内引入外来物种、营造单一纯林、过量施洒农药等人为干扰、威胁野生动物生息繁衍的行为。

相关自然保护区域，依照有关法律法规的规定划定和管理。

（四）《中华人民共和国进出境动植物检疫法》（2009年修正）

第十条 输入动物、动物产品、植物种子、种苗及其他繁殖材料的，必须事先提出申请，办理检疫审批手续。

第十四章　盗伐林木罪、滥伐林木罪

【立案追诉标准】

盗伐林木案（刑法第 345 条第 1 款）

盗伐森林或者其他林木，涉嫌下列情形之一的，应予立案追诉：

（一）盗伐二至五立方米以上的；

（二）盗伐幼树一百至二百株以上的。

《最高人民检察院、公安部关于公安机关管辖的刑事案件立案追诉标准的规定（一）》（2008 年 6 月 25 日）

盗伐林木案

盗伐森林或者其他林木，立案起点为 2 立方米至 5 立方米或者幼树 100 至 200 株；盗伐林木 20 立方米至 50 立方米或者幼树 1000 株至 2000 株，为重大案件立案起点；盗伐林木 100 立方米至 200 立方米或者幼树 5000 株至 10000 株，为特别重大案件立案起点。

《国家林业局、公安部关于森林和陆生野生动物刑事案件管辖及立案标准》（2001 年 5 月 9 日）

滥伐林木案（刑法第 345 条第 2 款）

违反森林法的规定，滥伐森林或者其他林木，涉嫌下列情形之一的，应予立案追诉：

（一）滥伐十至二十立方米以上的；

（二）滥伐幼树五百至一千株以上的。

《最高人民检察院、公安部关于公安机关管辖的刑事案件立案追诉标准的规定（一）》（2008 年 6 月 25 日）

滥伐林木案

滥伐森林或者其他林木，立案起点为 10 立方米至 20 立方米或者幼树 500 至 1000 株；滥伐林木 50 立方米以上或者幼树 2500 株以上，为重大案件；滥伐林木 100 立方米以上或者幼树 5000 株以上，为特别重大案件。

《国家林业局、公安部关于森林和陆生野生动物刑事案件管辖及立案标准》（2001 年 5 月 9 日）

【犯罪构成及刑事责任】

盗伐林木罪，是指以非法占有为目的，盗伐森林或者其他林木，数量较大的行为。构成本罪需要具备四个要件：

1. 客体要件。本罪侵犯的客体是森林资源及其合理利用以及国家、集体、他人对林木的财产所有权。[①]

2. 客观要件。客观方面表现为盗伐森林或者其他林木，数量较大。具体包括三个要素。

（1）行为对象。本罪的行为对象是不属于本人（或者本单位）所有的森林或者其他林木。这里的“森林”，是指大面积的原始森林和人造林，包括防护林、用材林、经济林、薪炭林和特种用途林等；“其他林木”是相较于森林而言的小面积的树林和零星树木，但不包括农村农民房前屋后个人所有的零星树木。此外，如果盗伐的对象属于国家级自然保护区内的森林或者其他林木，则符合本条第 4 款的从重处罚要件，需要从重处罚。

---

① 张明楷：《盗伐、滥伐林木罪的重要问题》，载《上海政法学院学报（法治论丛）》2021 年第 5 期。

（2）行为。“盗伐”是指未经所有权人的许可，擅自采伐不属于本人或本单位所有的森林或者其他林木。根据《最高人民法院关于审理破坏森林资源刑事案件具体应用法律若干问题的解释》第 3 条的规定，盗伐行为包括：①擅自砍伐国家、集体、他人所有或者他人承包经营管理的森林或者其他林木；②擅自砍伐本单位或者本人承包经营管理的森林或者其他林木；③在林木采伐许可证规定的地点以外采伐国家、集体、他人所有或者他人承包经营管理的森林或者其他林木。同时，如果采伐许可证已经过期，未征得林业主管部门的同意仍然采伐林木，符合本罪其他要件的，也成立本罪。

（3）数量要求。盗伐林木的数量一般从蓄积量和幼树株数两个方面认定，依据《最高人民法院关于审理破坏森林资源刑事案件具体应用法律若干问题的解释》第 4 条的规定，盗伐林木“数量较大”，以二至五立方米或者幼树一百至二百株为起点；盗伐林木“数量巨大”，以二十至五十立方米或者幼树一千至二千株为起点；盗伐林木“数量特别巨大”，以一百至二百立方米或者幼树五千至一万株为起点。同时，各省、自治区、直辖市高级人民法院可以根据本地区的实际情况，在上述数量幅度内，确定本地区执行的具体数量标准，并报最高人民法院备案。

3. 主体要件。本罪的犯罪主体既包括自然人，也包括单位。当单位犯本罪时，对单位判处罚金，对单位直接负责的主管人员和其他直接责任人员判处相应刑罚。

4. 主观要件。本罪的主观要件包括盗伐林木的故意和非法占有目的：盗伐林木的故意，是指明知所采伐的林木系不属于本人（或本单位）所有的森林或其他林木，仍然进行采伐的主观心态。非法占有目的，是指排除所有权人对涉案林木的支配，并遵循林木价值实现的通常方式对林木进行利用，比如在市面上交换获得对价、或者用于生产生活资料利用，以毁坏为目的砍伐国家、集体或他人的林木的，应认定为故意毁坏财物罪。

根据刑法第 345 条第 1 款、第 4 款的规定，犯本罪的，处三年以下有期徒刑、拘役或者管制，并处或者单处罚金；数量巨大的，处三年以上七年以下有期徒刑，并处罚金；数量特别巨大的，处七年以上有期徒刑，并处罚金。盗伐国家级自然保护区内的森林或者其他林木的，从重处罚。

滥伐林木罪，是指违反森林法的规定，滥伐森林或者其他林木，数量较大的行为。构成本罪需要具备四个要件：

1. 客体要件。本罪侵犯的客体是森林资源及其合理利用。[①]

2. 客观要件。客观方面表现为违反森林法的规定，滥伐森林或者其他林木，数量较大。具体包括四个要件。

（1）违反森林法的规定。本罪系典型的法定犯，需要行为违反前置法森林法有关采伐林木的规定。森林采伐方式和采伐量是否得当，直接关系到合理利用森林资源和森林再生产问题。要确保森林资源永续利用，必须有计划地采伐利用，以保证森林的消耗量不超过生长量。因此，为了防止滥伐林木的情况，森林法规定了限额采伐的原则和核发采伐许可证制度。根据森林法第56条的规定，采伐林木必须申请采伐许可证，按许可证的规定进行采伐；农村居民采伐自留地和房前屋后个人所有的零星林木除外。其中，国有林业企业事业单位、机关、团体、部队、学校和其他国有企业事业单位采伐林木，由所在地县级以上林业主管部门依照有关规定审核发放采伐许可证；铁路、公路的护路林和城镇林木的更新采伐，由有关主管部门依照有关规定审核发放采伐许可证；农村集体经济组织采伐林木，由县级林业主管部门依照有关规定审核发放采伐许可证；农村居民采伐自留山和个人承包集体的林木，由县级林业主管部门或者其委托的乡、镇人民政府依照有关规定审核发放采伐许可证。因而，未取得采伐许可证，或者违反采伐许可的范围采伐林木，均属于“违反森林法的规定”。

（2）行为对象。本罪的行为对象为“森林或者其他林木”，“森林”，是指大面积的原始森林和人造林，包括防护林、用材林、经济林、薪炭林和特种用途林等；“其他林木”是相较于森林而言的小面积的树林和零星树木，但因森林法的采伐限制不包括农村农民房前屋后个人所有的零星树木，因而排除其作为本罪行为对象的认定。

与盗伐林木罪不同的是，本罪的行为对象包括自己所有的林木，因为个人所有的林木，也是国家森林资源的一部分，根据《最高人民法院关于在林木采伐许

---

① 张明楷：《盗伐、滥伐林木罪的重要问题》，载《上海政法学院学报（法治论丛）》2021年第5期。

可证规定的地点以外采伐本单位或者本人所有的森林或者其他林木的行为如何适用法律问题的批复》的规定，违反森林法的规定，在林木采伐许可证规定的地点以外，采伐本单位或者本人所有的森林或者其他林木的，除农村居民采伐自留地和房前屋后个人所有的零星林木以外，属于《最高人民法院关于审理破坏森林资源刑事案件具体应用法律若干问题的解释》第 5 条第 1 款第 1 项“未经林业行政主管部门及法律规定的其他主管部门批准并核发林木采伐许可证”规定的情形，数量较大的，应当依照刑法第 345 条第 2 款的规定，以滥伐林木罪定罪处罚。

（3）滥伐行为。如前文所述，为了森林资源的合理利用，森林法要求相关部门对采伐的资格和限额进行严格规定，而违反规定，不顾森林资源的长久发展，任意采伐林木的行为，则涉嫌滥伐林木。具体而言，根据《最高人民法院关于审理破坏森林资源刑事案件具体应用法律若干问题的解释》第 5 条的规定，滥伐行为包括：①未经林业行政主管部门及法律规定的其他主管部门批准并核发林木采伐许可证，或者虽持有林木采伐许可证，但违反林木采伐许可证规定的时间、数量、树种或者方式，任意采伐本单位所有或者本人所有的森林或者其他林木；②超过林木采伐许可证规定的数量采伐他人所有的森林或者其他林木；③林木权属争议一方在林木权属确权之前，擅自砍伐森林或者其他林木，数量较大的，也以滥伐林木罪论处。

（4）客观结果要求滥伐的林木数量较大。本罪也以滥伐的林木蓄积量和幼树株数为标准认定，根据《最高人民法院关于审理破坏森林资源刑事案件具体应用法律若干问题的解释》第 6 条和第 19 条的规定，滥伐林木“数量较大”，以十至二十立方米或者幼树五百至一千株为起点；滥伐林木“数量巨大”，以五十至一百立方米或者幼树二千五百至五千株为起点。各省、自治区、直辖市高级人民法院可以根据本地区的实际情况，在本解释第 4 条、第 6 条规定的数量幅度内，确定本地区执行的具体数量标准，并报最高人民法院备案。

3. 主体要件。本罪的犯罪主体既包括自然人，也包括单位。当单位犯本罪时，对单位判处罚金，对单位直接负责的主管人员和其他直接责任人员判处相应刑罚。

4. 主观要件。本罪的罪责形式为故意，即明知不属于采伐许可的林木范围，仍然任意采伐的主观心态。本罪不要求出于特定的目的。

根据刑法第345条第2款、第4款的规定，犯本罪的，处三年以下有期徒刑、拘役或者管制，并处或者单处罚金；数量巨大的，处三年以上七年以下有期徒刑，并处罚金。盗伐国家级自然保护区内的森林或者其他林木的，从重处罚。

【疑难指导】

一、枯立木是否属于本章两罪的行为对象

枯立木，是指由于病虫灾害、火灾或者干旱等原因，致使林木停止生长并发生干枯现象，但尚未倒折的林木。学界对于枯立木是否能够作为盗伐、滥伐林木罪的犯罪对象，有不同的观点：

有罪说认为，盗伐、滥伐林木罪保护的法益是国家保护森林资源的各种管理制度，包括限额采伐、凭证采伐，因而需要分析盗伐、滥伐枯立木的行为有没有违反上述管理制度。首先，擅自采伐枯立木，破坏了国家对森林资源的限额采伐制度。国家根据森林资源消耗量低于生长量的原则，制定一个地方的年采伐限额[①]，从而严格控制采伐量，即便是因火灾、病虫害而枯死的树木，也需要列入国家森林资源统计，从而确定采伐限额量。其次，火烧枯立木的采伐同样需要林业主管部门的审批，未经审批予以采伐的行为，破坏了国家对森林资源的管理制度。

笔者支持无罪说，即盗伐、滥伐枯立木不宜认定为盗伐、滥伐林木罪。有罪说所提出的盗伐、滥伐枯立木对两个森林管理制度并非绝对：一方面，森林资源的统计制度并非两罪所保护的直接法益，即便枯死的树木需要计入国家森林资源统计，实践中完全可以在灾害发生后，对灾害造成的影响进行评估时，立即对所影响的森林资源消耗量进行计算和统计，换言之，盗伐、滥伐枯立木的行为大概率并不会影响统计工作的进行；另一方面，有罪说所提出的对限额采伐制度的违背，依据的是国家林业局的复函，但该复函的性质应当属于行政解释，性质上属于部门规章，其适用范围为本部门、本系统内进行行政管理，违反这里的凭证采伐，也应当承担相应行政法上的责任，虽然滥伐林木罪的罪状中含有“违反森林

---

① 真少萍、吴孔宝：《关于枯死木是否列入盗伐滥伐林木犯罪对象的问题探讨》，载《林业经济问题》2004年第1期。

法规定”的要求，但行政性解释是否能作为认定为刑事犯罪的依据，仍需要罪刑法定原则和法益保护原则的检验。

从法益保护原则的角度解释刑法规范，刑法通过盗伐林木罪和滥伐林木罪来保护的法益并非形式上的国家管理制度，而是这些制度背后的要保护的国家森林资源，因此，认定行为是否触犯刑法时更应着重考察行为对国家森林资源法益的影响。枯死的林木丧失了调节气候、蓄水保土、净化空气和改善环境的生态功能，不具备任何的生态价值，因而丧失了林木相对于普通财物被保护的特殊性，其“仍然具有经济价值和社会价值”的论断，只能支撑刑法对其视作一般财物进行保护，如非法占有为目的采伐他人的枯死树木，应当认定为盗窃罪，失火过程中烧毁他人已经枯死的林木，认定为失火罪，也不会导致处罚的遗漏和不均衡。

二、盗伐、滥伐行为的具体认定

实践中，经常出现的一种情况是，行为人并非严格意义上的擅自采伐他人的林木，既没有将树木连根拔起，也没有截断树木主干，而是采伐树木的主枝或其他枝干，或者实施采种、采脂、挖笋、掘根、剥树皮等行为，并将其非法占为己有。对此类行为的认定需要具体问题具体分析，如果行为人破坏并非法占有的树木的主枝，即着生在主干及中心干上的大枝，具有成材林木的性质，能够计算取其立木蓄积，且达到了数量较大的标准，则应当以盗伐林木罪定罪处罚。但如果行为人盗伐的树木主枝不具有成材林木的性质，无法计算器立木蓄积，则无法以盗伐林木罪追究其刑事责任。如果造成的损失达到一定数额，可依据实际情况以故意毁坏财物罪、破坏生产经营罪或盗窃罪定罪处罚。非法实施采种、采脂、掘根、剥树皮等行为，造成损失数额较大的，应当以盗窃罪定罪处罚，同时对林木造成损害，导致林木价值减损，可能同时构成故意毁坏财物罪或破坏生产经营罪的，从一重罪定罪处罚。

三、立案标准中的蓄积量和幼树株数的关系

实践中曾出现过一个这样的案例[①]：吉某系一护林站护林员。2011 年 3 月，为

---

① 《吉某滥伐林木罪一审刑事判决书》，载中国裁判文书网，https：//wenshu. court. gov. cn/website/wenshu/181107ANFZ0BXSK4/index. html? docId = 89691858683c4cfe9761a890018437e6，2022 年 6 月 12 日访问。

了种植沉香，吉某未经林业部门批准，擅自携带钩刀，多次到公益林地上砍伐天然次生林木，被护林员发现后逃离现场。经调查评估，被伐林木为天然阔叶树，属公益林；被伐林木面积 3.94 亩，为规划林地；被伐林木总株数为 591 株，其中胸径大于或者等于 5 厘米的树木为 111 株，胸径小于 5 厘米的树木为 480 株；被伐林木蓄积量为 6.4765 立方米。本案中，被伐林木的总蓄积量不足滥伐林木的立案标准，幼株的株数也不足立案标准，但总的林木株数超过立案标准中对幼株数量的规定，是否应当追诉？对于吉某行为的定性存在两种不同意见：

第一种意见认为，吉某的行为不构成犯罪，其滥伐林木尚达不到滥伐林木罪定罪的数额要求。理由是：根据《最高人民法院关于审理破坏森林资源刑事案件具体应用法律若干问题的解释》第 6 条的规定，滥伐林木“数量较大”，以 10 至 20 立方米或者幼树 500 至 1000 株为起点。由此可知，滥伐林木罪是以蓄积量或者以幼树株树来确定定罪起点的。所以，本案被滥伐林木蓄积量 6.4765 立方米、幼树 480 株的情况都达不到该罪的定罪起点。

第二种意见认为，吉某的行为构成滥伐林木罪。理由是：一方面，可以将“大树”与幼树的株数合并计算。“大树”是由幼树长成的，“大树”可以评价为幼树。并且，从环境保护方面来看，“大树”所起的作用要大于幼树，所以，本案 111 株“大树”与 480 株幼树可进行合并计算。这不仅符合立法目的，也有利于打击违法犯罪和保护森林资源。另一方面，根据法律规定，滥伐 500 株幼树是犯罪，按照当然解释论的观点，滥伐幼树长大后的“大树”也应当构成犯罪，否则是不符合常理的。所以，本案吉某滥伐的幼树（480 株）和“大树”（111 株）可以合并计算，已达到滥伐林木罪 500 株的定罪起点，应当追究其刑事法律责任。

根据《最高人民法院关于审理破坏森林资源刑事案件具体应用法律若干问题的解释》的规定，盗伐、滥伐林木的立案标准起点是通过蓄积量或者幼树株数计算的，“或者”一词表明，蓄积量与幼树株数是选择而非并列关系，而且司法解释并未在二者间建立换算关系，因此幼树和成年木应当分开计算。而且，该司法解释的第 17 条明确规定了幼树是指胸径五厘米以下的树木，因而将成年木解释成幼树超出了幼树的最大文义，同时该解释的结果会加重被告人的刑罚，从而违反罪刑法定原则。因此，笔者认为，对于上述吉某蓄积量和幼树株数均不足，但总株数超过立案标准数量的特殊情况，在司法解释修改之前，不宜以滥伐林木罪论处。

四、盗伐林木罪和滥伐林木罪的界限

盗伐林木罪与滥伐林木罪有许多相似之处，在犯罪客体方面，盗伐林木罪保护的国家对森林资源保护的管理制度法益与滥伐林木罪基本一致，只是盗伐林木罪同时保护国家、集体、个人的林木所有权。但实际上，两罪的界限并非行为对象的所有权这么简单，还要综合考量行为人的具体故意内容，以及是否具有非法占有目的。

根据《最高人民法院关于审理破坏森林资源刑事案件具体应用法律若干问题的解释》第5条的规定，超过林木采伐许可证规定的数量采伐他人所有的森林或者其他林木的，也应当以滥伐林木罪论处。虽然很多学者对该司法解释的规定作出了批判性意见①，但笔者认为，司法解释规定的“超过许可证规定的数量采伐他人的林木”这一情形与“擅自采伐他人林木”并不完全一致，必须结合具体情况分别予以认定。从实践中处理的大多数案件情况看，对于超过林木采伐许可证规定的数量采伐他人所有的森林或者其他林木的行为，应当认定为滥伐行为：首先，相对于采伐许可证指定的地点来说，行为人持有依法取得的林木采伐许可证；其次，他人所有的森林或者其他林木是可以依法采伐的；最后，行为人在采伐许可证指定的地点实施了超量采伐行为。而对于在林木采伐许可证规定的地点以外采伐他人所有的森林或者其他林木的，则应当认定为盗伐行为：首先，在采伐许可证规定的地点以外的任何地方，行为人没有取得采伐许可；其次，他人的森林或者其他林木可能是不准采伐的；最后，行为人在采伐许可证规定地点以外的其他地方实施了侵犯他人林木所有权的采伐行为。

五、盗伐林木罪的未遂状态如何认定，如何处罚

虽然关于盗伐林木罪何时着手、何时既遂没有明确的法律规定，但我们可以借助其与盗窃罪的特殊关系对盗伐林木罪的未遂状态进行认定。盗窃罪既遂的通说是失控说或者控制加失控说，在盗窃的具体场合，应当根据盗窃对象的性质、

---

① 张明楷：《刑法学》，法律出版社2021年版，第1502页。

形状、财物所处的环境、他人的占有状态强弱、行为人的盗窃手段等因素进行综合的判断。林木所处的环境多是没有任何隔离设施的空旷的野外，所有人的占有状态极弱，一般情况来讲，盗伐林木犯罪的基本流程是用镐头或者铁锹把要盗挖的林木根部的土挖开，将树伐出，同时确保树根带着土球。此时事实上已经完成了盗窃罪的主要工作，客观上已经实力控制了林木，宣示其已经占有了林木，主观上也有占有了林木的意思，应认为此时盗窃罪已经既遂。反之，如果在盗窃工作完成之前，如开始掘土，或者将树木部分挖出，即被人发现并制止，则构成盗伐林木罪的未遂状态。盗伐林木罪未遂的，应当依照刑法第 23 条的规定，从轻或者减轻处罚。

【办案依据】

一、刑法规定

第三百四十五条 盗伐森林或者其他林木，数量较大的，处三年以下有期徒刑、拘役或者管制，并处或者单处罚金；数量巨大的，处三年以上七年以下有期徒刑，并处罚金；数量特别巨大的，处七年以上有期徒刑，并处罚金。

违反森林法的规定，滥伐森林或者其他林木，数量较大的，处三年以下有期徒刑、拘役或者管制，并处或者单处罚金；数量巨大的，处三年以上七年以下有期徒刑，并处罚金。

非法收购、运输明知是盗伐、滥伐的林木，情节严重的，处三年以下有期徒刑、拘役或者管制，并处或者单处罚金；情节特别严重的，处三年以上七年以下有期徒刑，并处罚金。

盗伐、滥伐国家级自然保护区内的森林或者其他林木的，从重处罚。

第三百四十六条 单位犯本节第三百三十八条至第三百四十五条规定之罪的，对单位判处罚金，并对其直接负责的主管人员和其他直接责任人员，依照本节各该条的规定处罚。

二、司法解释

（一）《最高人民法院关于在林木采伐许可证规定的地点以外采伐本单位或者本人所有的森林或者其他林木的行为如何适用法律问题的批复》（2004年3月26日　法释〔2004〕3号）

各省、自治区、直辖市高级人民法院，解放军军事法院，新疆维吾尔自治区高级人民法院生产建设兵团分院：

最近，有的法院反映，关于在林木采伐许可证规定的地点以外采伐本单位或者本人所有的森林或者其他林木的行为适用法律问题不明确。经研究，批复如下：

违反森林法的规定，在林木采伐许可证规定的地点以外，采伐本单位或者本人所有的森林或者其他林木的，除农村居民采伐自留地和房前屋后个人所有的零星林木以外，属于《最高人民法院关于审理破坏森林资源刑事案件具体应用法律若干问题的解释》第五条第一款第（一）项“未经林业行政主管部门及法律规定的其他主管部门批准并核发林木采伐许可证”规定的情形，数量较大的，应当依照刑法第三百四十五条第二款的规定，以滥伐林木罪定罪处罚。

（二）《最高人民法院关于审理破坏森林资源刑事案件具体应用法律若干问题的解释》（2000年11月22日　法释〔2000〕36号）

第三条　以非法占有为目的，具有下列情形之一，数量较大的，依照刑法第三百四十五条第一款的规定，以盗伐林木罪定罪处罚：

（一）擅自砍伐国家、集体、他人所有或者他人承包经营管理的森林或者其他林木的；

（二）擅自砍伐本单位或者本人承包经营管理的森林或者其他林木的；

（三）在林木采伐许可证规定的地点以外采伐国家、集体、他人所有或者他人承包经营管理的森林或者其他林木的。

第四条　盗伐林木“数量较大”，以二至五立方米或者幼树一百至二百株为起点；盗伐林木“数量巨大”，以二十至五十立方米或者幼树一千至二千株为起点；盗伐林木“数量特别巨大”，以一百至二百立方米或者幼树五千至一万株为起点。

第五条　违反森林法的规定，具有下列情形之一，数量较大的，依照刑法第三百四十五条第二款的规定，以滥伐林木罪定罪处罚：

（一）未经林业行政主管部门及法律规定的其他主管部门批准并核发林木采伐许可证，或者虽持有林木采伐许可证，但违反林木采伐许可证规定的时间、数量、树种或者方式，任意采伐本单位所有或者本人所有的森林或者其他林木的；

（二）超过林木采伐许可证规定的数量采伐他人所有的森林或者其他林木的。

林木权属争议一方在林木权属确权之前，擅自砍伐森林或者其他林木，数量较大的，以滥伐林木罪论处。

第六条 滥伐林木“数量较大”，以十至二十立方米或者幼树五百至一千株为起点；滥伐林木“数量巨大”，以五十至一百立方米或者幼树二千五百至五千株为起点。

第七条 对于一年内多次盗伐、滥伐少量林木未经处罚的，累计其盗伐、滥伐林木的数量，构成犯罪的，依法追究刑事责任。

第八条 盗伐、滥伐珍贵树木，同时触犯刑法第三百四十四条、第三百四十五条规定的，依照处罚较重的规定定罪处罚。

第九条 将国家、集体、他人所有并已经伐倒的树木窃为己有，以及偷砍他人房前屋后、自留地种植的零星树木，数额较大的，依照刑法第二百六十四条的规定，以盗窃罪定罪处罚。

第十六条 单位犯刑法第三百四十四条、第三百四十五条规定之罪，定罪量刑标准按照本解释的规定执行。

第十七条 本解释规定的林木数量以立木蓄积计算，计算方法为：原木材积除以该树种的出材率。

本解释所称“幼树”，是指胸径5厘米以下的树木。

滥伐林木的数量，应在伐区调查设计允许的误差额以上计算。

第十八条 盗伐、滥伐以生产竹材为主要目的的竹林的定罪量刑问题，有关省、自治区、直辖市高级人民法院可以参照上述规定的精神，规定本地区的具体标准，并报最高人民法院备案。

第十九条 各省、自治区、直辖市高级人民法院可以根据本地区的实际情况，在本解释第四条、第六条规定的数量幅度内，确定本地区执行的具体数量标准，并报最高人民法院备案。

三、司法文件

《最高人民检察院、公安部关于公安机关管辖的刑事案件立案追诉标准的规定（一）》（2008年6月25日　公通字〔2008〕36号）

第七十二条　【盗伐林木案（刑法第三百四十五条第一款）】盗伐森林或者其他林木，涉嫌下列情形之一的，应予立案追诉：

（一）盗伐二至五立方米以上的；

（二）盗伐幼树一百至二百株以上的。

以非法占有为目的，具有下列情形之一的，属于本条规定的“盗伐森林或者其他林木”：

（一）擅自砍伐国家、集体、他人所有或者他人承包经营管理的森林或者其他林木的；

（二）擅自砍伐本单位或者本人承包经营管理的森林或者其他林木的；

（三）在林木采伐许可证规定的地点以外采伐国家、集体、他人所有或者他人承包经营管理的森林或者其他林木的。

本条和本规定第七十三条、第七十四条规定的林木数量以立木蓄积计算，计算方法为：原木材积除以该树种的出材率；“幼树”，是指胸径五厘米以下的树木。

第七十三条　【滥伐林木案（刑法第三百四十五条第二款）】违反森林法的规定，滥伐森林或者其他林木，涉嫌下列情形之一的，应予立案追诉：

（一）滥伐十至二十立方米以上的；

（二）滥伐幼树五百至一千株以上的。

违反森林法的规定，具有下列情形之一的，属于本条规定的“滥伐森林或者其他林木”：

（一）未经林业行政主管部门及法律规定的其他主管部门批准并核发林木采伐许可证，或者虽持有林木采伐许可证，但违反林木采伐许可证规定的时间、数量、树种或者方式，任意采伐本单位所有或者本人所有的森林或者其他林木的；

（二）超过林木采伐许可证规定的数量采伐他人所有的森林或者其他林木的。

违反森林法的规定，在林木采伐许可证规定的地点以外，采伐本单位或者本人所有的森林或者其他林木的，除农村居民采伐自留地和房前屋后个人所有的零星林木以外，属于本条第二款第（一）项“未经林业行政主管部门及法律规定的其他主管部门批准并核发林木采伐许可证”规定的情形。

林木权属争议一方在林木权属确权之前，擅自砍伐森林或者其他林木的，属于本条规定的“滥伐森林或者其他林木”。

滥伐林木的数量，应在伐区调查设计允许的误差额以上计算。

第一百条 本规定中的立案追诉标准，除法律、司法解释另有规定的以外，适用于相关的单位犯罪。

第一百零一条 本规定中的“以上”，包括本数。

第十五章　非法收购、运输盗伐、滥伐的林木罪

【立案追诉标准】

非法收购、运输盗伐、滥伐的林木案（刑法第 345 条第 3 款）

非法收购、运输明知是盗伐、滥伐的林木，涉嫌下列情形之一的，应予立案追诉：

（一）非法收购、运输盗伐、滥伐的林木二十立方米以上或者幼树一千株以上的；

（二）其他情节严重的情形。

《最高人民检察院、公安部关于公安机关管辖的刑事案件立案追诉标准的规定（一）》（2008 年 6 月 25 日）

【犯罪构成及刑事责任】

非法收购、运输盗伐、滥伐的林木罪，是指明知是盗伐、滥伐的林木，仍然非法收购或者运输的行为。构成本罪需要四个要件：

1. 客体要件。本罪侵犯的客体是森林资源及其合理利用。

2. 客观要件。客观方面表现为，根据有关规定，无证收购、无证运输盗伐、滥伐的林木，情节严重的行为。具体包含以下三个要件。

（1）行为对象。本罪的行为对象是盗伐、滥伐的林木。

（2）行为。本罪的行为是非法收购、运输盗伐、滥伐的林木，根据森林法的规定，木材经营加工企业应当建立原料和产品出入库台账。任何单位和个人不得

收购、加工、运输明知是盗伐、滥伐等非法来源的林木。即收购、运输林木需要考察其合法来源，并严格建立入库台账，以阻断盗伐、滥伐林木罪的下游市场。

（3）情节严重/情节特别严重。本罪要求情节严重才能构成犯罪，即在收购、运输林木的数量、价值或者其他方面情节严重的情况。当前司法解释只对非法收购盗伐、滥伐的林木之情节严重作出了规定，根据《最高人民法院关于审理破坏森林资源刑事案件具体应用法律若干问题的解释》第 11 条的规定，非法收购盗伐、滥伐的林木，“情节严重”主要包括：①非法收购盗伐、滥伐的林木二十立方米以上或者幼树一千株以上的；②非法收购盗伐、滥伐的珍贵树木二立方米以上或者五株以上的；③其他情节严重的情形。“情节特别严重”，主要包括：①非法收购盗伐、滥伐的林木一百立方米以上或者幼树五千株以上的；②非法收购盗伐、滥伐的珍贵树木五立方米以上或者十株以上的；③其他情节特别严重的情形。对非法运输盗伐、滥伐的林木罪如何把握，司法解释并未说明，后文会提出笔者的建议。

3. 主体要件。本罪的犯罪主体既包括自然人，也包括单位。当单位犯本罪时，对单位判处罚金，对单位直接负责的主管人员和其他直接责任人员判处相应刑罚。

4. 主观要件。本罪是故意犯罪，即明知是盗伐、滥伐的林木仍予以收购、运输的主观心态。上述司法解释第 10 条对于收购行为规定了几个推定“明知”的情况，即具有下列情形之一的，可以视为应当知道，但是有证据证明确属被蒙骗的除外：（1）在非法的木材交易场所或者销售单位收购木材的；（2）收购以明显低于市场价格出售的木材的；（3）收购违反规定出售的木材的。对于运输行为，司法解释尚未作出明确的规定，但由于《中华人民共和国森林法实施条例》对于从林区运出非国家统一调拨的木材，施行木材运输证管理制度，因而可以在一定范围内帮助司法人员认定行为人是否明知其运输的林木属于盗伐、滥伐的林木：（1）无证运输林木；（2）持伪造或者涂改的木材运输；（3）持运输证从非法的木材交易场所或者销售单位运出林木或向非法的木材交易场所或销售单位运入林木。[①] 但上

---

① 汤茂定：《非法收购、运输盗伐、滥伐的林木罪的罪名分解与认定》，载《森林公安》2009 年第 5 期。

述情节无法达到司法解释中认定收购者明知时的推定程度，而需要司法人员结合具体案情综合认定。

此外，成立本罪不需要以牟利为目的，即便是无法证明行为人通过收购、运输盗伐、滥伐的林木牟利的，也成立本罪。从条文演变上来看，2002 年 12 月 28 日第九届全国人大常委会第三十一次会议通过的刑法修正案（四）对本条作了以下修改，删去了“以牟利为目的”和“在林区”的条件限制，只要行为人实施了非法收购明知是盗伐、滥伐的林木的行为，情节严重的，无论其是否以牟利为目的，无论行为是否发生在林区，都构成本款规定的犯罪。根据国家有关规定，严禁任何单位和个人收购无证采伐的木材。非法收购明知是盗伐、滥伐的林木，实际上是为盗伐、滥伐林木的罪犯销赃的行为，因而立法者认为，从中牟利并非成立本罪的必要条件。从立法目的上来看，加强对木材收购的管理便于从下游市场阻断或减少盗伐、滥伐林木者的预期犯罪收益，是预防盗伐、滥伐林木犯罪的有效方法之一。

根据刑法第 345 条第 3 款的规定，犯本罪，情节严重的，处三年以下有期徒刑、拘役或者管制，并处或者单处罚金；情节特别严重的，处三年以上七年以下有期徒刑，并处罚金。

【疑难指导】

一、运输盗伐、滥伐的林木罪中“明知”如何认定

《最高人民法院关于审理破坏森林资源刑事案件具体应用法律若干问题的解释》第 10 条对于明知中的“应当知道”作出了规定，由客观推知主观，并赋予其提出相反证明的空间。林木木材经营领域当属国家重点管控的领域，有关行政机关会在当地出台一系列的政策规定，来规范林木木材经营活动，因而进入该行业进行经营的主体，本身对行业内的规定、相关林木合法性来源具有较高的注意义务，如收购林木者应当按照规定查验林木出售者是否持有有关部门（如县级以上林业主管部门、乡政府、乡林业站、村委会等）开具的证实所出售的林木系合法采伐的林木的有效证明。具有上述“应当知道”的三种情形：（1）在非法的木材交易场所或者销售单位收购木材的；（2）收购以明显低于市场价格出售的木材的；

(3) 收购违反规定出售的木材的。有以上三种情形之一的，推定为收购者明知，如果收购者举证说明其履行了必要的注意和审查义务，根据行业的一般经验和识别水平不可能知晓收购的林木系非法采伐的林木，属于“有证据证明确属被蒙骗”的情形。在证明责任的分配上，司法人员应当首先举证证明嫌疑人具有应当知道的三种情形之一，嫌疑人嗣后提出证据说明其被蒙骗，司法人员应当对其反驳证据进行审查判断，再决定是否采纳嫌疑人“不明知”的辩解意见。

对于非法运输盗伐、滥伐的林木罪中的“明知”如何界定，目前尚无法律或者司法解释予以规定，笔者认为，在林木经营的特殊行业，运输和收购活动均受到严格的行政管理，认定非法运输的“明知”也可以参考上文中认定非法收购行为的宗旨，从行政法律法规的规定入手，从客观推知主观。《中华人民共和国森林法实施条例》第35条、第36条规定，从林区运出非国家统一调拨的木材，必须持有县级以上人民政府林业主管部门核发的木材运输证……木材运输证自木材起运点到终点全程有效，必须随货同行。没有木材运输证的，承运单位和个人不得承运。申请木材运输证，应当提交林木采伐许可证或者其他合法来源证明。因此，我们可以初步总结出帮助司法机关认定行为人“明知”的情形[①]：(1) 如果运输者无证运输，即可推定其“明知”非法运输盗伐、滥伐的林木；(2) 如果运输者持有伪造的或者涂改的木材运输证，司法人员应当证明运输者伪造、涂改的目的是掩盖林木的合法性来源而非其他行政管理上的期限性规定；(3) 运输者持运输证从非法的木材交易场所或销售单位运入林木，可以推定其“明知”林木的非法性来源，运输者应当提出证据证明“确实不知”，并经司法机关审查相应辩解是否成立。

二、非法运输盗伐、滥伐的林木罪对“情节严重”的标准应当如何把握

由于当前的司法解释只对刑法修正案（四）以前的非法收购盗伐、滥伐的林木罪作出了规定，笔者认为，刑法修正案（四）颁布之后，将非法收购和运输盗伐、滥伐的林木罪规定为选择性罪名，说明立法者将两种行为放在同一层次进行

---

① 汤茂定：《非法收购、运输盗伐、滥伐的林木罪的罪名分解与认定》，载《森林公安》2009年第5期。

考量，在法律上预设两种行为在危害性上具有一定的相似性，并且从司法实践角度出发，非法收购和非法运输的行为在盗伐、滥伐林木罪的下游市场，对于森林资源及其合理利用法益的侵害程度无轻重之分，因而在司法解释重新对两罪的情节标准作出规定之前，对于非法运输盗伐、滥伐林木罪的情况，“情节严重”的标准应当参考上述司法解释关于非法收购盗伐、滥伐的林木罪的有关规定执行。

同时需要注意，非法收购、运输盗伐、滥伐的林木罪是选择性罪名，收购行为和事后的运输行为又具有通常的连贯性，因而对于同一对象先收购后运输的行为，两罪的林木数量不能累加计算；如果非法收购和非法运输的对象不具有同一性，应当将两个行为涉及的林木进行累加计算，参照上述司法解释的规定判断是否构成犯罪。

三、对于一段时间内多次非法收购、运输盗伐、滥伐林木如何处理

行为人多次实施非法收购、运输盗伐、滥伐的林木行为，对于单次未达到情节严重标准的行为，是否应当累加计算，累加的时间期限是多少？可以作为参考的是《最高人民法院关于审理破坏森林资源刑事案件具体应用法律若干问题的解释》第7条，该条规定：“对于一年内多次盗伐、滥伐少量林木未经处罚的，累计其盗伐、滥伐林木的数量，构成犯罪的，依法追究刑事责任。”但对于非法收购、运输的行为司法解释并未明确规定，表明司法解释对盗伐、滥伐林木行为和非法收购、运输盗伐、滥伐的林木行为作出了区分，认为前者具有更高的社会危害性，因而可以降低其定罪标准。因此当前多数观点认为，多次非法收购、运输盗伐、滥伐的林木行为，不宜累计计算。当然，这是在正确区分多次实施和概括的一次实施的前提之下讨论的，即如果行为人处于一个概括的非法收购、运输故意，在较短的时间内，多次收购、运输盗伐、滥伐的林木，理应视作一个行为，并对其非法收购、运输盗伐、滥伐的林木的数量进行累计计算。

四、非法收购、运输盗伐、滥伐的林木罪与掩饰、隐瞒犯罪所得、犯罪所得收益罪的区别

掩饰、隐瞒犯罪所得、犯罪所得收益罪是指明知是犯罪所得及其产生的收益而予以窝藏、转移、收购、代为销售或者以其他方法掩饰、隐瞒的行为。本罪与掩饰、隐瞒犯罪所得、犯罪所得收益罪的区别主要在于：

第一，犯罪客体不同。前者的犯罪客体是国家森林资源及其合理利用；后者的犯罪客体是国家司法活动。

第二，犯罪对象不同。前者的犯罪对象是盗伐、滥伐的林木，包括构成盗伐林木罪、滥伐林木罪的犯罪所得，也包括因数量不够而不构成犯罪的盗伐、滥伐林木的违法所得；后者的犯罪对象是一般的犯罪所得，且必须要求上游行为构成犯罪，一般的违法所得、违法所得收益不构成后者的犯罪对象。

第三，行为方式不同。前者只处罚收购和运输行为；后者的行为方式很广泛，包括但不限于窝藏、转移、收购、代为销售等方式。

五、正确区分本罪与盗伐林木罪、滥伐林木罪的共同犯罪

由于实践中，盗伐、滥伐行为与收购、运输行为往往同时存在，如果盗伐者、滥伐者与收购者、运输者存在事前共谋，或者各方主体系同一个自然人或单位谋划、安排的分工合作，应当认定为成立共同犯罪，应以盗伐林木罪或者滥伐林木罪的共同犯罪论处。尽管两种罪名的法定最高刑相同，但从司法解释的规定来看，非法收购、运输盗伐、滥伐的林木罪的入罪门槛要低于盗伐、滥伐林木罪。此外，实践中发现有的林区或形成地方黑恶势力或者犯罪集团，对于集团成员破坏林木资源的各种罪刑也应当综合认定是否应当由组织、领导者承担。

【办案依据】

一、刑法规定

第三百四十五条第三款 非法收购、运输明知是盗伐、滥伐的林木，情节严重的，处三年以下有期徒刑、拘役或者管制，并处或者单处罚金；情节特别严重的，处三年以上七年以下有期徒刑，并处罚金。

盗伐、滥伐国家级自然保护区内的森林或者其他林木的，从重处罚。

第三百四十六条 单位犯本节第三百三十八条至第三百四十五条规定之罪的，对单位判处罚金，并对其直接负责的主管人员和其他直接责任人员，依照本节各该条的规定处罚。

二、司法解释

《最高人民法院关于审理破坏森林资源刑事案件具体应用法律若干问题的解释》（2000年11月22日　法释〔2000〕36号）

第十条　刑法第三百四十五条规定的“非法收购明知是盗伐、滥伐的林木”中的“明知”，是指知道或者应当知道。具有下列情形之一的，可以视为应当知道，但是有证据证明确属被蒙骗的除外：

（一）在非法的木材交易场所或者销售单位收购木材的；

（二）收购以明显低于市场价格出售的木材的；

（三）收购违反规定出售的木材的。

第十一条　具有下列情形之一的，属于在林区非法收购盗伐、滥伐的林木“情节严重”：

（一）非法收购盗伐、滥伐的林木二十立方米以上或者幼树一千株以上的；

（二）非法收购盗伐、滥伐的珍贵树木二立方米以上或者五株以上的；

（三）其他情节严重的情形。

具有下列情形之一的，属于在林区非法收购盗伐、滥伐的林木“情节特别严重”：

（一）非法收购盗伐、滥伐的林木一百立方米以上或者幼树五千株以上的；

（二）非法收购盗伐、滥伐的珍贵树木五立方米以上或者十株以上的；

（三）其他情节特别严重的情形。

第十六条　单位犯刑法第三百四十四条、第三百四十五条规定之罪，定罪量刑标准按照本解释的规定执行。

第十七条　本解释规定的林木数量以立木蓄积计算，计算方法为：原木材积除以该树种的出材率。

本解释所称“幼树”，是指胸径5厘米以下的树木。

滥伐林木的数量，应在伐区调查设计允许的误差额以上计算。

三、司法文件

《最高人民检察院、公安部关于公安机关管辖的刑事案件立案追诉标准的规定（一）》（2008年6月25日　公通字〔2008〕36号）

第七十四条　【非法收购、运输盗伐、滥伐的林木案（刑法第三百四十五条

第三款）】非法收购、运输明知是盗伐、滥伐的林木，涉嫌下列情形之一的，应予立案追诉：

（一）非法收购、运输盗伐、滥伐的林木二十立方米以上或者幼树一千株以上的；

（二）其他情节严重的情形。

本条规定的“非法收购”的“明知”，是指知道或者应当知道。具有下列情形之一的，可以视为应当知道，但是有证据证明确属被蒙骗的除外：

（一）在非法的木材交易场所或者销售单位收购木材的；

（二）收购以明显低于市场价格出售的木材的；

（三）收购违反规定出售的木材的。

第一百条 本规定中的立案追诉标准，除法律、司法解释另有规定的以外，适用于相关的单位犯罪。

第一百零一条 本规定中的“以上”，包括本数。

主要参考文献

一、著作类

1. 周光权：《刑法各论》，中国人民大学出版社 2021 年版。

2. 张明楷：《刑法学》，法律出版社 2021 年第 6 版。

3. 贾宇：《刑法学》（下册・各论），高等教育出版社 2019 年版。

4. 高铭暄、马克昌主编：《刑法学》，北京大学出版社 2019 年版。

5. 喻海松：《环境资源犯罪实务精粹》，法律出版社 2017 年版。

6. 张建伟：《刑事诉讼法通义》，北京大学出版社 2016 年版。

7. 曲新久：《刑法学》，中国政法大学出版社 2016 年版。

8. 郎胜：《〈中华人民共和国刑法〉理解与适用》，中国民主法制出版社 2015 年版。

9. 李希慧、董文辉、李冠煜：《环境犯罪研究》，知识产权出版社 2013 年版。

10. 吴占英：《妨害司法罪立案追诉标准与司法认定实务》，中国人民公安大学出版社 2010 年版。

11. 冯军、孙学军主编：《破坏环境资源保护罪——立案追诉标准与司法认定实务》，中国人名公安大学出版社 2010 年版。

12. 陈兴良：《判例刑法学》（下卷），中国人民大学出版社 2009 年版。

13. 黄京平主编：《妨害证据犯罪新论》，中国人民大学出版社 2007 年版。

14. 陈浩然：《应用刑法学分论》，华东理工大学出版社 2007 年版。

15. 孟庆华、许娟、吴占英：《刑事犯罪情节法律规定理解与适用》，人民法院出版社 2006 年版。

16. 谭志君：《证据犯罪研究》，法律出版社 2005 年版。

17. 周光权：《刑法各论讲义》，清华大学出版社 2003 年版。

18. 李三宝等主编：《罪名适用新解》，中国人民公安大学出版社 2003 年版。

19. 李希慧主编：《妨害社会管理秩序罪新论》武汉大学出版社 2001 年版。

20. 苏长青等：《新刑法导论》（下册）中国人民大学出版社 2000 年版。

21. 陈兴良主编：《罪名指南》（下册），中国政法大学出版社 2000 年版。

22. ［日］西田典之著：《日本刑法各论》，刘明祥、王昭武译，中国人民大学出版社 2009 年版。

23. ［日］前田雅英：《刑法各论讲义（第 4 版）》，东京大学出版会 2007 年版。

24. ［日］大塚仁著：《刑法概说》（各论）（第三版），冯军译，中国人民大学出版社 2003 年版。

25. 吴献萍：《环境犯罪与环境刑法》，知识产权出版社 2010 年版。

二、论文类

1. 张明楷：《盗伐、滥伐林木罪的重要问题》，载《上海政法学院学报（法治论丛）》2021 年第 5 期。

2. 王若思：《妨害作证罪疑难问题的法教义学解析——以 369 份刑事判决书为研究起点》，载《法学杂志》2020 年第 8 期。

3. 蒋佳芸：《洗钱罪与掩饰、隐瞒犯罪所得、犯罪所得收益罪的区分》，载《人民司法（案例）》2020 年第 2 期。

4. 付金兰：《非法占用农用地中“园地”的认定》，载《中国检察官》2020 年第 22 期。

5. 陈洪兵：《准确解读虚假诉讼罪的构成要件》，载《法治研究》2020 年第 4 期。

6. 李勤：《拒不执行判决、裁定罪的现实困境及其应对》，载《人民司法（应用）》2019 年第 28 期。

7. 陈洪兵：《继续犯范围厘定及适用研究》，载《兰州学刊》2019 年第 11 期。

8. 曹波：《论不应公开的案件信息刑法保护的规范诠释》，载《科学经济社会》2017 年第 2 期

9. 庄绪龙：《拒不执行判决、裁定罪的适用》，载《人民司法（应用）》2018年第22期。

10. 魏良冠：《脱逃罪应否受追诉时效限制》，载《法制与社会》2018年第11期。

11. 张明楷：《虚假诉讼罪的基本问题》，载《法学》2017年第1期。

12. 张里安、乔博：《虚假诉讼罪若干问题研究》，载《河南社会科学》2017年第1期。

13. 奚山青、黄翀：《论虚假诉讼罪的构成要件行为与入罪标准》，载《中国检察官》2017年第276期。

14. 李慧泉：《在自然保护区内捕鱼的行为是否构成犯罪》，载《人民检察》2017年第24期。

15. 纪长胜：《虚假诉讼罪的认定与适用》，载《人民司法》2017年第15期。

16. 陈洪兵：《模糊罪过说之提倡——以污染环境罪为切入点》，载《法律科学》2017年第6期。

17. 李翔：《虚假诉讼罪的法教义学分析》，载《法学》2016年第6期。

18. 谢雄伟、李福顺：《非法捕捞水产品罪司法认定的法教义学研究》，载《法治社会》2016年第3期。

19. 陆建红：《刑法分则“明知”构成要件适用研究——以掩饰、隐瞒犯罪所得、犯罪所得收益罪为视角》，载《法律适用》2016年第2期。

20. 吴芳：《虚假诉讼罪的司法认定》，载《人民检察》2015年第24期。

21. 谢望原：《扰乱法庭秩序罪的正确理解与适用》，载《人民检察》2015年第18期。

22. 史卫忠，李莹：《掩饰、隐瞒犯罪所得、犯罪所得收益罪司法认定疑难问题探讨》，载《人民检察》2014年第6期。

23. 周泽春、王涛：《禁渔期非法捕捞为何不立案》，载《检察日报》2013年7月13日第4版。

24. 汪维才：《污染环境罪主客观要件问题研究——以〈刑法修正案（八）〉为视角》，载《法学杂志》2011年第8期。

25. 王爱平：《已被控制但未被拘留的嫌疑人是否属于“在押”人员》，载《检察日报》2009年6月30日，第3版。

26. 汤茂定：《非法收购、运输盗伐、滥伐的林木罪的罪名分解与认定》，载《森林公安》2009年第5期。

27. 刘雪梅，刘丁炳：《掩饰、隐瞒犯罪所得、犯罪所得收益罪新析》，载《法学评论》2008年第3期。

28. 吴占英：《论脱逃罪的几个问题》，载《云南大学学报法学版》2006年第4期。

29. 吴占英：《论扰乱法庭秩序罪的几个问题》，载《三峡大学学报（人文社会科学版）》2006年第2期。

30. 耿峰：《关于破坏监管秩序罪的认定》，载《辽宁警专学报》2005年第1期。

31. 真少萍、吴孔宝：《关于枯死木是否列入盗伐滥伐林木犯罪对象的问题探讨》，载《林业经济问题》，2004年第1期。

32. 陈洪兵：《关于辩护人、诉讼代理人毁灭证据、伪造证据、妨害作证罪司法适用问题》，载《浙江海洋学院学报》（人文科学版）2004年第1期。

33. 陈洪兵：《帮助毁灭、伪造证据罪探析》，载《四川警官高等专科学校学报》2004年第3期。

34. 汪讯：《妨害作证罪司法适用问题研究》，载《法学杂志》2003年第3期。

35. 龚培华：《论脱逃罪认定中的几个问题》，载《政治与法律》2002年第6期。

图书在版编目（CIP）数据

妨害司法罪·破坏环境资源保护罪立案追诉标准与疑难指导／赵天红著；国家检察官学院职务犯罪研究所编．—北京：中国法制出版社，2022.7

刑法常见罪名立案追诉标准与疑难指导／缪树权主编

ISBN 978-7-5216-2789-3

Ⅰ．①妨…　Ⅱ．①赵…　②国…　Ⅲ．①妨害司法罪-研究-中国②破坏环境资源保护罪-研究-中国　Ⅳ．①D924.364

中国版本图书馆 CIP 数据核字（2022）第 124845 号

策划编辑：陈兴、谢雯　　责任编辑：谢雯　　封面设计：周黎明

妨害司法罪·破坏环境资源保护罪立案追诉标准与疑难指导

FANGHAI SIFAZUI · POHUAI HUANJING ZIYUAN BAOHUZUI LI'AN
ZHUISU BIAOZHUN YU YINAN ZHIDAO

著者/赵天红
编者/国家检察官学院职务犯罪研究所
经销/新华书店
印刷/三河市紫恒印装有限公司
开本/730 毫米×1030 毫米　16 开　　印张/ 24.75　字数/ 313 千
版次/2022 年 7 月第 1 版　　2022 年 7 月第 1 次印刷

中国法制出版社出版
书号 ISBN 978-7-5216-2789-3　　定价：89.00 元

北京市西城区西便门西里甲 16 号西便门办公区
邮政编码：100053　　传真：010-63141600
网址：http：//www.zgfzs.com　　**编辑部电话：010-63141792**
市场营销部电话：010-63141612　　**印务部电话：010-63141606**

（如有印装质量问题，请与本社印务部联系。）